Foster Cline und Jim Fay

Teenager mit Liebe und Logik erziehen

Foster Cline und Jim Fay

Teenager mit Liebe und Logik erziehen

Jugendliche auf ein verantwortungsvolles Erwachsensein vorbereiten

GloryWorld-Medien

2. Auflage 2023

Übersetzung/Satz: Manfred Mayer
Umschlaggestaltung: Kerstin & Karl Gerd Striepecke, www.vision-c.de
Umschlagmotiv: Adobe Stock

Printed in Germany

ISBN: 978-3-95578-371-6
Bestellnummer: 356371

Erhältlich beim Verlag:

GloryWorld-Medien
Beit-Sahour-Str. 4
D-46509 Xanten
Tel.: 02801-9854003
Fax: 02801-9854004
info@gloryworld.de
www.gloryworld.de

oder in jeder Buchhandlung

INHALT

Für all die Eltern und Kinder (einschließlich unserer eigenen!), die meine Lehrer waren, und für meine Frau Hermie, die mich unterstützt hat.

Foster Cline

Meiner Frau Shirley, deren Liebe, Unterstützung und Weisheit seit jeher eine Quelle der Motivation und Stärke für mich sind.

Jim Fay

Vorwort

Es hat uns sehr gefreut, wie die Bücher *Mit Liebe und Logik erziehen* sowie *Teenager mit Liebe und Logik erziehen* weltweit aufgenommen worden sind. Eltern auf sechs Kontinenten – alle außer der Antarktis – haben Liebe-und-Logik-Konzepte effektiv umgesetzt. Seit der ersten Ausgabe haben wir begeistert die Erfolgsgeschichten von Eltern gesammelt, die uns aufgeregt und stolz von der Erziehung ihrer Kinder mit Wahlmöglichkeiten, Konsequenzen und Einfühlungsvermögen erzählten, wie es in *Mit Liebe und Logik erziehen* gelehrt wird.

Seit der Erstausgabe hat sich die Welt offensichtlich in vielerlei Hinsicht verändert. Damals gab es weder Smartphones noch Online-Chats mit Fremden oder Computerspiele. Es gab weniger verfrühten Sex, weniger Gewalttätigkeit und weniger Alleinerziehende, die sich abmühten, Teenager großzuziehen.

Doch ganz unabhängig von den Generationen – ob Eltern mit ihren Kindern über ein Billardspiel oder über ein gewalthaltiges Videospiel reden, ob sie besorgt über die Rocklänge oder über gepiercte Nasen und Lippen sind – läuft eine gute Erziehung letztlich auf liebevolle Beziehungen und eine effektive Kommunikation zwischen Eltern und Kindern hinaus, die Respekt und Selbstdisziplin zur Folge haben.

Unser Ziel hat sich nicht verändert, aber diese aktualisierte Ausgabe enthält Informationen, wie Eltern gezielt mit den neuen Herausforderungen umgehen können, vor denen unsere Kinder heute stehen.

Wir danken den Eltern, die uns erzählt haben, dass ihnen die Prinzipien in diesem Buch geholfen haben, Kinder großzuziehen, die gute Entscheidungen treffen können, liebevoll und verantwortungsbewusst sind und mit denen man gerne zusammen ist. Wir danken auch denen, die uns Ideen und Anregungen gegeben haben, von denen einige in diese Ausgabe eingeflossen sind.

Foster Cline und Jim Fay

Einführung

Eltern, deren Kinder jetzt dreizehn Jahre alt werden, wissen, dass Kinder vor weit größeren Herausforderungen stehen als noch vor einer Generation. Risikoreiche Verhaltensweisen wie Komasaufen, Drogenkonsum und verfrühtes sexuelles Aktivsein sind in unseren Schulen stärker denn je verbreitet, und Kinder experimentieren damit inzwischen in jüngeren Jahren. Forschungsergebnisse zeigen uns, dass die Häufigkeit klinischer Depressionen in den weiterführenden Schulen heute ähnlich hoch ist wie in den 1950er-Jahren in psychiatrischen Einrichtungen (etwa jeder Vierte zeigt solche Symptome). Wenn man dazu noch die größere Verfügbarkeit und die stärkere Wirksamkeit von Drogen wie Marihuana und Methamphetamin, die grassierende Zunahme sexuell übertragbarer Infektionen unter Jugendlichen und die zunehmende Isolation unserer Kinder von ihren Bezugspersonen aus einer Reihe kultureller Gründe hinzufügt, wird leicht ersichtlich, dass unsere Kinder heutzutage früher im Leben mit vielen schwierigen und sogar lebensbedrohlichen Entscheidungen konfrontiert sind.

Das bedeutet, dass Eltern heute vor weit größeren Herausforderungen stehen als wir noch vor wenigen Jahren.

Die meisten Eltern lernen Erziehung einfach, indem sie es tun. Wir freuen uns und sind erleichtert, wenn unsere Kinder lernen, selbstständig zu leben und zu wachsen. Aber wir spüren auch den Stachel der Enttäuschung, wenn eine Methode scheitert, und es macht uns Angst, wenn es so aussieht, als würden unsere Kinder – trotz unserer besten Bemühungen – irgendwie nicht „richtig" werden.

Diese Art der Versuch-und-Irrtum-Erziehung kann angesichts der Folgen, die sich für das Leben unserer Kinder abzeichnen, ziemlich nervenaufreibend sein.

Fragen Sie sich des Öfteren, ob Sie die richtigen Dinge tun, um Ihre Kinder für die Herausforderungen, denen sie sich stellen müssen, gut auszurüsten? Fragen Sie sich, wie Sie sich für die Herausforderungen, vor denen *Sie selbst* stehen, wappnen können?

Fassen Sie sich ein Herz! Sie sind nicht allein. Erziehung ist eine Herausforderung – und eine Chance – für jeden, der Teenager hat. Es spielt keine Rolle, was sie bisher erreicht haben; die Pubertät kann eine völlig neue Situation sein.

Wir Autoren haben miterlebt, wie unsere eigenen Kinder in der Adoleszenz aufwuchsen, und wir haben mit Tausenden von anderen Eltern und Teenagern durch unsere jeweiligen Berufe der Psychiatrie und Pädagogik zu tun gehabt.

Wir haben einige Tipps, von denen wir überzeugt sind, dass sie Ihnen helfen werden.

Der Liebe-und-Logik-Ansatz

Unseren Erziehungsansatz nennen wir „Mit Liebe und Logik erziehen". Wir haben ihn in einem Buch mit diesem Titel beschrieben.[1] Vielleicht haben Sie es gelesen, die Prinzipien gelernt und sie auf Ihre Kinder angewandt.

Sollten Sie *Mit Liebe und Logik erziehen* noch nicht gelesen haben, könnte es hilfreich sein, sich ein Exemplar zu besorgen, vor allem, um den ersten Teil zu lesen, auch wenn wir in diesem Buch, das sich speziell mit Teenagern befasst, viele der gleichen Prinzipien aus einer anderen Perspektive behandeln werden. Haben Sie *Mit Liebe und Logik erziehen* gelesen, dann haben Sie einen guten Einstieg in das vorliegende Material. Wenn Sie zu Abschnitten kommen, mit denen Sie vertraut sind, lesen Sie sie als Auffrischungskurs in Liebe-und-Logik-Erziehung oder überfliegen Sie sie einfach.

Warum nennen wir unseren Ansatz „Mit Liebe und Logik erziehen"? Die erste Hälfte – *Liebe* – ist wesentlich für die Erziehung. Wie Sie jedoch noch sehen werden, bedeutet *Liebe* nicht, dass Sie um Ihre Teenager herumschwirren, um sie vor all den Problemen zu schützen, mit denen sie konfrontiert werden. *Liebe* bedeutet auch nicht, schlechtes, respektloses oder illegales Verhalten zu tolerieren. Vielmehr

---

[1] Foster Cline und Jim Fay, *Mit Liebe und Logik erziehen,* GloryWorld-Medien 2020.

bedeutet Liebe, eine gesunde Beziehung zu unseren Teenagern zu pflegen und sie zu befähigen, ihre eigenen Entscheidungen zu treffen, mit ihren eigenen Fehlern zu leben und an den Konsequenzen zu wachsen.

Logik, die zweite Hälfte unseres Ansatzes, konzentriert sich auf die Konsequenzen selbst. Die meisten Entscheidungen und Fehler haben logische Konsequenzen. Und wenn diese Konsequenzen von Empathie begleitet werden – Mitgefühl für die Enttäuschung, die Frustration und den Schmerz, den Teenager erleben – werden die Teenager dadurch Lektionen lernen, die wirksam genug sind, um ihr Denken ein Leben lang zu verändern. Mit anderen Worten: *Logik erlaubt es unseren Kindern, selbst die Ursache-Wirkungs-Muster herauszufinden, inwiefern ihre Entscheidungen und ihr Verhalten zu bestimmten Konsequenzen führen; sie lässt sie wissen, dass wir sie in ihren Situationen lieben, unterstützen und Mitgefühl für sie empfinden, ihnen aber nicht aus der Patsche helfen werden; und sie erlaubt ihnen, Verantwortung zu entwickeln, während sie ihre Schwierigkeiten durcharbeiten und ihre Probleme selbst lösen.*

Liebe und Logik anzuwenden, bedeutet nicht, dass wir alle unsere Antworten oder Werte auf unsere Teenager übertragen. Stattdessen helfen wir ihnen, in Situationen zu kommen, in denen sie Antworten und Werte selbst entdecken können.

Was verstehen wir unter einem Jugendlichen?

Obwohl dieses Buch „Teenager mit Liebe und Logik erziehen" heißt, geht es eigentlich um die Erziehung von Jugendlichen. Die Definition von *Teenager* ist klar: Ein Teenager ist jemand, sich zwischen seinem dreizehnten und zwanzigsten Geburtstag befindet. Der Begriff „Jugendlicher" ist nicht ganz so klar. Ein Jugendlicher kann ein zehnjähriges Kind sein. Oder ein vierzigjähriger Erwachsener, der bei seinen Eltern lebt und sich wie ein Vierzehnjähriger verhält. Oder ein Mann, der sich wie ein Siebzehnjähriger benimmt und mit einer Frau verheiratet ist, die für ihn die Rolle der Mutter übernimmt.

Woher wissen Sie also, ob Ihr Kind ein „Jugendlicher" ist und ob die Beispiele und Ratschläge in diesem Buch auf Ihre Situation zutreffen?

Für unsere Zwecke ist ein Jugendlicher eine Person, die sich

1. gerade mit intensiven körperlichen und sozialen Veränderungen auseinandersetzt,
2. die Fähigkeit hat (ob sie genutzt wird oder nicht), herauszufinden, wie sie sich artikulieren kann, und
3. in der Lage ist, produktive, gesunde Entscheidungen zu treffen – Hormone hin oder her.

Diese Definition enthält wichtige Voraussetzungen, und dieses Buch wird am hilfreichsten sein, wenn alle drei Voraussetzungen erfüllt sind.

Ein Jugendlicher erlebt die intensivsten Veränderungen des Lebens. Zu diesen Anpassungen gehören Veränderungen des Aussehens und des körperlichen Verlangens. Ein Jugendlicher weiß auch, dass er innerhalb relativ kurzer Zeit an einem anderen Ort leben wird, mit anderen Erwartungen, mit neuen Menschen, die sich auf neue Weise artikulieren.

In der frühen Adoleszenz[2] oder Reifezeit beginnen unsere Kinder die Fähigkeit zu entwickeln, wie Erwachsene zu denken, und machen den großen Sprung vom konkreten Denken zum Verständnis von Metaphern und Gleichnissen. Sie sind in der Lage, abstrakte Begriffe einzuschätzen, und sie fragen sich, ob die Mittel wirklich den Zweck heiligen. Betrachten wir ein Beispiel. Ein Elternteil fragt sein Kind: „Was bedeutet es, dass Menschen, die im Glashaus sitzen, nicht mit Steinen werfen sollten?“ Wenn die Antwort des Kind sich darum dreht, dass Glas zerbricht, dann ist es ein konkreter Denker. Wenn es aber etwas sagt, wie: „Man sollte lieber vorsichtig sein, bevor man etwas über jemand anderen sagt, wenn das Gleiche auch über einen selbst gesagt werden könnte“, dann ist es ein abstrakter Denker.

Die Fähigkeit unserer Jugendlichen, Ursache-Wirkungs-Zusammenhänge zu sehen, situative Ethik anzuwenden, Dinge in eine

---

[2] Als Adoleszenz (lateinisch adolescere „heranwachsen“) wird in der Entwicklung des Menschen der Zeitraum von der späten Kindheit über die Pubertät bis hin zum vollen Erwachsensein bezeichnet. Die Adoleszenz unterscheidet sich also qualitativ sowohl von der Kindheit als auch vom Erwachsenenalter (Wischmann, 2010. S. 32). Der Begriff steht für den Zeitabschnitt, während dessen eine Person biologisch gesehen fortpflanzungsfähig wird und an deren Ende sie körperlich nahezu ausgewachsen und emotional wie sozial weitgehend gereift ist (Wikipedia, Zugriff 23.2.2021).

Erwachsenenperspektive zu setzen und elterliche und gesellschaftliche Unzulänglichkeiten zu erkennen, kann alle möglichen Spannungen zwischen uns und unseren Kindern verursachen. Diese Veränderungen können Rebellion wahrscheinlicher machen, aber sie machen auch tiefe und beglückende Eltern-Kind-Beziehungen möglich.

Es ist keine leichte Aufgabe, Kinder zu erziehen, die die Schwelle zum Erwachsensein erreichen, mit einem weiterentwickelten Gehirn zu tun haben, neue Gefühle erleben und in neue Erfahrungen eintauchen. Erziehungsstile, die von fordernd und kontrollierend bis hin zu freizügig und übermäßig entgegenkommend reichen, mögen bei jüngeren Kindern einigermaßen effektiv sein, bei Jugendlichen sind sie jedoch zum Scheitern verurteilt. Es ist daher unser Privileg – und eigentlich ein Segen – Ihnen die Philosophie, die Werkzeuge und die Methoden anzubieten, die Ihnen helfen werden, Ihre Jugendlichen zu verantwortungsbewussten Erwachsenen zu erziehen.

Wie dieses Buch organisiert ist

Dieses Buch ist in drei Teile gegliedert. In Teil 1 werden Konzepte aus *Mit Liebe und Logik erziehen* speziell auf Teenager angewendet. Darin behandeln wir effektive und ineffektive Erziehungsstile. Wir erklären auch, wie Teenager mit Selbstwertgefühl, Kontrolle, Entscheidungen und Konsequenzen umgehen, und wie Eltern den Folgen der Entscheidungen ihrer Teenager mit Einfühlungsvermögen begegnen. Diese Prinzipien legen den Grundstein für eine effektive Erziehung von Teenagern.

In Teil 2 erforschen wir die Entwicklung von Teenagern: wie Kinder von der Kindheit in die Adoleszenz hineinwachsen (und wie Eltern mit ihnen Wachstumsphasen durchlaufen!) und wie sie auf innere und äußere Veränderungen reagieren. Wir beschließen diesen Teil mit praktischen Richtlinien und Anregungen für Eltern, wie man verantwortungsvolle Teenager erzieht.

In Teil 3 gehen wir praxisbezogen auf spezifische Themen ein. Wir stellen 37 „Liebe-und-Logik-Perlen" vor, die sich mit alltäglichen Problemen und Fragen befassen, mit denen die meisten Eltern während der Teenagerjahre ihrer Kinder konfrontiert sind. Obwohl diese Strategietipps kurz und treffend sind, sollten sie erst gelesen werden, nachdem man sich mit den Prinzipien in den ersten beiden Teilen des Buches befasst hat und diese verstanden hat.

Wir glauben, dass die *Liebe-und-Logik-Erziehung* funktioniert, sonst hätten wir dieses Buch nicht geschrieben. Mehr als drei Jahrzehnte Forschung, Lehre, Verfeinerung der Methoden und die Erfahrung, dass es immer wieder funktioniert, haben uns von ihrer Wirksamkeit überzeugt. Aber kein Erziehungskonzept funktioniert jedes Mal perfekt. Im Laufe der Jahre haben wir wesentliche Faktoren hervorgehoben, die dafür sorgen, dass unsere Beziehung zu unseren Teenagern stark bleibt. Wir haben Methoden hinzugefügt, die Auseinandersetzungen entschärfen, und verschiedene andere Änderungen vorgenommen. Im Laufe der Jahre haben wir kein anderes Konzept entdeckt, das so effektiv ist wie das Liebe-und-Logik-Konzept, um Jugendliche zu verantwortungsvollen Erwachsenen zu erziehen.

Eigentlich ist die Liebe-und-Logik-Erziehung weniger ein Konzept als vielmehr eine bestimmte Einstellung. Wenn sie im Kontext einer gesunden Beziehung zu unseren Teenagern angewandt wird, wird ihnen diese Einstellung die Freiheit geben, mit der Zeit an Reife zuzunehmen. Sie wird sie lehren, zu denken, zu entscheiden und mit ihren Entscheidungen zu leben. Sie werden Verantwortung lernen, während wir lernen, mit weniger Kontrolle auszukommen und Frieden mit unseren eigenen Fähigkeiten und Unzulänglichkeiten zu schließen. Indem unsere Kinder älter und weiser werden, gewinnen wir nicht nur ein reiferes Kind, sondern auch einen lebenslangen erwachsenen Freund.

Natürlich sind nicht alle Teenager gleich. Kinder, die sich bis elf noch so ähnlich schienen, entwickeln sich im Teenageralter sehr unterschiedlich. Kein Buch über Teenager kann jede körperliche Veränderung oder jeden äußeren Einfluss vorhersehen.

Deshalb gehen wir in diesem Buch davon aus, dass Teenager zwar grundlegende Gemeinsamkeiten haben, aber die Kinder je nach Familie ihre eigene Art haben. Die Rebellion des einen Teenagers ist die Unabhängigkeit eines anderen Teenagers. Die Nähe und Qualität der Eltern-Kind-Beziehung wird von einer Familie zur anderen variieren. Und manche Kinder sind einfach nur anders.

Eine weitere Annahme, von der wir ausgehen, ist, dass die Prinzipien in diesem Buch nicht missbraucht werden. Ein Ratgeberbuch, insbesondere eines, das Ratschläge zu einem so sensiblen Thema wie der Erziehung von Teenagern gibt, kann leicht missbraucht werden. Nur weil wir zum Beispiel glauben, dass Jugendliche mit den Konsequenzen ihrer Entscheidungen leben sollten, bedeutet das keineswegs, dass Eltern wegschauen sollten, wenn ihre Kinder in lebensbedrohliche Handlungen wie das Spielen mit geladenen Waffen verwickelt sind. Jugendliche stehen noch immer unter unserer Vormundschaft, weil sie immer noch liebevolle Führer und Berater brauchen, während sie sich den Herausforderungen ihrer Zeit stellen.

Wir gehen außerdem davon aus, dass Eltern, die dieses Buch lesen, fürsorgliche und liebevolle Menschen sind. Eltern mit einer Tendenz, ihre Kinder zu missbrauchen, könnten diese Prinzipien anwenden und ihrem Teenager möglicherweise Schaden zufügen. Leider erkennen die meisten dieser Eltern dies nicht oder geben es nicht zu. Eltern, die den Verdacht haben, dass sie möglicherweise ihre Kinder missbrauchen, sollten professionellen Rat einholen.

Wir glauben, dass Eltern vor keiner größeren Herausforderung stehen – und keine größere Chance haben –, als ihre Kinder durch die Teenagerjahre zu führen, damit sie zu einem produktiven, glücklichen und verantwortungsvollen Erwachsenenleben heranwachsen. Wir glauben, dass dieses Buch Eltern helfen wird, diese Herausforderung zu meistern und sich an dieser Chance zu erfreuen. Es ist nie zu spät, mit der Erziehung auf die Liebe-und-Logik-Art zu beginnen.

TEIL 1

Liebe-und-Logik-Eltern werden erwachsen

Kapitel 1

Was man über Teenager wissen sollte

Jake war nie das, was man schlecht nennen würde, aber als er in die Teenagerjahre kam, war er auch nicht das, was man gut nennen würde. Er war eine Art nicht besonders netter „Dazwischen-Typ" von Jugendlichem. Mit sechzehn verhielt sich Jake launisch und distanziert gegenüber seinen Eltern. Er war nicht direkt rebellisch, sondern reagierte auf seine Eltern so, als seien sie irgendein Staubkorn, das durch das Haus schwebte. Das heißt, er hatte eigentlich keine Beziehung zu seinen Eltern, es sei denn, er wollte etwas. Wenn er zu Hause war, zog er sich launisch in sein Zimmer zurück.

Für ein Elternteil kann es manchmal noch schmerzhafter sein, ignoriert zu werden, als offenkundig negative Gemeinheiten ertragen zu müssen. „Es ist nicht so, dass wir es nicht verdient hätten", erzählte Jakes Mutter Tammy.

> Wir haben Jake immer ziemlich genau das gegeben, was er wollte. Wir haben ihn vor seinen eigenen Fehlern gerettet und hart gearbeitet, um ihm all die materiellen Dinge zu geben, die Gary und ich nie hatten. Wir haben uns verausgabt, um es dem Jungen recht zu machen, und deswegen hatte er natürlich überhaupt keinen Respekt vor uns. Wahrscheinlich erinnerte ihn die bloße Anwesenheit bei uns unbewusst daran, wen er als Vorbild verinnerlicht hatte. Damals haben wir das alles noch nicht verstanden. Gary nennt sie die Vor-Liebe-und-Logik-Zeit, in der „wir es einfach nicht kapiert haben".
>
> Gary und ich hatten gerade unseren ersten Liebe-und-Logik-Kurs beendet und waren völlig niedergeschlagen. Hier lebten wir mit diesem unkommunikativen und unnahbaren Menschen, den wir

selbst erschaffen hatten. Wir durchliefen die „Hätten wir doch nur vor zehn Jahren Liebe und Logik gefunden"-Phase und fühlten uns irgendwie hoffnungslos, als Gott und das Glück uns eine entscheidende „signifikante Lerngelegenheit" bescherten, die uns half, alles umzukehren und eine großartige neue Richtung einzuschlagen.

Ich kam von der Arbeit nach Hause und erhielt einen Anruf von einem Polizisten namens Robert Kenner. Er sagte, ein Kind, das sie aufgegriffen hätten, habe ein Geständnis abgelegt und Jake als einen der beiden identifiziert, die versucht hätten, ein paar Uhren aus einem Geschäft zu klauen. Es war Jakes Freund Chris, der auf dem Überwachungsvideo erkannt worden war und den Ruhm, schuldig zu sein, nicht für sich behalten wollte.

Der Polizist sagte, er werde bei uns vorbeikommen. Ich glaube, Jake wusste durch meinen Teil des Gesprächs, worum es bei dem Anruf ging, und ich weiß, dass er den üblichen „Wir haben es einfach nicht kapiert"-Ablauf erwartete: „Oh weh!"" – mit händeringender Panik von meiner Seite und einem Wutanfall seines Vaters. Aber damals war schon ein neuer Tag angebrochen, und ich sagte: „Das war ein interessanter Anruf. Die Polizei wird gleich hier sein. Viel Glück, Jake. Ich bin gespannt, wie du damit umgehen wirst."

Genau in diesem Moment, als ich die völlige Überraschung und Bestürzung auf seinem Gesicht sah, fühlte ich diese überwältigende Freude in mir schreien, die sagte: „Du hast es geschafft! Du hast es geschafft!" Das war ein Meilenstein für mich als Helikopter-Mutter und machte den Kurs jeden Penny wert.

Als der Polizist Kenner ankam, hatte er ein langes Gespräch mit Jake. Ich genoss es, mich rauszuhalten und den Hund zu füttern, der viel aufgeschlossener war als Jake in letzter Zeit. Kenner sagte, er werde Jake in die Stadt bringen, und ich sagte lediglich: „Ach so. Na gut.", anstatt Variationen von „O nein!" oder „Wie lange?" oder „O je!" oder „Wann kann ich ihn abholen?" Man sah Jake an, wie entsetzt er darüber war, dass ich einfach so damit einverstanden war.

Als Kenner sich anschickte, Jake in Handschellen zum Streifenwagen zu bringen, fragte ich ihn, ob ich mit ihm noch allein sprechen könne, was er bejahte. Als er zurückkam, fragte ich ihn, wie lange er Jake festhalten werde, und er sagte, er könne ihn nicht lange festhalten. Jake war ein Jugendlicher und sie durften ihn bei diesem

ersten Vergehen nicht festhalten, aber er würde ihn gerne mitnehmen und Fingerabdrücke nehmen.
Ich fragte ihn, ob es möglich wäre, Jake *nicht* wissen zu lassen, dass er nicht in einer Zelle gehalten werden könne – oder gar in eine Zelle gesteckt werden könne! Ob er mir bei einem Plan helfen werde? Ja, das werde er. Wir heckten alle Details zusammen aus, dort in der Küche. Als wir darüber sprachen, wie wir es anstellen würden, konnte ich sehen, dass dieser Polizist mich anerkennend ansah, als wäre ich eine großartige Mutter oder so etwas! Wow, das war neu! *So etwas* hatte mir noch nie jemand unterstellt.
Dann fuhr der Polizist mit Blaulicht und heulendem Martinshorn mit Jake los, der einsam auf dem Rücksitz des Streifenwagens saß, und wir setzten den Plan in die Tat um. Er rief mich auf dem Weg in die Innenstadt zum Stadtgefängnis an und aktivierte den Lautsprecher des Telefons, damit Jake unser Gespräch mithören konnte. Wie verabredet, sagte er: „Sie können in ein paar Stunden kommen und Jake abholen."
Ich sagte: „Tut mir leid, aber ich habe andere Dinge zu tun."
„Also, wann *können* Sie ihn abholen?"
„Nun, heute nicht, *das ist* sicher."
„Gute Frau, wir haben keinen Platz in der Jugendstrafanstalt, also muss er in die Erwachsenenzellen, und auch dort ist der Platz knapp. Wir sind voll mit Pädophilen und Sexualstraftätern, die gerade eingesperrt sind."
„Tun Sie, was immer Sie tun müssen, aber ich habe heute einfach keine Zeit."
„Aber wissen Sie, was passieren könnte?!"
„Guter Herr, ich bin nicht derjenige, der Walmart abgezockt hat. Jake hat ein paar schlechte Entscheidungen getroffen und muss die Konsequenzen tragen, aber er ist ja zäh. Ich bin mir sicher, dass es ihm gut gehen wird." In diesem Moment hörte ich, wie Jake im Hintergrund zu wimmern anfing: „Mama, hol mich ab." Da brach dieser tolle Polizist das Gespräch ab und sagte nur noch: „Okay, gute Frau, aber sagen Sie nicht, ich hätte Sie nicht gewarnt."
Sie durften Jake nur drei Stunden lang festhalten, weshalb ich dann zum Gefängnis fuhr. Sie zogen Jake von einer Holzbank, auf der er die ganze Zeit gesessen hatte, und er rannte förmlich auf mich zu und warf seine Arme um mich. „Danke, Mama! Danke, Mama!"

Ich war seit Jahren nicht mehr so umarmt worden. Dann fing er an zu weinen.

Es war der Beginn eines ganz neuen Lebens mit Jake. Seit diesem Tag hat er uns tatsächlich respektvoll behandelt, war verantwortungsbewusst und es macht fast immer Spaß, mit ihm zusammen zu sein, aber es liegt nicht nur an ihm. Auch wir haben uns verändert. Ich weiß, dass wir jetzt viel weniger kritisch wirken und ihn mehr annehmen – aber nicht immer *zustimmend* sind. Wir sind jetzt sehr konsequent, statt „schimpfend, tobend und rettend".

Ein beunruhigender Anruf

Sandy und Alan Frank begutachteten den Esstisch. Das Silberbesteck, das Porzellangeschirr, die brennenden Kerzen und die Servierplatten waren schön gedeckt. Sie nickten ihren Gästen zu – Kollegen aus Alans Anwaltskanzlei – und alle setzten sich in der Erwartung, dass ein perfekter, unterhaltsamer Abend vor ihnen läge.

Alan und Sandy konnten mit einem ruhigen Abend rechnen; ihr Teenager-Sohn Ryan hatte ein Date mit einem Mädchen namens Desiree. Trotz ihrer äußerlichen Entspanntheit im Umgang mit ihren Gästen hegten sie jedoch Ängste in Bezug auf ihren zunehmend missratenen Sohn.

Diese Angst konkretisierte sich, als während des Nachtischs das Telefon klingelte. Sandy nahm den Hörer ab und rief mit zitternder Stimme nach Alan. Ryan und Desiree wurden im Büro des Sheriffs festgehalten. Sie hatten beide getrunken, weshalb Ryan – in einer Geste ritterlicher Feigheit – Desiree hatte fahren lassen. Sie war über einen Bordstein gefahren, praktischerweise direkt gegenüber der Polizeiwache, und hatte dabei einen Reifen zerfetzt. Beide bekamen Strafzettel. Der Beamte wollte wissen, wann Alan und Sandy vorbeikommen könnten, um die beiden gegen eine Bürgschaft abzuholen.

Sandys schlimmste Befürchtungen wurden wahr. Ihr Achtzehnjähriger hatte sich förmlich auf ein Leben als Krimineller eingelassen. Kreidebleich kam sie zurück an den Tisch. Als ihre Gäste fragten, was los sei, antwortete sie mit einer flachen „Das passiert immer"-Stimme: „Die Polizei hat angerufen und gesagt, sie würden Ryan festhalten."

Alan, der immer noch am Telefon war, beschloss auf der Stelle, seinen Erziehungsstil zu ändern. Er und Sandy hatten kürzlich ein Liebe-und-Logik-Erziehungsseminar besucht und erkannt, dass sie einige Dinge anders machen mussten. Anstatt Ryan zu Hilfe zu kommen oder böse zu werden, wie sie es früher getan hätten, beschloss Alan, Ryan etwas Verantwortung lernen und erwachsen werden zu lassen.

„Wir kommen nicht aufs Revier, um Ryan abzuholen", sagte er dem Beamten.

„Nun, Herr Frank, wenn Sie ihn nicht abholen, muss ich ihn einsperren."

„Tun Sie, was immer nötig ist."

Alan kehrte mit einem nervösen Grinsen ins Esszimmer zurück, als Sandy gerade den Tisch abräumte. Sie überlegte, wie sie den Abend höflich beenden, ihre Gäste zur Tür begleiten und dann zum Bahnhof fahren konnte, um Ryan rauszuholen. Alan kam herein, warf ein Kartenspiel auf den Tisch und sagte: „Lasst uns *Hearts* spielen." Er zog die fassungslose Sandy zur Seite, lächelte und sagte: „Wir sollten uns den schönen Abend nicht verderben lassen."

Wer hat hier das Sagen?

Jahrelang schien Ryan auf ein verantwortungsloses Leben zuzusteuern. Er lebte wie ein Chaot und hatte sich zunehmend den Nörgeleien seiner Eltern wegen seines schlampigen Aussehens, seiner schmuddeligen Kleidung, seines unordentlichen Zimmers und dieser „infernalischen Musik", die durch die Wände dröhnte, widersetzt.

Mit dreizehn Jahren „vergaß" Ryan einfach, seine Hausarbeiten zu erledigen.

Je älter er wurde, desto trotziger wurde er. Mit siebzehn fing er an, sogar während der Woche zu trinken und mit Drogen zu experimentieren, was sich beides verheerend auf seine Noten auswirkte. Er ging mit Mädchen aus, die mit den falschen Leuten verkehrten, wie zum Beispiel Desiree, und erzählte seinem Vater: „Sie kommt aus einem zerrütteten Elternhaus und braucht mich als Seelsorger", woraufhin Alan sarkastisch konterte: „Welche Seelsorgemethoden wendest du denn an?"

Ryan hatte die feste Familientradition, seinen Eltern einen Gutenachtkuss zu geben, schon lange aufgegeben. Jetzt waren sie froh, wenn er nur durch die Schlafzimmertür rief: „Ich bin wieder da.“

Alan reagierte auf Ryans moralischen Abstieg, indem er die Beherrschung verlor und herumschrie. „Du stinkst wie ein Gärbottich!“, begrüßte er seinen Sohn nach einer durchzechten Nacht. Oder: „Du hast das Sozialverhalten eines Penners!“

Und Sandy murmelte laut vor sich hin: „Dieses Kind würde ich mir selbst nie aussuchen.“

Ryan grinste natürlich nur. Er hatte seine Eltern soweit, dass sie ihm emotional aus der Hand fraßen, und er wusste es.

Sie wussten es auch. Aber sie wussten nicht, wie sie die Kontrolle wiedererlangen konnten.

Dann besuchten Alan und Sandy ein Seminar, das sie in den Liebe-und-Logik-Elternansatz einführte. Sie lernten, dass Eltern sich zuerst um sich selbst kümmern, dass sie ihre Kinder sich um ihre eigenen Probleme kümmern lassen und zulassen sollten, dass sie mit den Konsequenzen ihrer Entscheidungen lebten.

Ein Wechsel der Taktik

Nachdem die Gäste aus Alans Anwaltskanzlei nach Hause gegangen waren, hatten Alan und Sandy eine weitere Gelegenheit, diese Prinzipien anzuwenden. Um 23.00 Uhr, während sie wach lagen und sich fragten, ob sie das Richtige getan hatten, klingelte das Telefon.

„Ja, wer ist dran?“, antwortete Alan.

„Papa!“, kam Ryans dringende Stimme über das Telefon. „Papa, es ist ziemlich schlimm hier.“

„He Junge, ist es wirklich so schlimm?“ Alan ging in die Offensive. „Einigen wir uns darauf, dass, wenn ich in den Knast käme, *du mich* nicht retten würdest.“

Das war zu viel für den verunsicherten Ryan. „Okay, wenn du so drauf bist …!“, rief er und knallte den Hörer auf.

Eine Viertelstunde später klingelte das Telefon wieder. Diesmal ging Sandy ran.

„Frau Frank? Hier ist Julie. Ich bin eine Betreuerin in der Jugendstrafanstalt. Frau Frank, ich bin so stolz auf Sie und Ihren Mann. Ryan geht es sehr gut. Sie würden sich wundern, wie viele Eltern hierherkommen und ihren Kindern aus der Patsche helfen. Eltern wie Sie verdienen eine Medaille."

Alan und Sandy hielten sich auch am nächsten Tag zurück, aber Desirees Mutter holte die beiden Teenager raus. Sandy fürchtete sich vor der kommenden Konfrontation. Ryan kam jedoch nicht sofort nach Hause. Aus Angst vor dem Zorn seiner Eltern verzögerte er seine Rückkehr.

Als Ryan zu Hause ankam, war er überrascht, dass seine Eltern nicht sauer auf ihn waren. Seine Verhaftung war seine Verantwortung, teilten sie ihm mit. Sie würden ihn nicht ausschimpfen, aber sie würden ihn auch nicht retten.

Diese Reaktion entschärfte jegliche Wut oder Abwehrhaltung von Ryan. Jetzt, da er wusste, dass er für die Situation verantwortlich war, war er bereit, etwas dagegen zu tun.

Ryan sagte seinen Eltern, er müsse Geld verdienen, um Desirees Mutter die Kaution zu erstatten, das Auto aus der Beschlagnahmung zu holen, es in eine Werkstatt abzuschleppen und einen neuen Reifen aufziehen zu lassen. „Das ist die teuerste Verabredung, die ich je hatte", rief er aus.

Sandy war erstaunt über Ryans respektvolle und verantwortungsvolle Reaktion. „Nach dieser Erfahrung haben wir bei den Kindern nie wieder die Schimpftiraden-Methode angewendet", kommentierte sie.

Anstatt ein Nichtsnutz zu werden, ging Ryan aufs College und schließlich auf die Hochschule. Er wurde ein Sozialarbeiter, der sich darum kümmerte, Zuschüsse zu bekommen, um die Welt zu verbessern. Alan beschreibt ihn als ein „Musterbeispiel der sozialen Verantwortung".

Sandy sagt jetzt: „Wir vergessen leicht, dass die Pubertät eine Phase für den Teenager und auch für uns ist. Aber wenn man die richtigen Methoden anwendet, verkürzt das die schlechten Phasen."

Verantwortung lernen

Lori, die Mutter der vierzehnjährigen Abby, hatte sich schon seit einiger Zeit auf den Abend gefreut. Nachdem sie sich zum Ausgehen vorbereitet hatte, ging sie zum Schrank, um die teure Lederjacke zu holen, die sie gerade erst gekauft hatte, und freute sich darauf, sie zum ersten Mal zu tragen. Die Jacke war nicht da.

Lori wusste sofort, wo er war. Abby war ungefähr so groß wie sie und hatte sich angewöhnt, ihre Sachen zu leihen, ohne zu fragen.

Später am Abend wartete Lori wutentbrannt auf ihre Tochter. Als Abby nach Hause kam, hatte sie tatsächlich die Jacke an – und es war Farbe auf dem Ärmel.

„Abby“, begann ihre Mutter, „wie konntest du nur so etwas tun! Du weißt, dass ich die Jacke gerade erst gekauft habe.“

„Oh, Mama, das ist keine große Sache.“

„Keine große Sache! Ich habe den Mantel gerade erst gekauft, und jetzt ist Farbe auf dem Ärmel.“

„Das war nicht meine Schuld. Es war ein Unfall. Außerdem, wenn du nicht so geizig wärst und auch mal was Schönes für mich kaufen würdest, müsste ich mir nicht deine Sachen zum Anziehen ausleihen.“

Daraufhin war Lori kurz davor, an die Decke zu gehen, aber sie hatte einen Liebe-und-Logik-Kurs belegt und wusste, dass sie in diesem Moment zu emotional war, um mit der Situation umzugehen. „Abby“, sagte sie und nahm ihre Selbstbeherrschung zusammen, „ich liebe dich zu sehr, um mit dir zu streiten, und ich bin gerade nicht in der Lage, das jetzt zu lösen, aber du hast die Jacke ohne Erlaubnis getragen und wirst eine Lösung für das Problem finden müssen. Lass uns jetzt zu Bett gehen. Wir können das später noch einmal besprechen. Lass mich wissen, wie du das Problem lösen wirst.“

Später am nächsten Tag sprach Lori ihre Tochter erneut auf den Mantel an. „Hast du darüber nachgedacht, was du tun wirst?“

„Oh, ich weiß nicht. Kannst du mir nicht einfach Hausarrest geben oder so?“

„Nun, das würde das Problem nicht wirklich lösen, oder?“

„Ich denke nicht.“

„Soll ich dir ein paar Möglichkeiten vorschlagen?“

„Von mir aus, okay.“

„Nun, du könntest einen neuen Mantel kaufen.“

„Wie viel hat er gekostet?“

„Dreihundertneunundachtzig Dollar.“

„Das kann ich nicht tun! Ich habe nicht so viel Geld.“

„Okay, du könntest es auch einfach ignorieren.“

„Nein, das könnte ich nicht! Du würdest nie vergessen, was passiert ist, und es mich auch nie vergessen lassen.“

„Ja, da hast du recht. Eine andere Möglichkeit wäre, ihn zu einem Lederfachgeschäft zu bringen und herauszufinden, was sie tun können, um die Farbe zu entfernen.“

Abby wählte diese Option und fand heraus, dass es fünfunddreißig Dollar kosten würde, die Farbe von der Jacke zu entfernen, dass die Firma aber keine Garantie für die Arbeit übernehmen würde. Als sie Lori anbot, ihr die fünfunddreißig Dollar zu geben, um die Sache auszugleichen, lehnte Lori erneut ab und gab das Problem an ihre Tochter zurück. Letztendlich würde Abby selbst eine Lösung finden müssen, ob mit der Reinigung oder durch einen privaten Flohmarkt ihrer eigenen Sachen, um die Jacke bezahlen zu können.

Es ist besser für eine Vierzehnjährige, finanzielle Verantwortung zu lernen, indem sie in diesem Alter „bankrott“ geht, als wenn sie älter ist und es andere gibt, die sich auf sie verlassen. So oder so, Abby würde für die Lösung sorgen.

Die Zeiten ändern sich

Tammy, Gary, Sandy, Alan und Lori haben durch ihre Erfahrungen alle eine hochqualifizierte Ausbildung in Sachen Erziehung erhalten. Ihre bisherige „Ausbildung“ hatte sie nicht auf die Intensität der Freuden, Sorgen und Probleme vorbereitet, mit denen sie täglich und manchmal stündlich mit einem Teenager konfrontiert waren – von Beziehungen über Jobs, Mode, lauter Musik und gebrochenen Herzen zu gebrochenen Gesetzen.

Eltern von Teenagern werden unweigerlich herausfinden – wenn sie es nicht schon getan haben – was diese fünf Eltern gelernt haben: *Kinder verändern sich.* Und was für eine Veränderung!

Nur ein paar Jahre zuvor haben wir Windeln gewechselt, den Kindern grundlegende Umgangsformen beigebracht, sie hin und her gefahren, ihnen bei den Hausaufgaben geholfen, sie beim Spielen beobachtet. Sicher, wir haben manchmal die Beherrschung verloren, und manchmal hatten wir sogar das Gefühl, den Verstand zu verlieren. Und ja, unsere elterliche Autorität stand unvermeidlich und scheinbar endlos auf dem Prüfstand. Aber selbst während der harten Lektionen waren wir immer noch die Eltern. Unsere Kinder waren immer noch unter unserer Kontrolle.

Aber dann kam ein Szenenwechsel, der dafür sorgte, dass wir uns weiterbilden mussten: ein Diplomkurs in Sachen „Teenager".

Plötzlich sahen unsere Kinder nicht mehr so aus wie früher. Benny war früher mit Skater-Jeans und einem T-Shirt zufrieden. Jocelyn ließ sich früher von Mama Kleidung kaufen. Jetzt trägt Ben Junior Jeans mit Löchern – und das nicht nur an den Knien – und Jocelyn hat eine enge persönliche Beziehung zu jeder Kleidungs-Verkäuferin im Einkaufszentrum. Manchmal ziehen sie sich an, als wäre jeder Tag Fasching. Diese Kinder gehen durch körperliche Verwandlungen, von denen wir glauben, dass kein Arzt je etwas davon gehört hat. Ben Junior überragt Papa und kann Mama mit einer Hand vom Boden heben. Jocelyn sieht gut aus – zu gut – in hautengen, bauchfreien Kleidern.

Tatsache ist, dass Kinder in fünf Jahren Pubertät mehr körperliche Veränderungen durchmachen als zu jedem anderen Zeitpunkt ihres Lebens:

- Ihre Gehirne verändern sich, sodass sie abstrakt denken können. Es kann sein, dass sie Ihren Glauben in Frage stellen, und sie sind sich auch nicht so sicher, ob sie an Sie glauben.
- Ihre Hormone toben wie nie zuvor, und sie sind anfällig für alles, von unglaublichen Wachstumsschüben bis hin zu extremen Stimmungsschwankungen.
- Ihre Haut produziert mehr Talg und Fett, was dazu führt, dass sie Pickel bekommen und deswegen in einen emotionalen Strudel geraten.
- Und, falls Sie es vergessen haben, sie werden fortpflanzungsfähig.

Heutige Eltern stehen vor einer Reihe von Herausforderungen. Kinder scheinen immer früher reif zu werden, und gesellschaftliche Einflüsse brechen mit Lichtgeschwindigkeit über Familien und Teenager herein, was unglaubliche und manchmal katastrophale Auswirkungen hat.

Diese gesellschaftlichen Umwälzungen haben die Familien zersplittert – allen voran die „traditionelle" Familie mit einem berufstätigen Vater, einer Mutter, die Hausfrau ist, und Kindern. Das ist für die meisten von uns nichts Neues. Aber was wir wirklich nur schwer begreifen können, ist das Ausmaß der Umwälzungen im Leben der Teenager. Bedenken Sie folgende bekannten Probleme bei Jugendlichen:

- Selbstmord ist, nach Verkehrsunfällen, die zweithäufigste Todesursache bei Jugendlichen.
- Von den unbeabsichtigten Verletzungen, die zum Tod führen, entfallen die meisten auf Verkehrsunfälle, wobei häufig Alkohol am Steuer die Ursache ist.
- Alkohol- und Drogenmissbrauch
- Frühzeitiger Sex mit der Gefahr von sexuell übertragbaren Infektionen und ungewollten Schwangerschaften
- Schulabbruch
- Viele der Eltern sind geschieden

Aber familiäre und gesellschaftliche Veränderungen sind nur die äußeren Faktoren. Viel komplizierter sind die Veränderungen im Inneren – das, was die Teenager in ihrer persönlichen Entwicklung erleben.

Sich den Herausforderungen der nächsten Generation stellen

Wenn Sie Ihre Kindern dabei beobachten, wie sie in die schöne neue Welt des Heranwachsens im 21. Jahrhundert eintreten, merken Sie, wie heftig deren unberechenbaren emotionalen Reaktionen auf diese inneren Umwälzungen sind.

Ein Teenager zu sein ist sozusagen eine „außerkörperliche Erfahrung" – raus aus dem Körper eines Kindes und rein in den eines Erwachsenen oder irgendwo dazwischen. Ein Teenager kann wie ein Erwachsener aussehen, während er sich wie ein Zweijähriger verhält, genauso entschlossen, seine eigene Identität zu etablieren, wie ein trotziges Kleinkind. Natürlich sind wir besorgt. Ist er bereit, mit der realen Welt zurechtzukommen, die jenseits der Sicherheit unserer schützenden Obhut auf ihn wartet? Und genauso natürlich werden unsere Teenager immer selbstbezogener, hinterfragen alles und orientieren sich an Gleichaltrigen. Sie assimilieren sich in eine Subkultur, legen sich spezielle Kleidung und Frisuren zu, zusammen mit einer Musik und Sprache, die in den Ohren von Erwachsenen oft Anstoß erregen.

All dies gründet in einem tiefen persönlichen Kampf, was Identität und Selbstwert angeht. „Wer bin ich?“ ist die zentrale Frage beim Übergang der Teenager von der Abhängigkeit zur Unabhängigkeit.

Aber unsere Teenager können im Vergleich zu den Kindern, die wir früher kannten, wie Außerirdische wirken. Wir fragen uns, ob andere Eltern vielleicht genauso viele schlaflose Nächte haben, in denen sie sich um ihre Teenager sorgen. Manche von uns fragen sich, ob unsere Kinder und unsere Ehen überleben werden.

Angesichts dieses Kontrollverlusts fragen wir uns: „Was stimmt nicht mit mir? Haben meine Eltern auch so über mich gedacht, als ich ein Teenager war?“

Was haben denn Ihre Eltern gemacht? Schließlich ist es doch noch gar nicht so lange her, dass Sie selbst ihre Lieblingsmusik gesungen haben, Ihre ersten Zigaretten und Ihr erstes Bier probiert haben, die Kirche geschwänzt, die Sperrstunde gebrochen und sogar manchmal Hausarrest bekommen haben. Haben sich Ihre Eltern gefragt, ob Sie jemals erwachsen werden und ein verantwortungsbewusster Erwachsener werden würden? Ja, das haben sie! Aber Sie haben es geschafft.

Nun machen Sie einen zeitlichen Sprung. Jetzt sind *Sie* Eltern von Teenagern und hoffen, dass diese in den wenigen Jahren, die ihnen noch bleiben, bevor sie das Weite suchen, irgendwie lernen werden, wie man in der realen Welt Entscheidungen trifft.

„Die reale Welt“ – das ist ein Ausdruck, der uns erschaudern lässt. Der Druck und die Einflüsse, die heute überall herrschen, waren in früheren Zeiten praktisch unbekannt. Wir sind versucht, in Verzweiflung zu versinken, wenn wir sehen, wie unsere Kinder vor Entscheidungen über Leben und Tod stehen, lange bevor sie auf eigenen Füßen stehen. Teenager und sogar viel jüngere Kinder sind häufig mit Drogen, Alkohol, vorehelichem Sex und vor allem Depressionen und Selbstmord konfrontiert. Dieser Druck kann Eltern genauso überfordern wie Teenager, vielleicht sogar noch mehr, vor allem, wenn sie versuchen, sie mit den Methoden zu erziehen, wie es ihre Eltern eine Generation zuvor getan haben.

Wenn Jims Eltern zum Beispiel sagten: „Spring!“, dachte er, sie könnten ihn tatsächlich dazu zwingen, es zu tun. Jugendliche wissen heute, dass Eltern aufgrund der sozialen, kulturellen und technologischen Revolutionen seit dem Zweiten Weltkrieg einfach nicht mehr diese „Mein-Wort-ist-das-Gesetz-in-diesem-Haus“-Kontrolle haben.

Sie wissen, dass sie ein Recht darauf haben, mit Respekt und Würde behandelt zu werden, und nicht mit autokratischer Kontrolle.

Heute sagen sich die Teenager: „Ich bin mir nicht sicher, ob meine Eltern Recht haben mit dem, was sie von mir verlangen und wie sie es verlangen. Und meine Freunde sagen, dass ich mir das nicht gefallen lassen muss." Sie kämpfen darum, ihren eigenen Weg zu finden. Kein Wunder, dass Eltern gestresst sind, Wege zu finden, wie sie mit ihren Teenagern umgehen können. Und Teenager sind gestresst, weil sie herausfinden müssen, wie sie mit ihren Eltern zusammenleben können. Wir alle müssen uns in einer neuen Welt zurechtfinden.

Ein Grund zur Hoffnung

Gibt es noch Hoffnung? Wir glauben, die Antwort ist ein klares Ja. Wir alle hoffen, dass wir unsere Kinder so erziehen können, dass wir, wenn sie achtzehn Jahre alt sind, Freunde sein können, nicht wahr? Wir freuen uns darauf, ihnen als Erwachsene auf einer gemeinsamen Basis begegnen zu können. Aber was bedeutet das?

Nun, wir wissen, was wir von unseren erwachsenen Freunden erwarten. Wir gehen davon aus, dass sie verantwortungsbewusst reden und handeln, klar denken, mit uns spielen, wenn wir Spaß haben wollen, in den schwierigen Zeiten des Lebens ernst bleiben und uns in Ruhe lassen, wenn wir Privatsphäre brauchen.

Warum können wir das nicht auch von unseren Teenagern erwarten? Sie denken wahrscheinlich: *„Sie sprechen wohl über die Teenager anderer Leute. Meine Tochter kam heute um 4 Uhr morgens heim. Bis morgen Nachmittag wird sie nicht einmal ansprechbar sein. Der einzige Grund, weshalb sie meinen Erwartungen Aufmerksamkeit schenken würde, wäre, um herauszufinden, wie man sie durchkreuzen kann.*

Aber wir reden hier tatsächlich über Ihren Teenager. Die Prinzipien, die wir in diesem Buch darlegen, sind für alle relevant – von scheuen Rehen bis zu Rebellen aus Prinzip. Wir zeigen Ihnen, wie Sie diese Prinzipien bei der Aufgabe, Ihren Teenagern zu helfen, verantwortungsvolle Erwachsene zu werden, anwenden können.

Erziehung erfordert nicht nur Engagement und harte Arbeit, sondern auch die richtigen Fertigkeiten. Liebe-und-Logik-Methoden eignen sich besonders gut für die Teenagerjahre, weil sie eine gute

Kommunikation und einen beratenden Ansatz betonen. Das passt gut zu der sich entwickelnden Unabhängigkeit des typischen Teenagers. Und das Beste von allem ist, dass Liebe-und-Logik-Eltern Freundschaften mit ihren Kindern aufbauen, die ein Leben lang halten sollten.

„Liebe und Logik" ist eine Win-Win-Strategie. Vorausgesetzt, die Genetik und die soziale Situation sind stabil, gewinnen die Eltern, weil sie auf eine gesunde Art und Weise lieben und eine effektive Kontrolle über ihre Teenager praktizieren. Sie müssen nicht auf Wut, Belehrungen, Drohungen und wiederholte Warnungen zurückgreifen, die Teenager auf dem Weg zum Erwachsensein verfolgen. Sie vermeiden auch den Ärger und die Frustration, die nur dazu beitragen, Fehlverhalten zu fördern. Teenager gewinnen, weil sie Verantwortungsbewusstsein und die Logik des Lebens lernen, indem sie ihre eigenen Probleme lösen. Sie erwerben die notwendigen Werkzeuge, um mit der „realen Welt" zurechtzukommen.

Wir bieten diese Philosophie an, weil die Grundbedürfnisse von Teenagern zwar die gleichen wie in früheren Generationen und über alle Kulturen hinweg sind, aber die Einflüsse und der Druck, der auf ihnen lastet, radikal anders sind.

Die heutigen Herausforderungen erfordern mehr denn je einen neuen Ansatz in der Erziehung von Teenagern.

Kapitel 2

Mit Liebe und Logik erziehen: Funktioniert das auch bei Teenagern?

Beim Aufräumen der Wäsche stolperte Amy zufällig über das geheime Marihuana-Lager ihres Sohnes. „Ich war total schockiert", sagte sie später. „Ich wusste einfach nicht, was ich tun sollte. Mein Tag war ruiniert. Ich war völlig deprimiert."

Ihr war klar, dass sie das Thema ansprechen musste, aber sie wusste nicht, was sie tun oder sagen sollte. Da sie die Drogen aus Marks Zimmer entfernt hatte, wusste sie, dass sie sie entweder wieder an denselben Ort zurücklegen oder bald mit ihm sprechen musste; er würde merken, dass sie entdeckt worden waren.

Amy wollte gerade die Tasche wieder an ihren ursprünglichen Platz zurückzubringen, um Zeit zu haben, mit jemandem zu sprechen, der ihr einen Rat geben konnte, als Mark ins Haus zurückkehrte und zu ihr herkam, während sie die Tasche noch in der Hand hielt.

Unnötig zu sagen, dass sie beide schockiert waren. Da stand sie in der Küche mit Drogen. Mark stotterte etwas heraus, das sich anhörte wie: „Es ist nicht das, was du denkst, Mama. Das ist nicht mein Gras. Ich bewahre es nur für einen Freund auf."

Amy schaffte es, mit „Das habe ich schon mal gehört, und es spielt keine Rolle. Drogen sind in diesem Haus nicht erlaubt. Ich werde etwas dagegen unternehmen müssen" zu antworten.

„Was, Mama?"

„Ich habe nicht die geringste Ahnung. Das ist eine solche Enttäuschung. Das ist so ernst. Ich werde eine Weile darüber nachdenken müssen. Nimm diese Tasche und mach was damit. Ich bin so wütend, dass ich in mein Zimmer gehen muss. Wir sprechen uns ein andermal."

Amy quälte sich für den Rest des Tages, sprach mit einigen ihrer Freunde und rief einen der Beratungslehrer an der Highschool an. Am Ende dieser Zeit wusste sie immer noch nicht, was sie tun sollte. Sie regte sich nur noch mehr über die Situation auf.

Mark kam an den Esstisch, aber er konnte seine Mutter nicht ansehen. Während des gesamten Essens herrschte Schweigen. Als das Essen vorbei war, bot er an, den Abwasch zu machen. Amy bemerkte, dass dies etwas ungewöhnlich war. Normalerweise flüchtete er sich an seinen Computer. Später sagte sie: „Ich glaube, er wollte ein bisschen Schadensbegrenzung betreiben und mich besänftigen."

Während Mark das Geschirr spülte, fragte er noch einmal: „Du hast mir noch nicht gesagt, was du wegen dieser Sache vorhast. Was ist los?"

Amys Antwort war: „Ich habe an nichts anderes mehr gedacht, seit ich deine Drogen gefunden habe, aber ich habe keine Ahnung, was ich tun soll. Es hat mich furchtbar aufgewühlt. Ich muss dir sagen, dass ich so traurig darüber bin, dass ich es nicht in Worte fassen kann."

Sie fuhr fort: „Die Sache, die mich am meisten traurig macht, ist, dass ich weiß, dass ich dich in deinem Alter nicht mehr vor deinen schlechten Entscheidungen schützen kann. Ich kann nicht mehr zwischen deinen schlechten Entscheidungen und dem stehen, was die Welt dir dafür zu bieten hat. Ich denke, deine schlechten Entscheidungen müssen nun in deiner eigenen Verantwortung stehen, und die Konsequenzen für diese Entscheidungen musst du selbst tragen. Du bist derjenige, der mit ihnen umgehen muss, und mein Herz tut mir um deinetwillen weh."

Sie fuhr fort, ihm zu sagen, sie werde nichts gegen das Marihuana unternehmen, außer dass ihm klar sein müsse, dass es niemals in ihrem Haus sein könne.

Amy ging mit gebrochenem Herzen ins Bett. Sie konnte nicht schlafen, weshalb sie aufstand und ins Wohnzimmer ging, um zu versuchen zu lesen. Kurz darauf kam Mark mit der Tüte mit Marihuana zu ihr.

„Mama, ich werde das Zeug im Hinterhof vergraben."

„Warum? Ich habe dir doch gesagt, dass ich dich nicht bestrafen werde."

„Mama, als du mir gesagt hast, dass du dich nicht mehr zwischen meine schlechten Entscheidungen und die möglichen Konsequenzen stellen kannst, hat mir das wirklich Angst gemacht. Wenn du dich nicht darum kümmerst, habe ich beschlossen, dass ich es tun muss."

Auf eigenen Füßen stehen

Erinnern Sie sich noch daran, wie gespannt wir darauf waren, unsere Kinder zum ersten Mal laufen zu sehen? Wir schwebten über jedem einzelnen, bereit, für alle Zeiten Babys ersten Schritt zu filmen.

Als sie dann loslegten, liefen sie los – mit Volldampf. Sie rannten durch die Küche und rasierten die Ecken. Sie rannten um das Haus herum, immer in Richtung der Treppe. Sie rannten über den Vorgarten und die Straße entlang, während die Erwachsenen sie einzuholen versuchten.

Wir waren stolz, wenn nicht sogar ein wenig erschrocken darüber, wie schnell sie mobil wurden und ihren eigenen Weg gehen wollten.

Jetzt sind sie Teenager. Sind sie endlich langsamer geworden? Nur lange genug, um uns um Fahrstunden und die Schlüssel für das Familienauto zu bitten. Und schon geht es wieder los – sie legen den Rückwärtsgang ein und fahren die Einfahrt hinunter. Aber sie fahren nicht nur aus der Garage heraus. Sie sind dabei, aus unserem Leben zu verschwinden. Während sie eine Abgaswolke in unsere Richtung schicken, hoffen wir, dass sie die Intelligenz und das Verantwortungsbewusstsein haben, es alleine zu schaffen.

Wie sollten Eltern diese letzten Jahre nutzen, um ihre Teenager auf den Auszug von zu Hause vorzubereiten? Wie bereiten wir sie darauf vor, als unabhängige Erwachsene zu leben?

Keine Erziehungsstrategie ist todsicher. Wir glauben jedoch, dass durch eine kluge Anwendung der Liebe-und-Logik-Prinzipien sich die Chancen erhöhen, verantwortungsbewusste Teenager zu erziehen, die, wenn sie einmal das Haus verlassen, in der Lage sind, sich dem Leben selbst zu stellen.

Aber bevor wir einen Überblick über die Liebe-und-Logik-Methode geben, lassen Sie uns zunächst einen Blick auf zwei bekannte Erziehungsstile werfen, die fast eine Garantie für graue Haare – oder gar keine Haare – sind, bevor Teenager das letzte Mal wegfahren.

Helikopter-Eltern

Hubschrauber sind aufregend, weil sie viel Wind, Lärm und Vibrationen erzeugen und nicht sehr schnell sind (mit Ausnahme von Kampfhubschraubern mit Turbinenantrieb, die wir später besprechen werden). Ihr Platz in der Welt ist es, zu schweben, zu retten und zu schützen. Notfallteams könnten ohne sie nicht funktionieren.

Aber was ist, wenn der Hubschrauber über uns schwebt, obwohl es keinen Notfall gibt? Dann ist das ein Problem.

Wenn Eltern darauf bestehen, ständig über dem Kind zu schweben und es zu beschützen, ist das lästig. Es kann sogar das normale Leben behindern. Wir nennen diejenigen, die diesen Ansatz verfolgen, „Helikopter-Eltern". Sie bleiben in der Nähe, um ihre Kinder zu retten, wann immer ein Problem auftaucht.

Um einen guten Eindruck von Helikopter-Eltern zu bekommen, müssen Sie nur Ihre örtliche weiterführende Schule besuchen. Sie werden sehen, wie sie durch die Eingangstür hinein- und herausschweben und ihren Kindern allerhand Dinge hinterhertragen. Helikopter-Eltern warten darauf, dass ihre geliebten Sprösslinge ein Leuchtsignal hochschicken, und dann stürzen sie sich darauf, ihre Kinder vor Lehrern, Spielkameraden und anderen scheinbar feindlichen Elementen zu schützen. Leider schirmen sie ihre Kinder auch von allen bedeutenden Lernmöglichkeiten ab; Helikopter-Eltern kümmern sich um die Konsequenzen, die ihre Kinder eigentlich selbst auf sich nehmen sollten. Der Schuldirektor wird leise vor sich hin murmeln: „Mann! Wie lange hat das Kind wohl gebraucht, um seine Eltern darauf zu trimmen, so etwas zu tun?"

Andere Mütter und Väter betrachten Helikopter-Eltern manchmal als Vorzeigebürger. Schauen Sie sich doch an, wie engagiert sie sind! Sie sind in jedem Komitee und scheinen mehr in der Schule zu sein als manche Lehrer. Sie scheinen sehr fürsorglich zu sein. Sie sind immer „da" für ihre Kinder. Schließlich sind die Gefahren ja real, also müssen die Kinder doch gerettet werden, oder?

Aber wenn Sie nur unter die Oberfläche schauen, werden Sie entdecken, dass Helikopter-Eltern oft Dinge für ihre Kinder tun, weil sie – die Eltern – sich so fühlen. Aus „Liebe" oder Schuldgefühlen verzichten sie darauf, Konsequenzen aufzuerlegen oder zuzulassen, weil sie sich mit Konsequenzen unwohl fühlen. Wenn ihre Kinder leiden, helfen sie ihnen aus der Patsche – weil auch *sie* leiden.

Helikopter-Eltern verhalten sich deshalb so, weil sie Liebe, Schutz und Fürsorge verwechseln. Alle diese Dinge sind gut, aber sie sind nicht miteinander gleichzusetzen.

Helikopter-Eltern erlauben ihren Kindern nicht, zu versagen. Wenn ihre Kinder versagen, so folgern sie fälschlicherweise, bedeutet das, dass sie gefühllose und lieblose Eltern sind. Rettende Eltern retten oft aus ihren eigenen Bedürfnissen heraus. Sie genießen es unbewusst, das Leid anderer zu lindern. Sie sind Eltern, die gebraucht werden wollen, nicht Eltern, die gewollt werden wollen.

Kinder, die mit der „Liebe“ von Helikopter-Eltern erzogen werden, werden selbst zu Helikoptern. Doch irgendwann geht ihnen der Treibstoff aus und sie stürzen in ihrem persönlichen Leben ab. Warum? Weil ihnen die Lernmöglichkeiten im Namen der Liebe gestohlen wurden.

Diese Kinder verstoßen gegen das Tempolimit, weil sie wissen, dass ihr Vater das Bußgeld bezahlen wird, oder sie haben promiskuitiven Sex, weil ihre Mutter die Antibabypille bezahlt hat. Ein paar Jahre später brechen sie das College ab, verprassen das wenige Geld, das sie haben, oder irren umher, um „herauszufinden, was sie wollen“. Die reale Welt, so entdecken diese jungen Erwachsenen, bietet keinen großen Helikopter-Elternteil im Himmel, der ihre Krankheiten heilt, ihre ungedeckten Schecks bezahlt, sie vor unverantwortlichen Menschen rettet oder sie buchstäblich aus dem Gefängnis holt.

Die Weiterentwicklung des Helikopter-Elternteils: der turbinengetriebene Kampfhubschrauber

Beim Schreiben der ersten Version dieses Buches schienen Helikopter-Eltern nur darum besorgt zu sein, ihre Kinder aus Krisensituationen zu retten. Inmitten des Wohlstands der 1990er-Jahre entstand ein neuer Typ Eltern, der nicht mehr nur rettete und verteidigte, sondern mit rauchenden Gewehren und zielgerichteten Raketen einflog, um jeden anzugreifen, der sein Kind für sein Handeln zur Verantwortung zog.

Wir nennen sie inzwischen das „turbinengetriebene Kampfhubschrauber-Modell“ der Helikopter-Eltern. Diese Eltern sind von dem

Wunsch besessen, ein perfektes Leben für ihre Kinder zu schaffen. In diesem Leben sollen die Kinder niemals mit Kämpfen, Unannehmlichkeiten, Unbequemlichkeiten oder Enttäuschungen konfrontiert werden. Es ist ein Leben, in dem die Kinder mit den besten Referenzen ins Erwachsenenalter starten können, weil sie nie eine Niederlage einstecken mussten, selbst wenn das bedeutete, dass jemand anderes die meiste Arbeit machte oder dafür sorgte, dass die Regeln genau so zurechtgebogen wurden, dass sie gewinnen konnten.

Die heranwachsenden Kinder von turbinengetriebenen Kampfhubschrauber-Eltern sehen auf dem Papier toll aus. Ihre Schulzeugnisse zeigen gute Noten, außerschulische Aktivitäten und Auszeichnungen und besondere Ehrungen – von denen die meisten nie wirklich verdient wurden. Die Fehler dieser Teenager werden unter den Teppich gekehrt, und Auszeichnungen werden mit wenig oder gar keiner Anstrengung ihrerseits erworben. Wir haben ihre Eltern oft sagen hören: „In der Welt da draußen geht es hart zu, und ich möchte, dass meine Kinder jeden Vorteil haben. Sie sollen später nicht durch Fehler, die sie in jungen Jahren machen, aufgehalten werden."

In ihrem Eifer, ihre Kinder zu schützen, stürzen sich diese Eltern auf jede Person, Schule oder Behörde, die sie als Bedrohung für die tadellosen Zeugnisse ihrer Kinder sehen. Mit intelligenten verbalen Bomben bewaffnet, sind sie schnell dabei, jeden in die Luft zu jagen, der hohe Standards für Verhalten, Moral oder Leistung setzt, die ihre Kinder dazu bringen könnten, Verantwortung für sich selbst zu übernehmen.

Ihr Kind zum Opfer zu erklären, ist ein beliebtes taktisches Manöver, mit dem Schulpersonal oder Sozialarbeiter dazu veranlasst werden sollen, sich in die Schützengräben zu retten. Das ständige Sperrfeuer der Kampfhubschrauber-Eltern zermürbt Lehrer und Schulverwalter.

Es ist furchtbar enttäuschend zu beobachten, wie Kinder lernen, anderen die Schuld für ihren mangelnden Erfolg zu geben, anstatt zu Menschen zu werden, die ihre Ziele durch Entschlossenheit und harte Arbeit erreichen. Wir hören täglich von den turbinengetriebenen Kampfhubschrauber-Eltern, die sich nicht damit begnügen, ihre Kinder zu beschützen, sondern es sogar vorziehen, die Infrastruktur genau der Einrichtungen zu zerstören, die sich der Erziehung ihrer Kinder zu gebildeten, verantwortungsbewussten und moralischen Menschen widmen.

Das Unternehmen, das ein Kind solcher Eltern einstellt, wird sich angesichts minderwertiger Leistungen nicht so leicht durch elterlichen Druck einschüchtern lassen. Ein perfektes Image und ein makelloses Schulzeugnis sind ein schlechter Ersatz für Charakter und die Einstellung, dass sich Erfolg durch Mühe und Ausdauer einstellt. Die Arbeitskräfte von morgen – und zu einem großen Teil auch viele derjenigen, die heute mit der Arbeit beginnen – werden ein böses Erwachen erleben, wenn sie erkennen, dass „zur Arbeit gehen" genau das bedeutet, und dass sie nicht in der Lage sein werden, ihre Eltern anzurufen, um ihren Chef zurechtzuweisen, weil ihre Beförderung an jemanden ging, der eher bereit war, sich ins Zeug zu legen und sich die Fähigkeiten anzueignen, die für die Erledigung der Arbeit erforderlich sind.

Feldwebel-Eltern

Feldwebel sind beeindruckend, weil sie wie Hubschrauber viel Lärm machen, Dinge aufwirbeln und eine unglaubliche und unmittelbare Motivation bei ihren Zuhörern erzeugen. Sie sind unverblümt und bestimmt: „Tu es, oder du bekommst Hausarrest!", bellen sie.

Wären wir Feldwebel und müssten Sie mit in den Krieg nehmen, müssten wir vielleicht irgendwann sagen: „Wir gehen den Hügel hinauf, um das Maschinengewehrnest zu suchen!" Das Letzte, was wir von Ihnen hören wollen, ist: „Aber warten Sie mal, Feldwebel! In solchen Situationen sind Menschen schon verletzt worden. Wir alle wollen erst einmal darüber abstimmen." In solchen Krisenzeiten kann die Demokratie tödlich langsam sein. Was nötig ist, ist Handeln, und *zwar sofort.*

Feldwebel haben einen Platz in unserer Welt. Aber ihr Stil ist kein Weg, um ein Land zu führen – oder eine Familie.

Wenn Sie sich nicht im Krieg befinden, ist es nicht effektiv, Teenager zu erziehen, indem man ihnen Befehle entgegenbrüllt. In der Tat könnten dies einen Krieg *verursachen.* Wir wissen das, weil viele von uns mit Feldwebel-Eltern aufgewachsen sind. Und nebenbei bemerkt, war das damals wahrscheinlich die beste Art und Weise für Eltern, mit Dingen umzugehen, weil die ganze Kultur glaubte, dass Kinder sich ohne Protest ihren Eltern unterordnen müssen. Damals wurde von Kindern erwartet, dass sie gehorsam aufwachsen, durch Disziplin groß werden, zu loyalen Firmenmitarbeitern werden und im Erwachsenenalter Befehle befolgen. Von ihnen wurde erwartet, dass sie sich eher anpassen als selbst denken.

Das war für die damalige Zeit in Ordnung. Solch „blinder Gehorsam“ war bewundernswert in einer Zeit, in der eine Person erwarten konnte, einen Job fürs Leben zu haben. Die Welt war weniger komplex, und die Rollen waren klar definiert.

Jim erinnert sich, dass er seinen Vater nie kritisierte, wenn er zu ihm sagte: „Es ist mir egal, wie du dich dabei fühlst – du erledigst es *jetzt!*“ Als Jim erwachsen wurde, schwor er sich jedoch, nie so zu sein. Aber er wurde seinem Vater in seiner frühen Elternzeit ähnlicher, als er es sich je hätte vorstellen können.

Es ist eine schwer zu durchbrechende Gewohnheit. Feldwebel-Eltern haben das Gefühl, dass es ihren Kindern auf lange Sicht umso besser geht, je mehr sie sie durch Befehle kontrollieren. Diese Eltern befinden sich auf einem Machttrip. Sie gehen davon aus: „Diese Kinder werden diszipliniert sein. Sie werden wissen, wie man sich richtig verhält.“

Obwohl der Feldwebel-Stil scheinbar ganz anders aussieht als der Helikopter-Stil, sind die Ergebnisse doch die gleichen. Kinder von Feldwebel-Eltern wissen nicht, wie sie Entscheidungen treffen sollen. Sie sind ihr ganzes Leben lang herumkommandiert worden und haben auf Stimmen gehört, die von außerhalb ihres Kopfes kamen. Wenn sie in die Pubertät kommen und versuchen, die Stimmen ihrer Eltern zu übertönen, haben sie keine eigene innere Stimme. Also fangen sie an, auf andere Stimmen außerhalb ihres Kopfes zu hören – und diese Stimmen kommen von ihren Gleichaltrigen.

Feldwebel setzen häufig Strafen als Konsequenz für die Fehler ihrer Kinder ein. Die reale Welt funktioniert jedoch größtenteils nicht durch Bestrafung. Sofern sie nicht das Gesetz brechen und verurteilt werden, bekommen Erwachsene keinen Hausarrest, wenn sie im Leben Mist bauen. Und wenn sie eine Art Bestrafung für ihre Handlungen erleben, halten sie selten inne, um sich selbst zu überprüfen. Verbitterung ist die häufigste Reaktion.

Feldwebel-Eltern entdecken irgendwann, dass sie, wenn sie ihre Teenager bestrafen, ihnen ein großartiges Fluchtventil bieten: eine Flucht vor den Konsequenzen ihrer Handlungen. Ihre Teenager müssen nie denken, wenn sie bestraft werden. Alles, was sie tun, ist, vor Groll zu kochen, weil die Eltern ihnen das Denken abnehmen.

Die reale Welt funktioniert nicht über Bestrafung. Sie funktioniert über Konsequenzen. Wenn wir bei der Arbeit durchgehend eine schlechte Leistung bringen, nimmt unser Chef uns nicht den DVD-Player weg. Er feuert uns – und Junge, dann denken wir über Lösungen nach! Mit anderen Worten, wir fangen an zu sagen: „Ich muss für mich selbst denken."

Manchmal bieten diese beiden Erziehungsstile, Helikopter und Feldwebel, eine Tarnung für die emotionale Distanz zu den Kindern. Die Familie mag im selben Haus wohnen, am selben Tisch essen und im selben Auto fahren, aber sie könnte genauso gut auf verschiedenen Planeten sein. Die Familienmitglieder sind oft blind für das Problem, weil sie sich seiner Existenz überhaupt nicht bewusst sind. Hätten sie ein vages Gefühl dafür, dass etwas nicht stimmt, wären sie höchstwahrscheinlich ohnehin nicht in der Lage, es zu artikulieren.

Wenn diese Familien dann gelegentlich doch einmal interagieren, verfallen die Eltern entweder in den Helikopter- oder in den Feldwebel-Stil. Entweder heißt es: „Oh, Schatz, du weißt, dass wir dich lieben und alles für dich tun werden", oder: „Werd nicht emotional in meiner Nähe, Junge! Du tust, was man dir sagt!"

Laissez-Faire-Eltern

Eine andere Art der Erziehung, die hier nur am Rande erwähnt werden soll, ist das, was wir „Laissez-faire-Eltern" nennen. Das sind Eltern, die ihre Kinder praktisch sich selbst erziehen lassen.

Einige glauben die Theorie, Kinder würden mit der Fähigkeit geboren werden zu wissen, was für sie richtig ist, wenn man ihnen nur die Zeit und Gelegenheit dafür gäbe, und sie würden schließlich zu erfolgreichen, kreativen Menschen heranwachsen, falls die Eltern einfach aus dem Weg gingen und sich nicht einmischten.

Andere glauben, sie sollten der beste Freund ihrer Kinder sein, sie nie für irgendetwas zur Rechenschaft ziehen und dafür sorgen, dass sie immer glücklich sind und das bekommen, was sie wollen. Sie glauben, dass es wichtiger ist, eine solche Art von Beziehung zu pflegen, als ihren Kindern Selbstdisziplin oder Charakter beizubringen.

Wieder andere fühlen sich schuldig, weil sie außer Haus arbeiten und deshalb wenig Zeit mit ihren Kindern verbringen können. Anstatt ihre Kinder für ihre Taten verantwortlich zu machen, lassen sie ihnen einfach freien Lauf und glauben, dass ein Verantwortungsbewusstsein auf die Kinder abfärbt, wenn sie wenig, dafür aber eine „qualitativ wertvolle Zeit“ mit ihnen verbringen.

Wieder andere haben Probleme damit, ihre Teenager dafür verantwortlich zu machen, dass sie sich so verhalten wie sie selbst am Anfang ihrer Teenagerjahre. Das gängige Argument ist: „Nun, ich bin schnell gefahren, habe Marihuana probiert, ein bisschen zu viel getrunken und habe mich trotzdem gut entwickelt. Das werden sie auch.“ Sie glauben dies trotz der Tatsache, dass viele ihrer Altersgenossen dies nicht taten und dass die gleichen Verhaltensweisen heute viel riskanter sind.

Wieder andere wissen einfach nicht mehr, was sie tun sollen, und haben deshalb einfach aufgegeben, es zu versuchen.

Wir möchten betonen, dass es sich dabei um gar keine Erziehungsmethode handelt, sondern um eine Abkehr von der elterlichen Verantwortung. Wie wir gerne sagen: „Wären Kinder dazu bestimmt, die Familie zu schmeißen, wären sie größer geboren worden.“

Beratende Eltern

Helikopter können nicht ewig schweben, Feldwebel werden irgendwann heiser und Laissez-faire-Eltern tun nichts. Erlauben Sie uns, eine bessere Alternative vorzustellen, die das ganze Leben lang gut funktioniert, aber bei Teenagern besonders effektiv ist: der beratende Erziehungsstil.

In der Reifezeit findet eine wichtige Veränderung in der Denkfähigkeit statt. Kinder gehen von konkreten Denkern zu dem über, was der bekannte Kinderpsychologe Jean Piaget „formale Operationen“ oder abstraktes Denken nannte. Während diese wichtige Veränderung in der Wahrnehmung stattfindet, müssen Eltern die Art und Weise, wie sie erziehen, anpassen, um den Bedürfnissen der neuen Denkprozesse, die in ihren Kindern stattfinden, gerecht zu werden. Neuere Studien zeigen, dass sich das Gehirn von Teenagern fortlaufend und sehr aktiv entwickelt. Diese Forschung scheint darauf hinzuweisen, dass Denkmuster, die zwischen zwölf und fünfundzwanzig Jahren entwickelt werden, mit größerer Wahrscheinlichkeit die Gehirnverdrahtung – und damit zukünftige Verhaltensmuster – beeinflussen als zu jedem anderen Zeitpunkt. (Wir werden diese Entwicklung in Kapitel 6 ausführlicher besprechen).

Jüngere Kinder denken konkret und brauchen wohlüberlegte Führung und manchmal auch feste Grenzen. Teenager lehnen sich jedoch oft gegen Richtlinien auf und rebellieren gegen feste Grenzen, weil sie anders zu denken gelernt haben. Während ihre Gehirne allein von Emotionen und extremem Nervenkitzel angezogen werden, haben sie auch die Fähigkeit, abstrakt zu denken und, wenn sie die Chance bekommen, den grundlegenden tierähnlichen Reaktionen der Amygdala – bzw. des „emotionalen Gehirns", wenn Sie so wollen – zu entkommen und mehr daran zu arbeiten, die Denkfähigkeiten der höheren und fortgeschritteneren Teile ihres Gehirns zu entwickeln.

Teenager lesen die Rettungsbotschaft von Helikopter-Eltern so: „Du bist zerbrechlich und schaffst es nicht ohne mich." Und sie nehmen die „Tu, was ich dir sage"-Botschaften von Feldwebel-Eltern auf, die verdeckt kommunizieren: „Du kannst nicht selbst denken, also werde ich es für dich tun." Sie interpretieren die „Was auch immer sein wird, wird sein"-Haltung von Laissez-faire-Eltern so, dass sie sich nicht um sie kümmern oder keine Hilfe dabei sind, Grenzen zu setzen, in denen sie sich sicher fühlen können.

Bei viele Eltern schlägt das Setzen von Grenzen ins Erteilen von Befehlen um. Sie untermauern diese Grenzen und Regeln mit weiteren Befehlen – stark angereichert mit Strenge und Wut –, und wenn diese versagen, greifen sie zur Bestrafung. Typischerweise reagieren Teenager auf diese Befehle und Bestrafungen mit Verantwortungslosigkeit, Widerstand und Rebellion.

Eltern, die in Liebe und Logik geschult sind, vermeiden die Helikopter–, Feldwebel- und Laissez-faire-Mentalität, indem sie stattdessen einen beratenden Stil anwenden. Sie stellen Fragen und bieten Wahlmöglichkeiten an. Anstatt ihren Kindern zu sagen, was sie tun sollen, legen sie die Last der Entscheidungsfindung auf die Schultern ihrer Kinder. Sie legen Optionen innerhalb sicherer Grenzen fest.

Eltern können ihre Kinder auf die reale Welt vorbereiten, indem sie das Familienleben so gestalten, dass es die Realitäten widerspiegelt, mit denen ihre Kinder bald selbst konfrontiert sein werden. Daher können wir uns ansehen, wie Berater in anderen Bereichen arbeiten, um unsere Vorstellung eines beratenden Erziehungsstils zu verfeinern.

Unternehmensberater

Unternehmen stellen oft spezialisierte Berater ein, um eine Perspektive von außen auf ein bestimmtes Problem zu erhalten, mit dem das Unternehmen konfrontiert ist. Das Unternehmen stellt die Berater wegen ihres Fachwissens ein, nicht um dem Unternehmen zu sagen, wie es arbeiten soll.

In der Tat würde die Geschäftsführung der meisten Unternehmen einen Berater feuern, der versucht, sie herumzukommandieren.

Berater diktieren nicht, sondern geben Rat. Sie sagen Dinge, wie: „Ich frage mich, ob es für Sie effektiver wäre, wenn Sie …“ Diese Haltung hat tatsächlich große Vorteile, da Berater nicht dafür verantwortlich sind, ob ihre Kunden ihren Rat annehmen. Wenn dem Kunden der Rat des Beraters nicht gefällt, muss er ihn nicht mehr anhören.

Und Berater sind nicht dafür verantwortlich, was passiert, wenn ihre Kunden ihren Rat befolgen oder nicht. Wenn ein Unternehmen Geld verliert, nachdem es der Empfehlung eines Beraters gefolgt ist, wird der Verlust nicht aus der Tasche des Beraters geholt. Im schlimmsten Fall wird der Berater gefeuert und verliert Empfehlungen.

Wenn Berater also Autorität abgeben, geben sie auch gerne die damit einhergehende Verantwortung ab. Das ist ein Vorteil!

Therapeuten und Schulpsychologen

Ein Beratungsbeispiel aus einem anderen Bereich ist der Therapeut oder der Schulpsychologe. Auch hier wird der Berater vom Klienten aufgesucht.

Obwohl kleine Kinder nicht von sich aus entscheiden, einen Berater aufzusuchen (es kommt wohl selten vor, dass ein Achtjähriger sagt: „Mama, ich brauche einen Therapeuten“), sind die meisten Teenager in der Lage, ihre eigenen Bedürfnisse zu erkennen. Viele von ihnen werden freiwillig und gerne Hilfe bei einem Schulpsychologen oder Therapeuten suchen.

Wie Unternehmensberater erteilen auch Schulpsychologen und Therapeuten keine Befehle. Sie geben niemandem Hausarrest. Sie werden selten wütend und schreien ihre Klienten nicht an. Sie führen selten Rettungsaktionen durch, und sie lassen sich nicht manipulieren oder missbrauchen. Aber sie bieten viel Empathie und Verständnis.

Andererseits erwarten Klienten von ihren Beratern, dass sie voller guter Ideen sind. Therapeuten und Berater sind dafür verantwortlich, ihre eigenen Standpunkte anzubieten, während sie die ihrer Klienten erkunden. Sie verwenden Umschreibungen und nachdenkliches Schweigen. Sie mögen oft skeptisch dreinblicken als Reaktion auf das, was sie hören. Sie können laut über mögliche Alternativen nachdenken.

Aber das Wichtigste bei dem, was Therapeuten und Seelsorger für ihre Klienten tun, ist ihre Einstellung. Die meisten Therapeuten glauben, dass ihre Klienten Kapitäne ihrer eigenen Schicksalsschiffe sind. Sie verstehen, dass ihre Klienten in der Vergangenheit Fehler gemacht haben und höchstwahrscheinlich auch in der Zukunft Fehler machen werden.

Die meisten Therapeuten hoffen, dass ihre Klienten auf sie hören, verlangen es aber nicht. Sie zeigen große Anteilnahme, halten sich aber zurück, sie zu retten. Tatsächlich ist es Therapeuten per Gesetz nur dann erlaubt, einzuschreiten und die Schweigepflicht zu brechen, wenn eine Person sich selbst oder andere physisch gefährdet. Das ist eine ziemlich starke Einschränkung!

Eltern als Berater

Wenn Kinder in die Pubertät hineinwachsen, ist es für viele Eltern verständlicherweise schwierig, von der Rolle des Leitenden oder gar des wohlwollenden Diktators in die Rolle des Beraters zu wechseln.

Einer der größten Übergänge ist der von der „Du"-Sprache zur „Ich"-Sprache. Eltern, die zu Beratern geworden sind, erkennen, dass es nicht mehr hilfreich ist, „Du"-Botschaften zu senden, wie z. B. „Du solltest jetzt besser deine Hausaufgaben machen." Stattdessen verwenden effektive Berater-Eltern „Ich"-Botschaften, die ihre eigenen Verwunderungen, Überlegungen und möglichen Vermutungen zum Ausdruck bringen:

- „Ich frage mich, ob dir der Abi-Abschluss nicht wichtig ist."
- „Ich frage mich, ob du dich über die Entscheidungen, die du triffst, ärgerst."
- „Es interessiert mich, aus welchen Gefühlen heraus du zu deinen Entscheidungen kommst."

Solcherart Bemerkungen sind etwas ganz anderes als: „Das solltest du diese Woche noch erledigen, wenn du eine Note für diese Arbeit haben willst."

Leider sind jedoch einige Eltern von Teenagern immer noch im Bestimmer- statt im Beratermodus. Werden sie mit den Fehlern ihres Kindes konfrontiert, senden sie die Botschaft: „Was soll *ich* jetzt tun, um *dein* Problem zu lösen?" Bedauerlicherweise übernehmen Eltern, die leiten wollen, die Verantwortung für den Teenager, was dem Teenager die Verantwortung für sein eigenes Problem entzieht.

Berater stellen auch eine Menge Fragen. Fragen, die Neugier und Interesse zeigen, sind mächtige Werkzeuge, die man bei Jugendlichen einsetzen kann. Befehle und Forderungen funktionieren oft gar nicht. Nachdenkliche, neugierige Fragen zwingen zum Nachdenken und führen oft dazu, dass Jugendliche neue und spannende Antworten finden, die ohne die Frage nie entstanden wären.

Die meisten Therapeuten verlassen sich in erster Linie auf Fragen. Man sagt oft, dass Seelsorger gute Antworten und Therapeuten gute Fragen haben. Und was glauben Sie, was die meisten Menschen schätzen? Wahrscheinlich die Fragen. Sie zahlen sicherlich mehr für einen guten Therapeuten als für einen guten Seelsorger.

Fragen führen dazu, dass Ihr Teenager nachdenkt und Lösungen überlegt. Forderungen, Belehrungen, Ultimaten und geäußerte Bedenken eher nicht. Es ist allzu leicht für einen Teenager, einer besorgten Mutter einfach zu sagen: „Mach dir keine Sorgen, Mama", während er selbst überhaupt nicht über die Gefahren der Situation nachdenkt. Aber wenn eine Mutter sich laut fragt: „Was wirst du tun, wenn die Polizei in Jeanettes Hause kommt und die Eltern sind nicht da und es gibt Minderjährige, die Alkohol getrunken haben?", muss sich der Teenager plötzlich eine Antwort einfallen lassen.

Fragen, die mit Bitterkeit und anklagend gestellt werden, sind unwirksam. Wenn Teenager das Gefühl haben, dass sie angeklagt werden, verweigern sie die Aussage und halten den Mund. Aber wenn Fragen mit Neugier und ehrlichem Interesse gestellt werden, öffnen sich die meisten Teenager.

Fast jede Aussage kann in eine Frage verwandelt werden. Hier sind einige Tipps, wie Sie als beratender Elternteil erfolgreich Fragen einsetzen können:

- Sagen Sie Ihrem Kind nicht, was Sie erwarten. Fragen Sie: „Was erwarte ich von dir?“ Besprechen Sie es. Nicht: „Ich erwarte, dass du dich verhältst wie …“, sondern: „Schatz, wie erwarte ich wohl, dass du damit umgehst?“
- Nicht: „Ich will nicht, dass du Freunde zu Besuch hast, wenn ich nicht da bin“, sondern: „Wenn du Freunde zu Besuch hättest, wenn ich nicht da bin, und es würde anschließend etwas fehlen, wer wäre dann schuld daran? Wie würdest du dafür bezahlen?“
- Erwarten Sie keine Antworten auf Fragen, wenn Ihr Teenager gerade mitten in seiner Wut oder seinem Schmerz steckt. Dann ist es am besten, sich Luft zu verschaffen, Liebe und hohe Erwartungen auszudrücken und später auf das Thema zurückzukommen.
- Wenn ein Teenager nicht antwortet und der Erwachsene weitere Fragen stellt, gibt dies dem Kind die Kontrolle über die Situation. Wenn Ihr Kind sich weigert zu antworten, machen Sie nicht den Fehler, eine Antwort zu verlangen. Anstatt eine weitere Frage zu stellen, sagen Sie einfach: „Ich kann verstehen, warum das so schwer zu beantworten ist. Vielleicht willst du ja darüber nachdenken und später darüber reden.“

Es besteht ein himmelweiter Unterschied zwischen einem kontrollierenden, fordernden Elternteil und einem einfühlsamen, beratenden Elternteil. Teenager brauchen Eltern, die sie beraten und gleichzeitig Einfühlungsvermögen zeigen und Konsequenzen zulassen. Typischerweise reagieren Teenager auf Befehle und Bestrafungen mit Verantwortungslosigkeit, Widerstand und Rebellion. Wir können jedoch auch von rebellischen Teenagern erwarten, dass sie sich an bestimmte Erwartungen in unserem Zuhause halten. Zum Beispiel können Eltern von ihren Teenagern erwarten,

- sich gegenüber allen Personen im Haus, einschließlich Gästen, respektvoll zu verhalten,
- keine Drogen ins Haus oder auf das Grundstück zu bringen,
- etwas zum Unterhalt des Haushalts beizutragen, indem sie Hausarbeiten erledigen,
- dass sie um Erlaubnis bitten, bevor sie die Kleidung eines anderen Familienmitglieds tragen oder das Familienfahrzeug benutzen.

Manche Erziehungsexperten nennen dies „Grenzen". Der Klarheit halber bezeichnen wir sie als „Erwartungen". Wenn nötig, können Eltern jüngere Kinder physisch begrenzen, aber es ist schwieriger, einen Jugendlichen oder einen anderen Erwachsenen so zu begrenzen, wie „Grenze" auf die traditionelle Art und Weise verwendet wird: als eine Anweisung, die befolgt werden muss. Wir können jedoch *Erwartungen* äußern, und wenn die Erwartungen nicht erfüllt werden, können wir Enttäuschung zeigen oder empfinden und dann auf eine Weise reagieren, die unseren eigenen Bedürfnissen gerecht wird.

Erwartungen sind am effektivsten, wenn sie nicht als Anweisungen gemacht werden, sondern wenn sie mit Fragen ausgelotet werden, wie z. B.: „Was denkst du, wie wir reagieren würden, wenn wir Drogen in der Wohnung finden?" oder: „Was denkst du, wie die Polizei reagieren würde, wenn wir ihr melden würden, dass es bei uns Drogen gibt?"

Die Liebe-und-Logik-Methode

Wir glauben, dass eines der obersten Ziele der Erziehung darin besteht, verantwortungsvolle Kinder aufzuziehen – Kinder, die mit Fähigkeiten ausgestattet sind, die es ihnen ermöglichen, ein Leben lang weise Entscheidungen zu treffen.

Der Liebe-und-Logik-Erziehungsstil basiert auf nur einer Handvoll von Grundprinzipien. Jedem Prinzip liegen gewisse Überzeugungen und Einstellungen zugrunde. Sie alle zielen auf eine einfache Methode ab, Kinder zu erziehen und Teenagern zu helfen, verantwortungsbewusst und unabhängig zu werden. Die ersten vier werden wir in Kapitel 3 näher erläutern, die übrigen in Kapitel 4.

Die folgende Übersicht fasst kurz die Prinzipien zusammen, die diesem einzigartigen Win-Win-Ansatz für Eltern und ihre Kinder zugrunde liegen.

Verantwortungsbewusste Teens fühlen sich wohl in ihrer Haut

Selbstwertgefühl „passiert" nicht einfach dadurch, dass man dafür sorgt, dass Teenager sich gut oder glücklich fühlen. Es beginnt, wenn Kinder ihre Unabhängigkeit geltend machen und versuchen, ihren Familien und der Welt zu zeigen, dass sie eigenständige Personen sind. Wenn sie Dinge durch ihren eigenen Schweiß und ihre Intelligenz erreichen, wächst ihr Selbstvertrauen, aber oberflächliche Merkmale – Aussehen, Kleidung und eine positive Einstellung – sind keine Garantie dafür, dass ein Teenager ein gesundes Selbstbild hat. Teenager entwickeln dieses gesunde Selbstbild durch den Umgang mit Verantwortung. Im Gegenzug lernen sie am besten, wenn sie ein gutes Gefühl über sich selbst haben.

Verantwortungsbewusstsein lernt man durch Vorbilder, nicht durch Belehrungen

Verantwortungsbewusstsein ist nicht etwas, das ein Elternteil einem Teenager durch Belehrungen, Drohungen oder Einschüchterung weitergibt. Stattdessen werden Verantwortungsbewusstsein und das damit einhergehende Selbstwertgefühl durch verdeckte Botschaften weitergegeben, die es Teenagern ermöglichen, ihren Charakter auf ihren Stärken aufzubauen. Wir müssen Teenagern die Möglichkeit geben, Entscheidungen zu treffen und auch Fehler zu machen.

Teenager sollten zu ihren Probleme stehen und selbst nach Lösungen suchen

Dies ist eine Alternative zu Helikopter-Eltern, die ihre Kinder ständig vor Missgeschicken und Fehlern bewahren, und zu Feldwebel-Eltern, die ihre Teenager heruntermachen, wenn sie Mist bauen: Leiten Sie Ihren Teenager an, eine Lösung für sein Problem zu finden. Beratende Liebe-und-Logik-Eltern helfen ihren Teenagern, das Leben zu meistern, indem sie Wahlmöglichkeiten anbieten, mögliche Lösungen für Probleme vorschlagen und sich dafür entscheiden, die Kontrolle in diesem Prozess zu teilen.

Wenn wir Teenager-Streitigkeiten entschärfen, sorgen wir dafür, dass sie weiterhin im Fokus stehen

Eines der vielleicht wichtigsten Liebe-und-Logik-Prinzipien lautet: „Entschärfe alle Streitereien.“ Streitereien geben Ihren Kindern die Möglichkeit, unvernünftig zu sein und zu testen, wo Ihre empfindlichen Stellen sind. Wenn Sie beide in der Hitze der Emotionen agieren, wird das Ergebnis unweigerlich sein, dass beide Seiten verlieren.

Kontrolle durch Wahlmöglichkeiten erlangen

Es ist nur natürlich, dass Eltern ihre Teenager kontrollieren wollen, aber sie müssen diesem natürlichen Drang widerstehen, selbst die ganze Kontrolle zu behalten, wenn sie wollen, dass ihre Teenager reif werden – und wenn sie nicht ihren Verstand verlieren wollen. Anstatt die Reifephase als einen langwierigen Konflikt um Kontrolle zu betrachten, warum nicht ein bisschen lockerer werden? Die effektivsten Eltern sind diejenigen, die mit Bedacht die Kontrolle abgeben, die sie ohnehin nicht haben, indem sie ihren Teenagern Wahlmöglichkeiten bieten.

Grenzen setzen durch Nachdenkworte

Liebe-und-Logik-Eltern bieten Wahlmöglichkeiten an, indem sie Nachdenkworte, nicht Streitworte verwenden. Sie sagen, was sie anbieten oder erlauben werden, und schreiben ihrem Teenager nicht vor, was er zu tun hat. Nachdenkworte müssen jedoch auch durchsetzbar sein, also bieten Sie niemals Wahlmöglichkeiten an, die Sie nicht durchsetzen können (zum Beispiel sind Aussagen wie „Beruhige dich jetzt, oder du kannst die restlichen 100 Kilometer nach Hause laufen" ebenso ineffektiv, da sie sich guten Gewissens nicht durchsetzen lassen). Nachdenkworte überlassen den Teenagern die Arbeit, das Problem herauszufinden, während die Eltern abwarten, wie ihre Kinder sich verhalten.

Empathie plus Konsequenz gleich Erfolg

Wenn Teenager straucheln, stehen Liebe-und-Logik-Eltern vor dem größten Hindernis und der größten Chance, ihren Teenager beim Erwachsenwerden zu beobachten. Anstatt der Versuchung nachzugeben, den Teenager zu retten oder wütend auf ihn zu werden, empfinden Liebe-und-Logik-Eltern Mitgefühl mit ihrem Teenager und lassen die logischen Konsequenzen des Fehlers eintreffen. Indem sie diese Empathie aufbringen und dann die Konsequenzen zulassen, vermitteln sie die Lektion, dass sie den Teenager lieben, der Teenager aber lernen muss, wie die reale Welt funktioniert.

Konsequenzen müssen nicht sofort erfolgen

Allzu oft fühlen wir uns als Eltern unter Druck, uns auf der Stelle und auf dem Höhepunkt unseres Ärgers eine Konsequenz für die Handlung eines Teenagers einfallen zu lassen. Dabei verpassen wir die Chance, dass sich sowohl ein Verantwortungsbewusstsein im Teenager entwickelt als auch ihm zu helfen, die besten Lösungen zu finden. Es ist in Ordnung zu sagen: „Du musst mir nicht gleich sagen, wie du diese Situation lösen wirst. Lass uns beide darüber nachdenken. Später reden wir noch einmal darüber." Sprechen Sie dann mit Ihrem Ehepartner, Ihren Freunden, Lehrern, Beratern oder Seelsorgern und versuchen Sie, den besten Weg zu finden, mit der Situation umzugehen. Machen Sie sich keine Sorgen; das Letzte, was Ihr Teenager wahrscheinlich tun wird, ist, es zu vergessen.

Aufbau einer lebenslangen Beziehung

Diese Erziehungsmethoden sollen Ihnen nicht nur dabei helfen, die schwierigen Stellen bei der Erziehung von Teenagern zu meistern. Das Ziel ist es, Ihren Teenager zu einem verantwortungsvollen, produktiven und glücklichen Leben zu führen. Wenn Sie Ihrem Teenager erlauben, unabhängig zu werden, werden Sie erleben, dass ein Erwachsener aufblüht. Und dieser Erwachsene, der zufällig auch Ihr Kind ist, kann dann Ihr Freund werden. Und um wie viel stärker wird diese Freundschaft sein, wenn Sie den Ärger, die wiederholten Belehrungen, Drohungen und Ultimaten aus Ihren Interaktionen herausnehmen und stattdessen als liebevoller, einfühlsamer Berater agieren, während das Kind seine eigenen Probleme löst?

Diese Prinzipien bilden die Grundlage dafür, Teenager mit Liebe und Logik zu erziehen. Wir werden sie in den nächsten beiden Kapiteln näher erläutern, bevor wir uns mit den speziellen Problemen von Teenagern beschäftigen.

Kapitel 3

Zurück zu den Grundlagen, Teil 1: Jugendliche zu verantwortungsbewusstem Handeln erziehen

Stephanie versuchte wütend, die zuständige Person davon zu überzeugen, dass sie noch zu einem Kurs zugelassen werden sollte, der schon geschlossen war. Als ihre Bemühungen nicht fruchteten, zückte sie ihr Handy und rief ihre Mutter zu Hause an. Sie reichte der Person das Telefon und forderte sie auf: „Hier! Sprechen Sie mit meiner Mutter. Sie wird das schon richten."

So bizarr das auch klingt, ist es doch keine Seltenheit. Viele junge Erwachsene, die von zu Hause ausgezogen sind und studieren, sind nicht in der Lage, Entscheidungen zu treffen oder Probleme selbst zu lösen.

In einem kürzlich erschienenen Zeitungsartikel wurde ein ehemaliger stellvertretender Direktor für studentische Angelegenheiten mit den Worten zitiert: „Das Handy ist die längste Nabelschnur der Welt." Einige Hochschulen berichten, dass die Einführungsveranstaltungen für Erstsemester immer mehr einem Kindergarten ähneln, bei dem mehr Eltern als Studenten anwesend sind.

Dieses Szenario zeigt eine große Veränderung in den letzten dreißig Jahren auf. Viele junge Erwachsene verlassen das Elternhaus, ohne viel geübt zu haben, Dinge selbst zu regeln und dann verantwortungsvoll zu handeln.

Wir machen uns Sorgen, dass junge Menschen wie Stephanie, die nicht glauben, dass sie alltägliche Probleme lösen können, kaum in der Lage sein werden, auf sich selbst aufzupassen. Es ist nicht schwer sich auszumalen, wie sie mit Entscheidungen über Sex, Saufgelagen und Geld umgehen würde.

Wie konnte Stephanie sich plötzlich mit so begrenzten Fähigkeiten in der Welt der Erwachsenen wiederfinden? Offensichtlich glaubte sie, dass ihre Mutter sich um sie kümmerte und wollte, dass sie erfolgreich war. Ihre Mutter war diejenige, die die Universität aussuchte, welche Stephanie besuchen würde, die erfolgreich die perfekte Mitbewohnerin aussuchte, ihre Kurse auswählte und ihre Bücher kaufte. War das nicht alles das Handeln eines liebevollen Elternteils, der das Beste für seinen Nachwuchs wollte?

Schauen wir uns an, wie Kinder emotional verkrüppelt und dazu gebracht wurden, zu glauben, sie seien von den Ansichten anderer abhängig.

Viele der heutigen Eltern wollen das Beste für ihre Kinder. Sie wollen nicht, dass sie enttäuscht, frustriert oder unzufrieden sind. Sie wollen nicht, dass ihre Kinder sich abmühen müssen, wie sie es früher getan haben. Sie wollen sich wie gute Eltern fühlen. Aber sie erkennen nicht, dass sie ihre Kinder genau der Fähigkeiten berauben, die sie brauchen, um erfolgreich zu sein, wenn sie schließlich aus dem Nest fliegen. Was wird Stephanies nächste Überraschung sein? Wird sie ihre Mutter anrufen, das Telefon an ihren Chef weiterreichen und dann erwarten, dass Mama ihm erklärt, warum sie eine Gehaltserhöhung bekommen sollte, anstatt gefeuert zu werden?

Die Liebe-und-Logik-Erziehung baut auf einer Reihe von Prinzipien auf, die auf Kinder jeden Alters angewendet werden können, um sie darin zu schulen, verantwortungsvoll zu handeln und mit ihren eigenen Problemen umgehen zu können. In diesem und dem folgenden Kapitel stellen wir diese Bausteine mit speziellen Anwendungen für Teenager vor, damit sie, wenn sie sechzehn oder siebzehn sind, in der Lage sind, ihre eigenen Entscheidungen zu treffen, ihren Weg in der Welt zu finden und die Art von Erwachsenen zu werden, die Sie sich als Ihre Freunde wünschen würden.

Grundlegendes Selbstbild – Wer bin ich?

Johns bester Kumpel kam in der Mittagspause auf ihn zu und sagte: „Hey, John, ich habe dieses wirklich tolle Zeug. Lass uns etwas davon hinter der Schule rauchen."

„Sicher, warum nicht?" antwortete John. Bisher hatte ihn noch keine „Sag einfach nein"-Kampagne beeindruckt.

Aber Johns Vater – der nicht einmal anwesend war – machte John schon eher zu schaffen. *Junge,* sagte er zu sich selbst, *wenn ich das tue, wird mein Vater wirklich sauer werden.* Und was ist das Nächste, was John sich sagte? *Aber das wird er nie herausfinden.*

Teenager sind voll von Übertreibung, Prahlerei, Drohungen, Einschüchterung und Stimmen – lauten Stimmen, die von außerhalb ihres Kopfes kommen. Aber selbst in den besten Situationen leiden Teenager natürlich unter vielen Problemen, was ihr Selbstverständnis ihre Zweifel anbelangt.

Bei all seiner angeblichen Unabhängigkeit hatte John eine lausige Art, Entscheidungen zu treffen. Wenn vernünftige Teenager gebeten werden, Drogen zu nehmen, sagen sie sich: *Hey, ich frage mich, wie sich das auf mich auswirken wird?*

Teenager kämpfen mit vielen Dingen in ihrem Leben, die sie nicht verstehen. Es ist natürlich, dass sie durch einige ziemlich herausfordernde Zeiten gehen, aber die gehen vorbei. Wichtig ist, dass sie ein starkes Selbstbild entwickeln, das sie nicht nur durch den morgigen Tag bringt, sondern ihnen auch Stabilität für die Zukunft gibt.

Travis, zum Beispiel, hat nicht die Stabilität, die seine Eltern mit ihrer Ehe, ihrem Haus und ihren Autos haben. Er weiß noch nicht, wer er ist, aber er arbeitet wie verrückt daran, es herauszufinden. Deshalb verbringt er viel Zeit bei Brandon, vergleicht schäbige Jeans und Ohrringe und beweist sich selbst, dass er nicht nur eine Erweiterung seiner Familie ist. Er verbringt immer mehr Zeit damit, Brandon zuzuhören, um zu zeigen, dass er nicht immer auf seine Eltern hört. Travis ist sich dessen nicht bewusst, dass er immer noch auf jemanden *außerhalb* seines Kopfes hört; es ist nur so, dass die Stimme jetzt öfter die von Brandon ist als die seiner Eltern.

Pubertäre Identitätskrisen treten auf, wenn Teenager versuchen, die richtigen Entscheidungen zu treffen, sich aber nicht sicher sind, ob sie es tun, weil sie es wollen oder weil es ihre Eltern glücklich macht.

Dies ist die klassische jugendliche Identitätskrise, die James Dean in dem Film ... *denn sie wissen nicht, was sie tun* verewigt hat.

Kämpfe um das Selbstverständnis in der Adoleszenz

Das Selbstverständnis ist in den Teenagerjahren oft auf dem Tiefpunkt, weil so viele Dinge passieren, die sehr schwer zu verstehen sind.

Jedes Mal, wenn Teenager zum Beispiel ihren Körper betrachten, sind sie am Ende enttäuscht. Mit ihren Haaren stimmt etwas nicht. Ihre Freunde ziehen sich besser an als sie selbst. Ihre Körperform ist zu groß oder zu klein. Sie fragen sich ständig: *Wie sieht ein normaler Teenager aus? Wie verhält sich ein normaler Teenager?*

Diese Fragen treiben Teenager in den Wahnsinn und stellen ihr Selbstverständnis ständig in Frage. Und kluge Eltern wissen, dass die Ängste von Teenagern in Bezug auf sich selbst oft gerade dann am größten sind, wenn sie so tun als seien sie sehr selbstsicher.

Was passiert in solchen Zeiten mit Freundschaften? „Mensch, gestern mochte mich mein Freund noch, aber jetzt hasst er mich." „Die Mädchen schlossen mich früher ein, bis ich anfing, mit so und so rumzuhängen." Die Cliquen ändern sich ständig.

Noch wichtiger als Äußerlichkeiten oder Freundschaften sind jedoch die Fragen von Leben und Tod, mit denen Teenager täglich konfrontiert werden. Missbrauch zu Hause, Drogen und Selbstmordgedanken bedrängen sie und zerren an ihnen. Wenn ihr Selbstverständnis nicht verlässlich ist, können sie stolpern – mit fatalen Folgen.

Den Ursachen eines beschädigten Selbstverständnisses auf der Spur

Probleme mit dem Selbstverständnis beginnen oft in den ersten ein oder zwei Lebensjahren. Die meisten Eltern beschädigen das Selbstverständnis ihres Kindes nicht absichtlich, aber es kann auf viele Arten geschehen:

- überzogene Kritik
- Überfürsorge und/oder Überbehütung
- Vernachlässigung
- Perfektionismus
- Genetik und/oder pränatale Faktoren

- übermäßige oder unzureichende Kontrolle
- Kinder zum formalen Lernen drängen, bevor sie dazu bereit sind
- Vergleich von Kindern mit anderen, die bessere Leistungen erbringen
- Versagen, Kinder Verantwortung für ihre eigenen Belohnungen und Enttäuschungen übernehmen zu lassen
- bedingte Liebe
- Kinder respektlos sein lassen
- Versagen der Eltern, vorzuleben, wie man angemessen für sich selbst sorgt
- Lernbehinderungen
- emotionale Probleme
- fehlende frühzeitige Bindung

Wenn Sie diese Liste über das, was dem Selbstverständnis schaden kann, lesen, fragen Sie sich vielleicht, wie gut Sie als Elternteil bisher waren. Keiner ist perfekt – wir haben alle ein paar Fehler gemacht. Aber Sie haben die Wahl, was Sie in Zukunft tun wollen. Sie können entscheiden, welche Einstellungen Sie selbst und welche Einstellungen Ihr Kind, das jetzt ein Teenager ist, am glücklichsten machen werden.

Stetiger Aufbau des Selbstverständnisses

Teenager suchen bei uns nach positiven oder negativen Bestätigungen und speichern sie in ihrem Gedächtnis. Die aus diesen elterlichen Botschaften gewonnenen Wahrnehmungen werden tatsächlich zu ihrer Realität. Hier sind einige Tipps zur Erhöhung der Erfolgschancen, wenn wir unsere Verantwortung wahrnehmen, das Selbstverständnis unserer Teenager aufzubauen:

- Vermitteln Sie sowohl durch verbale als auch nonverbale Botschaften, dass Sie sie bedingungslos lieben.
- Leben Sie Ihren Teenagern Ihr eigenes gesundes Selbstverständnis vor, indem Sie sich genauso um sich selbst kümmern, wie Sie sich um sie kümmern.
- Vermitteln Sie sowohl durch verbale als auch nonverbale Botschaften: „Ich schätze dich!“

- Vermitteln Sie sowohl durch verbale als auch nonverbale Botschaften: „Du kannst denken."
- Vermitteln Sie sowohl durch verbale als auch nonverbale Botschaften: „Du hast die Kontrolle."
- Geben Sie den Teenagern die Möglichkeit, sich mit ihren Entscheidungen und ihrer Verantwortung auseinanderzusetzen und dann dazu zu stehen.

Drei Möglichkeiten, Liebe zu zeigen, sind Augenkontakt, Berührung und Lächeln. In Kombination miteinander sind sie wie Dynamit. Die Art und Weise, wie wir Teenagern zuhören, hat ebenfalls großen Einfluss darauf, wie geliebt sie sich fühlen und wie sehr sie uns lieben.

Wir würden unseren Kindern gerne helfen, aber ironischerweise kann dieser starke Wunsch, anderen Menschen zu helfen und sich um sie zu kümmern, zu unserem schlimmsten Feind werden, wenn es um unsere Teenager geht. Wenn dieser Wunsch zu Überbehütung führt, vereitelt er die Möglichkeiten, dass sie Verantwortungsbewusstsein lernen.

Die drei Stimmen des Selbstverständnisses

Das Selbstverständnis ist wie ein dreibeiniger Tisch. Wenn nicht alle drei Aspekte des Selbstverständnisses vorhanden sind, steht er schief. Diese drei Beine sind wie drei Stimmen. Teenager mit einem starken Selbstverständnis haben alle drei Stimmen im Ohr.

Die erste Stimme sagt: „Ich werde von den ‚Wundermenschen' in meinem Leben geliebt" – den wichtigen anderen Menschen. Wir alle sind Wundermenschen im Leben von Teenagern.

Die zweite Stimme sagt: „Ich habe genau die Fähigkeiten, die ich für eine Person meines Alters brauche. Ich kann im Klassenzimmer mithalten. Ich kann zu Hause mithalten. Ich kann auf der Straße konkurrieren. Ich kann mich im Sport messen. Ich kann mich überall mit Leuten meines Alters messen. Ich bin okay."

Die dritte Stimme sagt: „Ich kann die Kontrolle über mein Leben übernehmen. Ich kann Verantwortung übernehmen und Entscheidungen für mich selbst treffen und (dies ist der wichtige Teil): Ich kann mit den Konsequenzen meiner Entscheidungen oder Handlungen leben."

Liebe-und-Logik-Prinzip 1

Verantwortungsbewusste Teenager fühlen sich wohl in ihrer Haut

Obwohl wir über das Selbstverständnis sprechen, konzentrieren wir uns nicht auf Begriffe wie *Selbstwertgefühl* und *Selbstbild.* Sie werden kein Liebe-und-Logik-Programm finden, das darauf ausgelegt ist, das Selbstwertgefühl Ihres Kindes zu steigern.

Verstehen Sie uns aber nicht falsch. Wir wollen, dass Ihre Kinder ein hohes Selbstwertgefühl haben. Aber sie bekommen kein hohes Selbstwertgefühl oder ein gutes Selbstbild, wenn sie sich darauf konzentrieren, es zu entwickeln. Fragen Sie die Eltern eines Teenagers mit einem großartigen Selbstbild, wie sehr sie sich darauf konzentrieren und darüber sprechen, werden sie wahrscheinlich etwas verdutzt schauen und etwas sagen, wie: „Hmm, wir reden eigentlich nie darüber, jetzt, wo Sie es erwähnen."

Selbstwertgefühl und Selbstbild sind die Folge dessen, wie ein Zuhause funktioniert. Wenn ein Kind durch Konsequenzen ermutigt wird, weise und produktive Entscheidungen zu treffen, wird sich ein positives Selbstbild einstellen. Liebe-und-Logik-Eltern konzentrieren sich nicht darauf, „nett zu reden", sondern geradlinig, ermutigend, einfühlsam und rücksichtsvoll zu sein.

Nehmen Sie z. B. den sechzehnjährigen Jeff, der lange schläft, wenig leistet und respektlos gegenüber seinen Eltern ist. Manche Bücher ermutigen die Eltern vielleicht, freundlich mit ihm darüber zu reden, welches Gefühl er über sich selbst hat. Und das kann wichtig sein. Auch Seelsorge kann eine Option sein. Die Eltern können jedoch die Liebe-und-Logik-Methoden anwenden, damit Jeff sich verantwortungsvolle Entscheidungen und Konsequenzen überlegt, mit denen sie selbst gut klarkommen können.

Verantwortungsbewusstsein können Eltern nicht durch Belehrungen, Drohungen oder Einschüchterung an einen Teenager weitergeben. Verantwortungsbewusstsein und sein Kompagnon, das Selbstverständnis, werden durch verdeckte Botschaften weitergegeben, die es Teenagern ermöglichen, ihren Charakter auf ihren Stärken aufzubauen. Wenn wir Teenagern die Möglichkeit geben, Entscheidungen zu treffen, müssen wir ihnen auch erlauben, Fehler zu machen. Laut dieser Philosophie bedeutet es jedoch nicht, dass inakzeptables Verhalten erlaubt ist, wenn man Kindern die Verantwortung überträgt. Eltern haben das Recht, verantwortungsvolles Verhalten von ihren Kindern zu erwarten.

Diese Philosophie besagt auch, dass Erwachsene und Teenager wachsen, indem sie auf ihren Stärken aufbauen. Aber das ist nicht die Art, wie viele von uns aufgewachsen sind. Als Jim zur Schule ging, hätte er, wenn ein Lehrer ihn gefragt hätte: „Hey, Jimmy, worin bist du gut?“, geantwortet: „Ich weiß es nicht.“ Und wenn der Lehrer ihn bedrängt hätte: „Nun, wer weiß es denn?“, dann hätte er geantwortet: „Ich glaube mein Lehrer und meine Mutter. Die müssen solche Dinge wissen.“

Aber wenn er gefragt worden wäre: „He, Jimmy, was sind deine Schwächen?“ Junge, da gab es niemanden sonst, der so ein Experte darin war. Er konnte diese Dinge herunterrasseln, weil seine Lehrer und Eltern der Meinung waren, er müsse, bevor er etwas lernen könne, erkennen, wie schwach er war. Zum Beispiel sagte seine Mutter jedes Mal, wenn er sich umdrehte: „Jim, deine Sprache ist schlampig. Achte auf deine Ms, Ps und Bs.“ Aber diese ständige Kritik half ihm nicht wirklich – und ich bin mir ziemlich sicher, dass es jedem anderen, der zu dieser Zeit aufwuchs, nicht anders erging.

Helfen wir den Teenagern also, sich ihrer Stärken bewusst zu werden, und bauen wir darauf auf. Das bedeutet nicht, dass wir ihre Schwächen ignorieren sollten, sondern nur, dass wir sie nicht auf Kosten ihrer Stärken in den Vordergrund stellen. Sie können und sollten auch an ihnen arbeiten. Als Faustregel gilt hier, dass ich von mir oder einem meiner Kinder nie verlangen werde, an mehr als einer Schwäche gleichzeitig zu arbeiten.

Verdeckte Nachrichten

Die stärksten Botschaften, die wir von Menschen aufnehmen, sind die angedeuteten, nicht die tatsächlichen Worte, die gesagt werden. Wenn wir Teenagern andeuten, dass sie mit einer Situation umgehen können, tun sie das auch. Wenn wir ihnen zu verstehen geben, dass sie nicht damit umgehen können, tun sie es nicht. Senden wir Teenagern eine unterbewusste Botschaft, dass sie denken können, verbessert sich ihr Selbstverständnis. Wenn Teenager genug von diesen guten Botschaften erhalten, lernen sie, sich selbst zu mögen.

Der Zusammenhang lässt sich im Sinne einer sich selbst erfüllenden Prophezeiung formulieren: „Ich werde nicht so, wie *du* denkst, dass ich es kann, und ich werde nicht so, wie *ich* denke, dass ich es kann. Ich werde, was *ich denke, dass du denkst,* dass ich es kann.“

Hatten Sie jemals einen Chef, einen Freund oder einen Lehrer, der Sie für das Tollste hielt, was es gibt? Wie haben Sie sich in der Nähe dieser Person verhalten? Haben Sie sich wöchentlich verabredet, um zu ihm gehen und zu sagen: „Moment mal! Ich bin nicht so gut, wie Sie denken!“? Oder haben Sie erlebt, dass Sie diesen Erwartungen gerecht wurden? Waren Sie jemals mit einer Person zusammen, die Sie für den Abschaum der Menschheit hielt? Wie hat sich das auf Ihre Reaktionen ausgewirkt?

Ein großer Teil unserer Erziehungsarbeit konzentriert sich darauf, wie wir den Teenagern vermitteln können – ohne es direkt zu sagen –, dass wir wissen, dass sie mit allem fertig werden, was das Leben ihnen bietet. Dann müssen wir ihnen vertrauen, dass sie es schaffen, und diese sich selbst erfüllende Prophezeiung ihre Arbeit tun lassen.

So wie es Eltern gibt, die einem Teenager unterstellen, dass er entweder toll oder ein Mistkerl ist, gibt es auch zwei Arten von Teenagern.

Sonya wacht morgens auf, marschiert ins Badezimmer und sagt zum Spiegel: „He, sieh dir die Kleine an. Sie ist voll OK. Ich mag diese Frau, und ich wette, andere Leute werden sie auch mögen.“

Nun zu Hannah. Sie wacht morgens auf, schleppt sich zum Spiegel und murmelt vor sich hin: „Oh, nein, sieh dir das an. Ich mag nicht, was ich sehe. Und ich wette, anderen Leuten gefällt sie auch nicht.“

Welcher dieser Teenager verursacht Probleme zu Hause oder in der Schule? Hannah, natürlich. Sie sieht sich an und erklärt: „Ich bin schlecht.“ Was kommt als Nächstes? „Schlechte Teenager sollten bestraft werden. Warum bestraft mich dann niemand?“ Dann zieht sie jemanden mit rein: „Ich tue etwas Schlimmes, und wenn sie mich nicht bestrafen, tue ich etwas Schlimmeres.“ Wenn sie schließlich bestraft wird, kann sie sagen: „Siehst du? Ich bin böse und sollte bestraft werden.“

Welche verdeckten Botschaften wollen Sie senden? Diejenigen, die Ihren Teenager zu der Antwort veranlassen: „Oh, ja? Dann bring mich mal dazu, es zu tun“, oder die, die Ihren Teenager einladen, einzuwilligen und sich dabei gut zu fühlen?

Liebe-und-Logik-Prinzip 2

Verantwortungsbewusstsein lernt man durch Vorbilder, nicht durch Belehrungen

Eltern haben Folgendes mit Gott gemeinsam: Wir können unseren Kindern eine große Freiheit geben, so wie Gott sie allen Menschen – seiner höchsten Schöpfung – gegeben hat. Das bedeutet, die Freiheit, sowohl Fehler zu machen als auch, es richtig zu machen. Scheitern und Erfolg sind zwei Seiten der gleichen Medaille.

Damit Kinder ihre eigenen Entscheidungen treffen können, müssen sie manchmal ihre Unabhängigkeit geltend machen, indem sie sich bewusst dafür entscheiden zu scheitern. Paradoxerweise ziehen Eltern, die versuchen, die Erfolge ihrer Kinder sicherzustellen, oft erfolglose Kinder auf.

Eine Sache, zu der wir Teenager definitiv nicht zwingen können, ist, „verantwortlich zu sein“. Verantwortungsbewusstsein kann nicht gelehrt werden; es muss erlebt werden. Die am schwierigsten zu lernenden Lektionen betreffen die Dinge, von denen uns gesagt wird, dass wir sie tun müssen. Um unseren Kindern zu helfen, Verantwortungsbewusstsein zu erlangen, müssen wir ihnen Gelegenheiten bieten, verantwortungsbewusst zu sein, anstatt ihnen zu befehlen, das zu tun, was wir für verantwortungsbewusst halten.

„Regeln“ als solche tragen nicht viel zum Aufbau von Verantwortungsbewusstsein bei, da Regeln und Vorschriften von Job zu Job und von Institution zu Institution variieren. Manchmal gibt es überhaupt keine Regeln – oder nur dumme Regeln.

Auf seinen Reisen als Redner hörte Foster von einer Universität, die vor ein paar Jahren eine neue Regel aufgestellt hat: „Kein Sex in den gemischten Studentenwohnheimen.“ Das ist eine dumme Regel. Die meisten von uns sind der Meinung, dass Sex in keinem der Studentenwohnheime erlaubt sein sollte.

Aber nehmen wir an, Jerry tritt in die *Behemoth Western University* ein. Er ist achtzehn Jahre alt und hat immer getan, was Mama und Papa ihm sagten. Als er auf dem Campus ankommt, denkt er: *Mensch, so viele schöne Mädchen habe ich noch nie gesehen.* Nach der ersten Woche ruft er seine Eltern an und sagt: „Hey, Mama und

Papa! Diese Mädchen hier sind der Hammer! Ich gehe morgen Abend mit einer auf eine Party."

Und nun raten Sie mal, was passiert. Mama und Papa versuchen – aus der Ferne – die „Kein Sex in den gemischten Studentenwohnheimen"-Regel der Universität durchzusetzen: „Jerry, wo wirst du heute Abend sein? Wird es dort irgendwelche Drogen geben? Wann wirst du wieder in deinem Zimmer sein? Wir wollen, dass du um zwölf zurück bist, und wir meinen nicht eine Minute nach zwölf."

„Sicher Mama, sicher Papa", versichert Jerry ihnen. „Ich werde brav sein, so wie ihr es mir gesagt habt." Vielleicht meint er es sogar ernst.

Um Mitternacht, wenn das Bier herumgereicht wird, muss Jerry eine Entscheidung treffen. Er kann auf das hören, was seine Eltern gesagt haben oder dem Drängen seiner Kumpels und dem Mädchen, das an seinem Arm zerrt, nachgeben. Aber Jerry hatte noch nie die Chance, auf sich selbst zu hören und seine eigene Entscheidung zu treffen.

Mal ehrlich, machen Regeln wie „Kein Sex in den gemischten Studentenwohnheimen" überhaupt einen Sinn? Nein, natürlich nicht.

Ein sinnvolles, reifes Verhalten kann nur dann erfolgen, wenn es dem Charakter unseres Teenagers entspringt – und der Charakter wird geformt, indem man lernt, Entscheidungen zu treffen und mit den Konsequenzen zu leben. Für uns Eltern hatte es noch keine großen Folgen, wenn wir unseren Kindern Entscheidungen abnahmen, als sie noch klein waren und es noch nicht unbedingt wichtig war, dass sie die Konsequenzen ihrer schlechten Entscheidungen zu spüren bekamen. Das mag für uns als Eltern damals die einfache Lösung gewesen sein, aber wenn wir so weitermachen, wird es für unsere Teenager nicht einfach sein, wenn sie mit Entscheidungen über Leben und Tod konfrontiert sind, die vor ein oder zwei Generationen noch undenkbar waren.

Tragischerweise sind für viele Jugendliche die ersten wirklichen Entscheidungen, die sie treffen, dumme Entscheidungen über Autos, Sex oder das Verhalten am Arbeitsplatz. Wenn sie vorher noch nie die Gelegenheit hatten, Entscheidungen zu treffen und die Verantwortung für die Konsequenzen zu übernehmen, ist es egal, was sie in der Fahrschule oder im Gesundheitsunterricht gelernt haben, da sie nie gelernt haben, verantwortlich zu sein.

Verantwortungsbewusstsein wird gelernt, wenn Eltern die Kontrolle mit ihren Teenagern teilen. Wir können Teenager dazu ermutigen, selbständig zu denken, und ihnen dabei helfen, ihr Selbstverständnis intakt zu halten. Wenn Teenager selbstständig denken, treffen sie Entscheidungen und lernen, mit den Konsequenzen zu leben. Wenn diese Konsequenzen bedeuten, dass sie die Lektionen des Lebens auf die harte Tour lernen, können wir auf angemessene Weise Empathie oder Anteilnahme zeigen. Das macht den Schmerz der Konsequenz deutlich, sodass sie die Lektion nie vergessen werden – und den Fehler nie wieder machen müssen.

Kurz nachdem Jerry auf der Campus-Party war, bekamen seine liebevollen Eltern einen Anruf. Jerry, so schien es, war in Schwierigkeiten geraten. Er war nicht nur wegen Trunkenheit in der Öffentlichkeit verhaftet worden, sondern es geschah auch noch, als er das Mädchen – dessen Namen er schnell vergessen hatte – am nächsten Morgen um drei Uhr aus seinem Wohnheim begleitete.

Nun sind die Eltern an der Reihe, eine Entscheidung zu treffen. Sie können Jerry anschreien: „Wir haben dir gesagt, du sollst dich benehmen, aber du hast nicht auf uns gehört! Wir sind wirklich sauer auf dich! Das kostet uns fünfzig Dollar für deine Gerichtskosten und das Bußgeld, weil du in der Öffentlichkeit betrunken warst."

Oder sie können einsehen, dass Jerry jetzt auf eigenen Füßen steht und seine eigenen Entscheidungen treffen muss: „Jerry, es tut uns wirklich leid, was passiert ist. Wir wissen, dass du das Geld wirklich gebraucht hättest, um dir ein paar Schulbücher zu kaufen, anstatt die Strafe zu bezahlen, aber du kannst bestimmt abends einen Teilzeitjob finden, um das wieder auszugleichen."

Nur wenige Teenager wollen wirklich für immer Teenager bleiben. Sie wollen erwachsen werden und ihre Unabhängigkeit beweisen, auch wenn sie es nur oberflächlich zeigen. Sie haben die Kleidung, die Angeberei und die Antworten. Lassen Sie sie also unabhängig agieren und entscheiden und damit leben. In nur wenigen Jahren werden sie Sie nicht mehr haben, um ihnen aus der Patsche zu helfen, wenn sie das Auto zu Schrott fahren, sich mit ihrem Ehepartner streiten oder das Geld für die Miete ihrer Wohnung verprassen. Warum also warten?

Lektionen kosten morgen immer mehr als heute, deshalb ist es desto besser, je früher unsere Teenager sich den Konsequenzen ihrer Entscheidungen stellen und daraus lernen dürfen.

Einige von uns warten aufgrund tief verwurzelter Erziehungsmuster aus jener längst vergangenen Ära, als unser sechzehnjähriger Rabauke noch ein süßer, kleiner, frecher Schelm war. Wir wollten alles Menschenmögliche für unseren Kleinen tun. Aber was uns in Schwierigkeiten brachte, war, *wie* wir unsere „Liebe" zeigten – oft durch Überbehüten.

Eltern, die es nicht besser wissen, neigen dazu, in den Helikopter- oder Feldwebel-Erziehungsstil zu verfallen, von denen wir bereits gesehen haben, dass sie nicht funktionieren.

Liebe-und-Logik-Prinzip 3

Lassen Sie Jugendliche für ihre Probleme und deren Lösungen selbst verantwortlich sein

Beratende Liebe-und-Logik-Eltern helfen Teenagern durch das Leben, indem sie Wahlmöglichkeiten anbieten und dabei die Kontrolle teilen, während sie auf dem gesunden Selbstverständnis ihrer Teenager aufbauen. Sie lassen die Teenager sowohl ihre Probleme als auch ihre Lösungen selbst in die Hand nehmen.

Der Aufbau eines starken Selbstverständnisses ist das erste von drei Dingen, die wir zusammen mit Teenagern tun können, damit sie, wenn sie ins Alter der Versuchung kommen, eine Chance haben, Drogen- und Alkoholmissbrauch oder anderen riskanten Verhaltensweisen zu widerstehen.

Die zweite Sache, die wir tun können, ist, Teenager darin zu unterstützen, wie man Entscheidungen trifft. Wir tun dies unter anderem, indem wir sie die Verantwortung für diese Entscheidungen übernehmen lassen – einschließlich der guten Gefühle und auch der Enttäuschungen – und ihnen diesen Gedanken ins Bewusstsein pflanzen: „Die Qualität meines Lebens hängt von den Entscheidungen ab, die ich treffe."

Drittens können wir deutlich machen, wem die Verantwortung für ein bestimmtes Problem obliegt. Wenn Eltern keine klaren Grenzen ziehen, wenn sie nötig sind, haben sie und ihre Teenager eine Menge Ärger am Hals.

Lassen Sie die Teenager für ihre eigenen Probleme, ihre eigenen Gefühle, ihre eigenen Enttäuschungen und ihre eigenen Belohnungen verantwortlich sein. Eines der schlimmsten Dinge, die wir tun können, ist, Teenagern die Botschaft zu vermitteln, dass sie etwas nicht tun sollten, weil die logische Konsequenz ihres Handelns ist, dass Erwachsene wütend werden. Erstens ermutigt sie das, ihr Handeln nach den Stimmen außerhalb ihres Kopfes zu richten. Und zweitens kann es bei einigen Teenagern, die alles daransetzen, Erwachsene wütend zu machen, ihre unreife Rebellion verstärken. So oder so übernehmen sie keine Verantwortung für die Situation.

Nehmen wir zum Beispiel an, dass Ihre Tochter mit dem Familienauto unterwegs ist und versucht ist, vor ihren Freunden anzugeben. Sollte sie denken: „Junge, wenn ich dieses Auto zu Schrott fahre, wird mein Vater wirklich sauer sein?“ Würde ein reifer Teenager so reagieren?

Falls sie eine vernünftige junge Frau auf dem Weg zu einer gesunden Unabhängigkeit ist, wird sie das nicht denken. Stattdessen wird sie sich sagen: „Mensch, wenn ich mit diesem Auto einen Unfall baue, werde ich uns über die ganze Autobahn verteilen. Ich sollte wohl besser vorsichtig sein.“

Es liegt in der Verantwortung des Teenagers, sich das Problem zu eigen zu machen und eine Lösung zu finden. Aber das ist nicht immer so einfach, wie es klingt, da wir versucht sind, wie ein Hubschrauber schnell herbeizufliegen, um unseren Sohn oder unsere Tochter vor der realen Welt zu schützen. Oder wir marschieren wie ein Feldwebel herzu, brüllen ein paar Befehle und erwarten, dass die Teenager-Truppe sich widerspruchslos einreiht. Diesen Versuchungen müssen wir widerstehen.

Als eine Person im helfenden Beruf der Erziehung fühlte ich (Jim) mich immer versucht, die Probleme meiner Schüler zu lösen. Deshalb musste ich mir antrainieren, etwas anderes zu tun, indem ich ein Schlüsselwort benutzte: „Schade.“ Immer, wenn ich dieses Wort benutzte, erinnerte es mich daran: „Jim, sei vorsichtig. Löse das Problem nicht für ihn. Gib ihm keine Lösung. Gib ihm keine Ratschläge und verteidige dich nicht. Überlasse *ihm* das Denken.“ Und wenn der

Schüler „Schade“ hört, klingt es einfühlsam. „Oh, so ein Pech. Schade. Ich wette, das fühlt sich schrecklich an.“

Wenn wir Teenagern zeigen, dass wir verstehen, wie sie sich fühlen, geben wir ihre Gefühle an sie zurück – zu *ihrer* Kontrolle, nicht zu unserer.

Die Eigenverantwortung für Probleme gerät auch ins Wanken, wenn wir Lob mit Ermutigung verwechseln. Vor zwanzig Jahren begannen die öffentlichen Schulen, etwas zu verwenden, das „positive Verstärkung“ genannt wird. Diese Philosophie besagt, dass, wenn wir viel Zeit damit verbringen, Teenagern zu sagen, wie gut sie etwas machen, sie es besser machen werden.

Dieser Ansatz funktioniert gut mit Teenagern, die sich selbst als eine „Eins“ sehen, weil sie nicht nach Beweisen suchen müssen, um ihr Selbstverständnis zu untermauern. Aber wie viele Teenager in unseren Klassenzimmern oder zu Hause halten sich wirklich für eine „Eins“?

Teenager können wir am besten ermutigen, wenn wir mit ihnen wie mit Erwachsenen sprechen. Wir bauen *kein* Selbstverständnis auf, indem wir ihnen sagen, dass sie gut sind. Jugendliche, die ein schlechtes Selbstbild haben, werden es einfach ignorieren, und es wird ihnen wahrscheinlich schlechter gehen, als wenn wir nichts gesagt hätten.

An einem Tag sind Teenager down, am nächsten Tag geht's ihnen wieder gut. Das gehört dazu. Wir können helfen, indem wir sie so wenig wie möglich kritisieren und es sein lassen, ihnen das zu sagen, was sie selbst herausfinden sollen. Wir wollen, dass sie selbst denken, also sollten wir ihnen Fragen stellen, anstatt sie herumzukommandieren. Wenn sie sagen, dass sie etwas Dummes tun werden, können wir antworten: „Ja, das ist eine Möglichkeit. Das kannst du tun. Hast du jemals an *dies*, *das* und *das* gedacht? Wir wünschen dir alles Gute, und wir werden dich immer noch lieben, egal was passiert.“

Indem wir mit Teenagern reden, als wären sie Erwachsene, vermitteln wir die starke Botschaft, dass wir von ihnen erwarten, dass sie sich wie Erwachsene verhalten und die Dinge in ihrem Leben in die Hand nehmen. Aber wir tun dies sicherlich nicht durch Belehrungen oder Drohungen.

Liebe-und-Logik-Prinzip 4

Wenn wir Teenager-Streitereien entschärfen, bleibt der Fokus auf ihnen

Wir können es nicht deutlich genug sagen: Wenn man Streit zulässt oder sich darauf einlässt, werden alle Versuche, die Liebe-und-Logik-Methoden anzuwenden, zunichte gemacht. Eltern, die mit ihren unvernünftigen Teenagern streiten oder versuchen, sie zur Vernunft zu bringen, führen einen Zermürbungskrieg. Am Ende erschöpfen sie sich nur und geben vielleicht auf.

Wenn wir Teenager für ihre Handlungen verantwortlich machen, wird ihre erste Bemerkung natürlich nicht lauten: „Mensch, Mama, tolle Erziehung! Vielen Dank, dass du so hartnäckig warst, um mir diese Lektion beizubringen." Stattdessen werden sie emotional sein – höchstwahrscheinlich wütend – und in diesem Zustand bleiben, bis sie etwas Zeit haben, sich abzukühlen. Wenn wir wütend sind, benutzen wir den elementarsten Teil unseres Gehirns, die Amygdala bzw. das „emotionale Gehirn", und nicht den Kortex, wo analytisches Denken und Schlussfolgerungen stattfinden. Wenn wir in diesem Zustand mit unserem Teenager streiten, ist das Letzte, was er oder sie tun wird, vernünftig zu sein.

Das Beste, was ein Elternteil bei einem hitzigen Streit tun kann, ist, einen Liebe-und-Logik-Einzeiler zu verwenden, wie z. B. „Also, was habe ich gesagt?" oder „Ich liebe dich zu sehr, um darüber zu streiten." Ein solcher Dialog könnte etwa so wie der folgende ablaufen, in dem Amanda sich darüber ärgert, dass sie nicht zu einer Party gehen darf:

AMANDA: Du lässt mich nie tun, was ich will.

MAMA: Ich liebe dich zu sehr, um darüber zu streiten. Lass uns darüber reden, wenn wir uns beide wieder abgekühlt haben.

AMANDA: Aber Carly darf immer tun, was sie will.

MAMA: Ich liebe dich zu sehr, um darüber zu streiten.

AMANDA: Ja, weil du sie lieber magst.

MAMA: Also, was habe ich gesagt?

Das darf nicht herablassend oder sarkastisch sein, sondern muss immer mit Empathie ausgedrückt werden. Echtes Einfühlungsvermögen hat eine erstaunliche Fähigkeit, Emotionen zu absorbieren. Am besten ist es, eine einfühlsame Aussage zu verwenden, die direkt aus Ihrem Herzen kommt, eine Aussage, die sich für Sie natürlich anfühlt. Es kann sogar jedes Mal die gleiche sein. Wenn Sie wollen, dass es einen verstärkenden Effekt hat, verwenden Sie auch denselben Gesichtsausdruck und dieselbe Körpersprache. Hier sind einige Beispiele für einfühlsame Aussagen, die funktionieren:

- „O nein. Ich wette, das fühlt sich schrecklich an."
- „Mann, so ein Pech!"
- „Ich kann mir nicht vorstellen, wie schlimm sich das anfühlt."

Und hier sind einige Beispiele für Aussagen, die häufig nicht so gut funktionieren:

- „Ich weiß, wie du dich fühlst."
- „Ich weiß genau, was du meinst."
- „Ich verstehe."

Als Eltern müssen Sie sich auch auf das konzentrieren, was kontrollierbar ist, indem Sie Ihren Teenagern sagen, was ***Sie selbst*** *tun werden, nicht was* ***sie*** *tun werden.* Sie werden nicht streiten, aber Sie können sie nicht davon abhalten, es zu versuchen; Sie werden später mit ihnen darüber sprechen, aber Sie können sie nicht dazu bringen, bis dahin eine endgültige Antwort für Sie zu haben. Sie werden sich selbst kontrollieren, indem Sie Ihren Teenagern die Fähigkeit vorleben, sinnlosem Gezänk zu widerstehen, und sie dazu zwingen, zu erkennen, dass sie die Konsequenzen der Entscheidungen, die sie treffen, tragen müssen.

Im nächsten Kapitel werden wir anhand der folgenden Prinzipien untersuchen, wie man effektiv mit Teenagern spricht:

- Kontrolle durch Wahlmöglichkeiten erlangen
- Grenzen setzen durch Nachdenkworte
- Das Erfolgsrezept: Einfühlungsvermögen mit Konsequenzen
- Aufbau einer Beziehung, die ein Leben lang hält

Kapitel 4

Zurück zu den Grundlagen, Teil 2: Teenager wie verantwortungsbewusste Erwachsene behandeln

Die vierzehnjährige Tina war wütend und verwirrt. Ihre Mutter, sagte sie, behandele sie einmal, als wäre sie eine Zweijährige, und dann wieder wie eine Erwachsene.

„Mama behandelt mich ganz okay, wenn sie mit mir über meine Kleidung, meine Freunde oder meine Hausaufgaben spricht – diese Dinge sind in Ordnung“, erklärte Tina. „Aber wenn sie mir sagt, ob ich mich verabreden darf oder wer mein Freund sein kann, ist es, als wäre ich ein kleines Mädchen, das nichts weiß.“

Tinas Mutter war auch nicht sehr glücklich. „Tina benimmt sich einmal wie eine junge Dame und dann wieder wie eine Zweijährige. Ich werde aus ihr nicht schlau! Sie ist so süß, wenn ich sie frage, wie es in der Schule läuft, oder wenn sie mir ihr neues Kleid zeigt. Aber wenn wir über diese Jungs mit den komischen Frisuren reden, die sie mag und von denen ich glaube, dass sie einen schlechten Einfluss auf sie haben, dann kriegt sie fast einen Wutanfall.“

Tina und ihre Mutter befanden sich in einem typischen elterlichen Kampf um die Kontrolle. Bei Dingen, die die Mutter als nicht allzu folgenreich empfand, wie Kleidung, Freunde und Schularbeiten, war Tina eine junge Erwachsene. Aber wenn es um Tinas Freundeswahl und Verabredungen ging, behandelte ihre Mutter sie, als wäre sie zwei. Je mehr ihre Mutter sie bei diesen Themen bedrängte, desto mehr rebellierte sie – das gleiche Problem, das Eltern mit Zweijährigen haben.

Liebe-und-Logik-Prinzip 5

Kontrolle durch Wahlmöglichkeiten erlangen

Hatten Sie, wie Tinas Mutter, den starken Wunsch, strengere Regeln bei Ihrem Teenager durchzusetzen? Wenn Sie sehen, dass Ihr Teenager unabhängig wird, neigen Sie dazu zu sagen: „Ich wäre ein besserer Elternteil, wenn ich nur … kontrollieren könnte."

Aber wir haben einen freien Willen, und das bedeutet, das Recht, viele Entscheidungen zu treffen und mit den Konsequenzen zu leben. Das ist es, was den Menschen spannend macht. Wäre es nicht schrecklich, wenn wir jeden Schritt unserer Kinder kontrollieren könnten? Können Sie sich vorstellen, mit was für Menschen wir dann leben müssten, wenn sie erwachsen sind? Im besten Fall wäre es furchtbar langweilig.

Möchten Sie, dass Ihr Teenager vernünftig ist, Spaß hat und auch verantwortungsbewusst ist? Dann *lockern Sie Ihren Griff*. Denken Sie daran, dass Ihr Teenager in ein paar Jahren in der Welt der Erwachsenen unterwegs sein wird, also teilen Sie die Kontrolle mit ihm. Je mehr Kontrolle Sie jetzt abgeben, desto mehr Kontrolle gewinnen sie. Das ist die Selbstbeherrschung, die sie nutzen werden, um in ihrer Entwicklung als Erwachsene gute Entscheidungen zu treffen. Die glücklichsten Teenager sind verantwortungsbewusste Teenager, die sich an die Regeln der realen Welt halten, die zur Selbstkontrolle anregen, statt an die Regeln und die Kontrolle der Eltern, die eine Rebellion fördern können.

Aber *wie* teilen wir die Kontrolle auf? Haben Sie schon einmal die klassische Szene gesehen, in der ein Elternteil versucht, die absolute Kontrolle zu bekommen, und im nächsten Sekundenbruchteil bekommt der Teenager die totale Kontrolle? Was läuft da schief?

In der menschlichen Interaktion gibt es hier eine sehr feine Linie. Auf der einen Seite der Linie haben die Teenager das Gefühl, dass sie eine gewisse Kontrolle haben. Aber auf der anderen Seite der Linie haben sie keine. Sobald wir auf die Seite überwechseln, auf der die Teenager das Gefühl haben, keine Kontrolle zu haben, entscheiden sie sich plötzlich, alles zu bekommen.

Ein Beispiel: Der Vater warnt seinen Sohn: „Du bist um Mitternacht zu Hause, sonst …" Der Teenager hat keine Kontrolle über die

Situation. An diesem Punkt kann er jedoch die totale Kontrolle übernehmen, indem er sich entscheidet, nach Mitternacht nach Hause zu kommen, und dann muss Papa auf ihn reagieren.

Das richtige Maß an Kontrolle

Die Psychologin Dr. Sylvia B. Rimm, stellt fest, dass Menschen aller Altersgruppen das Maß an Kontrolle, das sie in einer Beziehung haben, nur mit dem Maß an Kontrolle vergleichen, das sie früher hatten – nicht mit dem Maß, das sie ihrer Meinung nach haben sollten. Wenn sie mit der Zeit mehr Kontrolle erhalten, sind die Menschen zufrieden; wird die Kontrolle reduziert, werden sie zornig. Wenn die Eltern also die Kontrolle immer mehr abgeben, sind die Kinder – vor

„V“ der Liebe

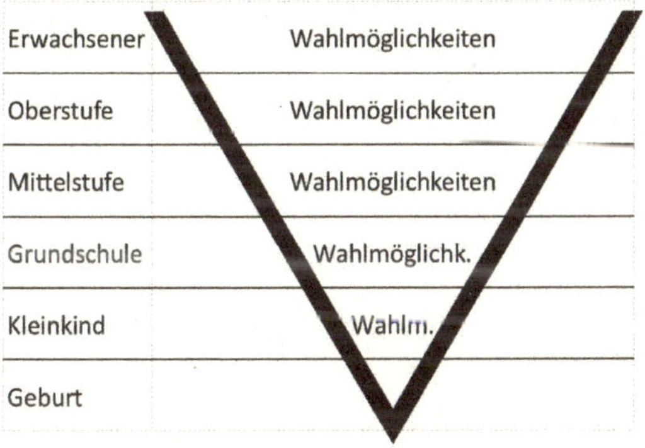

Umgekehrtes „V“

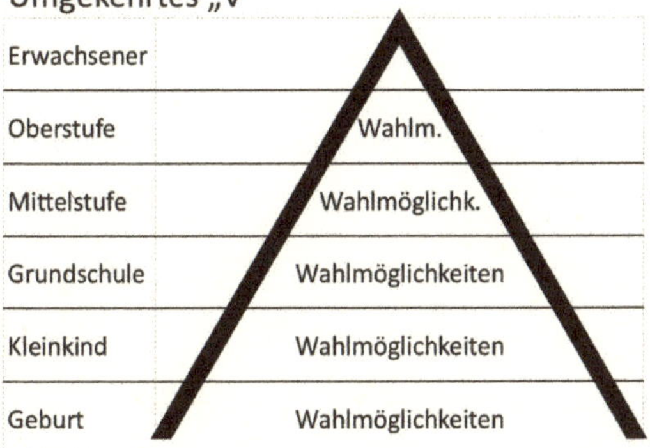

allem Teenager – in der Regel zufrieden mit dem neuen Maß an Kontrolle, das sie erleben.

Rimms Analyse wird das „V" der Liebe genannt. Die Seiten des „V" stellen feste Grenzen dar, innerhalb derer das Kind Entscheidungen treffen und mit den Folgen leben darf. Das untere Ende des „V" steht für die Geburt, während das obere Ende den Zeitpunkt darstellt, an dem das Kind das Haus verlässt und ins Erwachsenenleben eintritt.[1] Ein Beispiel für den Verzicht auf Kontrolle kann sein, Kleinkindern die Wahl zwischen weißer oder Schokomilch zu lassen; für Teenager kann es die Möglichkeit sein, zu entscheiden, wann sie nachts nach Hause kommen.

Leider stellen viele Eltern das V auf den Kopf. Sie behandeln ihre Kinder von Anfang an wie kleine Erwachsene, mit allen Privilegien des Erwachsenseins, die sie ihnen unmittelbar nach der Geburt gewähren. Diese Kinder werden bald zu Tyrannen. Nicht ihre Eltern kontrollieren sie, sondern sie kontrollieren ihre Eltern und halten sie mit Wutausbrüchen und Schmollen als Geiseln. Tragischerweise führen viele Kinder, die ihr Leben mit zu viel Macht beginnen, ein unglückliches Leben, wenn sie älter werden. Ihr Fehlverhalten als Teenager zwingt die Eltern dazu, sie immer weiter zu kontrollieren, was Wut und Rebellion auslöst, da Rechte und Privilegien gewaltsam entzogen werden. Der unglückliche Teenager beschwert sich dann: „Ihr behandelt mich wie einen Fünfjährigen." Und in vielerlei Hinsicht ist das auch wahr.

Regeln für Kontrollkämpfe

Der Liebe-und-Logik-Ansatz in Bezug auf Kontrolle sagt: „Sei nicht gierig. Übe nur so viel Kontrolle aus, wie unbedingt nötig ist." Wenn ein Kampf um die Kontrolle droht, müssen sich Eltern einige Fragen stellen, wie z. B.: „Wie viel Kontrolle brauche ich in dieser Situation unbedingt? Und noch wichtiger: Muss ich überhaupt einen Kontrollkampf führen? Kann mein Teenager eine wertvolle Lektion lernen, wenn ich stattdessen Ratschläge oder Optionen anbiete?"

---

[1] Sylvia B. Rimm, PhD, *How to Parent So Children Will Learn* (Watertown, WI: Apple Publishing, 1990).

Liebe-und-Logik-Eltern haben gelernt, dass es umso leichter ist, mit Kontrolle umzugehen, je mehr sie sich entspannen. Wir empfehlen drei Regeln für Kontrollkämpfe:

1. Vermeiden Sie Kontrollkämpfe um jeden Preis.
2. Wenn Sie gezwungen sind, einen Kontrollkampf zu führen – in den seltenen Fällen, in denen es sich nicht vermeiden lässt – dann gewinnen Sie ihn um jeden Preis.
3. Wählen Sie das Thema sorgfältig und bewusst aus, ohne damit zu drohen. Tun Sie es einfach.

Wenn Eltern diese Methoden anwenden, führen sie keinen Kampf. Stattdessen veranlassen sie Teenager dazu, über ihre Entscheidungen nachzudenken.

Wenn Eltern in Kontrollkämpfe geraten, denken Teenager nur an eines: Wer wird gewinnen? Sie sind besonders gut darin, sich Kämpfe auszusuchen, die Erwachsene niemals gewinnen können: „Welche Musik wirst du mir verbieten zu hören? Wer darf mein Freund bzw. meine Freundin sein? Wann werde ich lernen? Versuch mich mal zum Reden zu bringen. Versuche mal, mich glücklich zu machen." Dies sind häufige Schlachtfelder für Eltern und Teenager.

Wann immer Eltern Teenagern einen Befehl geben, den sie nicht durchsetzen können, verlieren sie deren Respekt. Kontrollkämpfe über Freunde sind ein gutes Beispiel. Wenn einer von uns zu seiner Tochter sagt: „Geh nicht mit diesem Freund aus" oder: „Ich mag diese Freunde nicht; häng nicht mit ihnen herum", dann geben wir ihr einen Befehl, haben aber nicht die Macht, dies durchzusetzen. Wir beginnen einen Kampf, den wir unweigerlich verlieren werden. Und warum? Töchter (und Söhne) werden immer unabhängiger, wenn sie in die Pubertät kommen, und die Wahl ihrer eigenen Freunde ist eine Möglichkeit, diese Unabhängigkeit zum Ausdruck zu bringen. Wir werden auf keinen Fall in der Lage sein, dieses Verhalten vierundzwanzig Stunden am Tag zu überwachen. Praktisch gesehen könnten wir einen solchen Kontrollkampf nicht gewinnen, selbst wenn wir es versuchten, warum also nicht die Energie für einen Kampf sparen, den wir gewinnen können?

Aber Ihr Teenager könnte sehr wohl feststellen, dass ein solcher Kontrollkampf etwas ist, das er mit Ihnen ausfechten möchte. Kleine

Kinder, ganz zu schweigen von Teenagern, entdecken, dass sie große Erwachsene ohne jede Anstrengung in die Knie zwingen können. Alles, was sie tun müssen, ist, die Erwachsenen in einen Kampf zu verwickeln, der in einer Million Jahren nicht gewonnen werden kann. Dann halten sie die Erwachsenen mit diesem Kampf beschäftigt – und die Erwachsenen haben weder die Zeit noch die Energie für die wichtigeren Kämpfe übrig, die sie hätten gewinnen können.

Nicht nur das, sondern zu beobachten, wie die Eltern wütend und frustriert werden, hat großartigen Unterhaltungswert. Schauen Sie sich Sitcoms an: Fast der gesamte Humor basiert darauf, frustrierte Autoritätspersonen zu beobachten, die versuchen, Situationen zu kontrollieren, die sie nicht kontrollieren können.

Es gibt jedoch ein paar Themen, in Bezug auf die Sie Kontrollkämpfe führen müssen, weil es dabei um Ihre Selbstachtung als Elternteil geht. Wählen Sie diese Kämpfe sorgfältig aus, mit der festen Absicht, sie zu gewinnen. Dazu gehört:

1. ***Eltern müssen drauf bestehen, dass ihre Kinder sie respektvoll behandeln, so wie es auch die Kinder von ihren Eltern verdienen.*** Sind Kinder respektlos gegenüber ihren Eltern, verschlechtert dies *ihr* Selbstbild. Ein schlechtes Selbstbild bei Kindern beginnt mit Respektlosigkeit gegenüber den Eltern.
2. ***Eltern müssen Kontrolle über das grundlegende Verhalten im Familienleben ausüben.*** Wenn zum Beispiel ein Teenager die Eltern stört, indem er im Haus raucht, müssen die Eltern ihre Selbstachtung vorleben und ihm oder ihr sagen, dass er oder sie nach draußen gehen soll. Es ist in der Regel ein Fehler, sich mit dem Teenager körperlich anzulegen, aber die Eltern können mit fester „Wir meinen es ernst"-Stimme sagen: „Wir denken, du triffst eine unkluge Entscheidung." Sie sind vielleicht nicht in der Lage, den Teenager in diesem Moment zu entfernen, aber sie müssen in der Lage sein, diese Grenze festzulegen.
3. ***Die Eltern müssen die Kontrolle im häuslichen Bereich haben.*** Schließlich gehört das Haus den Eltern. Manchmal bringen Teenager, wen immer sie wollen, ins Haus und tun so, als gehöre es ihnen. Das ist verkehrt. Wem etwas gehört, ist ein wichtiges Prinzip. Wenn die Kinder erwachsen werden und ihr eigenes Zuhause

haben, dann haben sie das Recht, in dieser Umgebung Entscheidungen zu treffen.

Justin und sein Vater lieferten sich immer wieder Kämpfe um die Stereoanlage. Justin legte eine CD ein, drehte sie laut auf und seine Musik dröhnte förmlich durch die Wohnung. Dann brüllte Justins Vater unweigerlich über den Lärm hinweg: „Stell die blöde Anlage leiser!" Passiv-aggressiv ließ sich Justin dann Zeit, um dem nachzukommen, und saß dann schmollend und rebellisch da.

Nachdem er ein Erziehungsseminar besucht hatte, ging Justins Vater anders damit um. Er wartete auf die Mikrosekunde, in der sowohl er als auch Justin in bester Stimmung waren. Dann setzte er sich zu seinem Sohn, legte ihm den Arm um die Schultern (diese Aktion war so selten, dass sie Justin in konzentrierte Aufmerksamkeit versetzte) und sagte: „Weißt du, Justin, ich verstehe, wie sehr du deine Musik liebst. Und ich gebe gerne zu, dass ich sie nicht besonders mag. Deshalb möchte ich wirklich, dass du die Lautstärke der Musik auf der Stereoanlage niedrig hältst, wenn Mama und ich zu Hause sind."

„Das finde ich unfair. Du darfst deine Musik lauter spielen. Das hier ist auch mein Zuhause!", antwortete Justin.

„Justin", sagte sein Vater liebevoll, „du musst mal die Hypothek überprüfen und herausfinden, wem das Haus gehört. Das hier ist mein Zuhause, Sohn. Du darfst hier jedoch leben. Eines Tages, wenn du die Hypothekenzahlungen für dein eigenes Haus abbezahlst, werde ich nicht erwarten, dass ich meine CD vorbeibringe und sage: ‚Hey, steck das mal in die Maschine und dreh sie laut auf.' Weißt du, was ich meine?"

Justin antwortete – ein wenig widerstrebend, aber mit dämmernder Erkenntnis – „Ja, ich denke, das macht Sinn."

Der Vater beendete das Gespräch mit den Worten: „Ich werde mein Bestes tun, um mich nicht zu sehr über deine Musik zu ärgern, und ich würde es wirklich schätzen, wenn du dein Bestes tun würdest, um die Dezibel niedrig zu halten. Vielen Dank, Justin."

Er drückte seinen Sohn ein wenig um die Schultern und ging. Durch die liebevollen Grenzen seines Vaters wurde in Justin das Bewusstsein geweckt, dass den Kindern das Haus tatsächlich *nicht* gehört.

Probieren Sie einmal diese Kontrollkämpfe aus

Teenager suchen sich einige interessante Kämpfe aus, darunter: „Mal sehen, ob du mich zum Reden bringen kannst." Viel Glück! Ich (Jim) erinnere mich an eine Zeit, als meine zweite Tochter Teenager war und an die vielen Stunden des „Jetzt sehe ich, dass es ein Problem gibt. Warum sprichst du nicht darüber? Was ist denn los? Du weißt, dass du mit deiner Mutter oder mir reden kannst. Du weißt doch, dass es sicher ist, mit uns zu reden", in das sie und ich unsere Energie reinsteckten. Und je mehr ich „reden" sagte, desto weniger sagte sie, weil ihr Schweigen ihr die Kontrolle gab.

Ein anderer Kampf, in den uns Teenager gerne verwickeln, betrifft Werte: „Mal sehen, ob du mich dazu bringen kannst, dieselben Werte zu haben wie du." Wiederum, viel Glück! Tatsache ist, dass gesunde Teenager, als normaler Teil des Erwachsenwerdens, ständig irgendwelche neuen Werte ausprobieren: „Wäre das okay? Wäre das in Ordnung?" Sie experimentieren damit, erwachsen zu werden.

Deshalb machen Teenager oft unverblümte Aussagen, wie: „Schule ist nicht wichtig." Dann lehnen sie sich zurück und sehen zu, wie ihre Eltern ausrasten. Es ist heute nicht ungewöhnlich, dass Teenager nach Hause kommen und sagen: „Ich finde, jeder sollte Sex haben können mit wem er will – jederzeit und an jedem Ort. Und es geht niemanden etwas an, schon gar nicht die Eltern."

Eltern reagieren auf solche Aussagen unweigerlich, indem sie sofort versuchen, sie zu korrigieren: „Oh nein, glaube nicht das, sondern dies. *Dies* wird helfen und *jenes* wird helfen, aber *diese Dinge* darfst du nicht machen." Der Teenager schwelgt unbewusst in den unbeholfenen Versuchen der Eltern, auf seine neuen Werte einzugehen. Irgendwo im Inneren sagt der Teenager: „Viel Glück! Das wird dich eine Weile beschäftigen – so beschäftigen, dass du keine Zeit haben wirst, einige Kämpfe zu gewinnen, die du hättest gewinnen können."

Was ist traurig an dieser Situation? Diese Eltern haben ihren Teenager gerade dazu gebracht, um jeden Preis an diesem speziellen Wert festzuhalten, denn jetzt ist diese Position eine Möglichkeit für den Teenager, um festzustellen, wer er oder sie als Individuum ist, losgelöst von den Eltern.

Eine bessere Reaktion ist es, den Teenagern zu erlauben, diesen neuen Wert auszuprobieren. Sie können sicher sein, dass sie sich in der folgenden Woche oder dem folgenden Monat etwas anderes einfallen lassen werden.

Aber manche Eltern können die Sorge nicht loslassen: „Was ist, wenn mein Kind nach Hause kommt und etwas sagt, mit dem ich nicht einverstanden bin, wie z. B. ‚Sozialismus ist ein wirklich toller Weg, um Wohlstand zu verteilen und eine gerechte Gesellschaft zu schaffen?' Wie kann ich das verhindern?" Ganz einfach. Schauen Sie Ihren Teenager an, lächeln Sie und sagen Sie: „Danke, dass du das erzählst. Ich habe mich immer gefragt, wie Teenager das sehen."

Lassen Sie uns das ein wenig weiterspielen und sehen, was passiert.

„Aber verstehst du denn nicht, Mama?", fährt er fort. „Wäre es nicht wunderbar, wenn all die reichen Leute ihre Sachen mit den armen Leuten teilen könnten?"

„Nun, mein Sohn", antwortet Mama, „das klingt interessant, aber was ist, wenn reiche Leute das nicht mitmachen wollen?"

„Nun, vielleicht müssten die Leute an der Macht sie zwingen, das aufzugeben, was sie haben."

„Aha, also so, wie wenn du eine Stereoanlage hast, aber Papa und ich nicht", bemerkt Mama. „Wir würden dich also zwingen, uns deine Stereoanlage zu geben, richtig?"

Dann macht Mama ein wenig das, was wir „referentielles Sprechen" nennen, bei dem Eltern sich auf ihre Werte beziehen, ohne sie den Teenagern aufzuzwingen. Sie schließt: „Das würde in unserem Land sicher nicht funktionieren, aber ich kann verstehen, dass ein Teenager das so sehen könnte." Diese Reaktion zwingt Teenager zum Nachdenken: *Moment mal! Mama spielt das Spiel nicht richtig. Sie sollte darüber mit mir streiten.*

Eltern wissen das oft nicht, aber Geduld ist eine der besten Eigenschaften, um einen Wertekampf zu überstehen. Lange bevor Ihre Teenager dreißig werden, werden sie aufwachen und entdecken, dass sie viele der gleichen Werte vertreten wie Sie. Wenn sie also die ersten elf Lebensjahre gut hinter sich gebracht haben, ist es wirklich egal, was sie in den Teenagerjahren über ihre Werte sagen. Sind sie einmal erwachsen, werden sie Ihre Werte ziemlich sicher teilen.

Ein dritter großer Kontrollkampf mit Teenagern ist: „Mal sehen, ob du mich zum Lernen bringen kannst." Das passiert nur in Familien, in denen die Eltern es sehr deutlich gemacht haben: „*Wir* werden dich schon zum Lernen bringen.“ Wenn wir einen solchen Fehdehandschuh hinwerfen, erzeugen wir unweigerlich Kontrollkämpfe über Hausaufgaben, Noten und außerschulische Aktivitäten, bis hin zu Verabredungen und Ausgangssperren. Natürlich werden wir diese Kämpfe verlieren, und die Noten unserer Teenager werden sich verschlechtern, zusammen mit ihrem Respekt für uns als Eltern.

Liebe-und-Logik-Eltern machen sich keine Gedanken darüber, wie sie ihre Teenager zum Lernen bringen. Erstens wissen wir, dass wir nicht kontrollieren können, ob unsere Teenager lernen oder nicht. Zweitens sind die Noten die Noten des Teenagers, nicht unsere. Wir haben unseren Kindern klar gemacht, dass ihr Erfolg in der Schule in ihrer Verantwortung liegt. Den Jugendlichen gehört entweder ihr Erfolg oder ihre Faulheit und Misserfolge. Wenn wir unseren Teens die Kontrolle im Bereich des Lernens überlassen, sagen sie sich in der Regel: „Junge, wenn sie sich nicht darum kümmern, sollte sich besser jemand anderer darum kümmern – nämlich ich.“

Wie man Teenagern Wahlmöglichkeiten bietet

Die effektivsten Eltern geben immer mit Bedacht die Kontrolle ab, indem sie ihren Teenagern Wahlmöglichkeiten anbieten, und diese Wahlmöglichkeiten sollten immer innerhalb von Grenzen liegen, mit denen die Eltern leben und die sie durchsetzen können. Das ist der Weg der beratenden Eltern: Wir sind da, um zu beraten, Fragen zu stellen und Wahlmöglichkeiten vorzuschlagen; dann liegt es am „Klienten“, was passiert.

Die beste Zeit, Teenagern Wahlmöglichkeiten zu geben, ist, wenn die Dinge gut laufen, anstatt zu warten, bis es zu spät ist. Das Muster dabei kann so grundlegend sein wie: „Möchtest du Saft oder Milch?“, wenn sie jünger sind, und dann später fortgesetzt werden mit: „Möchtest du heute Abend um 22.30 oder 23.00 Uhr zu Hause sein?“ Sie haben die Nase vorn, wenn Sie Wahlmöglichkeiten statt Befehle geben. Indem sie ihrem Teenager viele Wahlmöglichkeiten geben, wenn die Dinge gut laufen, schaffen effektive Eltern eine Art „Sparkonto“ im Kopf ihres Teenagers, das ihm das Gefühl gibt, die Kontrolle zu haben – und ihn tatsächlich auch in Kontrolle sein lässt. Wenn es dann mal nicht so gut läuft, können die Eltern sagen: „Moment mal, Junge. Jetzt bin ich dran. Diesmal treffe ich die Entscheidung.“

Diese Methode kann mit dem Pokern verglichen werden. Das Leben ist ein Pokerspiel, bei dem die Eltern alle Asse halten. Die Eltern legen Asse für wichtige Ereignisse im Leben ihres Teenagers aus, wie z. B. das Erlernen des Autofahrens oder das Ausgehen mit Freunden. Aber die Eltern können immer sagen: „Ich gehe mit."

Haben Sie schon einmal in die Augen eines Teenagers geschaut, während Sie „Halt die Klappe!" oder „Stell die Stereoanlage leiser!" sagen? Was passiert dann? Sie glitzern vor Vorfreude, nicht wahr? Der Teenager sagt: „Alles klar! Auf geht's! Los!" Mit anderen Worten: Jedes Mal, wenn wir Teenagern sagen, sie sollen etwas tun, wozu wir sie nicht zwingen können, *geben wir ihnen zu viel Kontrolle.*

Hier müssen Sie Wahlmöglichkeiten anbieten. Beginnen Sie immer sehr freundlich mit: „Möchtest du lieber ...?" „Was wäre das Beste für dich?" oder „Fühl dich frei, um ..." Sie könnten sagen: „Fühl dich frei, woanders so viel Lärm zu machen, wie du willst", oder „Fühl dich frei, hier zu bleiben und still zu sein. Du entscheidest."

Die meisten kreativen Teenager werden mit einer dritten Option daherkommen, und die wird Ihnen nicht immer gefallen, also stellen Sie sich darauf ein. Diese dritte Option ist ungefähr so: „Ich lebe hier. Ich habe Rechte. Ich kann Lärm machen, weil das auch mein Haus ist."

Egal, welche dritte Option den Jugendlichen einfällt, wir müssen mit dieser einstudierten Antwort bereit sein: „Was waren die Wahlmöglichkeiten?" Und der Teenager wird sagen: „Ja, aber ich – das ist nicht fair. Meine Freunde müssen sich das nicht gefallen lassen."

Wir sagen wieder mit ruhiger, sanfter Stimme: „Was waren die Wahlmöglichkeiten?"

Der Teenager sagt: „Das ist blöd!"

Wir sagen: „Was waren die Wahlmöglichkeiten?" Oder eine andere Alternative: „Was habe ich gesagt?" – immer in einem freundlichen Ton.

Die meisten normalen Teenager werden, nachdem sie drei- oder viermal „Was waren die Wahlmöglichkeiten?" gehört haben, antworten: „Lass mich endlich in Ruhe – was muss ich tun, um von diesem verrückten Erwachsenen wegzukommen?" Mit anderen Worten: Auch wir haben das Recht, unsere Teens verrückt zu machen!

Wann immer Sie können, bringen Sie Ihren Teenager in eine Situation, in der er oder sie nicht Nein sagen kann, sondern eine Entscheidung treffen muss.

Liebe-und-Logik-Eltern verschwenden keine Zeit damit, zu sagen: „Du kannst dies nicht tun; du kannst das nicht tun." Stattdessen sagen sie Dinge wie: „Wie wirst du damit umgehen, wenn ...?"

Einige Tipps zu Wahlmöglichkeiten

Verwandeln Sie Wahlmöglichkeiten nicht in Drohungen, indem Sie Ihrem Teenager sagen: „Entscheide dich für meinen Weg, sonst ..." Folgendes ist eine vermeintliche Wahlmöglichkeit, die in Wirklichkeit aber eine kaum verhüllte Drohung ist: „Du kannst entweder deine Aufgaben erledigen oder du verlierst dein Recht auf das Auto." Das ist nicht anders, als wenn der Chef sagt: „Würdest du heute lieber den Bericht machen oder gefeuert werden?" Wir müssen vernünftige und realistische Wahlmöglichkeiten anbieten, keine Drohungen. Zum Beispiel:

- „Würdest du lieber dein Zimmer aufräumen oder den Rasen mähen, damit ich Zeit habe, dein Zimmer aufzuräumen?"
- „Möchtest du das Auto lieber heute Morgen oder heute Nachmittag waschen?"
- „Möchtest du eine vernünftige Zeit aushandeln, zu der du abends nach Hause kommst, oder gar nicht erst rausgehen?"

Unbedrohliche Wahlmöglichkeiten, die in aller Ruhe angeboten werden, geben Teenagern die Chance, ihr Leben selbst in die Hand zu nehmen.

Zusammenfassend lässt sich sagen, dass wir fünf grundlegende Punkte beachten sollten, wenn wir unseren Teenagern Wahlmöglichkeiten anbieten:

1. Bieten Sie nur solche Möglichkeiten an, die Sie als Elternteil mögen. Geben Sie nicht eine, die Sie mögen, und eine, die Sie nicht mögen, weil der Teenager in der Regel instinktiv diejenige wählen wird, die Sie nicht mögen.
2. Geben Sie niemals eine Wahlmöglichkeit, wenn Sie nicht bereit sind, Ihren Teenager die Konsequenzen dieser Wahl erleben zu

lassen, selbst wenn Sie derjenige sind, der diese Konsequenzen durchsetzen muss.

3. Geben Sie niemals Wahlmöglichkeiten, wenn der Teenager in Gefahr ist.
4. Geben Sie niemals Wahlmöglichkeiten, wenn Sie nicht bereit sind, die Wahl zu treffen, falls der Teenager dies nicht tut.
5. Achten Sie sorgfältig auf Ihre Formulierung. Versuchen Sie, Ihren Satz mit einem der folgenden Punkte zu beginnen:

- „Du kannst gerne ________________ oder ________________.
- „Fühl dich frei ________________ oder ________________.
- „Möchtest du lieber ______________ oder ________________?
- „Was wäre dir lieber, _____________ oder _______________?

Liebe-und-Logik-Prinzip 6

Kontrolle durch Nachdenkworte teilen

Erinnern Sie sich an die Helikopter- und Feldwebel-Eltern? Wenn diese mit ihren Teenagern sprechen, erdrücken sie sie entweder mit Überfürsorge oder geben ihnen wütende Befehle. (Laissez-faire-Eltern rollen nur mit den Augen und gehen weg, ohne etwas zu tun.) In jedem Fall nehmen Teenager einem diese Art von Gespräch übel, weil sie sich dadurch wie kleine Kinder fühlen. Deshalb klingt es für sie immer wie eine Kampfansage.

Anstelle der kämpferischen Worte von Helikopter- und vor allem Feldwebel-Eltern verwenden Liebe-und-Logik-Eltern *Nachdenkworte*. Sie senden ihrem Teenager die Botschaft: „Du solltest lieber nachdenken, denn deine Lebensqualität hat viel mit deinen Entscheidungen zu tun."

Teenager glauben eher etwas, das aus ihrem eigenen Kopf kommt. Wenn sie sich für eine Option entscheiden, denken sie nach, treffen die Wahl und die Lektion bleibt bei ihnen hängen.

Beratende Eltern passen auch vor ihren Teenagern sehr gut auf sich selbst auf, wenn sie ihnen das Denken beibringen. Die Eltern beteuern: „Wenn meine Kinder jemals lernen sollen, wie man sich um sich selbst kümmert, dann sollten sie es in der Praxis sehen."

Wie wir am Ende des letzten Kapitels kurz besprochen haben, tun wir dies, indem wir den Teenagern sagen, was *wir* tun werden, nicht, was *sie* tun werden. Teenagern zu sagen, was sie tun werden, ist eine Verschwendung von Zeit und Energie. Sie werden sich nur ärgern. Ihnen zu sagen, was wir tun werden, interessiert sie. Das ist jedes Mal besser als Wut.

Eine der besten Möglichkeiten, sich in solchen Situationen zu helfen, ist, die Formulierung „kein Problem“ zu verwenden. Das heißt, was Sie zu tun beschließen, ist „kein Problem“ für Sie, aber es könnte ein Problem für Ihren Teenager sein.

Eine Frau hat uns geschrieben und uns die Folgen der Verwendung von „kein Problem“ mitgeteilt:

> Meine Kinder denken, dass der Satz „kein Problem“ etwas mit ihnen zu tun hat. Aber es hat etwas mit mir zu tun. Er erinnert mich daran, meine Methoden anzuwenden. Wenn die Kinder sich also aufregen, sage ich: „Kein Problem, oder?“
>
> Die andere Sache, die ich gelernt habe, ist, dass ich dem Kind nie sage, was es tun soll. Ich sage ihm, was *ich* tun werde.
>
> Bei Tony, meinem Vierzehnjährigen, hat es wirklich funktioniert. Seit Jahren hatte ich jeden Samstagmorgen Probleme mit ihm. Ich versuchte, ihn dazu zu bringen, sein Zimmer aufzuräumen, indem ich zu ihm sagte: „Ich fahre dich nicht zu deinem Fußballspiel, bevor du nicht dein Zimmer aufgeräumt hast; also mach es *jetzt!*“ Und er spielte immer *Gehirnleere* mit mir.

„Gehirnleere“ oder „Denkfaulheit“ ist der Versuch, einen Erwachsenen dazu zu bringen, das ganze Denken, die ganze Verteidigung und die ganze Argumentation zu übernehmen. Sobald der Erwachsene antwortet, lehnt sich der Teenager einfach zurück und sagt unbewusst: „Das wird nicht funktionieren. Du liebst mich nicht. Es ist dir egal.“ Diese Frau erklärt uns:

> Tony sagte immer Dinge wie: „Ist es dir egal, ob das Team gewinnt?“ „Was wird der Trainer denken?“ „Die anderen Spieler werden wirklich denken, dass ich sie im Stich gelassen habe. Du willst doch nicht, dass ich sie im Stich lasse, oder?“
>
> Am Ende fuhr ich ihn dann immer zum Spiel und schrie ihn dabei

wegen des Zimmers an und war unglücklich. Ich konnte das Spiel nicht genießen.

Schließlich lernte sie, „kein Problem“ zu sagen, und entdeckte, wie sie ihm sagen konnte, was *sie* tun würde, nicht was *er* tun musste.

Also ging ich zu ihm und sagte: „Tony, ich fahre dich zu deinem Spiel, sobald du dein Zimmer gesaugt hast.“
„Staubsaugen ist Frauenarbeit“, antwortete er mir. Ich musste mich tatsächlich am Tisch festhalten, während ich sagte: „Kein Problem, Tony.“
„Was meinst du mit ‚kein Problem‘?“
„Ich meine nur, dass es wohl kein Problem mehr für mich sein wird.“ Ich ging zum Telefon und rief eine Freundin an, damit ich nicht mit ihm reden musste, weil ich keine Antworten mehr hatte.
Zehn Minuten später hörte ich, dass der Staubsauger lief. Ich habe es zuerst gar nicht erkannt, weil ich es noch nie von Weitem gehört habe.
Was ich dadurch entdeckte, war, dass er vorher, als ich ihm sagte, was er tun sollte, etwas zu bekämpfen hatte. Aber als ich ihm sagte, was ich stattdessen tun würde, war er nur noch verwirrt. Es ist interessant und lohnend, einen Vierzehnjährigen zu beobachten, der ein bisschen verwirrt ist und gleichzeitig lernt, wie man erwachsen wird.

Eltern von Teenagern wissen, dass Teenager sich gegen Befehle wehren, weil sie in ihnen eine implizite Bedrohung sehen. Sie wissen auch, dass manche Teenager auf Drohungen reagieren und andere nicht.

„Kampfwörter“ laden zum Ungehorsam ein. Hier sind einige Beispiele:

- Wenn wir unseren Teenagern sagen, was sie tun sollen, wie z. B.: „Räume die Garage aus, *sofort!*“)
- Wenn wir unseren Teenagern sagen, was wir nicht erlauben werden wie z. B.: „Ich lasse dich nicht mit diesen Kindern rumhängen, die an der Ecke des Schulgeländes rauchen.“
- Wenn wir unseren Teenagern sagen, was wir nicht für sie tun werden wie z. B.: „Ich fahre dich nicht zur Party, bevor du nicht deine Hausaufgaben gemacht hast.“

Wenn wir diese Art von Befehlen erteilen, rufen wir unsere Teens zu Kämpfen auf – meistens zu solchen, die wir nicht gewinnen können.

Stattdessen machen Liebe-und-Logik-Eltern Aussagen mit *Nachdenkworten*, die unseren Teenagern mitteilen,

- was wir zulassen werden, wie z. B.: „Fühl dich frei, dich uns zum nächsten Essen anzuschließen, sobald der Rasen gemäht ist",
- was wir tun werden, wie z. B.: „Ich gebe dir gerne eine Fahrstunde, sobald du die Küche aufgeräumt hast" oder
- was wir anbieten werden, wie z. B.: „Du kannst dir die Fernsehsendung ansehen, die der Rest der Familie gerade anschaut, oder du kannst warten, bis wir fertig sind, und etwas auf einem anderen Kanal suchen, das dir besser gefällt."

Wenn wir unseren Kindern das Recht geben, Entscheidungen zu treffen, gibt es für sie keinen Ärger, gegen den sie rebellieren können. Niemand übernimmt das Denken für sie, und die Grenze ist festgelegt.

Außerdem müssen unsere Entscheidungen in der realen Welt einen Sinn ergeben. Wenn Ihre Teenager sich dem Zeitpunkt nähern, an dem sie das Nest verlassen werden, ist es wichtig zu betonen: „Nun, Schatz, so funktioniert die Welt für mich. Zuerst erledige ich meine Arbeit, dann werde ich bezahlt, dann esse ich. Wenn es für mich gut genug ist, rate mal, für wen es noch gut genug ist?"

Gold oder Schrott?

Sind unsere Worte Gold oder Schrott, wenn wir sagen: „Sieh mich nicht so an! Und sprich nicht so mit mir! Sei höflich!" Können Sie diese Forderungen durchsetzen? Nein. Also sind unsere Worte Schrott.

Bringen wir hier Wünsche oder Grenzen zum Ausdruck? Es sind Wünsche, weil wir über andere sprechen, und wir diese nicht kontrollieren können. Wir können nur uns selbst kontrollieren. Wenn wir Grenzen setzen und unsere Worte in Gold verwandeln wollen, müssen wir unbedingt über uns selbst sprechen und darüber, was wir gerne tun würden.

Eltern, die ihre Worte in Gold verwandeln, sprechen immer über das, was sie anbieten, was sie erlauben und was sie dulden werden. Sie sagen den Teenagern nur selten, was sie tun sollen.

„Ich höre dir gerne zu, wenn deine Stimme so leise ist wie meine. Lass dir Zeit. Ich sehe dich später." Wurde damit ein Wunsch oder eine Einschränkung ausgedrückt?

Mussten wir unsere Stimme erheben? Mussten wir noch hinzufügen: „Ich meine es ernst!"? Wir werden sehr mächtig, wenn wir über uns selbst sprechen. Im Gegensatz dazu werden Eltern machtlos und ohnmächtig, wenn sie darüber sprechen, was ihre Teenager zu tun haben.

Ein Elternteil könnte zum Beispiel sagen: „Solange du in diesem Haus wohnst, wirst du keinen Alkohol trinken. Stell mich nicht auf die Probe! Ich meine es dieses Mal wirklich ernst." Der Teenager versteht das als Wunsch, nicht wahr? Aber stattdessen könnten wir sagen: „Wäre es vernünftig, dass ich mir keine Sorgen machen muss, dass du das Auto benutzt, wenn es verfügbar ist, wenn ich mir keine Sorgen über deinen Alkoholkonsum machen muss? Gebongt?" Sagen wir das stirnrunzelnd oder lächelnd? Lächelnd. Reden wir über etwas, das wir kontrollieren können oder über etwas, das wir nicht kontrollieren können? Über etwas, das wir kontrollieren *können*, natürlich.

Liebe-und-Logik-Prinzip 7

Empathie und Bedauern plus Konsequenzen = Erfolg

Die alte (und immer noch beliebte) Methode zur Kontrolle besteht aus Wut, Belehrungen, Drohungen und Einschüchterung. Die Liebe-und-Logik-Methode besteht zu gleichen Teilen aus Anteilnahme und Konsequenz. Wenn Teenager etwas lernen, dann, dass sie eines Tages mit ihren schlechten Entscheidungen leben müssen. Liebe-und-Logik-Eltern wissen aus erster Hand, dass die beste Lösung für jedes Problem in der Haut der Person steckt, die für das Problem zuständig ist.

Zum Beispiel kommt Phils siebzehnjährige Tochter Tiffany mit einer Alkoholfahne nach Hause. Sollte Phil sofort mit ihr darüber sprechen oder erst am Morgen? Am Morgen. Mit Wut oder Bedauern? Bedauern. „Oh, du hast mir gestern Abend so leid getan", sagt Phil am nächsten Morgen. „Ich habe Alkohol in deinem Atem gerochen.

Ich fange an, mir Sorgen über deinen Umgang mit Alkohol zu machen. Wie siehst du jetzt deine Chance, unser Auto zu benutzen?"
„Ich schätze, ich werde es vielleicht nicht benutzen können", antwortet Tiffany.

„Du hast es verstanden", antwortet Phil.

Hat Phil ein Limit gesetzt? Ja. Wird Tiffany versuchen, es ihm auszureden? Auf jeden Fall. Kann sie das? Nein. Denn egal, was Tiffany sagt, kann sich Phil auf die „Methode der kaputten Schallplatte" verlassen und jedes Mal einfach antworten: „Möglicherweise."
„Aber ich werde es nicht wieder tun", bettelt Tiffany.

„Möglicherweise."

„Nun, alle anderen Kinder dürfen das auch."

„Möglicherweise."

„Okay", sagt Tiffany und versucht, ihren Vater in einen Streit zu verwickeln, „du hast also ein großes Problem mit Alkohol, Papa, und jetzt kann ich nicht mehr Auto fahren und muss in der Schule wie ein Trottel dastehen, weil …"

„Möglicherweise."

„Okay", beharrt sie, „und wie soll ich zur Arbeit im Juweliergeschäft kommen?"

Jetzt versucht Tiffany, ihr Problem auf ihren Vater zu wälzen. Wenn Phil ihr eine Antwort gibt, wird sie ihr gefallen? Nein. Es wäre besser für Phil zu sagen: „Ich weiß nicht. Das wollte ich dich auch gerade fragen."

„Na, dann werde ich eben gefeuert!"

„Möglicherweise."

Phil weiß, dass, wenn er wütend auf Tiffany wird, er die Konsequenzen ihres Trinkens ihrer Kraft beraubt. Wenn er seine Wut ausdrückt, bringt er sich selbst in den Prozess ein und verhindert, dass die Logik der Konsequenzen wirkt. Indem er „möglicherweise" verwendet und den Fokus weiterhin auf die Auswirkungen des Trinkens und Fahrens lenkt, verhindert Phil, dass Tiffany ihre Wut auf ihn richtet. Stattdessen wird sie immer wieder gezwungen, sich der Lektion zu stellen, die ihr die Folgen ihres Alkoholtrinkens erteilt haben.

Von innen her leiden

Wut ist eine verlockende Emotion, besonders wenn wir sie bei unseren Kindern anwenden. Bestrafung lässt uns sehr mächtig fühlen. Es lässt uns denken, wir hätten die Kontrolle. Aber wie die Kinder von Feldwebeln Ihnen sagen werden, funktioniert das nicht. Wenn Eltern bestrafen, verlieren sie die Kontrolle über ihre Teenager. Und die Teens verlieren den Respekt vor ihren Eltern.

Als Liebe-und-Logik-Elternteil hatte Phil gelernt, Tiffany *von innen her leiden zu* lassen. Er tat dies, indem er zuließ, dass die natürlichen Konsequenzen ihres Verhaltens die Lehre übernahmen. Auf diese Weise wurde die Konsequenz zum „Bösewicht" und Phil blieb der „Gute".

Das Zulassen von Konsequenzen bei gleichzeitigem Ausdruck von Empathie ist einer der schwierigsten Teile der Liebe-und-Logik-Erziehung. Es kostet Mühe, dem Wunsch zu widerstehen, Ihren Sohn anzuschreien, wenn er zu spät nach Hause kommt, ohne Sie vorher anzurufen. Und es ist nicht einfach, der Versuchung zu widerstehen, Ihre Tochter zu retten und die Schulleitung zusammenstauchen, wenn sie es nicht in die Cheerleader-Gruppe schafft.

Aber wenn Sie mit Teenagern wirklich mitfühlen und ihnen Vorschläge machen, wie sie ihr Leben wieder in den Griff bekommen können, bringen Sie ihnen den Wert bei, ihre Probleme anzupacken, um Lösungen zu finden. Indem Sie sie darauf vorbereiten, sich in der realen Welt verantwortlich zu verhalten, werden Sie auch eine Freundschaft mit ihnen aufbauen.

Kinder, die in der Verantwortung wachsen, wachsen auch im Selbstwertgefühl – eine Voraussetzung für Erfolge in der realen Welt. Wenn das Selbstwertgefühl und das Selbstvertrauen wachsen, sind die Jugendlichen besser in der Lage, es zu schaffen, wenn die elterlichen Bindungen einmal gekappt sind.

Das größte Geschenk, das wir unseren Jugendlichen machen können, ist das Wissen, dass sie mit Gottes Hilfe immer zuerst durch eigene Überlegungen Antworten auf ihre Probleme finden können. Teenager, die mit der Einstellung „Ich kann wahrscheinlich meine eigenen Lösungen finden" an das Leben herangehen, werden zu Überlebenskünstlern. Sie haben einen Vorsprung beim Lernen, in der Beziehung zu anderen und auf ihrem Weg in der Welt.

Liebe-und-Logik-Prinzip 8

Die Konsequenzen müssen nicht sofort spürbar sein

Eine weitere Falle, in die Eltern tappen, ist das Gefühl, dass, wenn wir nicht sofort auf unsere Kinder eingehen, sie es vergessen werden und unser Handeln wenig Wirkung zeigen wird. So richtig dies bei Ratten, Hunden und andere Tieren ist, bei Menschen ist es oft genau umgekehrt. Haben Sie schon einmal einem Zweijährigen ein Versprechen gegeben, es vergessen, wurden aber von dem Kind zum richtigen Zeitpunkt daran erinnert? Kleinkinder vergessen nicht. Teenager auch nicht.

Eine unmittelbare Reaktion ist oft eine ärgerliche Reaktion, und der Ärger übertönt alle Auswirkungen, die die Konsequenzen haben könnten. Emotionen ziehen Teenager an wie Feuer die Motten. Das ist ein Grund, warum Jugendliche ihre Musik lauter, ihren Nervenkitzel aufregender und ihre Gespräche intensiver haben wollen. Haben Sie schon einmal einen Film gesehen, von dem Ihre Kinder sagten, er sei „großartig“, nur um dann festzustellen, dass die Handlung schon lange vor dem Höhepunkt keinen Sinn mehr ergab? Teenager werden dabeibleiben, weil sie in ihrem emotionalen Gehirn verharren und nicht in ihr denkendes Gehirn kommen. Sie verlassen das Kino „aufgepumpt“ von den Stunts und Spezialeffekten; wir dagegen wundern uns, wie der Film überhaupt den Schnitt überstehen konnte.

Wenn wir unsere Kinder zwingen, sich den Konsequenzen zu stellen, während wir wütend sind, werden sie die Logik der Entscheidung nicht sehen. Stattdessen werden sie sich auf unsere Wut konzentrieren. Und anstatt darüber nachzudenken, was sie getan haben, um das Problem zu verursachen, werden sie darüber schmollen, wie wütend wir waren, wie unfair das Leben ist und wie berechtigt im Gegenzug ihr Ärger ist. Der Fokus bleibt auf dem, was die Eltern getan haben, nicht auf dem, was der Teenager tun wird.

Die beste Antwort ist oft eine verzögerte Antwort. Das Aufschieben der Antwort gibt allen Beteiligten die Chance, nachzudenken und eine Lösung zu finden. Es ist nichts falsch daran, einem jüngeren Teenager zu sagen: „Oh, das war eine schlechte Entscheidung. Ich werde etwas unternehmen müssen. Aber nicht jetzt. Ich komme auf dich zurück. Mach dir keine Gedanken darüber.“ Oder zu einem älteren Teenager:

„Weißt du, dieses Verhalten macht mir wirklich Sorgen. Ich fühle mich überhaupt nicht gut dabei. Aber ich habe keine Ahnung, was ich dir jetzt dazu sagen soll. Lass uns später darüber reden.“

Dann überlegen Sie sich einen Plan, bevor Sie das Gespräch fortsetzen. Sprechen Sie mit vertrauenswürdigen Beratern und erarbeiten Sie Antworten, die Ihren Teenagern helfen, ihre Verantwortungslosigkeit auf vernünftige und logische Weise zu bewältigen. Überlegen Sie sich, wie sie möglicherweise reagieren und was sie tun könnten, um Ihren Plan zu durchkreuzen. Merzen Sie die Schwachpunkte Ihres Planes aus. Wählen Sie dann Ihren eigenen Zeitpunkt für Ihre Antwort, wenn alle entspannt sind, und lassen Sie sie wie einen Blitz aus heiterem Himmel auf sie los. Das ist eine der besten Methoden, um sicherzustellen, dass sie die Lektion nie vergessen werden, und die Konsequenzen ihrer Entscheidung werden Gegenstand ihres Nachdenkens sein, nicht Ihre Wut oder Unvernunft.

Janet befand sich in einem Dilemma. Sie hatte mit Josh, ihrem siebzehnjährigen Sohn, eine Vereinbarung getroffen, er dürfe sich ein Auto kaufen, unter der Voraussetzung, dass kein anderer Teenager mit ihm mitfährt, bis er achtzehn Jahre alt ist.

Eine von Janets Freundinnen bekam mit, wie Josh mit anderen Kindern im Auto fuhr und meldete es ihr. Da sie nun Beweise dafür hatte, dass er die Vereinbarung gebrochen hatte, machte sie sich Sorgen, wie sie das gegenüber ihrem Sohn am besten ansprechen sollte.

Ihre Besorgtheit bezog sich auf mehrere Punkte: Josh gehörte das Auto; sie selbst hatte den Verstoß nicht gesehen; und sie hatte Bedenken, die Vereinbarung durchzusetzen und sie auf das Wort eines anderen Erwachsenen zu stützen.

Sie entwarf einen Plan, der mit einem Gespräch mit Josh beginnen sollte, gefolgt von einer Aktion, die die Vereinbarung durchsetzen würde. So könnte ein solches Gespräch ungefähr ablaufen:

> JANET: Josh, da ist jemand mit dir mitgefahren. Unsere Vereinbarung war, dass du das Auto haben und fahren darfst, solange im ersten Jahr keine anderen Kinder mit dir fahren. Du hast unseren Vertrag gebrochen.
>
> JOSH: Ich hatte sonst niemanden im Auto. Wie meinst du das?
>
> JANET: Jetzt haben wir eine gebrochene Vereinbarung und eine Lüge. Das macht es nur noch schlimmer.

JOSH: Woher weißt du das? Wer hat dir das gesagt? Hast du mir nachspioniert? Vertraust du mir nicht? Ich will wissen, wer mich verpfiffen hat.

JANET: Ich bin deine Mutter. Ich muss wissen, was abläuft.

JOSH: Aber du hast mich nicht mit anderen Kindern fahren sehen. Das ist so dumm!

JANET: Stand in unserer Vereinbarung, dass du keine Mitfahrer haben darfst, oder stand da, dass du sie haben darfst, solange du nicht erwischt wirst?

JOSH: Aber, Mama, diese Regel war von vornherein so blöd. Was ist denn so schlimm daran? Wozu ein Auto, wenn man seine Freunde nicht mitnehmen darf? Außerdem ist es mein Auto. Ich habe es bezahlt. Du hast mir nicht vorzuschreiben, was ich damit tun darf. Keiner meiner Freunde wird wie ein Baby behandelt.

JANET: Ich habe immer noch keine Antwort auf meine Frage gehört. Was war unsere Vereinbarung?

JOSH: Diese blöde Vereinbarung ist mir egal. Ich habe das Auto bezahlt und du machst keine weiteren Regeln dazu. Lass mich in Ruhe!

JANET: Unsere Vereinbarung war, dass du das Auto haben und fahren darfst, solange keine anderen Teenager dabei sind. Du hast die Vereinbarung gebrochen und ich werde etwas dagegen tun müssen.

JOSH: Nimm lieber nicht mein Auto. Das darfst du nicht. Es ist mein Eigentum. Ich habe das Geld dafür verdient. Du kannst dir deine blöde Regel sonst wohin stecken. Es ist ja nicht so, dass ich betrunken fahren würde. Ich bin ein ordentliches Kind. Ich habe gute Noten. Ich bin doch kein zwielichtiger Punk.

Joshs Verteidigung

Joshs Argument, er habe gute Noten und nehme keine Drogen, ist eine gängige Masche unter Teenagern. Das Problem mit diesem Argument ist, dass es sehr oft bei solchen Eltern funktioniert, die über ihre Rolle und Verantwortung bei der Kindererziehung verwirrt sind. Aber es reicht nicht aus, ein Kind zu erziehen, das gute Noten hat und nicht trinkt oder keine Drogen nimmt. Zur Aufgabe der Eltern gehört auch,

Kinder zu erziehen, die ehrlich, rücksichtsvoll, respektvoll, verantwortungsbewusst und von gutem Charakter sind.

Josh hatte sich, wie viele Anwälte, eine Verteidigung für das Brechen der Regeln und das Lügen ausgedacht. Wie würde es klingen, wenn er diese Verteidigung vor Gericht präsentieren würde?

> Herr Richter, mein Mandant ist ein guter Junge. Sehen Sie sich seine guten Zeugnisse an! Das allein sollte es beweisen. Aber Sie müssen auch wissen, dass er kein Säufer, Drogensüchtiger oder zwielichtiger Punk ist.
>
> Nun, was diese kleine Angelegenheit mit dem Vertragsbruch und der Lüge darüber angeht, hat das Gericht kein Recht, Sanktionen gegen meinen Mandanten auch nur in Erwägung zu ziehen, wenn es andere Teenager gibt, die viel schlimmere Dinge tun. Das Gericht sollte einfach die Gelegenheit zu schätzen wissen, mit einem so herausragenden jungen Menschen zu arbeiten.
>
> Und, Herr Richter, die Klägerin hat nicht gesehen, dass ihr Sohn den Vertrag gebrochen hat. Die einzige Möglichkeit, wie dieser Vertrag gelten könnte, wäre, wenn die Klägerin tatsächlich mit eigenen Augen sieht, dass die Regeln der Vereinbarung verletzt werden. Die Augenzeugenberichte über diesen Verstoß spielen in diesem Fall keine Rolle.
>
> Und es gibt noch einen zusätzlichen Grund, meinen Mandanten für nicht schuldig zu befinden. Er musste den dürftigen Regeln seiner Mutter zustimmen, um das Auto überhaupt kaufen zu dürfen. Die meisten Kinder müssen das nicht tun. Ihre Eltern kaufen sogar ihre Autos für sie.
>
> Mit anderen Worten, mein Mandant wurde gezwungen, einem Vertrag zuzustimmen, der aufgrund seiner unangemessenen Forderungen eigentlich null und nichtig sein sollte. Mein armer Mandant musste den Vertrag unter Zwang unterschreiben und sollte daher entschuldigt und für nicht schuldig befunden werden.
>
> Und, als ob das nicht genug wäre, hat mein Mandant das Auto mit seinem eigenen Geld bezahlt. Es ist nun sein Eigentum, mit dem er machen kann, was er will. Der Kläger in dieser Sache hat absolut kein Recht, ihm vorzuschreiben, wie er sein Eigentum zu nutzen hat. Das Gericht hat keine andere Wahl, als meinen Mandanten für nicht schuldig zu befinden. Ich danke Ihnen.

Wir wissen, dass ein Richter diesen Fall nur lächerlich finden würde. Das Argument der Verteidigung, dass nur schlechte Menschen für ihre Taten zur Rechenschaft gezogen werden sollten, hat in unserem Rechtssystem keinen Bestand. Und sie sollte niemals in einer Familie gelten.

Die Frage des persönlichen Eigentums

Es ist unstreitig, dass das Auto tatsächlich Joshs Eigentum war. Janet hatte zugestimmt, dass er ein Auto besitzen durfte. Aber wie bei allem, was Josh sonst noch besaß, hatte seine Mutter immer noch die Verantwortung, dem Gebrauch Grenzen zu setzen. Die Tatsache, dass Josh ein Pfeil-und-Bogen-Set besaß, bedeutete nicht, dass er damit auf vorbeifahrende Radfahrer schießen durfte. Janet, nicht Josh, würde letztendlich für jeden Schaden, den er an Eigentum oder Leib und Leben anrichtete, finanziell verantwortlich gemacht werden. Dass Josh einen Computer besaß, gab ihm nicht die totale Kontrolle über dessen Nutzung. Das Gleiche galt für das Auto.

Mama wird aktiv

Aufgrund all dieser Dinge handelte Janet schließlich, allerdings erst später. Sie nahm das Auto nicht weg. Erinnern Sie sich, dass Josh ihr sagte, das Auto sei seines und seine Mutter könne es nicht wegnehmen. Also tat diese kluge Mutter das Nächstbeste. Sie kaufte eine Lenkradsperre. Josh entdeckte das verriegelte Lenkrad und war wütend. „Mama! Das ist so dumm! Du hast kein Recht dazu! Du nimmst das sofort von meinem Lenkrad weg! Ich muss mir das nicht gefallen lassen! Das ist mein Auto!“

„Ja, Schätzchen. Es ist dein Auto, und ich werde es dir nicht wegnehmen. Du hast das Recht, es zu besitzen. Ich bin deine Mutter und habe die Verantwortung zu entscheiden, wann du es fährst. Ich nehme das an dem Tag von deinem Lenkrad weg, an dem ich mich nicht mehr darum sorgen muss, wie du das Auto benutzt. Ich halte mich an meinen Teil der Abmachung, die wir beide getroffen haben.“

Unnötig zu sagen, dass es einen großen Teenager-Wutanfall gab, gefolgt von viel Schmollen und Murren, aber Janet blieb hartnäckig, und zwei Wochen später trafen die beiden eine neue Vereinbarung.

Liebe-und-Logik-Prinzip 9

Aufbau einer lebenslangen Beziehung

Unsere Geschichten über Phil und Tiffany sowie Janet und Josh veranschaulichen die berührenden Schmerzen und Freuden des Erwachsenwerdens. Sie sind auch ein Bild für Liebe-und-Logik-Eltern in Aktion: Eltern, die ihre Kinder respektieren und sie anleiten, mit den Konsequenzen ihres Handelns zu leben.

Die Teenager sind noch immer ihre Kinder; die Eltern haben immer noch die Autorität. Diese Beziehung wäre auch dann vorhanden, wenn die Eltern sich entscheiden würden, Helikopter, Feldwebel oder Berater zu sein, aber beratende Liebe-und-Logik-Eltern sind in der Lage, ihren Kindern zu helfen, zu lernen, wie die reale Welt funktioniert. (Laissez-faire-Eltern geben ihre Autorität durch Vernachlässigung auf und verhindern so die Beziehung zu ihren Kindern).

Teenager gewinnen Vertrauen in sich selbst, indem sie Entscheidungen treffen und den Kurs für ihr eigenes Leben festlegen. Sie werden bemerken, dass sich ihre Gespräche mit Mitte zwanzig erwachsenen Themen zuwenden und ihre Reife sich ihrer körperlichen Größe anpasst.

Liebe-und-Logik-Erziehungsmethoden sind nicht nur dazu da, Ihnen zu helfen, die schwierigen Situationen der Erziehung von Teenagern zu meistern. Sie sind Werkzeuge, die Ihnen helfen, das Ziel zu erreichen, Ihren Teenager zu einem verantwortungsvollen, produktiven und glücklichen Leben zu führen. Wenn Sie Ihrem Teenager erlauben, unabhängig zu werden, sehen Sie einen Erwachsenen aufblühen. Und dieser Erwachsene, der zufällig Ihr Kind ist, wird dann zu Ihrem Freund.

Tanz auf dem Vukan

Wir hoffen, dass wir Sie bis hierhin ermutigt haben. Aber wir wollen Ihnen nicht den Eindruck vermitteln, man könne die Erziehung von Teenagern auf das Befolgen einiger weniger einfacher Schritte reduzieren. Die Schritte sind Teil eines Gesamtprozesses.

Dieser Prozess ist in erster Linie ein Prozess der *Veränderung*. Erstens machen Sie selbst Veränderungen durch. Schließlich haben Sie noch nie zuvor Teenager erzogen. Und zweitens erleben Ihre Teenager

Veränderungen – sowohl innerlich als auch äußerlich –, die Sie sich nie hätten vorstellen können.

Wir werden uns mit diesen Veränderungen in Teil 2 befassen. Sie machen einen großen Teil dessen aus, was Eltern von Teenagern in Atem hält. Aber mit den Grundlagen der Selbstachtung, der Verantwortlichkeit, der Teilung der Kontrolle und dem Ausdrücken von Empathie, während Sie die Konsequenzen ihre Arbeit tun lassen, können Sie Ihren Sohn bzw. Ihre Tochter sicher durch den wilden Ritt der Adoleszenz führen. Es muss kein Nervenkitzel sein – jedenfalls nicht die ganze Zeit. Fassen Sie sich ein Herz und genießen Sie es.

TEIL 2

Tanz auf dem Vulkan

Die wilden und wunderbaren Herausforderungen der Erziehung von Teenagern

Kapitel 5

Schnallen Sie sich an und genießen Sie die Fahrt!

Eines der nützlichsten Dinge, die Jim zu seiner Tochter Susie sagen lernte, war: „Nun, ich war noch nie der Vater einer Vierzehnjährigen, also werde ich in diesem Jahr mit dir wahrscheinlich viele Fehler machen. Ich hoffe, du hilfst mir da durch. Und ich werde versuchen, dir da durchzuhelfen."

Raten Sie mal, was er sagte, als sie fünfzehn war? „Nun, Susie, ich war noch nie Elternteil einer Fünfzehnjährigen. Das ist hart, nicht wahr? Wir müssen das jedes Jahr durchmachen." Sie ging so weit, dass sie mit Jim mitfühlte und sagte: „Papa, du schaffst das ganz gut." Diese Art der Beruhigung half ihm, die Stürme des Heranwachsens seiner Kinder zu überstehen.

Vielleicht befinden Sie sich ja selbst mitten in einem Wirbelsturm. Ein Hurrikan aus Fragen, Zweifeln und Ängsten wirbelt um die Eltern, wenn sich ihre Kinder der Pubertät nähern. Falls Ihre Kinder bereits Teenager sind, kann es sich so anfühlen, als habe der Hurrikan bereits Ihre Küste erreicht und werde einen ungeheuren Schaden anrichten.

Diese Fragen und Gefühle sind ganz natürlich. Und obwohl es sich wie ein seltsamer Ratschlag anhört, um einen Hurrikan durchzustehen, ist das Beste, was Sie tun können, ruhig zu werden und sich zu entspannen.

Wie wir bereits erwähnt haben, ist es wichtig, dass Sie gut auf sich selbst aufpassen. Die Gefühle, die Sie haben, sind echt; die Fragen, die Sie bezüglich Ihrer Kinder haben, sind wichtig. Aber bleiben Sie ruhig.

Wie finden Sie die Ruhe im Sturm? Das erste Gebot ist, Ihre Gedanken zu ordnen. Wir fangen damit an, was mit Ihnen passiert, und beschäftigen uns dann damit, welche Art von Teenager Sie haben.

Warum Eltern sich entspannen sollten

Wir ziehen Kinder auf und fragen uns, ob wir es gut machen. Für viele Dinge, die wir im Leben tun, erhalten wir eine Form von konkreter Anerkennung. In der Schule bekommen wir Zeugnisse. Bei der Arbeit bekommen wir Leistungsbeurteilungen oder ein Gehalt. Aber niemand gibt uns ein Zeugnis oder ein Gehalt für die Kindererziehung. Unsere einzige Leistungsbeurteilung ist tatsächlich, wie sich unsere Teenager entwickeln.

Aber das ist eine heikle Sache. An einem Tag könnte es so aussehen, dass wir es gut machen; am nächsten Tag dagegen, dass wir uns lieber so schnell wie möglich eine Ausbildung zulegen sollten.

Wir ringen innerlich damit, wie sich unsere Töchter und Söhne entwickeln werden. Was, wenn sie keine Musterbürger werden? Was sagt das über uns als Eltern aus? Schuldgefühle schleichen sich ein.

Vielleicht ist es das, was uns zu typischen Eltern macht. Wir fühlen uns oft schuldig.

Haben Sie Zeit damit verbracht, sich zu fragen, was andere Leute von Ihnen denken, weil sich Ihre Kinder so verhalten? Ihr Teenager tut dies und jenes, und Sie haben keine Kontrolle darüber. Sie fühlen sich schuldig. Die Schuldgefühle können dabei alle möglichen Ursachen haben:

- Unsere Teenager haben Stimmungsschwankungen.
- Unsere Teenager reden nicht mehr so viel mit uns wie früher.
- Unsere Teenager sind lieber bei ihren Freunden als zu Hause bei uns.
- Unsere Teenager neigen dazu, unsere Werte zu hinterfragen oder sogar abzulehnen.

Ist es gerechtfertigt, dass wir uns wegen dieser Dinge schuldig fühlen? Nein. Diese Einstellungen und Verhaltensweisen sind bei Teenagern normal. Dieser nagende Gedanke *Wäre ich ein(e) bessere(r)*

Mutter bzw. Vater, wäre mein Teenager anders, ist normal. Anderen Eltern geht es auch so. Das heißt aber nicht, dass er wahr ist.

Schuldgefühle sind nicht das Einzige, was uns als Eltern von Teenagern umtreibt. Wir haben auch ein Versagensgefühl. Und unsere Sprösslinge unterstützen uns dabei gerne. Sie führen Buch darüber, wo wir ihrer Meinung nach versagen: „Der Vater meines Freundes hat einen BMW", sagen sie, mit dem nicht zu unterschwelligen Hinweis: „Wann holst du endlich auf?" Sie sind schnell dabei, darauf hinzuweisen, dass alle anderen Eltern einen besseren Job machen als wir.

Aber denken Sie daran, all das wird vorübergehen, und sie werden keine Teenager mehr sein. Und Sie werden feststellen, dass sich ihre Einstellungen ändern und Ihre Schuldgefühle verblassen werden. Mark Twain wird mit den Worten zitiert: „Als ich ein Junge von vierzehn Jahren war, war mein Vater so beschränkt, dass ich es kaum ertragen konnte, den alten Mann um mich herum zu haben. Aber als ich einundzwanzig wurde, war ich erstaunt, wie viel der alte Mann in sieben Jahren gelernt hatte."

Warum sich Sorgen machen?

Viele Menschen verbringen viel Zeit damit, sich Gedanken darüber zu machen, was schiefgehen könnte. Denken Sie daran, dass Sorgen der Preis sind, den Sie im Voraus für die meisten Dinge im Leben zahlen, die nie eintreten.

Sie haben nur eine begrenzte Zeit mit Ihren Kindern, und Sie haben zwei grundsätzliche Möglichkeiten, damit umzugehen. Sie können sich dafür entscheiden, diese Zeit damit zu verbringen, über all die Dinge nachzudenken, die schief gehen könnten. Ja, da gibt es viele Möglichkeiten. Oder Sie können diese Energie darauf verwenden, darüber nachzudenken, wie Sie eine positivere Beziehung zu Ihren Kindern aufbauen können. Es liegt ganz bei Ihnen.

Uns persönlich wäre es lieber, Sie würden die zweite Wahl treffen. Und ein Anfang ist, dass Sie lernen, mit Ihren Kindern zu arbeiten, ohne sie zu kritisieren und zu verhören.

Viele Eltern überanalysieren ihre Erziehung so lange, bis sie Angst haben, den Mund aufzumachen, weil sie vielleicht das Falsche zu ihren Teenagern sagen könnten. Und gewiss sagen sie oft das Falsche. Aber was soll's? Das wird die Teenager nicht verletzen. Das lässt sich im Laufe der Zeit wieder reparieren. Es ist viel besser, etwas zu kommunizieren, als sich zu verschließen, weil man Angst hat, es könnte falsch rüberkommen.

Entspannen Sie sich. Werden Sie nicht sprachlos vor lauter Sorge.

Zuhören und Lernen

Um Ihrem Teenager nahezukommen, müssen Sie sich darum bemühen zu verstehen, was er oder sie gerade erlebt. Sie können das lernen, indem Sie zuhören, was Ihr Teenager Ihnen erzählt, aber erwarten Sie keine höflichen Erklärungen.

So wie Lachse den Drang haben, stromaufwärts zu schwimmen, um zu laichen, so haben Teenager den Drang, den erwachenden Bedürfnissen von Unabhängigkeit und Erwachsensein zu begegnen. Aber es ist höchst unwahrscheinlich, dass ein Teenager sich mit Ihnen zusammensetzt, um Ihnen seine Bedürfnisse zu erklären: „Mama, Papa, lasst uns über uns reden. Ich werde in den nächsten Jahren ziemlich viel Hilfe brauchen. Ihr müsst einfach verstehen, dass ich … brauchen werde, und ich werde mich wahrscheinlich verhalten wie …“ Ein solches Gespräch wird nicht stattfinden. Ihr Teenager wird Ihnen zeigen, was er oder sie braucht, indem er es auslebt. Und Sie können zuhören und lernen.

Teenager könnten z. B. versuchen, ihre Bedürfnisse durch törichte oder sogar gefährliche Handlungen zu stillen. Infolgedessen fühlen sich die Eltern in Gefahr. Wir fühlen uns, als würden wir unsere Sache schlecht machen. Wir fühlen uns schuldig. Wir denken, wir würden versagen und sollten lieber die Kontrolle erhöhen. Wir machen uns noch mehr Sorgen.

Was fühlen unsere Teenager, wenn wir ihr Handeln einschränken? Ein stärkeres Verlangen, uns zu zeigen, wie wichtig diese Bedürfnisse sind. Also tun sie etwas, um uns mitzuteilen: „Ihr werdet mich nicht kontrollieren. Ich werde meinen Willen durchsetzen.“ Der Teenager fühlt auch einen Verlust an Liebe: „Meine Bedürfnisse werden nicht erfüllt, und Mama und Papa tun alles, was sie können, um mich zu kontrollieren.“

Dann spüren wir einen Kontrollverlust, und auch wir selbst spüren einen Liebesverlust. Die Beziehungen gehen langsam bergab. Es ist ein sich ständig verschlechternder Kreislauf.

Was sollten Sie tun, wenn sich Ihr Teenager danebenbenimmt? Entspannen Sie sich. Hören Sie zu und lernen Sie. Machen Sie sich keine Sorgen. Wir schaufeln uns oft ein Grab, aus dem wir in diesen Teenagerjahren nur schwer wieder herauskommen. Vielleicht sollten wir uns stattdessen einfach ein wenig zurücknehmen, diese Bedürfnisse anerkennen und unserem Teenager sagen: „Ja, das ist wichtig. Lass mich dir helfen, an dieser Sache zu wachsen. Wie kann ich dir helfen, Dinge zu erreichen, die für dich wichtig sind?"

Wir reden hier nicht über materielle Dinge. Wir reden darüber, dass wir unserem Teenager die Chance geben, sich unabhängig zu fühlen. Wir können sagen: „Wie kann ich dir so dabei helfen, dass du immer noch gut auf dich aufpasst und ich mich nicht ängstigen muss? Lass uns darüber reden."

Wenn wir unsere Teenager dazu bringen können, mit uns zu reden, indem wir zu ihnen sagen: „Ja, ich möchte, dass du deine Bedürfnisse erfüllt bekommst", glauben Sie, dass sie uns dann helfen könnten, *unsere* Bedürfnisse zu erfüllen? Vielleicht könnten Sie sagen: „Weißt du, als Elternteil habe ich auch Bedürfnisse. Ich muss das Gefühl haben, dass ich einen guten Job mache. Ich muss das Gefühl haben, dass ich dich auf die reale Welt vorbereite. Ich muss das Gefühl haben, dass ich erreicht habe, dass du gut auf dich aufpasst und weiterhin ein glücklicher Mensch bist, wenn du durchs Leben gehst."

Eltern und Teenager müssen miteinander über ihre Bedürfnisse sprechen. Es ist in Ordnung, wenn wir sagen: „*Das* versuche ich zu tun. Tue ich etwas, was dich hindert? Verletze ich dich auf irgendeine Weise? Sage es mir. Was hat es mit dem Schmollen auf sich? Kannst du es in Worte fassen? Was willst du mir mit diesen Tränen sagen? Was sollen mir die Wut und das Herumstampfen wirklich sagen?"

Mit anderen Worten, wir nehmen die Handlungen unseres Teenagers so oft wie möglich ernst und sagen: „Kannst du das für mich in Worte fassen, damit ich es richtig und nicht falsch verstehe?" Mit dieser Art der Kommunikation werden Sie feststellen, dass viele Ihrer Erziehungssorgen einfach dahinschmelzen. Sobald Ihr Teenager seine Gefühle in Worte gefasst hat, versuchen Sie niemals, seine Gedanken zurechtzurücken. Sie werden viel bessere Ergebnisse erzielen, wenn Sie sagen: „Danke, dass du mir das sagst!"

Einige Dinge, die Eltern verstehen müssen

Eltern, die gelernt haben, ihren Teenagern Fragen zu stellen und sie zum Nachdenken zu bringen, haben sich mit den Dingen, die vor ihnen liegen, auseinandergesetzt: „Meine Dreizehnjährige wird in fünf Jahren draußen in der Welt sein, vorausgesetzt, dass sie nicht vorher von zu Hause wegläuft. Wie kann ich anfangen, dieses Zuhause so zu betreiben, wie die reale Welt funktioniert?"

Diese Eltern haben sich auch damit auseinandergesetzt, was mit ihren Kindern in den Teenagerjahren passiert:

Sich verändernde Gedanken: Kinder im Grundschulalter wollen uns in der Regel alles erzählen – wer was gemacht hat, wer was zu wem gesagt hat und was sie über all das denken. Oft kann man sie nicht dazu bringen, mit dem Plappern über ihren Tag aufzuhören.

Wenn Kinder dann in die Pubertät kommen, machen sie sich viele Gedanken wie: *„Hmm, ich frage mich, ob meine Mutter mit dem umgehen kann, was ich denke – vielleicht sollte ich es ihr nicht sagen.* Sie haben auch viele Gedanken, die sie nicht artikulieren können.

Sich verändernde Werte: Es gibt viele Dinge, die Heranwachsende lieber nicht mit uns teilen möchten, weil sie vielleicht nicht mit unserem Wertesystem übereinstimmen. Sie „probieren" auch viele neue Gedanken und Denkweisen aus. Worüber sie heute reden, ist morgen oft schon wieder weg.

Sich verändernde Sexualität: Teenager schockieren ihre Eltern nicht mit Sprüchen wie: „He, Mama, weißt du, warum ich so lange beim Duschen brauche?" Ihre Körper entwickeln sich, ihre Hormone kommen in Fahrt, und sie erleben ihre Sexualität zum ersten Mal – und keine dieser Veränderungen ist förderlich für eine offene Diskussion mit Mama oder Papa.

Sich veränderndes Aussehen: Jugendliche werden in der frühen Adoleszenz – im Alter von zwölf bis dreizehn Jahren – extrem empfindlich, weil sie sich nicht ganz sicher sind, was beim Aussehen richtig oder falsch ist, was sie mit ihren Fantasien über Sex anfangen sollen und ob der Pickel das Einzige ist, was man in ihrem Gesicht sieht.

Eltern, die gut mit ihren Teenagern interagieren können, wissen auch, dass die Geburtsreihenfolge typischerweise einen Einfluss darauf hat, wie ihre Kinder sich verhalten und ihre Bedürfnisse ausleben werden.

1. Erstgeborene sind im Grunde wie Einstein – Denker, Macher, Ärzte, Anwälte.
2. Die mittleren Kinder neigen dazu, Picassos zu sein, weil sie introvertiert sind und sensibel werden.
3. Das jüngste Kind ist wie der Moderator einer Talkshow. Wenn das letzte Kind da ist, sind wir als Eltern ziemlich entspannt. Wir lassen natürliche Konsequenzen zu, und wir geben dem Kind viel Liebe. Wir sind nicht ganz so verklemmt, sodass es die Freiheit hat zu sagen: „Hallo Welt, hier bin ich!“

Alle Teenager besitzen diese allgemeinen Eigenschaften, die sich aber auf unterschiedliche Weise auswirken werden, je nachdem, welche Art von Teenager Sie haben.

Drei Typen von Teenagern

Fünfjährige mögen sich in ihren Erziehungsbedürfnissen sehr ähnlich sein. Aber wenn sie älter werden, gehen ihre Wege auseinander. Wir haben die folgenden drei Typen von Heranwachsenden beobachtet:

1. **Frühentwickler:** Der erste Typus beschreibt jene Kinder, die im ersten und zweiten Lebensjahr gut zurechtkommen. Wenn sie dann die sechste Klasse erreicht haben, sind sie gute Kinder. Und am Ende machen sie sich gut, unabhängig davon, wie rebellisch sie in der Pubertät scheinbar waren.
   Diese Kinder werden sich aus mehreren Gründen problemlos entwickeln. Erstens haben ihre Mütter während der Schwangerschaft keine Drogen genommen. Zweitens haben ihre Eltern sie in den ersten zwölf Monaten mit Liebe und Fürsorge umgeben. Drittens haben ihre Eltern im zweiten Lebensjahr weise und liebevolle Disziplin angewandt, indem sie Nein sagten und es auch so meinten, wenn das Verhalten des Kindes unangemessen war.
2. **Spätentwickler:** Der zweite Typus von Teenagern hat Probleme im ersten und zweiten Lebensjahr, aber mit elf Jahren hat er die Kurve gekriegt und kommt gut durch die Pubertät – und wahrscheinlich auch durchs Leben.

3. **Problem-Teenager:** Dieser dritte Typ beschreibt Kinder, die Probleme haben, deren Ursprung im ersten und zweiten Lebensjahr liegt und die bis zum Alter von elf Jahren und darüber hinaus andauern. Sie kommen mit den Eltern oder Gleichaltrigen nicht gut zurecht. Sie spielen ständig die Rolle des Opfers, können andere leicht bezaubern oder betrügen, horten Lebensmittel oder schlagen sich den Bauch voll. Diese Kinder werden oft zu Straftätern.

Die Grundlagen der Persönlichkeit werden in den ersten beiden Lebensjahren gelegt. Kinder neigen zu Schwierigkeiten in der Adoleszenz, wenn sie in ihren ersten Lebensjahren

- Schmerzen haben, die die Eltern nicht lindern können
- genetische Veranlagungen haben, gegen die die Eltern nichts tun können
- Missbrauch und Vernachlässigung erfahren
- den Konsum von Drogen bzw. Alkohol seitens ihrer Eltern miterleben

Diese Tendenzen sind bei manchen Kindern stärker ausgeprägt als bei anderen. Ihre genetische Veranlagung kann bestimmen, wie gut sie mit Umweltfaktoren wie Vernachlässigung oder Missbrauch umgehen können. Und die Art und Weise, wie sie mit dem Erwachsenwerden zurechtkommen, kann auch von der Fähigkeit ihrer Eltern abhängen, die richtigen Erziehungsmethoden zu entdecken.

Einige dieser Tendenzen lassen sich nicht ohne Weiteres durch die in diesem Buch beschriebenen Methoden beheben. Hat ein Kind z. B. das fetale Alkoholsyndrom[1], wird keine noch so gute Erziehung zu einer unproblematischen Adoleszenz führen. Ebenso wenig werden Erziehungsmethoden Probleme wie Entwicklungsstörungen und Anomalien, die aus bestimmten angeborenen Krankheiten resultieren, auslöschen. Das Kind wird sich während der Latenzjahre zwischen drei und elf Jahren unweigerlich „anders" fühlen als andere Kinder. Wenn Sie den Verdacht haben, dass Ihr Kind solche Tendenzen hat,

[1] Das Fetale Alkoholsyndrom (FAS) … bezeichnet eine Reihe vorgeburtlich entstandener Schädigungen eines Kindes durch von der schwangeren Mutter aufgenommenen Alkohol (Wikipedia, 23.02.2021).

empfehlen wir Ihnen dringend, kompetente professionelle Hilfe in Anspruch zu nehmen.

Weil die Persönlichkeit so früh im Leben geprägt wird, ist die Erziehung viel einfacher, wenn das Fundament richtig gelegt ist. Viele Eltern von Neunzehnjährigen fragen sich: „Was kann ich für dieses Kind tun?“ Eigentlich nicht viel, außer ihnen etwas zum Thema Persönlichkeitsentwicklung zum Lesen zu geben. Mit neunzehn Jahren befinden sich die Kinder nun in der Welt der Erwachsenen. Die Muster, die sie in ihrer Jugendzeit entwickelt haben, sind fest verankert, und sie haben – im Guten wie im Schlechten – die Unabhängigkeit von ihren Eltern erreicht.

Aber Eltern können und werden immer noch einen Einfluss auf ihre Fünfzehnjährigen haben. Sie können ihren Einfluss im Elternhaus nutzen, um ihren Jugendlichen zu helfen, Entscheidungen zu treffen und mit den Konsequenzen zu leben.

Schauen wir uns nun die drei Typen von Jugendlichen, die wir oben unterschieden haben, genauer an.

Frühentwickler

Die Mehrheit der Teenager fällt in die erste Kategorie, gehören also zu denen, die von der Geburt bis zum Alter von elf Jahren gut zurechtgekommen sind: die Frühentwickler. Wenn Eltern sich mit ihren Kindern bis zur sechsten Klasse bzw. bis zum zwölften Lebensjahr gut verstanden haben, ist es egal, wie schlecht die Pubertät verläuft. Langfristig wird sich alles zum Guten wenden.

Natürlich können tragische Verhaltensweisen, wie starker Drogenkonsum oder Promiskuität, die Entwicklung der Jugendlichen und die Beziehung der Eltern zu ihren Teenagern gefährden. Aber abgesehen von diesen extremen Bedingungen können sich Eltern, die bis zum Alter von elf Jahren eine gute Beziehung zu ihren Kindern hatten, entspannen.

Natürlich gibt es auch Teenager, die über manche Dinge nicht reden wollen, weil sie sich zu sehr schämen, zu unsicher sind und zu sehr aus dem Gleichgewicht geworfen werden. Andere dagegen sind sehr glückliche Teenager. Sie haben ein sehr gutes Selbstbild und die ganze Zeit über eine sehr gute Kommunikation mit ihren Eltern gehabt. Sie werden Phasen durchlaufen, in denen sie sich zurückziehen und Dinge infrage stellen, weil sich Körper, Geist und Emotionen in der Adoleszenz schneller verändern als zu jeder anderen Zeit im Leben, aber das sind normale Probleme, und diese Teenager werden sich letztlich gut entwickeln.

Zum Beispiel schnauzen auch normale, gut angepasste Kinder ihre Eltern verbal an. Es ist normal, dass elfjährige Jungen wütend sind und dreizehnjährige Mädchen sich ärgern und böse Bemerkungen machen. Das ist ein Teil des natürlichen Prozesses des Erwachsenwerdens. Zum Teil ist es hormonell und entwicklungsbedingt und zum Teil hat es mit den Befürchtungen des Teenagers zu tun, wenn ihm klar wird, dass er bzw. sie in ein paar Jahren vielleicht einen Job oder einen neuen Namen hat. Das sind tiefgreifende Veränderungen, und die einzige Reaktion von Teenagern auf solche Ängste ist oft, ihre Eltern verbal zu beschimpfen. Unter solch stressigen Bedingungen tun Erwachsene das Gleiche.

Als Reaktion auf dieses Verhalten können Eltern zu ihren Teenagern sagen: „Ich weiß, dass du wütend bist – das passiert Kindern und Erwachsenen auch. Aber es nervt mich, in deiner Nähe zu sein, also warum isst du nicht in deinem Zimmer?“

Spätentwickler

Dann gibt es Jugendliche, die in den ersten und zweiten Lebensjahren Schwierigkeiten hatten, wie z. B. nicht diagnostizierte gesundheitliche Probleme, aber ansonsten eine relativ unproblematische Kindheit erlebten. Diese Spätentwickler werden wahrscheinlich nur wenige Probleme während der Adoleszenz haben.

Frühe Probleme können aber auf verschiedene Weise wiederauftauchen. Diese Probleme drehen sich oft um frühe Entwicklungsprobleme in Bezug auf Gesundheit, Aussehen und Sozialverhalten. Aber sie werden überwunden, indem man die Ursachen der Probleme versteht, nicht indem man falsches Verhalten entschuldigt.

Fred war ein hässliches Kind. Er war nicht nur schlaksig wie viele andere Kinder, sondern auch von Geburt an stark kurzsichtig. Er konnte keine Bälle fangen, weil er nie eine Augen-Hand-Koordination entwickelte, und er hatte Probleme mit seinen Schularbeiten, weil er die Tafel nicht richtig sehen konnte. Seine Lehrer und Eltern erkannten nach und nach seine Sehschwäche und konnten das meiste mit einer Brille korrigieren.

Jetzt ist Fred dreizehn. Er hat gelernt, sich auf die Schule zu konzentrieren, aber aufgrund der jahrelangen Hänseleien, wie z. B. „Brillenschlange“, verhält er sich manchmal unsozial.

Freds Eltern warteten, bis sie in einer guten Stimmung waren, um mit ihm über seine Schwierigkeiten zu sprechen.

„Wir wissen, dass du oft wütend bist“, begannen sie.

„Ja“, antwortete Fred und schaute zu Boden.

„Denkst du oft, dass andere es besser haben?“, fragten sie vorsichtig.

„Andere Kinder haben es *immer* besser“, zischte Fred. „Die können ohne blöde Brille sehen.“

„Ja, Fred, als du klein warst, hatten es andere Kinder besser, da hast du Recht“, stimmten sie zu. „Wenn andere Kinder Ball spielten, konntest du den Ball nicht sehen; wenn andere Freundschaften schlossen, konntest du sie vom anderen Ende des Klassenzimmers aus nicht sehen. Junge, wir verstehen das wirklich. Wenn wir mit diesen Problemen aufgewachsen wären, würden wir das wahrscheinlich auch so empfinden.“

„Ja, hmm, ich weiß nicht, was ich sagen soll“, fuhr Fred fort. „Es ist alles so unfair.“

Dann lenkten Freds Eltern das Gespräch auf einen neuen Aspekt. „Diejenigen, die früh einen Nachteil haben, erhalten jedoch eine ebenso große Chance: Wenn sie diesen Nachteil überwinden, werden sie rücksichtsvoller, verständnisvoller und bewusster als die Menschen, die dieses Problem nie hatten. Einige unserer größten Führer waren diejenigen, die schwierige Zeiten überwinden mussten.“

„Ja, aber es ist trotzdem nicht einfach“, antwortete Fred.

„Wir verstehen das, und wir lieben dich sehr und wollen, dass du Erfolg hast.“

Eltern von Spätentwicklern sollten mit ihren Teenagern auf Augenhöhe sein und ihnen sagen, warum sie möglicherweise Probleme in der Familie oder in der Gesellschaft haben. Aber vergangene oder sogar anhaltende Probleme wie diese sind keine Entschuldigung für unsoziales Verhalten. Eltern sollten Erklärungen anbieten, um das Verhalten zu *verstehen*, ohne das Verhalten *zu entschuldigen*. Teenager müssen diese Realität begreifen: „Mein Hintergrund bedeutet, dass ich besonders hart arbeiten muss.“

Teenager mit Schwierigkeiten in der frühen Kindheit sollten die Erwartung haben, dass sie diese frühen Dinge überwinden können und dass ihre Eltern ihre Bemühungen wirklich schätzen. Wenn ein Kind mit anfänglichen Koordinationsproblemen es zum Beispiel in die Fußballmannschaft schafft, bedeutet das, dass es sich besonders angestrengt hat. Eltern können ihre Teenager auch dazu ermutigen, trotz ihrer früheren Probleme Freunde zu finden.

Mit dieser Art der Erziehung lernen Spätentwicklern, ihre eigenen Triumphe und Misserfolge zu akzeptieren. Eltern sollten Teenager weder überbehüten noch ihre Probleme verschlimmern, indem sie Wutausbrüche oder andere Manifestationen früherer Entwicklungsprobleme entschuldigen.

Die gleichen Methoden können bei problembehafteten Teenagern angewendet werden. Zum Beispiel können die Eltern sagen: „Schatz, du wurdest als Kind von deinem Großvater missbraucht. Das war furchtbar, das wissen wir. Deshalb bist du auch so wütend. Also musst du daran arbeiten." Der Hintergrund ist eine Ursache, aber keine Ausrede. Aufgrund des Hintergrunds oder des Problems wird sie verstanden, nicht entschuldigt.

Dies bringt einen weiteren Erziehungsansatz für Teenager zur Sprache, die mit frühen Schwierigkeiten zu kämpfen haben: *Duldung ohne Erlaubnis*. Sagen Sie niemals: „Oh, jetzt, wo ich es verstehe, lasse ich es durchgehen." Geben Sie Ihrem Kind Hintergrundwissen, damit es versteht, warum es vielleicht Schwierigkeiten hat. Aber unabhängig von der Ursache sollten Sie unsoziale und vor allem kriminelle Handlungen nicht tolerieren. Jugendliche implizieren durch ihre Worte und Handlungen oft: „Du wirst das tolerieren!" und benutzen ihre Vergangenheit, um es zu rechtfertigen.

Lassen Sie Ihren Teenager wissen, dass Sie mit seinen Schwierigkeiten mitfühlen können. Aber machen Sie von Anfang an klar, dass Sie unangemessenes Verhalten nicht tolerieren werden. Und dann handeln Sie nach Ihren Überzeugungen. Wenn Sie Ihren Teenager davor warnen, Steine auf Häuser zu werfen, entschuldigen Sie die Tat nicht, wenn die Nachbarn anrufen, um sich über zerbrochene Fenster zu beschweren.

Um eine geopolitische Analogie zu bemühen: In den 1930er-Jahren ermahnten die europäischen Staats- und Regierungschefs Adolf Hitler ständig, seine Expansionspolitik einzudämmen. Aber nachdem Hitler sich der Tschechoslowakei bemächtigt hatte, sagten sie: „Na gut, aber tu es nicht wieder."

Manchmal sind die frühen Entwicklungsprobleme eines Teenagers ungewollt von den Eltern selbst verursacht worden.

Lisa, zum Beispiel, hatte eine Milchunverträglichkeit. Aber ihre Eltern wussten es nicht und schimpften ständig mit ihr, weil sie weinte, besonders nach dem Stillen. Lisa und ihre Eltern fanden erst mit vierzehn Jahren heraus, dass sie diese Intoleranz hatte.

Wie sollten ihre Eltern jetzt reagieren? „Es tut uns leid, dass es passiert ist, und zu der Zeit haben wir das Beste getan, was wir konnten." Die Eltern müssen nicht um Vergebung für ihre früheren, gut gemeinten Handlungen bitten. Sie sollten nur die Fakten des Geschehens nennen und ihr aufrichtiges Bedauern ausdrücken. Teenager können die Bitte um Vergebung nutzen, um ihre Verbitterung zu bekräftigen. Sie könnten dadurch auch auf die Idee kommen, dass sie es vielleicht *nicht* verzeihen.

Wenn Ihr Teenager Ihnen etwas übel zu nehmen scheint, sagen Sie nicht: „Junge, es tut mir weh, dass du dich über mich ärgerst." Denn dann wird der Teenager so reagieren: „Gut, Mama und Papa verdienen es zu leiden."

Die bessere Antwort und diejenige, die helfen wird, Vertrauen aufzubauen, ist: „Wenn du durch das Leben gehst und dich über mich ärgerst, wird es dich von innen her auffressen. Ich hoffe, dass du nicht daran festhältst, denn es wird dir schaden."

Bei Teenagern, die im ersten Lebensjahr Probleme hatten, kann ein kleines bisschen Vertrauen viel bewirken. Mit der Zeit wird sich dieses Vertrauen herausbilden, so wie sich eine Perle um ein Sandkorn bildet.

Eine Möglichkeit, auf dieses Vertrauen aufzubauen, ist, um mehr Blickkontakt zu bitten. Sagen Sie: „Es sieht so aus, als hättest du Probleme, mich anzusehen. Ich hoffe, du kommst darüber hinweg." Oder: „Ich fände es gut, wenn du mir in die Augen schauen würdest", oder: „Ich fände es gut, wenn du etwas leiser reden würdest."

Auch hier geht es darum, dass Eltern ihren Kindern sagen, was sie selbst wollen, anstatt ihren Kindern zu sagen, was sie tun sollen. Wir befinden uns fast immer auf wackligem Boden, wenn wir versuchen, unseren Kindern Befehle zu erteilen, indem wir z. B. sagen: „Schau mich an, wenn ich mit dir rede." Wenn wir versuchen, unsere Kinder zu zwingen, den Blickkontakt mit uns zu wahren, werden sich ihre

Augen auf einen Gegenstand hinter uns konzentrieren; sie ignorieren uns also, scheinen uns aber trotzdem anzuschauen.

Aber es gibt einige verstörte Teenager, die nicht einmal ein Körnchen Vertrauen haben, auf dem sie aufbauen können. Das passiert, wenn Ihr Teenager Schwierigkeiten im ersten Lebensjahr hatte und nie ein Grundvertrauen entwickelt hat. Solche Kinder wachsen im Kleinkindalter mit extremen Kontrollproblemen auf, die sich auch noch in der Grundschule fortsetzen. Diese Kinder sind für alle in der Umgebung – Eltern und Lehrer – schwer zu kontrollieren.

Um sie zu erreichen, brauchen solche Kinder in der Regel eine stark strukturierte Umgebung, die sie zur Anpassung zwingt. Dies führt dazu, dass der Teenager in Ärger und Wut explodiert. Die Wut und der Zorn werden von den Autoritätspersonen akzeptiert, und diese Akzeptanz führt zu Vertrauen. So können scheinbar harte Umgebungen ein großes Maß an Vertrauen aufbauen, besonders wenn der Prozess abgeschlossen ist.

Problem-Teenager

Fast alle Kinder, die von der Geburt bis zum elften Lebensjahr unter chronischen Problemen leiden, werden in der Adoleszenz erhebliche Probleme haben, und die Eltern werden mit hineingezogen. Vielleicht haben die Eltern die Probleme nicht verursacht, aber sie werden mit Sicherheit mit ihnen leben müssen. Diese Problem-Teenager sind zwar immer noch eine Minderheit, aber ihre Zahl steigt.

Problem-Teenager haben viel Zorn in sich aufgestaut, der sich folgendermaßen äußern kann:

- Sie mögen es nicht, wenn man sie anfasst.
- Sie vermeiden Blickkontakt.
- Sie wollen nicht, dass man ihnen Erleichterung verschafft.
- Sie haben kein Vertrauen.
- Sie haben Lern- und Ernährungsprobleme.

Diese Teenager brauchen wahrscheinlich professionelle Hilfe, und Eltern sollten sich nicht schämen, diese zu suchen. Hier sind drei Möglichkeiten, wie Eltern herausfinden können, ob sie einen gestörten Teenager haben:

Zunächst ist es am besten, *eine professionelle Meinung* von einem Kinderpsychologen oder Kinderpsychiater *einzuholen.* Achten Sie darauf, jemanden zu finden, der viel zu tun hat. Auf diese Weise können Sie Fachleute ausschließen, die nur versuchen, mehr Kunden zu bekommen, um sich selbst zu versorgen. Denken Sie daran, dass Referenzen keine Garantie für eine hochwertige professionelle Meinung sind.

Zweitens, *bitten Sie um eine Perspektive von außen* von jemandem mit emotional gesunden Teenagern. Vergleichen Sie ihre Situation nicht mit jemandem, der ähnliche Probleme hat. Erziehungsgruppen in Kirchen oder Schulen können hier hilfreich sein. Eltern können durch Freunde oder Erziehungsgruppen herausfinden, ob ihr Problem ein normaler Teil des Heranwachsens oder eine ernste Situation ist, die professionelle Hilfe erfordert.

Der dritte und am wenigsten zuverlässige Weg ist, *sich auf Ihre eigene Intuition zu verlassen.*

Gehen Sie nicht davon aus, dass Ihr Teenager gestört ist, nur weil er oder sie Dinge tut, die Sie nicht mögen. Das ist ein bedeutungsloser Indikator. Alle Kinder tun Dinge, die wir nicht mögen. Die Schlüsselfrage ist die folgende: Sind die Dinge, die mein Teenager tut, wahrscheinlich destruktiv für sein Leben?

Destruktiv bedeutet nicht immer etwas, das letztendlich schädlich sein wird. Selbstzerstörerisches Verhalten kann zu einer Lerngelegenheit führen. Nur weil Teenager verletzt werden, bedeutet das nicht, dass alle Aspekte von falschem Verhalten letztendlich schlecht sind. Zum Beispiel könnte das Weglaufen von zu Hause teilweise von Vorteil sein, weil der Teenager einige wertvolle Lektionen über das Leben lernen könnte, obwohl wir alle es lieber hätten, er wäre zu Hause geblieben.

Destruktiv bedeutet im Allgemeinen, dass Jugendliche etwas tun, das ihnen keine Lektion erteilt und ihnen ermöglicht, von der Verletzung zu profitieren. Es kann auch bedeuten, dass die lebenslange Lektion des Schmerzes einer Handlung den Wert der Lernerfahrung überwiegt. Wenn Ihr Sohn zum Beispiel ein Mädchen schwängert und sich entscheidet, sie nicht zu heiraten, wird der Schmerz, dass er für das Kind Unterhaltszahlungen leisten muss, mindestens achtzehn Jahre lang andauern und somit stärker sein als alle anderen Lektionen, die er aus den Folgen des unverantwortlichen Sexualverhaltens lernen würde.

Allerdings sollten Eltern ihre Teenager nicht vor der Realität schützen. In ein paar Jahren werden sie sie ohnehin nicht mehr schützen können. Die Welt der Erwachsenen ist härter und konsequenter als das, was die meisten Eltern ihren Teenagern zumuten. Und Eltern geben einen liebevollen Rahmen vor: „Ich lasse dich die Konsequenzen erleben, weil ich dich liebe.“ Die Erwachsenenwelt ist entweder antagonistisch oder gleichgültig.

Eltern von Problem-Teenagern reagieren am besten, indem sie erkennen, dass sie sich zuerst um sich selbst kümmern und den Rest der Familie schützen müssen. Ein weiser Elternteil wird sagen: „Es ist zu erwarten, dass Ben Probleme haben wird. Ich muss dafür sorgen, dass die Familie und die anderen Kinder sicher sind. Ich kann mich nicht mit Schuldgefühlen belasten, und ich kann meine Familie nicht mit fortwährender Not belasten. Ich kann die Familie nicht mit Rechnungen belasten, denn wir könnten unser Vermögen mit psychiatrischen oder juristischen Rechnungen aufbrauchen.“

Diese Eltern sollten auch vernünftigerweise ihre Erwartungen herunterschrauben. Angemessene Erwartungen können Verletzungen reduzieren und eine Lähmung durch Schock oder Überraschung vermeiden, wenn etwas passiert. Eltern, die davon Abstand nehmen, ständig die Hände (über ihren Teenagern) zu ringen, sind frei, effektiver zu reagieren.

Was Jugendliche in dieser Situation am dringendsten brauchen, bevor sie ihr Zuhause endgültig verlassen, ist ein Vorbild, das ihnen zeigt, wie sie ein gesundes, ausgeglichenes Leben führen können, wenn sie erst einmal auf sich allein gestellt sind.

Oft schimpfen und toben die Eltern jedoch und drohen und beschuldigen, was genau das Gegenteil davon ist, dass man auf sich selbst aufpasst. Wenn Teenager von zu Hause weggehen und schimpfenden Eltern den Rücken kehren, haben sie ihre letzte Chance verloren zu lernen, wie sie für sich selbst sorgen können. Sind sie erst einmal in der Welt, ist es sehr wahrscheinlich, dass sie das übernehmen, was ihnen ihre Eltern vorgelebt haben. Sie werden in ihrem Leben alle anderen beschuldigen und versuchen, andere Menschen zu kontrollieren, anstatt sich zuerst um sich selbst zu kümmern.

In den meisten Fällen fühlen sich Eltern, die sich gut um sich selbst kümmern, schrecklich und schuldig und egoistisch, obwohl sie in Wirklichkeit das Beste tun, was möglich ist. Dass wir uns zuerst um uns selbst kümmern, ist paradoxerweise das, was den Teenagern die Möglichkeit gibt, selbst besser zu werden.

Wenn die Familienmitglieder zulassen, dass sie unter Bens Verhalten leiden, um es Ben leichter zu machen, ermöglichen sie Bens destruktives Verhalten erst. Ben wird denken: „Wenn ich gemein zu meinen Brüdern und Schwestern bin, werden sich meine Eltern um mich kümmern. Wenn ich mit dem Gesetz in Konflikt gerate, werden meine Eltern mir aus der Patsche helfen."

In diesem Zusammenhang wird Helfen zu Verletzen. Helfen wird zu Entschuldigen. Wenn Sie sehen wollen, wie Menschen durch solches „Helfen" geschädigt werden, schauen Sie sich diejenigen an, die auf langfristige staatliche Hilfen angewiesen sind. Schauen Sie sich diejenigen an, deren Eltern ihren Kindern bis ins Erwachsenenalter hinein „geholfen" haben. Wenn Menschen einen Freifahrtschein bekommen, lernen sie nie, Dinge aus eigenem Antrieb zu machen. Das Ergebnis ist, dass sie emotional verkrüppelt werden, außer unter außergewöhnlichen Umständen.

Wenn bei Teenagern die natürlichen Konsequenzen ihres falschen Verhaltens nicht zum gewünschten Ergebnis führen, müssen sie vielleicht ein eine psychologische Tagesbetreuung besuchen oder zu einem Verwandten ziehen. Wenn Eltern einen Teenager jedoch zu Verwandten oder in eine Jugenderziehungseinrichtung schicken, müssen sie den Unmut über einen erzwungenen Wohnortwechsel den Vorteilen gegenüberstellen, die sich ergeben könnten. Der Teenager wird es wahrscheinlich übelnehmen. Je mehr ein Teenager eine solche Entscheidung mitträgt, weil er im Vorfeld ein Mitspracherecht hat, desto besser.

Aber es kann ein Zeitpunkt kommen, an dem ein Elternteil einfach sagt: „Kind, du musst gehen." Dies kann vorkommen, wenn die Eltern das Gefühl haben, dass die Situation für sie selbst und den Rest der Familie unerträglich geworden ist. An diesem Punkt brauchen sie eine externe Meinung, ob eine solche Entscheidung rechtmäßig ist.

Unverbesserliche Fünfzehnjährige werden sowohl zu Hause als auch auf der Straße unverbesserlich sein. Sie können also genauso gut auf der Straße unverbesserlich sein, damit sie in einer strukturierten Umgebung eingesperrt werden können. Das klingt extrem hart, aber wenn der Rest der Familie in Gefahr ist, ist es eine harte, aber notwendige Entscheidung.

Nochmals, entspannen Sie sich

Manchmal vergessen wir, dass auch *wir* Zeiten erlebt haben, in denen wir mit unseren Eltern nicht kommuniziert haben. Wenn unser Teenager beginnt, sich zurückzuziehen oder Schwierigkeiten zu haben, nehmen wir vielleicht automatisch an, dass wir etwas falsch gemacht haben. Oder wir denken daran zurück, wie wir in ihrem Alter waren, und stürzen uns dann auf sie, aus Angst, was sie alles vorhaben könnten.

Da Eltern keine Zeugnisse oder andere Rückmeldungen bekommen, ist es typisch für uns, dass wir uns Sorgen machen, es könne etwas schieflaufen. „Das Kind spricht nicht mit mir. Deshalb muss ich etwas besser machen!“ Aber meist ist es nur eine normale Phase, die unser Teenager durchmacht.

Manche Phasen sind schwieriger als andere, besonders wenn das Verhalten eines Teenagers die Sicherheit der restlichen Familie bedroht. Aber meistens haben wir gute Chancen, dass alles gut geht, wenn wir uns daran erinnern, dass wir die Eltern sind, dass wir das Sagen haben, dass wir zuerst gut auf uns selbst aufpassen müssen und dass es unser Ziel ist, unseren Kindern zu helfen, zu verantwortungsvollen Erwachsenen heranzuwachsen.

Wir werden es schaffen; sie werden es schaffen. Wir könnten diese Jahre der Erziehung von Teenagern „Fehler machen und wachsen“ nennen. Wir lernen auf die harte Tour, nicht wahr? Wir machen eine Menge Fehler. Aber das Endergebnis, nämlich ein verantwortungsbewusster Teenager, der dabei ist, ein verantwortungsbewusster Erwachsener zu werden, ist es wert.

Kapitel 6

Teenager von innen heraus verstehen: Innere Veränderungen in der Reifephase

Die vierzehnjährige Joni kam schluchzend in Fosters Büro. „Als ich ein kleines Mädchen war, Dr. Cline, wollten meine Eltern nicht jede Minute wissen, wo ich war. Sie haben nicht darauf bestanden zu wissen, wer meine Freunde waren oder warum ich zu spät zum Essen kam“, sagte sie ihm. „Aber jetzt bin ich vierzehn. Ich bin erwachsen geworden, und nun hacken sie auf mir herum, weil ich kein kleines Mädchen mehr bin und wie eine Frau aussehe. Es ist nicht meine Schuld, dass mir Brüste gewachsen sind.“

Es ist normal – und bedauerlich – dass, wenn ein Mädchen Kurven bekommt, die Eltern rigoros werden. Auch Jungen erleben in diesem Alter ähnliche Einschränkungen seitens ihrer Eltern.

Die schnellen körperlichen, kognitiven und psychischen Veränderungen, die Jugendliche durchlaufen, können Eltern, die vergessen haben, dass sie genau die gleichen Veränderungen überlebt haben, Angst machen. Diese Kinder werden buchstäblich und körperlich zu Erwachsenen. Doch wenn Eltern sich von der Erziehung von Kindern auf die Erziehung von Teenagern umstellen müssen, reagieren sie oft wie Jonis Mutter und Vater: Sie stellen unbewusst mehr Regeln auf, wenn ihre Kinder nicht mehr wie Kinder aussehen. Teenager sind keine Kinder mehr, und die Art, mit ihnen umzugehen, sollte sich entsprechend ändern.

Wir dürfen nicht bagatellisieren, was im Körper und Kopf unserer Jugendlichen vor sich geht, und wir sollten diese Veränderungen auch nicht abtun, indem wir unseren Kindern sagen, dass sie „nur eine Phase durchmachen“ oder „nur nach einer Ausrede suchen, um zu rebellieren." Teenager wissen selbst nicht, was passiert, und können oft nicht erklären, wie sie sich fühlen. Sie sind wie Fische, die zu groß für ein kleines Aquarium werden.

In gewissem Sinne ist die Adoleszenz das Kleinkindstadium des Erwachsenseins. Kleinkinder können durch Höhen und Tiefen gehen, da sich ihre körperlichen und verbalen Fähigkeiten schnell verändern. Kleinkinder lernen zum ersten Mal in ihrem Leben, dass sie auf ihre eigene kleine Art und Weise unabhängig sein können, und sie werden ihre neue Freiheit so lange ausnutzen, bis Mama oder Papa nein sagen, um sie zu schützen.

In der Adoleszenz durchlaufen Kinder eine weitere solche Phase des Wachstums und der Unabhängigkeit. Aber jetzt sind die Folgen der Unabhängigkeit der Kinder viel heftiger. Wie Eltern mit der Adoleszenz ihrer Kinder umgehen, hängt zum Teil davon ab, wie sie in den früheren Jahren mit ihren Kindern umgegangen sind. Wenn Teenager ihre Identität nicht auf gesunde Art und Weise aufgebaut haben, als sie jünger waren, werden sie ihr Bedürfnis nach Unabhängigkeit vielleicht noch weitertreiben. Mit anderen Worten, sie müssen mehr Risiken eingehen, skurriler sein und sich auf eine Art und Weise verhalten, die im Wesentlichen kommuniziert: „Ich bin nicht meine Eltern." Diese Handlungen werden oft als Rebellion wahrgenommen.

Haben Eltern ihre Kinder so erzogen, dass sie sich selbst als individuelle Personen sehen – nicht nur als „das Kind von so und so" –, wird die Identitätskrise in der Pubertät wahrscheinlich nicht so intensiv ausfallen und die Rebellion nicht so heftig.

Das meiste, was wir als Rebellion bezeichnen, ist die natürliche Folge einer Reihe von tiefgreifenden Veränderungen in einem Teenager. Zu diesen Veränderungen – den größten Veränderungen, die ein Mensch in seinem Leben erfährt – gehören radikale Veränderungen im Kopf, im Körper und in den Werten. Sie sind wunderbar und seltsam zugleich. Je mehr Sie sie verstehen, ein desto besserer Elternteil – und Freund – können Sie Ihrem Teenager sein.

Deshalb geht es in diesem Kapitel darum, Teenager von innen heraus zu verstehen. Wir werden uns die primären inneren Veränderungen in den Bereichen kognitives Denken, körperliche Entwicklung und Sexualität, psychische Entwicklung und Wertebildung sowie Selbstdarstellung (jugendliche Rebellion) ansehen.

Änderungen im Denken

Seien Sie nicht überrascht, wenn Ihre Dreizehnjährige ihre ausführlichen Beschreibungen ihres Tages durch plötzliche, wütende Ausbrüche ersetzt. Was passiert, ist eine allmähliche, fast magische Veränderung in ihrer Denkweise.

Bis zum frühen Teenageralter denkt ein Kind unreif und kann kaum begrifflich denken. Der Psychologe Jean Piaget hat die Entwicklung des Denkens bei Kindern eingehend untersucht. Er bezeichnete das Denken von Kindern in der Grundschule und frühen Mittelstufe als „konkrete Operationen" und nannte das reife Denken „formale Operationen". Piaget fand heraus, dass reifes Denken den natürlichen Übergangsphasen des Heranwachsens entspringt und durch Eltern oder Erziehungsstrukturen weder beschleunigt noch verzögert werden kann.

Vorpubertäre Kinder sind sehr „konkret" in ihrem Denken. Sie befolgen die Regeln. Sie tun, was ihre Eltern sagen. Sie denken in Begriffen der spezifischen oder konkreten Objekte in ihrer Welt. Später, wenn sie das Entwicklungsstadium erreichen, in dem sie abstrakt denken können, können sie Urteile fällen wie: „Nun, in dieser Situation macht das Sinn."

Nehmen wir an, der siebzehnjährige Frank wird von seinen Eltern aufgefordert, um 22.00 Uhr zu Hause zu sein. Um 21.50 Uhr denkt Frank: „Es ist schon spät, aber Peter hat kein Benzin mehr und muss nach Hause gefahren werden. Ich brauche dafür eine halbe Stunde. Ich werde zu spät nach Hause kommen, aber die Umstände erfordern es." Ein Fünftklässler hingegen würde festhalten an: „Meine Eltern haben gesagt, ich soll um fünf Uhr zu Hause sein. Egal was passiert, ich muss um fünf zu Hause sein."

In den ersten elf Lebensjahren befindet sich der Verstand in einem sehr konkreten Modus, der für unser Überleben absolut notwendig ist. Wir lernen, Mama zu folgen und zu tun, was Mama uns sagt. Warum? Weil die Menschen neun Monate zu früh geboren werden. Sie können nicht sofort aufstehen und sich bewegen, wenn sie geboren werden. Babys von Säugetieren beginnen kurz nach der Geburt zu schwimmen oder zu laufen, nicht aber Menschenbabys: In den ersten neun Monaten entwickeln sich ihr Kopf und ihr Gehirn noch. Sie tun nicht viel, um für sich selbst zu sorgen. Sie sind stark darauf angewiesen, dass ihre Eltern das Denken für sie übernehmen.

Wenn unsere Kinder ihr zwölftes Lebensjahr noch nicht erreicht haben, ist es für uns sehr einfach, ihnen in der Feldwebel-Manier zu sagen: „Tu *dies*, tu *das*. Mache es wie ich." Oder wir nehmen den Helikopter-Ansatz: „Oh, Schatz, mach dir keine Sorgen. Wir werden uns um dich kümmern."

Kinder verändern sich, wenn sich ihre Denkweise ändert. Etwa in der Zeit, wenn Alex zwölf oder dreizehn Jahre alt ist, schaltet sein Gehirn auf abstraktes Denken um. Jetzt kann er anfangen, gedankliche Zusammenhänge herzustellen, die er vorher nicht herstellen konnte. Denken Sie zum Beispiel daran, wie seltsam und lustig die Witze von kleinen Kindern sind. Die Dinge, über die sie lachen, sind sehr konkret. Sie verstehen unseren Humor nicht, wenn wir versuchen, mit ihnen zu scherzen. Aber wenn sie Teenager werden, können sie sehr lustig sein: Sie können sich an unseren Witzen beteiligen.

Aber es macht keinen großen Spaß, wenn aus dem kleinen Alex der große Alex wird, mit glattrasiertem Kopf, gepiercten Ohren und mürrischem Blick. Er will vielleicht nicht mehr am Familienleben teilhaben, geschweige denn an unseren Witzen. Aber Alex hat keine Kontrolle über diese Veränderungen, genauso wie er keine Kontrolle über seine sich entwickelnde Fortpflanzungsfähigkeit und den Testosteronspiegel in seinem Körper hat – das Hormon, das dafür sorgt, dass sich seine sekundären Geschlechtsmerkmale entwickeln. Bei Alex' Schwester Anna ist es nicht viel anders. Auch sie wird Veränderungen im Denken und Verhalten durchlaufen, die dazu führen, dass ihr Körper das Hormon Östrogen freisetzt, das ihre sekundären Geschlechtsmerkmale bewirkt.

Das Gehirn Ihres Teenagers

Wenn Sie Ihren Teenager betrachten, könnten Sie denken, die äußerlichen Veränderungen seien die wichtigsten. Ihr kleiner Junge wird zu einem haarigen Gorilla mit Akne; Ihre kleine Prinzessin wird von hübsch über kurvig zu geradezu hinreißend. Aber es sind die körperlichen Veränderungen, die Sie unter dem Schopf toller Haare und hinter den attraktiven Augen nicht sehen, die wahrscheinlich am wichtigsten sind.

Das Gehirn des Heranwachsenden sortiert aus, was wichtig ist, und verliert gleichzeitig massenhaft ungenutzte Neuronen. Gleichzeitig entwickeln die Neuronen, die genutzt werden, einen engeren Zusammenhalt, um einen größeren Einfluss auf die Persönlichkeit zu haben. Tatsächlich sind es die physischen Veränderungen im Gehirn, die für die meisten Verhaltensweisen von Jugendlichen verantwortlich sind. Kortikale Veränderungen in den Neuronen führen zu dem scheinbar verrückten Verhalten auf Skateboards und anderen rücksichtslosen Handlungen. Es sind diese Hirnveränderungen, die dazu führen können, dass der bisher Nachgiebige trotzig und der Bescheidene aufmüpfig wird.

Es genügt hier zu sagen, dass das Gehirn Ihres Teenagers massive Veränderungen erfährt, was Struktur und Chemie angeht. Der Hypothalamus, der für Impulse verantwortlich ist, wird von sehr stimulierenden Hormonen beeinflusst. Oxytocin, das neurochemische Elixier der Liebe, versucht, sich durch die Tür der hypothalamischen Synapsen zu schleichen, während die präfrontalen Bereiche des Kortex, der denkende und schlussfolgernde Bereich des Gehirns, sich beeilen, Veränderungen vorzunehmen, als hofften sie, den Hypothalamus mit ein wenig Rationalität in Schach zu halten.

Alkohol und Drogen können den sich entwickelnden präfrontalen Kortex erheblich beeinträchtigen, sodass Drogenmissbrauch in den Teenagerjahren besonders schädlich ist.

Auch die Scheitellappen, die an der Verarbeitung sensorischer Informationen und der Bewertung räumlicher Zusammenhänge beteiligt sind, und die Hinterhauptslappen, die sich der Verarbeitung visueller Informationen widmen, kommen mit eigenen Veränderungen ins Spiel.

Die äußere Umgebung prägt das Gehirnwachstum Ihres Teenagers genauso wie im Kleinkindalter. Aktuelle Erkenntnisse bestätigen, dass das jugendliche Gehirn tatsächlich plastisch ist und sich verändert. Für Eltern, die sich für die strukturellen und chemischen Veränderungen interessieren, gibt es eine Fülle von Informationen, die im Internet und in Bibliotheken leicht zugänglich sind. Was können Sie als Eltern mit Ihrem Wissen über diese Veränderungen tun?

Erstens, ermutigen Sie Ihre Teens, die wichtigen Veränderungen ebenfalls zu erforschen. Die meisten Teenager sind sehr egozentrisch und lieben es, Informationen über sich selbst herauszufinden.

Zweitens, helfen Sie Ihrem Teenager mit den Liebe-und-Logik-Werkzeugen und -Methoden zu verstehen, wie wichtig es ist, *nicht* das Risiko einzugehen, sein sich entwickelndes Gehirn durch Drogen, Alkohol oder andere Abhängigkeiten zu schädigen.

Drittens, verstehen Sie, dass der sich entwickelnde und noch teilweise unreife präfrontale Kortex Ihres Teenagers vielleicht ein wenig Ermutigung von Ihnen braucht, um den verflixten Hypothalamus und all seine Impulse in Schach zu halten. Das tun Sie am besten, indem Sie dafür sorgen, dass er etwas zu tun hat, indem Sie Fragen stellen und Ihr Kind lieben – zwei Dinge, die der Frontallappen immer so anziehend und anregend für sein Wachstum empfindet.

Neue Wege der Beziehung

Wenn Kinder mit zwölf Jahren zum formalen, operativen Denken übergehen und beginnen, das Verhalten ihrer Eltern in Frage zu stellen, zeigen sie ihre neue Denkweise oft durch Wut, Gefühlsausbrüche und bissige Erwiderungen.

Zum ersten Mal können sie ihre eigene Fähigkeit, mit schwierigen Situationen umzugehen, wirklich einschätzen, und zum ersten Mal kann ihr Urteilsvermögen in Fragen, die ihr Leben betreffen, besser sein als das ihrer Eltern. Diese neue Fähigkeit zu denken ist der Kern vieler Eltern-Kind-Missverständnisse.

Hier einige der Veränderungen, die Sie als Folge des neuen, reiferen Denkens Ihres Teenagers feststellen können:

- Es ist weniger wahrscheinlich, dass Sie lange und detailreiche Geschichten über Filme, Freunde, Schule oder andere Aktivitäten hören werden.
- Zum ersten Mal versteht Ihr Kind die Bedeutung von Gleichnissen und Sprichwörtern wie „Wer im Glashaus sitzt, sollte nicht mit Steinen werfen."
- Ihr Teenager wird anfangen, politische Cartoons nicht mehr nur wegen den großen Nasen oder dem lustigen Aussehen einer Figur zu mögen.
- Sie werden keine Fragen mehr hören, die scheinbar offensichtliche Antworten haben. Der Satz „Ich verstehe das nicht, Mama" wird verschwinden.
- Ihr Kind wird zum ersten Mal hinterfragen, ob der Zweck die Mittel heiligt oder nicht.

- Ihre Kinder werden nicht mehr automatisch Ihr Wertesystem übernehmen, nur weil sie Sie lieben.
- Ihr Teenager wird beginnen, das elterliche Verhalten aus einer objektiveren Perspektive zu hinterfragen und zu kommentieren.

Lassen Sie sie fliegen

Obwohl Eltern einige dieser Veränderungen als verwirrend und manchmal als störend empfinden können, hilft es zu verstehen, dass Veränderungen ein natürlicher und wichtiger Teil der Entwicklung eines Kindes sind. Sie können davon ausgehen, dass diese Verschiebung hin zum konzeptionellen Erwachsenendenken über einen Zeitraum von etwa sechs Monaten stattfindet, bei den meisten Kindern im Alter von elf bis zwölf Jahren.

Eltern, die verantwortungsvolle Kinder großgezogen haben, können diese Veränderungen als einen wichtigen Schritt in der Entwicklung ihres Kindes zum Erwachsenen willkommen heißen. Sie können aber auch erkennen, dass es an der Zeit ist, sich zurückzuziehen und ihre Kinder ihre neu gefundenen „Denkflügel" entfalten und fliegen zu lassen. Sie werden gerüstet sein, das Nest zu verlassen, wenn es an der Zeit ist.

Erstaunlich ist auch, dass etwa zu dem Zeitpunkt, an dem das Gehirn auf abstraktes Denken umschaltet, den Kindern auch die Fähigkeit zur Fortpflanzung gegeben wird. Mit anderen Worten: Der Schöpfer hat – in größter Weisheit – den Menschen so geschaffen, dass er sich nicht fortpflanzen kann, bevor er reif denken kann.

Physische Änderungen

Die Wissenschaft weiß noch nicht genau, was diese Veränderungen im Denken und im Körper während der Adoleszenz verursacht. Die Veränderungen könnten durch eine Ursache-Wirkungs-Beziehung des Gehirns auf den Körper oder umgekehrt ausgelöst werden. Sie könnten ein Teil der natürlichen Entfaltung der DNA sein, des genetischen Materials, das die Bausteine des Lebens liefert.

Wir wissen, dass körperliche Veränderungen Emotionen und das Denken beeinflussen können. Sobald die Hormone schwanken,

schwanken auch die Gedanken und Gefühle. Zum Beispiel erleben Frauen Wochenbettdepressionen; Männer erleben nach einem Herzinfarkt oft Wut und Depressionen.

Veränderungen in der Denkfähigkeit von Teenagern können mit diesen körperlichen und emotionalen Umstellungen zusammenhängen. Während sich Kinder körperlich entwickeln, können sie aus ihrer Umgebung heraustreten und sie auf eine abstraktere und rationalere Weise betrachten. Sie können sie in Worte fassen: „Meine Mutter macht sich zu viele Sorgen" oder: „Mein Vater ist überfürsorglich." Ein jüngeres Kind könnte das nicht artikulieren, außer auf eine vage Art und Weise.

Sowohl bei Mädchen als auch bei Jungen sind viele körperliche Veränderungen zu beobachten. Diese reichen vom Größenzuwachs bis hin zu veränderten Vorlieben für eine Vielzahl von Lebensmitteln. Es ist auch normal, dass Teenager laute Musik mit einem ausgeprägten Beat mögen. Ihre Gehirne, die damit beschäftigt sind, sich zu verändern, zu sortieren und zu entwickeln, bringen eine Zeit lang aus den gleichen Reizen nicht die gleichen Glücksgefühle hervor, also muss alles lauter, heller und intensiver sein, um den gleichen „Unterhaltungswert" zu erzeugen. Das bedeutet nicht, dass wir Musik mit der Lautstärke eines landenden Flugzeugs tolerieren müssen, aber es bedeutet, dass unsere Teenager sie nicht bewusst laut aufdrehen, nur um uns zu nerven.

Die Veränderungen, die Eltern am nervösesten machen, drehen sich jedoch um Fragen der Sexualität und der Geschlechtsidentität.

Änderungen bei Mädchen

Joni, das bereits erwähnte Mädchen, das es ihren Eltern übelnahm, dass sie sich rigoros verhielten, als sie körperlich reifte, erfuhr aus erster Hand, dass sich Mädchen früher entwickeln als Jungen. Eltern machen sich deshalb natürlich früher Sorgen um Mädchen als um Jungen.

Viele Mädchen haben bereits im Alter von neun oder zehn Jahren ihre erste Menstruation. Eltern können die Entwicklung gut begleiten, indem sie mit ihren Töchtern darüber sprechen. Am besten geht man damit um, indem man Fragen stellt: „Brenna, wie viel weißt du über die Menstruation? Was weißt du über deine erste Periode?"

Fragen sind viel besser als Vorträge. Andernfalls geht Ihre Tochter – die wahrscheinlich immens viel über Sex auf der Straße gelernt hat – zu ihren Freunden, rollt mit den Augen und erzählt ihnen: „Könnt ihr das glauben? Meine Mutter hat mir von den ‚Bienchen und Blümchen' erzählt!"

Wenn keine Mama da ist, kann Papa das mit der Tochter besprechen. Am besten ist es jedoch, eine weibliche Vertrauensperson zu haben.

Mädchen beginnen ab dem Alter von neun oder zehn Jahren, BHs zu tragen. Sie sollten entscheiden dürfen, welche Art von BHs sie wollen. Ihre Mütter wiederum sollten sich mit ihnen darüber freuen und mit ihren Töchtern einkaufen gehen. Am besten ist es, mit der Einstellung „Ist das nicht toll?" an den BH-Einkauf heranzugehen, statt mit Angst.

Auch wenn das Mädchen Kurven bekommt, braucht sie immer noch Umarmungen von Papa und Mama. Sie braucht immer noch die Berührungen, das Kitzeln und das Herumtoben, das die Familie in der Vergangenheit getan hat. Die zwischenmenschlichen Beziehungen zwischen Tochter und Eltern sollten sich weiterentwickeln, während diese sich körperlich entwickelt.

Leider sind Väter manchmal nervös und hören auf, ihre Töchter zu berühren. Mädchen können dieses Zögern als Ablehnung interpretieren und reagieren auf eine Weise, die ihre Väter verunsichert. Ein Kreislauf entsteht, da die Befürchtungen der Tochter die Befürchtungen des Vaters anheizen, und so weiter.

Änderungen bei Jungen

Jungen entwickeln sich nicht so früh wie Mädchen. Männliche Hormone setzen etwas später ein als weibliche.

Eltern sollten in der Lage sein, mit ihren Söhnen sachlich über Sexualität zu sprechen, genauso wie mit ihren Töchtern. Und auch hier ist die Verwendung von Fragen der effektivste Ansatz. Heranwachsende Jungen haben, meist mehr als heranwachsende Mädchen, eine ganze Bibliothek von Wissen über Sex auf der Straße aufgeschnappt. Eltern sollten nicht davon ausgehen, dass ihre Teenager alles wissen oder es richtig wissen. Anstatt ihnen also etwas über Erektionen zu erzählen, sollten Mama und Papa sie fragen, was sie darüber wissen.

Eltern sollten sachlich sein und ihren Söhnen gerne bei der Auswahl von Suspensorien helfen. Wie bei ihren Töchtern sollten sie ihren Söhnen vermitteln: „Ist das nicht cool?“, wenn sie solche persönlichen Dinge kaufen. Teenager sind sensibel, also seien Sie vorsichtig mit den Sprüchen. Familien gehen mit solchen Themen unterschiedlich um. Einige können Witze machen, während andere Eltern oder Kinder daran Anstoß nehmen würden.

Während sich die Jungen körperlich entwickeln, fühlen sich die Väter vielleicht unbewusst bedroht: Es gibt einen weiteren Bock in der Herde. Sie sind vielleicht verärgert, dass die Mutter den Jungen umarmt. Normalerweise ist das eine niederschwellige Art von Irritation, die im Hinterkopf bleibt. Der Vater reagiert, indem er distanzierter ist oder mehr kontrolliert. Und der Junge reagiert, indem er rebelliert und im Gegenzug noch fordernder ist.

Das andere Problem ist, dass der Vater dem Jungen vielleicht nicht die Umarmungen gibt, den Arm um die Schulter, die lustigen Sachen, die es gab, als der Sohn acht war. Aber selbst mit dreizehn ist der Sohn im Inneren immer noch ein kleiner Junge. Sein Bedürfnis nach Zuneigung von beiden Elternteilen hat nicht nachgelassen.

Jugendliche über Sex informieren

Es gibt mehr als einen „richtigen Weg“, Ihren Teenagern etwas über Sex und das Erwachsenwerden beizubringen, solange sie das Gefühl haben, dass man ihnen zuhört und sie ernst nimmt.

Als Elternteil ist es wichtig, dass Sie Ihre eigenen religiösen und moralischen Werte in Bezug auf Sexualität klar zum Ausdruck bringen. Zu schweigen bedeutet, Ihr Kind der Weisheit zu berauben, die Sie angesammelt haben.

Zum Beispiel hat die Anweisung zum Sexualverhalten in der Bibel den Test der Zeit bestanden. In einer Zeit, in der eine wachsende Zahl junger Teenager die ernsten emotionalen Folgen von verfrühter sexueller Aktivität und außerehelichen Schwangerschaften sowie von AIDS und anderen sexuell übertragbaren Krankheiten erntet, ist der Rat der Bibel, Sex für die Ehe aufzusparen (was einer Verpflichtung zu möglichst lebenslanger Monogamie gleichkommt), äußerst relevant, der einzige „sichere Sex“ und effektiv.

In unseren Schulen[1] gibt es eine Debatte über „Safer-Sex"-Programme, die die Verteilung von Kondomen unterstützen (oft als „umfassende Sexualerziehung" bezeichnet), und Programmen, welche die „Enthaltsamkeit bis zur Ehe" befürworten. Wir geben nicht vor, Experten in diesen Fragen zu sein; wir können jedoch sagen, dass Sex außerhalb einer lebenslangen monogamen Beziehung (wofür die Ehe das beste Beispiel ist) von der großen Mehrheit der Gesundheitsexperten als Gesundheitsrisiko angesehen wird und dass es umso besser ist, je länger unsere Kinder sich von sexuellen Aktivitäten zurückhalten.

Das derzeit effektivste Programm zur Bekämpfung der AIDS-Epidemie in den am stärksten betroffenen Gebieten Afrikas ist die sogenannte ABC-Methode, die für Abstinenz (engl. „abstinence"), Treue (engl. „be faithful"), und Kondome (engl. „condoms"), steht. Allerdings funktioniert dieses Programm am besten, wenn die Betonung vor allem auf Abstinenz und Treue liegt.

Aufgrund der starken Emotionen, welche die brisanten Fragen der menschlichen Sexualität umgeben, können unsere Kinder verwirrt und verunsichert sein. Ein Sechzehnjähriger, dessen Hormone samstagabends um 22.47 Uhr in Wallung geraten, ist nicht in der besten Verfassung, um die richtige Entscheidung darüber zu treffen, wo er bei seinen sexuellen Experimenten die Grenze ziehen soll, besonders wenn Alkohol oder Drogen im Spiel sind.

Eltern müssen ihren Kindern klarmachen, welche ernsten Folgen Sex hat. Unsere Sprache spiegelt wider, dass wir dieses schöne, liebevolle Geschenk nehmen und es auf den Kopf stellen: „Miteinander schlafen" wird dabei zu einer Sprache, die das Verletzt-Werden widerspiegelt, wie z. B. „flachlegen".

Sie können Witze über Sex machen, solange klar ist, dass Sie das Thema und Ihre Teenager ernst nehmen. Das ist okay, da Humor Spannungen abbauen kann. Wir machen auch manchmal Witze über einen Atomkrieg, wissen aber, dass es ernst ist.

Am wichtigsten ist es, eine offene Kommunikation zu pflegen, damit unsere Teenager nicht davor zurückschrecken, über Dinge zu sprechen, die sie beunruhigen. Wenn Sie eine Frage nicht beantworten können, sagen Sie Ihren Kindern, dass Sie die Antwort herausfinden und auf sie zurückkommen werden. Falls die Kinder Sie mit ihren

[1] Bezieht sich auf die amerikanische Situation.

Kommentaren oder Fragen schockieren, denken Sie daran, dass sie immer noch dabei sind, neue Denk- und Glaubensweisen „auszuprobieren“. Bleiben Sie entspannt, hören Sie zu, stellen Sie Fragen und bieten Sie Alternativen an. Es ist akzeptabel, das Gespräch mit einer Aussage, wie: „Das klingt für mich jetzt nicht gerade nach der vernünftigsten Art, das zu sehen, aber ich kann verstehen, dass ein Teenager das so sehen könnte“ zu beenden, auch wenn das Gespräch sie vielleicht emotional sehr gefordert hat.

Ein Teil der Schwierigkeiten, Teenager etwas über Sex zu lehren, passiert, wenn Eltern ihre eigenen Gedanken und Werte auf ihre Kinder projizieren. Manche Erwachsene denken: *„Wenn ich noch einmal jung wäre und wüsste, was ich jetzt weiß, würde ich vielleicht Sex haben.* Dann nehmen sie unfairerweise an, ihre Kinder seien auf der Suche nach Gelegenheiten.

Geben Sie Teenagern etwas Raum, selbstständig zu wachsen, und lassen Sie sie gleichzeitig wissen, dass Sie von ihnen erwarten, verantwortungsvoll zu sein. Statt ihnen den Eindruck zu vermitteln, Sie dächten, sie seien auf der Suche nach Sex, sagen Sie ihnen, dass Sie davon ausgehen, dass sie moralisch verantwortlich handeln und Ihren Erwartungen gerecht werden.

Entgegen dem, was Sie vielleicht von der Popkultur denken, stürzen sich viele Teenager nicht in den Sex. Verantwortungsbewusste Teenager sind immer noch zurückhaltend, wenn es darum geht, früh Sex zu haben. Es ist gut, wenn sie wissen, dass dies immer noch gesund und normal ist. Zum Zeitpunkt der Verfassung dieses Buches liegt (in den USA) das Durchschnittsalter für den ersten Geschlechtsverkehr bei 16,5 Jahren, und bis zum Ende der Highschool hat die Hälfte der Teenager noch keinen Sex gehabt.[2]

Haben Sie sich jemals gefragt, wie viel der beträchtlichen sexuellen Aktivität unter Oberstufen-Schülern durch subtile Ermutigung von Erwachsenen angeheizt wird? Teenager-Sex scheint eine sich selbst erfüllende Prophezeiung geworden zu sein. Die Gesellschaft nimmt an, dass Teenager Sex haben, also haben sie Sex – und dann sagt die Gesellschaft: „O je!“

---

[2] *Whatever Happened to Childhood? The Problem of Teen Pregnancy in the United States* (Washington, DC: The National Campaign to Prevent Teen Pregnancy, 1997), 3.

Viele Teenager sind genervt von dem ganzen Gerede über Sex und sagen: „Warum reden sie mit mir über Verhütungsmittel? Ich will doch gar keinen Sex.“ Diese Art der Betonung neigt dazu, Teenager dazu zu drängen, anstatt ihnen gesunde Alternativen aufzuzeigen. Die Botschaften, die wir zu diesem Thema senden, müssen nicht nur sensibel, sondern auch klar sein: „Trotz des Drucks in die andere Richtung ist es eine großartige und verantwortungsvolle Entscheidung, Sex für später im Leben aufzusparen.“

Sex und Teenager-Rebellion

Manche Teenager, die chronischen Groll gegen ihre Eltern hegen, benutzen Sex als Mittel der Rebellion. Wenn ihr Groll selbstzerstörerisch wird, denken sie vielleicht, dass sie diesem Groll durch unangemessene sexuelle Aktivitäten, schäbige Freunde und straffälliges Verhalten Luft machen können. Manche Töchter versuchen, sich an ihren Müttern zu rächen, indem sie schwanger werden, besonders wenn sie in einem extrem strengen, religiösen Elternhaus aufgewachsen sind. Sie setzen vielleicht alles daran, Jungen zu finden, die in Elternhäusern mit einem anderen Wertesystem aufgewachsen sind. Wenn so etwas passiert, ist das oft Rebellion.

Um aufmüpfiges sexuelles Verhalten zu vereiteln, können Eltern ihren Teenagern klar machen, dass sie *sich selbst schaden*, wenn sie sich auf solche Aktivitäten einlassen.

Väter sollten ein Gespräch mit ihren Söhnen haben (ohne zu implizieren, dass ihre Teenager Sex haben werden), das sensibel und auf den Punkt ist. Neben dem, dass sie ansprechen, was am vorehelichen Sexualverhaltens richtig oder falsch ist, sollte der Vater deutlich machen, dass es in der heutigen Zeit rechtlich gefährlich für einen Jungen ist, Sex mit einem Mädchen zu haben. Wenn das Mädchen schwanger wird, das Baby behalten will und eine Heirat, aus welchen Gründen auch immer, nicht in Frage kommt, hat es für den Jungen hohe rechtliche Konsequenzen (egal, welche Zusicherungen das Mädchen ihm darüber gegeben hat, welches Verhütungsmittel es benutzt hat). Er ist rechtlich und finanziell für sein Kind verantwortlich, bis es seine Erstausbildung beendet hat. Hat das Mädchen am Ende das Gefühl, abgelehnt zu werden, oder ist es kontrollierend oder wütend, kann sie dem Jungen das Leben für eine lange Zeit zur Hölle machen.

Ein weiteres großes Risiko bei promiskuitivem Verhalten geht von sexuell übertragbaren Erkrankungen aus. Es gibt einen astronomischen Multiplikationsfaktor im Infektionsrisiko für Menschen, die promiskuitiven Sex haben. Wenn Menschen Sex mit einer anderen Person haben, haben sie praktisch Sex mit jeder Person, mit der dieser Partner in seinem Leben Sex hatte, und mit allen Personen, mit denen *diese* Partner Sex hatten, und so weiter und so fort. Eine an einer Highschool im Mittleren Westen der USA durchgeführte Studie zeigte, dass man, wenn man mit einer Person Sex hat, indirekt auch mit 286 anderen zur gleichen Zeit Sex hat. Interessant war außerdem, dass dieselbe Studie „auch zeigte, dass trotz Ruf und Beliebtheit die meisten Teenager kein promiskuitives Verhalten mit vielen anderen zeigten".[3] Die Risiken für Krankheiten wie AIDS, Tripper, Syphilis, Herpes, Hepatitis B, humane Papillomaviren (HPV), Trichomoniasis und Chlamydien vervielfachen sich mit häufigem Sexualverhalten, und das beliebteste Verhütungsmittel, das Kondom, schützt nicht vor all diesen Krankheiten. Solche Krankheiten haben in der Vergangenheit ganze Kulturen dezimiert.

Männliche/weibliche Unterschiede in der Sexualauffassung von Teenagern

Jungs und Mädchen sehen Sex auf unterschiedliche Art und Weise. Für ein Mädchen ist Sex in der Regel eng mit der Fortpflanzung verbunden. Ein Junge betrachtet Sex in der Regel als körperliche und emotionale Befriedigung.

Sowohl Jungs als auch Mädchen sollten verstehen, dass sie sich wahrscheinlich schuldig fühlen werden, wenn sie Sex haben, obwohl Mädchen dazu neigen, die Konsequenzen intensiver zu erleben als Jungs.[4] Jüngste Studien zeigen, dass etwa zwei Drittel oder mehr der Teenager, die Sex hatten, diesen bereuen. Eine dieser Studien besagt, dass die Eltern den größten Einfluss auf die Entscheidung ihrer Kinder haben, Sex zu haben oder nicht, stärker als Freunde oder die Medien.

---

[3] Maggie Fox, „Sex Map Shows Chain of Almost 300 High School Lovers," *Reuters News Service,* 24. Januar 2005.

[4] Robert E. Rector, Kirk A. Johnson, und Lauren R. Noyes, „Sexually Active Teenagers Are More Likely to be Depressed and to Attempt Suicide," Heritage Center for Data Analysis, Report #303-04 June 2, 2003, https://eric.ed.gov /?id=ED476392

Zu den emotionalen Folgen gehört nicht nur das Risiko, von der anderen Person verlassen zu werden, sondern auch die Möglichkeit, dass frühe sexuelle Aktivität das Vergnügen und die Bindung, die Sex in der Ehe mit sich bringt, beeinträchtigen kann. Vorzeitige sexuelle Aktivität ist auch mit höheren Depressions- und Selbstmordraten verbunden.

Sexuelle Orientierung

Eltern müssen sich zunehmend mit dem Thema der sexuellen Orientierung auseinandersetzen, und es unter den Teppich zu kehren, ist nicht hilfreich. In diesem Buch geht es um offene Kommunikation. Es nicht anzusprechen, bedeutete, dass wir nicht offen, sondern heuchlerisch wären. Wir haben den Eindruck, dass es nicht als Rebellion angesehen werden sollte, wenn Teenager zu einer homosexuellen Orientierung tendieren, und dass es am besten ist, offen und ohne Vorurteile damit umzugehen.

Natürlich ist es in Ordnung, unseren Kindern gegenüber den Wunsch und die Hoffnung zu äußern, dass sie ein heterosexuelles Leben führen werden. Aber wenn sie eine homosexuelle Orientierung haben, müssen wir sie genauso lieben. Die Botschaft Christi im Neuen Testament ist sehr klar: Gottes Kinder sind alle und gleichermaßen geliebt. Und nur weil wir den Lebensstil unserer Kinder akzeptieren, heißt das nicht unbedingt, dass wir ihn gutheißen.

Unabhängig von Ihren Bedenken bezüglich der Orientierung Ihres Kindes ist es wichtig, weiterhin den körperlichen Kontakt zu pflegen, den Sie gepflegt haben, als das Kind jünger war. Berührung ist ein Schlüssel dazu, dass Kinder sich geliebt fühlen. Väter sollten körperlich liebevoll zu Söhnen sein, genauso wie Mütter körperlich liebevoll zu Töchtern sein sollten. Wenn Ihr Teenager eine homosexuelle Orientierung hat, bedeutet das nicht, dass Sie etwas falsch gemacht haben. Manche Eltern denken, dass es ein schlechtes Bild auf sie wirft. Diese Eltern stehen vor einer Wachstumserfahrung. Sie müssen ihre Gefühle sortieren, um herauszufinden, wie viel davon Schuld, Kummer, Angst und Wut ist.

Es herrscht Uneinigkeit über die Ursache von Homosexualität. Manche Fachleute sind der Meinung, die Orientierung sei biologisch bedingt. Andere meinen, es habe mit der Familienstruktur zu tun. Wieder andere haben den Eindruck, es sei eine Wahl. Tatsächlich ist der Grund für die Homosexualität einer Person auf lange Sicht vielleicht weniger wichtig als die Art und Weise, wie Eltern und Kinder offen über die Situation und ihre Gefühle kommunizieren. Homosexualität kann für viele Eltern der ultimative Test sein, ob sie die Annahme ihrer Kinder von der Zustimmung zu deren Verhalten und Lebensstil trennen können. Wir können eine beunruhigende Realität akzeptieren und uns trotzdem wünschen, dass es anders wäre. Es ist wichtig für unsere Kinder zu wissen, dass wir sie nicht weniger lieben, egal was passiert.

Über verfrühten Sex und andere selbstzerstörerische Verhaltensweisen reden

Wenn man mit Kindern über viele Themen spricht – von Sex bis zu einem Todesfall in der Familie, von Drogenmissbrauch bis zu Pornografie – fragen sich Eltern oft: *Was soll ich sagen?* Oder: *Was soll ich ihnen erzählen?*

Liebe-und-Logik-Eltern haben es viel leichter; wir genießen es, beratende Eltern zu sein. Es ist befreiender, sich einfach zu fragen: *Was soll ich fragen?* So erlauben wir unseren Kindern, mit sich selbst zu reden, was oft damit endet, dass die Kinder sich selbst Ratschläge geben oder sogar belehren.

Auch hier gilt, dass Fragen freundlich und mit Interesse gestellt werden müssen, nicht in der Art eines Anwalts, der einen Zeugen befragt. Beratende Eltern wissen, dass das Besprechen von Überzeugungen oder Einstellungen mit ihren Teenagern keine Zustimmung zu diesen Überzeugungen und Einstellungen bedeutet. Sie wissen, dass sie Akzeptanz ohne Zustimmung zeigen können.

Nachdem sie ihrer heranwachsenden Tochter die Wahl gelassen hat, wann diese reden möchte, und sich vergewissert hat, dass beide gut gelaunt sind, könnte eine Mutter fragen:

- „Was hältst du davon, einen Jungen, der dir wichtig ist, zu berühren und zu lieben, ohne tatsächlichen Geschlechtsverkehr?“
- „Was, wenn überhaupt, könnte deiner Meinung nach dabei ein Problem sein, ‚das volle Programm durchzuziehen‘, wenn du einen Jungen innig liebst?“

- „Wie treffen Mädchen heutzutage eine Entscheidung darüber, wie weit sie gehen sollen?"
- „Was hältst du davon, dass man sich ärztlich auf Krankheiten untersuchen lässt, bevor man sich entscheidet, miteinander zu schlafen?"

Nachdem sie den Ansichten ihrer Tochter zugehört hat, könnte eine Mutter ihre Gedanken weiterverfolgen, indem sie fragt: „Kann ich dir einige meiner Gedanken zu diesem Thema mitteilen?" Oder „Ich habe ein paar Gedanken. Wäre es für dich in Ordnung, sie zu hören?" Kluge Eltern wissen, dass es einen wesentlichen Unterschied gibt zwischen einem Jugendlichen, der den Eltern zuhört, und einem Jugendlichen, der wirklich auf die Ideen der Eltern eingeht. Wenn wir wollen, dass andere, insbesondere Teenager, uns wirklich beachten, müssen wir sicherstellen, dass sie überhaupt bereit sind, uns zuzuhören.

Hören wir uns ein tatsächliches Gespräch an, das eine Liebe-und-Logik-Mutter mit ihrer fünfzehnjährigen Tochter hatte:

MAMA: Jenny, ich schätze deinen Standpunkt. Danke, dass du ihn mitgeteilt hast. Ich hätte noch ein paar Gedanken. Kann ich sie dir mitteilen?

JENNY: Klar, Mama.

MAMA: Du kennst doch diese Petrischalen aus dem Biologieunterricht?

JENNY: Ja.

MAMA: Ich war schon immer beeindruckt, wie sauber, hell und glänzend sie von außen aussehen. Sie glänzen wirklich von außen. Aber wow, der Ekel, der innen wächst! Der Abschaum, der Dreck! Wenn ich mir die Leute ansehe, wird mir klar, dass, egal wie schick sie von außen aussehen, viele von ihnen wandelnde Petrischalen sind. Es ist nur wirklich schwer zu erkennen. Diese verflixten Geschlechtskrankheiten haben ganze Kulturen von Menschen ausgelöscht. Ganze Bevölkerungen. Die Pest, der Schwarze Tod im Mittelalter hat nur die Hälfte der Menschen getötet. Sehr viele dieser sexuell übertragbaren Bazillen sind wirklich gefährlich.
Noch was: Weißt du, wie das Alter, in dem Frauen zum ersten Mal Sex haben, die Fähigkeit zur Fortpflanzung beeinflusst?

JENNY: Äh … nein.

MAMA: Nun, wenn junge Mädchen früh Sex haben, haben die verflixten Bazillen viel mehr Zeit, am Gebärmutterhals zu nagen; sie können ihn ziemlich zerfleddern, weißt du. Sogar noch weiter innen. Und dann, wenn die Frau später ein Baby haben will, was ist dann wohl das Problem?

JENNY: Das Sperma … ?

MAMA: Ja, die Spermien haben eine echte Herausforderung. Wenn es da drinnen ein bisschen rau wird, haben es die Spermien schwer, durch die Tür und die Rolltreppe der Eileiter hinaufzukommen. Es gibt zu viele Bazillen und zu viel Narbengewebe. Deshalb sind Kinderwunschkliniken ziemlich damit beschäftigt, Frauen auf alle möglichen Arten zu helfen, Babys zu bekommen, weil es auf die altmodische Art so schwierig ist.

JENNY: Hmm … (Jenny passt definitiv auf.)

MAMA: Da fällt mir ein. Wenn du dich jemals entscheiden würdest, Sex mit einem Jungen zu haben, denkst du, du würdest ihn zuerst untersuchen lassen? Ich meine, nur um herauszufinden, was in ihm wächst, oder denkst du, du würdest es wahrscheinlich nicht tun?

JENNY: Das würde ich wahrscheinlich nicht, Mama.

MAMA: Ich verstehe. So handhaben es die meisten Leute. Warum ist das so, Schatz?

JENNY: Es wäre mir peinlich, Mama. Was würde er denken? Und ich wüsste vielleicht nicht mal, ob ich es tun würde, wenn ich es täte.

MAMA: Okay, das kann ich nachvollziehen. Du denkst also, du würdest es wahrscheinlich tun, ohne vorher darüber nachzudenken, nicht wahr?

JENNY: Nun, Mama, ich werde darüber nachdenken – wahrscheinlich.

MAMA: Gut! Ich hatte irgendwie gehofft, dass eine so kluge Person wie du so etwas nicht aus reinem Impuls heraus tun würde. Wenn du und ein Junge es vorher besprochen hättet und er wollte, dass du dich zuerst untersuchen lässt, wärst du dann sauer oder würdest denken, dass er komisch ist, oder würdest du denken: *Was für ein kluger Mensch. Er will keine Krankheit riskieren*?

JENNY: Ich weiß nicht genau. Ich würde wahrscheinlich denken, dass er sich kümmert … Ich denke schon.

MAMA: Nun, das ist etwas, worüber man nachdenken sollte, Liebes. Vielleicht denkt ein Junge, dass du ziemlich schlau bist, wenn auch du ihn überprüfen lassen willst. Jungs sind natürlich anders. Wenn ich einen Jungen untersuchen lassen wollte und er würde sich darüber aufregen oder es nicht tun, würde ich mir wohl gut überlegen, wie weit ich mit ihm gehen will. Aber so bin ich nun mal.
Ich schätze, die meisten Leute haben heutzutage Sex, bevor sie heiraten. Wahrscheinlich warten nicht allzu viele, aber ich sage dir, eines ist ganz sicher, Liebling. Es ist etwas ganz Besonderes, wenn du nach deiner Hochzeit mit einem Jungen kuschelst, von dem du weißt, dass er dich zum ersten Mal in seinem Leben so besonders liebt, und er weiß, dass er bei dir der Erste ist. Das ist einfach etwas so Besonderes, dass es nicht viele erreichen können. Aber was auch immer du tust, wer ist in der Lage, das alles herauszufinden?

JENNY: Ich.

MAMA: Richtig, egal wie du dich entscheidest, ich weiß, dass es wahrscheinlich gut ausgehen wird. Und das, was ich an dir liebe, ist, dass wir so reden und Gedanken austauschen können. Danke, Schatz.

Psychische Veränderungen (Wertewandel)

Teenager sagen die verrücktesten Dinge. Manchmal sagen sie *unerhörte* Dinge wie: „Ich will nicht mehr in eure Kirche gehen, weil ich beschlossen habe, Satanist zu werden."

Warum tun sie das? Hier sind vier wichtige Gründe:

1. ***Sie wollen hören, was richtig ist.*** Sie wollen, dass ihre Eltern antworten und ihnen die richtige Perspektive geben, und so versuchen sie, die richtigen Informationen zu provozieren.
2. ***Sie wollen Interaktion und Aufmerksamkeit.*** Wenn Teenager sich nach Emotionen sehnen und vernünftige Kommentare keine Reaktion hervorrufen, schlagen sie einen anderen Weg ein. Wenn Eltern keine Freude und Aufregung über die richtigen Dinge ausdrücken, werden Teenager eine negative Reaktion über die falschen Dinge

herbeizuführen suchen. Eine apathische Reaktion ist genauso schlecht wie eine unnachgiebige Reaktion.

3. ***Sie wollen, dass sich die Eltern aufregen und Schmerz empfinden, weil die Eltern-Kind-Beziehung nicht gut ist.*** Wenn Teenager leiden, wollen sie, dass ihre Eltern das erkennen und auch fühlen. Eine unverschämte Bemerkung kann ihnen die momentane Befriedigung verschaffen, nach der sie suchen: „Ja, ich habe eine Reaktion bekommen; ich habe es geschafft, meinen Eltern wehzutun."
4. ***Sie nutzen das Gespräch, um die Kontrolle zu bekommen.*** Schockierende Erklärungen erregen – widerwillig – die Aufmerksamkeit der Eltern. Plötzlich ist der Teenager der Initiator und die Eltern reagieren. In diesem Moment hat der Teenager die Kontrolle; die Eltern nicht. Das gibt dem Teenager ein Gefühl der Macht.

Diese Begegnungen sind ein Beweis für das Durcheinander in der jugendlichen Psyche. Wenn Kinder zu Teenagern werden, finden ihre mentalen Schalter ihre Funktion. Sie können Beobachtungen bei den Eltern machen, die geschärfte psychische Einsichten offenbaren, wie zum Beispiel: „Papa, es fällt dir schwer, kleine Dinge loszulassen."

Teenager sind zunehmend in der Lage, diese Beobachtungen zu artikulieren, aber nicht auf diplomatische Weise. Sie machen vielleicht eine aufschlussreiche Bemerkung ihren Eltern gegenüber, aber auf eine harsche Art und Weise.

Eltern sind auf der Verliererstraße, wenn sie versuchen, die psychische Entwicklung ihres Teenagers zu vereiteln, indem sie sagen: „Sag das nie wieder!" Jedes Mal, wenn „Halt die Klappe!" geäußert wird, ist das ein Abbruch der Kommunikation, der die elterliche Autorität untergräbt.

Im Grunde genommen ist die psychische Entwicklung von Teenagern das, was passiert, wenn ihre neue Gehirnleistung mit ihren alten Werten interagiert. Die Bewältigung dieses Aufeinandertreffens von Realitäten erfordert Zeit und Geduld auf Seiten aller Beteiligten. Gute Kommunikationsfähigkeiten sind nicht in der DNA verankert, können aber erlernt werden. Wir befinden uns immer dann auf sicherem Boden, wenn wir unsere Gedanken auf eine nicht bedrohliche Weise präsentieren. Im Allgemeinen bewegen wir uns auf gefährlichem Terrain, wenn wir anderen vorschreiben, wie sie zu denken, zu fühlen oder zu handeln haben.

Nehmen wir an, Heather kommt von der Schule nach Hause und sagt zu ihrer Mutter: „Ich möchte wie die Buddhisten sein. Deshalb werde ich kein Fleisch mehr essen."

Eine typische Feldwebel-Antwort auf eine solche Bemerkung wäre: „Unsinn! Ich will nicht, dass du dich mit diesen Spinnern in der Schule herumtreibst. Jetzt setz dich hin und iss dein Abendessen!" Und eine typische Helikopter-Antwort wäre: „Oh, Schatz! Ist unsere Religion nicht gut genug für dich?"

In diesem Fall hat Mama gerade zwei Stunden für ein köstliches Abendessen mit Steaks aufgewendet. Sie sollte sich auf ihren eigenen Geschmack und ihre Wünsche konzentrieren und sagen: „Gut, das bedeutet mehr Fleisch für Papa und mich. Ich hoffe, das ist für uns alle eine gute Lösung." (Schließlich könnte Heather mit der vegetarischen Ernährung durchaus Recht haben.)

Noch einmal: Elterliche Akzeptanz bedeutet nicht Zustimmung. Die Familie muss sich nicht zusammen mit Heather umstellen. Die Mutter kocht weder unbedingt Tofu und Sojabohnen, noch vermeidet der Rest der Familie Fleisch. Das würde Heather eine negative Kontrolle über die Familie geben. Wenn man in so einem Fall alle glücklich machen kann und vegetarisch kocht, dann ist das toll.

Wenn Werte selbstzerstörerisch werden

Nicht alle psychischen Entwicklungsfragen von Teenagern beinhalten unverschämte Kommentare oder ein Flirten mit Werten, die in der nächsten Woche schon wieder anders sind. Manche Entscheidungen, was Werte angeht, sind destruktiv und können sich negativ auf die Persönlichkeit eines Teenagers auswirken oder seine Entwicklung für einige Jahre verzögern.

Todd wollte sich zum Beispiel einer strengen und autoritären religiösen Sekte anschließen. Die Sekte war dafür bekannt, ihre Mitglieder finanziell zu schröpfen und junge Menschen von ihren Familien zu trennen. Todds Eltern schickten ihn zu seinen Großeltern, damit er eine Zeit lang bei ihnen lebte. Todd war an sich ein ziemlich gesundes Kind, das etwas Ungesundes tun wollte, und deshalb holten ihn seine Eltern aus der Umgebung heraus.

Wenn wir das Gefühl haben, dass unsere Teenager etwas tun werden, das ihr Leben für lange Zeit beeinträchtigen wird, ist es unsere Verantwortung, sie zu schützen.

Aber diese Verantwortung birgt eine Gefahr in sich: Wenn wir nicht aufpassen, können unsere Ängste unser Urteilsvermögen bei solchen Entscheidungen außer Kraft setzen.

Eltern müssen die möglichen Vorteile eines aufgezwungenen Schutzes gegen die Rebellion, die er unweigerlich hervorruft, abwägen. Daher ist ein aufgezwungener Schutz immer eine Ermessensentscheidung, und wie bei allen Ermessensentscheidungen lässt sich erst im Nachhinein erkennen, ob die Entscheidung richtig war oder nicht.

Ob es sinnvoll ist, einen Teenager zu zwingen, in eine Therapieeinrichtung zu gehen, hängt oft von der Kompetenz des Personals in der Einrichtung ab. Ob es klug ist, einen Teenager zu zwingen, bei den Großeltern zu leben, hängt oft davon ab, welche Erfahrung die Großeltern im Umgang mit dem Kind haben, und dass sie das gegen ihre eigenen Bedürfnisse abwägen.

In analoger Weise gilt: Zwingt ein Ehepartner seinen Ehepartner, in ein Alkoholiker-Therapiezentrum zu gehen, ist das Ergebnis entweder vorteilhaft aufgrund der Erfahrung des Therapiezentrums oder der Schuss geht nach hinten los und der Partner ist sauer, wenn die Behandlung nicht erfolgreich ist. In solchen Situationen gibt es keine eindeutigen Antworten.

Umgang mit Rebellion

Die körperlichen, kognitiven und psychischen Veränderungen, die Alex und Heather und alle anderen Kinder in ihrer Umgebung durchmachen, führen letztlich zu dem, was man als jugendliche Rebellion bezeichnet. Wie wir bereits erwähnt haben, ist Rebellion eine Art, wie Teenager sich selbst und anderen mitteilen: „Ich bin nicht meine Eltern."

Wenn Teenagern vom ersten bis zum elften Lebensjahr Wahlmöglichkeiten und ein vernünftiges Maß an Kontrolle gegeben wurden, haben sie bereits eine gesunde Basis einer von den Eltern unabhängigen Identität aufgebaut. Kinder, die auf diese Weise erzogen werden, machen oft gar keine rebellische Phase durch.

Die armen Teenager, die in einer Feldwebel-Umgebung aufgewachsen sind – wo Papa Befehle gebrüllt hat und die Kinder gehorchten – wissen nur, wie man auf eine äußere Stimme hört. Sie haben nie etwas anderes gelernt. Kinder von Helikopter-Eltern sind nicht viel besser dran, weil ihre Eltern sie aufgrund einer falschen Vorstellung von Liebe beschützt haben.

War das Feldwebel-Muster vorherrschend, sollten Mama und Papa lieber aufpassen, wenn Ben in die achte Klasse kommt. Sobald er anfängt, abstrakt zu denken, wechselt er vom Hören auf seine Eltern zum Hören auf die Gleichaltrigen. Ben hat sich nicht verändert; er hört noch immer auf eine Stimme außerhalb seines Kopfes. Aber jetzt gibt jemand anderes Anweisungen, und Ben denkt nicht selbstständig.

Aber es gibt auch eine gute Nachricht für die Feldwebel- und Helikopter-Eltern, zu denen viele von uns neigen, weil wir selbst so erzogen wurden. Eigentlich gibt es eine gute und eine schlechte Nachricht. Die gute Nachricht ist, dass Sie, wenn Sie mit Ihrem Kind von der Geburt bis zum Alter von elf Jahren gut zurechtgekommen sind, ziemlich gute Gründe haben, sich zu sagen: „Auf lange Sicht wird alles gut gehen." Selbst wenn Ihr Kind hartnäckig rebelliert, können Sie, wenn das Leben bis zum Alter von elf Jahren grundsätzlich in Ordnung war, darauf vertrauen, dass sich alles zum Guten wenden wird.

Die schlechte Nachricht ist, dass das „auf lange Sicht" *sehr* lange dauern kann. Einige dieser Teenager brauchen bis sie um die dreißig sind, um diese rebellischen Jahre hinter sich zu lassen.

Ist Rebellion harmlos oder zerstörerisch?

Beratende Eltern wissen bereits – und Feldwebel-Eltern können lernen –, dass eine Menge jugendlicher „Rebellion" nicht selbstzerstörerisch ist. Ausdrucksformen wie Haarschnitte oder Kleidungsstile und Tattoos sind eigentlich ganz ungefährlich, so seltsam oder bedrohlich sie den Eltern auch erscheinen mögen. In den letzten Jahren sind Teenager dazu übergegangen, sich Ohren, Zungen, Nasen und andere Körperteile piercen zu lassen, und die Eltern mussten wieder einmal lernen, wie man mit einer neuen Mode umgeht.

Nehmen wir an, der Studienanfänger Matt kommt nach Hause und überrascht seine Eltern mit einem Ohrring in seinem linken Ohr. Seine Mutter hat eine Reihe von Antworten, aus denen sie wählen kann:

- (Laut:) „Du nimmst jetzt sofort das Ding aus deinem Ohr, bevor dein Vater nach Hause kommt! Wir haben unseren Sohn nicht zu einem Homosexuellen erzogen!"
- „Matt, warum hast du uns das angetan? Liebst du uns nicht?"
- „Nun, mein Sohn, ich bin sicher, es hat nicht so viel gekostet, wie damals, als du dir diesen rosa Irokesen machen lassen hast."
- „Was für ein hübsches Ding; vielleicht sollte ich mir auch eines zulegen."
- „Meine männlichen Freunde stehen nicht auf Ohrringe, aber ich bin sicher, du weißt, was das Beste für dich ist."

Liebe-und-Logik-Eltern erkennen, dass Matt, obwohl er vielleicht versucht, seine Eltern zu beeindrucken oder zu schockieren, höchstwahrscheinlich nur das tut, was seine Kameraden tun. Diese Eltern erkennen, dass die meisten Teenager, die scheinbar „rebellische" Dinge tun, nicht versuchen, sie anderen aufzudrängen. Matt wird nicht vorschlagen: „Lass uns Opa dazu bringen, sein Ohr zu piercen."

Wenn Teenager in einem bestimmten Bereich rebellieren, aber im Allgemeinen verantwortungsbewusst sind, dann ist es für Eltern in Ordnung, das Verhalten zu akzeptieren, es aber nicht zu billigen. Sie können zu ihrem Teenager sagen: „Das ist meine Meinung dazu."

Falls die rebellischen Aktivitäten jedoch selbstzerstörerisch sind, dann ist es nicht in Ordnung, das Verhalten einfach zu akzeptieren. Wenn Teenager zum Beispiel Drogen missbrauchen oder mit einem Freund herumhängen, der Autos klaut, dann sollten Eltern solche Aktivitäten weder gutheißen noch akzeptieren. Eltern können ihre Teenager bei diesen Aktivitäten nicht kontrollieren, aber sie können sagen: „Ich möchte dich nicht mit diesem Freund in meiner Nähe sehen", oder „Ich möchte nicht sehen, dass diese Zigarette aus deinem Mund baumelt."

Widerstehen Sie dem Drang zu kontrollieren

Falls Ihnen die Rebellion Ihres Teenagers auf die Nerven geht, dann widerstehen Sie dem Drang, zu kontrollieren; gehen Sie zu dem über, was *Sie* tun werden. Wenn Ihr Teenager einen Ohrring trägt, um Sie auf die Palme zu bringen, können Sie ruhig sagen: „Das kannst du machen, aber nicht in meiner Nähe." Auf diese Weise ist weiterhin

Ihr Teenager für die Konsequenz verantwortlich, während Sie sich um sich selbst kümmern.

Wenn wir den Eindruck erwecken, unsere Kinder kontrollieren zu wollen, kann das unsere Beziehung zu ihnen beeinträchtigen. Es ist wichtig, dass wir den potenziellen Unmut erkennen, den wir mit Forderungen wie „Das wirst du in meiner Gegenwart nicht tun!“ hervorrufen können. Solche Kommentare belasten die Beziehung, oft mit negativen Folgen. Bei unserer Entscheidung, ob wir rebellisches Verhalten übersehen oder aktiv bekämpfen, müssen wir die potenzielle Zerstörungskraft dieses Verhaltens gegen den Schaden abwägen, den wir unserer Beziehung zu unserem Teenager zufügen, wenn wir uns ihm widersetzen.

Lassen Sie sie los und lassen Sie sie wachsen

Wir können uns und unseren Teenagern helfen, indem wir sie von innen her verstehen und die inneren Veränderungen, die sie alle durchlaufen, erkennen und angemessen darauf reagieren.

Trotz der verwirrenden Flut von kognitiven, physischen und psychischen Veränderungen in der Pubertät und der damit einhergehenden Rebellion werden die Dinge im Allgemeinen gut ausgehen. Auf dem Weg zur Unabhängigkeit wollen Kinder immer noch akzeptiert werden, auch wenn sie keine Zustimmung bekommen. Teenager verlangen im Allgemeinen nicht nach pauschaler Zustimmung, aber sie brauchen die tiefe Gewissheit, so akzeptiert zu werden, wie sie sind, unabhängig davon, was sie anziehen, was sie tun und mit wem sie es tun, oder was sie glauben.

Eltern, die in ihrem Kontrollbedürfnis zum Feldwebel-Modus neigen, sind vielleicht in der Lage, ihre Teenager davon abzuhalten, aus dem Wertesystem der Familie auszubrechen. Aber leider kann dies in späteren Jahren bittere Früchte tragen, wenn die Ehen, Familien und Jobs ihrer Kinder unter dem Druck einer Midlife-Krise auseinanderfallen, weil sie nie gelernt haben, ihre Werte kritisch zu analysieren, als sie jünger waren.

Wenn es eine harte und kritische Auseinandersetzung mit den Werten geben soll, ist es besser, wenn sie jetzt in der Jugend stattfindet als in der Mitte des Lebens. Später bedeutet es oft, dass man den

Job wechselt, den Ehepartner wechselt und die Elternrolle ablehnt. Wie wir gerne sagen: „Es ist immer am billigsten, heute für einen Fehler zu bezahlen; morgen wird es teurer."

Atmen Sie als Eltern tief durch und vertrauen Sie darauf, dass Sie Ihren Kindern das gegeben haben, was sie in den ersten elf Jahren gebraucht haben. Lassen Sie Ihren Versuch los, die Kontrolle zu wahren (die Sie sowieso nicht wirklich behalten können) und sagen Sie sich: „Meine Kinder werden Dinge tun, die ich nicht gutheiße, aber ich akzeptiere sie. Ich werde meine Kinder in dem Glauben lieben, dass sie wissen, was sie tun. Ich mag es vielleicht nicht mögen, aber ich weiß, dass meine Kinder ihr eigenes Leben leben müssen."

(Jugendliche können selbst dazu beitragen, die Kommunikation zu fördern, wenn sie ihre Eltern fragen, wie das Leben für *sie* als Heranwachsende war. Diese Art des Austauschs kann gesunde Folgen in Form von mehr Verständnis und Respekt zwischen Kindern und Eltern haben. Und vielleicht lernen sie auch etwas voneinander.)

Denken Sie daran, dass Ihr Teenager eine Phase durchläuft. Aber das gilt auch für Sie; Eltern eines Teenagers zu sein, ist ebenfalls eine Übergangsphase. Sie sind nicht der Einzige, der sich Sorgen um seine Teenager macht, auch wenn es sich manchmal so anfühlen mag. Entspannen Sie sich und lassen Sie die Veränderungen einfach auf sich zukommen. Auch wenn es eine wilde Fahrt wird, kann es eine wunderbare sein.

Kapitel 7

Teenager von außen nach innen verstehen: Äußere Veränderungen in der Reifephase

Kinder werden erwachsen. Sie werden Eltern. Ihre Kinder werden erwachsen und *auch sie* werden Eltern. So geht es immer weiter.

Also sollte Erziehung doch einfach sein, oder? Mach einfach das, was deine Eltern gemacht haben. Nun, das würde wunderbar funktionieren, würden wir noch in der gleichen Ära leben, in der unsere Eltern gelebt haben.

Als Craig aufwuchs, war das komplexeste Stück Elektronik, das seine Familie besaß, ein Fernseher. Er sah, wie sein Vater aus Frust Bleistifte zerbrach, während er sich abmühte, die Formulare der Steuerbehörde auszufüllen. Und Craig wünschte sich immer, seine Mutter würde alle ihre Rezepte an einem Ort aufbewahren, anstatt verzweifelt in der Küche nach einer fehlenden Karteikarte zu kramen, wenn sie gerade dabei war, das Abendessen zu kochen.

Craig verfolgte eine Karriere und gründete eine eigene Familie. Seine Frau Cindy hatte einen Vollzeitjob. Doch je mehr sie versuchten, voranzukommen, desto mehr schienen sie ins Hintertreffen zu geraten.

Deshalb kaufte Craig einen Computer mit Programmen zum Abspeichern von Rezepten, zum Erfassen von Autoreparaturen und zum Ausfüllen von Steuerformularen. Je mehr er herausfand, was der Computer alles tun konnte, desto mehr nutzte er ihn. Paradoxerweise machte der Computer das Familienleben arbeitsreicher, während er es gleichzeitig einfacher machte.

Die Kinder, die fünfzehnjährige Krystal und der dreizehnjährige Seth, fanden, dass der Familiencomputer auch ihr Leben leichter machen könnte. Er beschleunigte ihre Hausaufgaben. Und er bot alle

Arten von Spielen, die sie spielen konnten, was jedes Mal, wenn sie das Gerät einschalteten, zu einer regelrechten Besessenheit wurde.

Sie entdeckten auch das Internet, was wiederum sowohl eine Hilfe als auch eine Belastung darstellte.

Zeiten des Lernens und des Spielens arteten schnell in Schreikämpfe zwischen Krystal und Seth aus. Während eines heftigen Streits stieß Seth ein Glas um und verschüttete Limonade in die Festplatte. Sie verloren nicht nur das Spiel, sondern auch alles andere, was auf der Festplatte gespeichert war.

Craig, der auf den Abgabetermin für die Steuererklärung starrte, drehte ebenfalls durch. „Wir hatten keine Computerspiele, als ich in eurem Alter war!“, schrie er Krystal und Seth an. „Jetzt könnt ihr sehen, was ihr angerichtet habt!“ Craig verstand nicht, dass das gleiche Werkzeug, das das Leben einfacher machte, das Leben auch komplizierter machen konnte.

Auf diese Weise sehen viele von uns die Technik. Wir wissen zu schätzen, was sie für uns tun kann, aber wir sind uns nicht über ihre Gefahren im Klaren. Wir wissen, dass sie unsere Welt verändert, aber wir sind uns nicht sicher, wie und wohin sie uns führt.

Diese Unsicherheit gegenüber dem Unbekannten illustriert gut die Herausforderung der Erziehung in der heutigen turbulenten Welt. Wir können nicht einfach in die Vergangenheit greifen und uns die Werkzeuge holen, die wir für die Gegenwart brauchen. In vielerlei Hinsicht leben wir in einer völlig neuen Welt.

Wenn wir unsere Teenager von innen heraus verstehen, haben wir eine Grundlage, um ihre besonderen Bedürfnisse zu kennen. Aber um herauszufinden, wie wir geeignete Erziehungsmethoden anwenden können, um diese Bedürfnisse zu stillen, müssen wir unsere Teenager von *außen nach innen* verstehen.

Der Druck des sozialen Wandels

Die technische Revolution ist nicht die einzige gesellschaftliche Kraft, die uns dazu drängt, neue Werkzeuge für die Erziehung von Teenagern zu schmieden. Es hat auch eine Revolution gegeben, was die Menschenrechte angeht. Unser kollektives soziales Gewissen erkennt nun an, dass es falsch ist, Menschen aufgrund ihres Alters, ihrer

Rasse, Religion, Nationalität, sexuellen Orientierung oder ihres Geschlechts zu diskriminieren. Es sind Gruppen entstanden, die sich für die Rechte von Kindern einsetzen, von denen viele sehr wichtig sind. Es gibt keinen Weg zurück in die „gute alte Zeit", die oft ohnehin nicht so gut war.

Wir spüren den Druck des gesellschaftlichen Wandels – wenn nicht gar der Revolution – auch in anderen Bereichen:

- ***Beziehungen.*** Wir kennen die Freunde unserer Teenager nicht mehr so, wie unsere Eltern die unseren kannten. Dennoch haben diese Freunde mehr Einfluss auf unsere Kinder als vor einer Generation unsere Freunde auf uns. Wir müssen unseren Teenagern mehr Möglichkeiten aufzeigen, wie man kritisch bewertet, was andere ihnen erzählen.
- ***Medien.*** Für die Generation unserer Eltern oder Großeltern war die „Röhre" eine faszinierende Kuriosität. Jetzt ist sie ein fester Bestandteil des täglichen Lebens. Jugendliche verbringen mehr Zeit vor dem Bildschirm als im Klassenzimmer, von Schularbeiten ganz zu schweigen. Videospiele und soziale Medien können sich schnell von Hobbys in eine Sucht verwandeln.
- ***Trends.*** Trends sind heute sogar noch trendiger als zu der Zeit, als wir uns bemühten, mitzuhalten. Viele Modeerscheinungen sind harmlos, wie z. B. Kleidung oder Frisuren. Andere Trends, wie z. B. technische Weiterentwicklungen, kommen in einer so schwindelerregenden Geschwindigkeit daher, dass wir die Orientierung verlieren. Wieder andere Trends, wie die sexuelle Revolution, hatten weitreichende und schädliche Auswirkungen.
- ***Konsumverhalten.*** Der Druck von Gleichaltrigen kann Teenager dazu verleiten, von ihren Eltern zu verlangen, dass sie ihnen hochpreisige Turnschuhe, teure elektronische Geräte und Computerspiele zu unverschämten Preisen kaufen oder ihnen zumindest genug Taschengeld geben, damit sie sich diese Dinge selbst kaufen können. Die Werbung verführt Kinder mit dem Mythos, das eigene Glück sei nur einen Kauf entfernt.
- ***Scheidung.*** Eine von zwei Ehen endet mit einer Scheidung. Raten Sie mal, wer dabei in die Zwickmühle gerät?

- ***Zunehmende Gewalt.*** Da unsere Gesellschaft immer gewalttätiger wird, spiegelt sich diese Gewalt auch in unseren Häusern und Schulen wider und wird dort ausgelebt. Kinder tragen diese Narben ein Leben lang mit sich herum und sind gefährlich anfällig dafür, ihren Schmerz auf ihre eigenen Kinder zu übertragen.

Diese und andere Veränderungen haben uns dazu gezwungen, zu überdenken, was effektive Erziehung ausmacht. Wir wurden in das Bewusstsein hineinkatapultiert, dass wir neue Methoden brauchen, um Teenagern beizubringen, wie man über die Zukunft nachdenken und sich auf sie vorbereiten kann.

Vor ein paar Generationen konnte ein junger Mensch damit rechnen, ein Leben lang in einem Beruf, wenn nicht gar an einer Arbeitsstelle zu verbringen. Das Geschlecht bestimmte in der Regel die Berufung: Er schürfte die Kohle, verhüttete das Erz, entwarf die Brücken. Sie unterrichtete die Klassen, stylte die (weiblichen) Haare, machte die Hausarbeit. Aber die Welt verändert sich so schnell, dass wir Teenager nicht auf lebenslange Berufe vorbereiten können. Unsere Kinder werden immer wieder umschulen müssen, da durch neue Entwicklungen einige Berufe überholt sind und neue geschaffen werden.

Wir können Jugendliche auf die Zukunft vorbereiten, indem wir ihnen beibringen, wie sie für sich selbst denken und auf die stressigen Einflüsse reagieren können, denen sie ausgesetzt sind, und wie sie ihre eigenen Entscheidungen treffen und mit den Konsequenzen leben können.

Unterschiedliche Gegebenheiten, gleiche Bedürfnisse

Obwohl sich die Umstände ändern, bleiben die Bedürfnisse von Teenagern von Generation zu Generation bemerkenswert konstant. Bevor wir uns eingehender mit dem Druck gesellschaftlicher Kräfte befassen, wollen wir die grundlegenden Bedürfnisse von Teenagern im Hinblick auf die äußeren Veränderungen, die sie erleben, untersuchen. Teenager von heute haben immer noch die gleichen drei Grundbedürfnisse nach *Kontrolle*, *Zuneigung* und *Zugehörigkeit* wie die Teenager vor einer Generation oder einem Jahrhundert.

Das Bedürfnis, sich in Kontrolle zu fühlen

Wir alle haben ein starkes Bedürfnis zu wissen, dass wir die Kontrolle über unser Leben haben. Ohne diese Gewissheit werden wir ängstlich. Deshalb werden wir ganz natürlich tun, was nötig ist, um den angenehmen Zustand wiederherzustellen, ein Gefühl der Macht über unsere Umstände zu haben. Bis wir dieses Gefühl der Kontrolle erlangen, werden wir in einer Art Kampf darum bleiben. Darin unterscheiden sich Teenager nicht von den Vizepräsidenten von Unternehmen.

Erinnern Sie sich daran, dass wir in Kapitel 4 den Liebe-und-Logik-Ansatz zur elterlichen Kontrolle beschrieben haben: „Seien Sie nicht gierig. Üben Sie nur so viel Kontrolle aus, wie Sie unbedingt haben müssen." Die effektivsten Eltern geben die Kontrolle mit Bedacht ab, indem sie Wahlmöglichkeiten anbieten.

Autohändler haben das zu einer Wissenschaft gemacht. Sie wissen, dass ein Autohändler, der nur Autos verkauft, bald nicht mehr im Geschäft sein wird. Händler, die im Geschäft bleiben, verkaufen auch *Kontrolle* an ihre Kunden. Sie fragen: „Wollen Sie Automatik oder Standard? Wollen Sie einen Viertürer oder ein Schrägheck? Wollen Sie Zwei- oder Allradantrieb? Wollen Sie das mit einem DVD-Entertainment-System oder GPS-Tracking und Freisprecheinrichtung?" Mit jeder Frage und mit jeder Antwort teilt der Händler die Kontrolle mit dem Käufer. Das gibt dem Käufer ein Gefühl der Macht, sodass er sich nicht von dem Geschäft ausgeschlossen fühlt. Autohändler wissen, wie sie dieses Bedürfnis zu ihren eigenen Bedingungen erfüllen können.

Eltern verhalten sich jedoch oft genau umgekehrt wie Autohändlern. Sie weigern sich, Kontrolle und Macht mit ihren Teenagern zu teilen, besonders in Kämpfen, die sie sowieso nicht gewinnen können. Je mehr Kontrolle sie behalten, desto frustrierter werden sie. Und ihre Teenager, die keine Kontrolle haben, sind noch frustrierter, und das ist der Zeitpunkt, an dem sie sich rächen.

Es ist zum Beispiel katastrophal, einen Machtkampf über ein Thema wie Zeugnisnoten zu führen. Das Grundbedürfnis von Teenagern nach Kontrolle kommt hier nur allzu leicht zum Tragen. Sie können nicht gewinnen, wenn ihre Eltern über eine Vier meckern und ihnen vage drohen, sie sollten sich bessern, ansonsten ... Dadurch fühlen sie sich machtlos. Um zu zeigen, dass sie Macht haben, werden sie daher schlechte Noten bekommen, um den Kampf zu gewinnen.

Kluge Eltern werden nicht wütend und entfachen Kontrollkämpfe. Stattdessen werden sie eine schlechte Note sehr bedauern. Die Teenager werden dann die Kontrolle über andere Kanäle suchen, anstatt durch Kämpfe mit den Eltern. Anstelle von „Ich werde es ihnen zeigen" wird es zu „Was werde ich wegen dieser Note tun?" Auf diese Weise müssen sie die Kontrolle über ihr eigenes Lernen übernehmen.

Das Bedürfnis nach Zuneigung

Wir alle brauchen die Gewissheit, dass andere Menschen sich um uns kümmern. Wenn wir das nicht bekommen, verhalten wir uns vielleicht auf seltsame Weise. Jeder Büroleiter kann Ihnen Geschichten darüber erzählen, was passiert, wenn ein Neuer kommt und mehr Aufmerksamkeit vom Management bekommt als der Vorgesetzte, der schon fünf Jahre dabei ist. Der alte Hase verhält sich feindselig und wirft mit kleinlichen Sticheleien um sich. Er beschwert sich über eine Menge kleiner Dinge. Es werden Grenzen zwischen Alt und Neu gezogen, und die „Büropolitik" nimmt überhand.

Teenager sind nicht anders als Vorgesetzte. Im Klassenzimmer oder in der Mannschaft werden Teenager, die sich der Zuneigung des Lehrers oder Trainers sicher sind, Risiken eingehen, die sie für andere niemals in Kauf nehmen würden. Auf der anderen Seite werden Teenager, die nicht das Gefühl haben, dass sie Zuneigung erhalten, ihre Arbeit nicht erledigen und sich wahrscheinlich unsozial verhalten.

Das Bedürfnis, sich einbezogen zu fühlen

Niemand von uns möchte sich wie ein Außenseiter fühlen. Das gilt besonders für Teenager. Sie wollen wissen, dass sie ein wichtiger Teil der Familie, des Gremiums, der Peergruppe sind. Wenn sie das Gefühl haben, nicht akzeptiert zu werden, reagieren sie mit: „Ich werde dorthin gehen, wo ich geschätzt werde, wo ich dazugehöre, wo ich ein wichtiges Mitglied bin, wo ich eine gewisse Kontrolle darüber habe, was vor sich geht."

Aber es gibt ein Paradoxon für Teenager in ihrem Streben nach Zugehörigkeit. Auf der einen Seite wollen sie als Teil der Familie einbezogen werden. Auf der anderen Seite wollen sie unabhängig sein, was bedeutet, dass sie Dinge tun, die der Familie seltsam, wenn nicht gar feindlich, vorkommen.

Gleichzeitig mit ihrem Bedürfnis nach Zugehörigkeit werden Teenager immer Dinge tun, um ihre Unabhängigkeit zu erklären:

- Sie lassen sich einen radikalen Haarschnitt, eine Tätowierung oder ein Körperpiercing machen
- Sie kündigen an: „Ich feiere Weihnachten nicht hier; ich feiere es bei meiner Freundin."
- Sie werden mit Freunden im Einkaufszentrum herumhängen.
- Sie werden sexuell aktiv oder missbrauchen Drogen.

Das wiederum führt zu einer Reaktion der Eltern, die sich für den Teenager wie Ablehnung anfühlt, ob es nun tatsächlich Ablehnung ist oder nicht. In diesem Moment fühlt der Teenager Kontrollverlust, Entzug von Zuneigung und Ausgrenzung statt Einbeziehung.

Erschwerend kommt hinzu, dass, wenn der Teenager seine Unzufriedenheit und Bitterkeit zeigt, weil diese Bedürfnisse bedroht sind, die *Eltern* das Gefühl haben, dass sie die Kontrolle, Zuneigung und Zugehörigkeit verlieren. Jetzt sind wir in einem destruktiven Kreislauf.

Was heute anders ist

Wenn diese Bedürfnisse über Generationen hinweg konstant geblieben sind, was ist dann heute anders?

Eine der größten Verschiebungen fand mit dem Aufkommen der Teenager-Kultur in den 1950er-Jahren statt. Seitdem haben Teenager immer mehr Möglichkeiten, um ihre Unabhängigkeit zu erklären. Alle diese Möglichkeiten erscheinen den Erwachsenen mehr oder weniger beängstigend, und sie reagieren möglicherweise ablehnend.

In der Highschool, die Jim in den 1950er-Jahren besuchte, gab es dreitausend Schüler. In diesen drei Jahren der Highschool gab es nur zwei Kinder, die er in betrunkenem Zustand sah. Jeder, der diese beiden sah, war abgestoßen und beschämt. Heutzutage trinken viele Teenager nur, um sich zu betrinken. Die Zeiten haben sich geändert.

Teenager drücken ihre Unabhängigkeit heute auf eine Art und Weise aus, die sich sehr von derjenigen ihrer Eltern unterscheidet. Jede

Elterngeneration muss sich von Neuem mit einer ganzen Reihe neuer Verhaltensweisen, Werte und Versuchungen auseinandersetzen, mit denen Teenager in ihrem Streben nach Unabhängigkeit konfrontiert werden. Zweifellos werden diese Trends und Marotten weiterhin Schockwert haben. Der Knackpunkt ist, wie Eltern mit den Dingen umgehen, die sie am wenigsten erwarten.

Druck von außerhalb der Familie

Wir werden uns hier nicht mit relativ harmlosen Trends in der Popkultur aufhalten, weil sie so schnell kommen und gehen. Stattdessen werden wir die wichtigeren äußeren Einflüsse untersuchen, die tiefgreifende Auswirkungen darauf haben können, wie Eltern ihre Kinder durch die Pubertät begleiten. Hier sind einige, die Eltern besonders beachten sollten:

Beziehungen ändern sich

Eltern sagen oft: „Mein Teenager hat sich so sehr verändert. Früher hat er auf mich gehört, aber jetzt nicht mehr. Er hört jetzt nur noch auf seine Freunde.“

Dieser Teenager ist nicht zu einem anderen Menschen geworden. Er ist immer noch das gleiche Kind, das er immer war. Aber er hat nun schon elf oder zwölf Jahre lang auf seine Eltern gehört. Jetzt versucht er, herauszufinden, wer er ist. Ihm scheint, dass er diese Herausforderung nicht bestehen wird, wenn er nicht aufhört, auf die elterliche Stimme zu hören. Der einfachste Ersatz ist die Stimme seiner Altersgenossen.

Wie wir in Kapitel 6 besprochen haben, wechseln Kinder vom konkreten zum abstrakten Denken, wenn sie in die Pubertät kommen. Wenn dieser Wechsel stattfindet, merkt der angehende Teenager: „Ich kann selbständig denken.“

Wie bringen wir Teenagern bei, selbst zu denken, anstatt auf Gleichaltrige zu hören? Indem wir so früh wie möglich damit beginnen, ihnen zu sagen: „Du musst dich entscheiden.“ Mit anderen Worten, wir trainieren sie, auf eine leise Stimme in ihrem Kopf zu hören, die sagt: „Ich muss das entscheiden. Wenn ich eine gute Entscheidung treffe, wird es sich gut anfühlen; wenn ich eine schlechte Entscheidung treffe, wird es sich mies anfühlen."

Wenn Ihr Teenager also reinkommt und sagt: „Nun, meine Freundin denkt dies, dies und das", können Sie sagen: „Danke, dass du mir das sagst. Das ist eine interessante Art, es zu betrachten. Ich frage mich, wo sie das aufgeschnappt hat. Was denkst du?"

Aber allzu oft neigen wir dazu, gegenteilig zu reagieren: „Mensch, wie kommt sie nur auf so eine Idee? Das ist doch verrückt! Was ist nur los mit ihr?" Und das macht unseren eigenen Teenagern Angst, weil sie denken: „Super, wenn meine Eltern meine Freundin kritisieren, was werden sie dann mit mir machen?" Dann werden sie ziemlich bald nicht mehr mit Ihnen reden wollen.

Der Konsumzwang

„Mama, kann ich … haben?" Wie oft haben Sie das schon gehört? Zu oft, stimmt's?

Und natürlich, wenn Sie es für Ihren Teenager kaufen, ist es nie ganz gut genug. Seine Freunde scheinen immer ein besseres Modell zu haben, eine auffälligere Farbe, eine neuere Ausgabe.

Wenn Sie das Gefühl haben, dass Sie einfach nicht gewinnen können, wenn Sie den Forderungen Ihres Teenagers nach mehr Sachen nachgeben, dann haben Sie Recht: Sie *können nicht* gewinnen. Das „Beste" ist immer etwa zwei Meter – oder zwanzig Dollar, oder zweihundert Dollar – außer Reichweite. Außerhalb *Ihrer* Reichweite.

Anstatt den Launen ihrer Teenager nach mehr und Besserem nachzugeben, tun Liebe-und-Logik-Eltern das, was sie in so vielen anderen Bereichen des Lebens tun: Sie geben das Problem dem Teenager zurück, so wie es im wirklichen Leben immer ist.

Jugendliche Konsumenten scheinen immer das Beste zu wollen. Wie können Eltern dem Konsumzwang ausweichen und stattdessen ihre Teenager mit dem Druck umgehen lassen? Wir schlagen diese Regel vor: *Egal wie wohlhabend sie sein mögen, Eltern sollten ihren Kindern niemals das Beste von allem schenken.* Eltern sollten ihre Teenager wissen lassen, dass sie das Beste verdienen, aber sie sollten von ihren Teenagern immer verlangen, die Differenz zwischen „Durchschnitt" und „Bestes" zu bezahlen, genau wie im richtigen Leben.

Wenn Ihr Teenager Ihnen sagt, dass er einen teuren Gegenstand haben möchte, sagen Sie zu ihm: „Kauf ihn." Und Ihr Teenager wird natürlich antworten: „Aber ich kann es mir nicht leisten." Und dann sagen Sie: „Du bist doch erfinderisch. Wenn du es willst, wirst du sicher einen Weg finden, es dir zu leisten."

Gleichzeitig sollten wir unseren Kindern beibringen, dass die wahren Werte im Leben in der Liebe zu den Menschen und nicht im Erwerb von Dingen liegen. Diese Liebe muss sich auf alle erstrecken, unabhängig vom sozialen oder wirtschaftlichen Status. Und diese Liebe muss den Druck – von Gleichaltrigen oder der Werbung –, mehr Dinge zu konsumieren, übertrumpfen.

Allerdings senden Eltern manchmal ausgesprochen gemischte Botschaften, wenn sie ihre Worte nicht in die Tat umsetzen. Wenn sie ein Auto fahren, das viel teurer ist als eine Hochschul-Ausbildung, verschwenden sie ihre Zeit damit, den Teenagern zu sagen, sie sollten dem Gruppendruck widerstehen.

Aber selbst wenn Ihre Werte stimmen, wird das nicht den tückischen Gruppendruck mildern, den Ihre Kinder vielleicht spüren, wenn sie nicht die neuesten und angesagtesten Klamotten tragen. Leider haben in einigen unserer gehobenen Wohngegenden alle Teenager das Allerbeste. Und trotz der vermeintlichen Kultiviertheit dieser Wohnviertel können Teenager gemein sein und mit ihrem Wohlstand gegenüber ihren Altersgenossen prahlen.

Manche dieser arroganten Reichen verhalten sich geradezu lächerlich. Das krasseste Beispiel für auffälligen Konsum, das uns in letzter Zeit begegnet ist, sind Teenager, die Preisschilder an ihren Kleidern hängen lassen, damit andere Kinder sehen können, wie viel sie wert sind.

Wir müssen sorgfältig darauf achten, wie wir unseren Teenagern richtige Werte und eine nüchterne Einstellung zu Besitztümern beibringen. Wenn wir unseren Kindern unmodische Kleidung kaufen, die sie in den Augen ihrer Altersgenossen „komisch" aussehen lassen, können wir sie in Schwierigkeiten bringen. Aber das bedeutet nicht, dass wir losziehen und das Beste vom Besten kaufen müssen. Wir sollten gesunden Menschenverstand walten lassen.

Hier ein Beispiel für ein Gespräch, das zeigt, wie ein Liebe-und-Logik-Elternteil eine Diskussion über Besitztümer führen könnte:

„Mama“, sagt Randy, „alle Kinder tragen jetzt ‚Super-Hi-Flight-Pump-Up-Get-Down-Sneaker‘.“

Mama bleibt zurückhaltend. „Das ist schön, Schatz.“

„Wann wirst du mir ein Paar besorgen? Könnten wir gleich gehen? Alle Kinder haben sie.“

„*Alle* Kinder, Schatz?“

„Na ja, nicht alle – die Deppen und Nerds haben sie natürlich nicht. Aber die Eltern der coolen Kids besorgen ihnen die Super-Hi-Flight-Pump-Up-Get-Down-Sneaker.“

„Und wie viel haben sie für diese Sneaker bezahlt, Randy?“

„Die kosten hundertzwanzig Euro. Für fünf Euro mehr gibt's die leuchtenden Schnürsenkel noch dazu.“

Die Mutter erstarrt natürlich innerlich, wenn sie an ihre finanziellen Möglichkeiten denkt. Aber sie behält einen kühlen Kopf. „Nun, Liebes, du weißt, dass wir die Besten für dich wollen, aber wir können es uns nicht leisten. Wir glauben, dass du klug bist und hart genug arbeiten kannst. Wenn wir dir das Geld für die Sneaker geben, die wir normalerweise kaufen, kannst du dir die Differenz dazuverdienen. Dann wirst du die Sneaker haben, die du willst.“

Randy ist natürlich höchst unzufrieden mit dieser Antwort. Also drückt er den ultimativen Eltern-Schuld-Knopf: „Mama, liebst du mich nicht?“

Mama fällt nicht darauf rein. „Natürlich liebe ich dich. Deshalb kaufen wir dir ja durchschnittlich gute Sneakers und erlauben dir, das Geld für bessere zu verdienen, wenn du willst.“ Mama lässt sich nicht anmerken, dass sie die anderen Eltern für Schwächlinge hält. Stattdessen lässt sie Randy wissen, was ihr Wertesystem ist, ohne andere herabzusetzen.

„Aber Mama“, versucht Randy ein letztes Mal, „was soll ich den anderen Kindern sagen, wenn ich die Sneaker nicht bekomme?“

Die Mutter schließt mit einer Alternative: „Nun, Schatz, du könntest ihnen sagen, dass du das zusätzliche Geld lieber für etwas anderes verwenden möchtest.“

Je verantwortungsbewusster unsere Teenager sind, desto mehr Mitspracherecht können wir ihnen einräumen, was ihre Kleidung angeht. Aber wenn sie ausgefallene Kleidung oder einen grünen Irokesen tragen wollen, geht das auf ihre Kappe.

Falls unsere Teenager gegen unsere Verhaltensweise protestieren und sagen: „Nun, euer Wertesystem ist blöd“, können wir antworten: „Gut. Das ist mein Wertesystem, und es hat mir erlaubt, mein Geld zu verdienen. Wenn du also deinen grünen Irokesen tragen willst, schön – geh und verdiene das Geld mit *deinem* Wertesystem.“

Der Medienhype

Der Medienhype ist überall um uns herum – Weitwinkel, Schmalwinkel, Schwenk nach rechts, Schwenk nach links, nach oben, nach unten. Bilder blitzen vor uns auf: Jugend, Sex, Schönheit, Sex, Geltungskonsum, Sex, Musik, Sex, Emotion, Sex. Und wenn das nicht schnell genug geht, surfen wir durch die Kanäle: klick, klick, klick.

Wir leben in einer visuell-medialen Kultur – blinzeln Sie nicht, sonst verpassen Sie das nächste Bild. Die Veränderungen geschehen nicht nur *um* uns *herum*, sondern auch *mit* uns. Manche sind gut, manche sind schlecht, aber wir müssen uns ihrer bewusst sein.

Vor den aktuellen Revolutionen der Elektronik und Informationstechnik mussten Kinder lesen, und ihr Verstand arbeitete schneller als das, was auf der Seite stand. Ihr Verstand war gezwungen, das, was sie lasen, zu visualisieren. Das Gleiche geschah mit dem Radio. Rundfunksprecher und Radiomacher erzählten Geschichten und lasen die Nachrichten vor. Die Zuhörer nutzten ihre Vorstellungskraft, um sich geistige Bilder zu machen.

Das Fernsehen hat das dramatisch verändert. Die Kamera macht die Bilder in erstaunlich schneller Folge. Der Verstand hat keine Zeit, sich etwas vorzustellen, und das muss er auch nicht. Die Kamera macht die ganze Arbeit.

Teenager in unserer Medienkultur sind darauf konditioniert, passiv zu sein, während eine Maschine die geistige Arbeit für sie erledigt. Wenn eine Aktivität Denken, Ausdauer, Langeweile oder Geduld erfordert, nennen sie sie „l-a-a-angweilig“.

Es stimmt, die Verbreitung von Technik und Medien hat enorme Vorteile gebracht. Wir können unsere Welt buchstäblich sehen wie nie zuvor. Wir können mehr von dem verstehen, was in ihr vor sich geht, und wir können mit raumzeitlicher Geschwindigkeit und Genauigkeit kommunizieren.

Aber diese Vorteile sind in eine Flut von Informationen und Bildern eingebettet. Die Flut an Werbung nimmt nicht ab. Und sie bringt vieles mit sich, das *nicht* von Vorteil ist. Es wird darum gekämpft, was Kinder in den Programmen der Sender und Kabelabonnements zu sehen bekommen. Früher hieß es im Fernsehen nicht: „Diskretion wird empfohlen“, sondern Kinder und Familien konnten alles sicher ansehen. Aber dieser neue Trend suggeriert, dass je mehr Diskretion wir haben, desto weniger werden wir auf einen Bildschirm schauen.

In einer hochtechnisierten Welt sind die Beziehungen oft die ersten Dinge, die wegfallen. Ein paar sehr kluge und mutige Eltern lassen den Fernseher ganz weg, aber die meisten Eltern sind seit ihren eigenen prägenden Jahren an den Fernseher gebunden. Und selbst wenn es zu Hause keinen Bildschirm gibt, werden die Teenager von anderen Quellen überflutet. Aber wir können die Beziehungen in der Familie gesund und stabil halten. Wir können es uns zur Aufgabe machen, „Familienzeit“ zu schaffen, in der wir ohne das Hintergrundgeräusch des Bildschirms miteinander reden können. Wir können mehr lesen und damit ein Vorbild für unsere Teenager sein. Wir können unsere Begeisterung über das ausdrücken, was wir lernen und wie wir es lernen. Wir können unsere Teens fragen, was sie in ihren Filmen und im Internet sehen, und wir können über die Texte und die Musik der Lieder sprechen, die sie sich anhören. Lesen und Gespräch erfüllen auch die Grundbedürfnisse nach Kontrolle, Zuneigung und Zugehörigkeit.

Auf den Wellen der Trends reiten

Erinnern Sie sich noch an die Lambada, den heißen Modetanz von 1988 und 1989? Er war sexy, schnell und gewagt – und *er ist Geschichte.*

Popkultur kann sehr verlockend sein. Trends und Modeerscheinungen neigen dazu, die Dinge anzuheizen. Kinder fühlen sich besonders von ihnen angezogen, weil sie vorübergehend das Bedürfnis nach Kontrolle, Zuneigung und Zugehörigkeit befriedigen. Sie bieten eine schnelle Lösung, um Unabhängigkeit auszudrücken und Anerkennung und Akzeptanz von Gleichaltrigen zu gewinnen.

Das meiste, was Teenager tun, um ihre Unabhängigkeit zu demonstrieren, wird bald durch etwas anderes ersetzt werden. Die

Flitzer-Mode, die in den frühen Siebzigern auf dem College-Campus populär war, starb aus, weil die Leute nicht mehr hinschauten. Wenn man unabhängig ist und es niemandem auffällt, was bringt es dann noch?

Wenn niemand deine lila Haare oder deinen Goth-Black-Matrix-Look zu bemerken scheint, findest du eben einen anderen Weg, deine Unabhängigkeit zu zeigen. Dieses Streben nach Unabhängigkeit hat es in allen Kulturen zu allen Zeiten gegeben. Eltern sollten sich keine Sorgen über Modeerscheinungen und Trends machen, die eigentlich harmlos sind.

Einige Trends haben jedoch viel schwerwiegendere und längerfristige Auswirkungen, wie z. B. Achtklässler, die Pistolen mit sich tragen, und die zunehmenden frühen sexuellen Aktivitäten. Zwischen 1950 und 1980 wurde eine Welle zunehmender sexueller Aktivität bei Kindern im oberen Teenageralter eingeläutet. In den 1980ern und 1990ern erreichte diese Welle auch die jüngeren Teenager und darunter. Jetzt sehen wir uns mit einem Trend konfrontiert, bei dem zwar die Zahl der Teenagerschwangerschaften zurückgeht, aber die Zahl der Geschlechtskrankheiten immer weiter in die Höhe schnellt. Und warum? Kinder experimentieren mit Oral- und Analverkehr aufgrund dessen, was sie in Filmen und durch die Medien lernen, und sie denken, sie seien noch Jungfrauen. Es gibt einen „Fahrstuhleffekt", da Teenager in immer jüngeren Jahren immer mehr erwachsenes Verhalten an den Tag legen.

Wenn unsere Kultur Dinge absorbiert, die modisch oder sogar schockierend sind, neigen wir dazu, unsere Toleranz zu lockern. In den frühen 1960er-Jahren, als die Leute zum ersten Mal den Film *Psycho* sahen, schockierte die Duschszene Jim so sehr, dass er einen Monat lang nicht gut schlafen konnte. Heute empfinden die Leute diese Szene kaum noch als gruselig; wir sind durch die Geschehnisse in unserer Kultur so desensibilisiert, dass uns das schreckliche Bild einer Frau, die in einer Dusche erstochen wird, nicht mehr wirklich beunruhigt.

Das Geniale der Liebe-und-Logik-Erziehung besteht darin, dass Teenager, die mit diesem Erziehungsstil aufwachsen, ihre Unabhängigkeit durch verantwortungsvolle Entscheidungen zum Ausdruck bringen. Dieser Ausdruck befriedigt ihr Bedürfnis nach Kontrolle, verschafft ihnen Respekt und Zuneigung und schließt sie als gleichberechtigte Mitglieder der Familie ein.

Liebe-und-Logik-Teenager sind normale Kinder. Sicher, sie werden wahrscheinlich genauso schnell Trends aufgreifen wie andere Kinder auch, aber sie werden nicht zu sozial abweichendem Verhalten getrieben, um zu zeigen, dass sie Individuen sind. (Wenn Teenager jedoch solche abweichenden Verhaltensweisen an den Tag legen, sollten wir zulassen, dass sie die volle Härte des Gesetzes trifft, so wie es auch bei uns der Fall wäre).

Druck aus dem Inneren der Familie

Leben nach der Scheidung

Über die Auswirkungen einer Scheidung auf Jugendliche wurde schon viel geschrieben, und wir geben nicht vor, hier eine tiefgehende Analyse zu bieten. Wir werden jedoch einige Liebe-und-Logik-Tipps für geschiedene Eltern geben.

Alleinerziehende haben es in der Kindererziehung besonders schwer. Kindern geht es in der Regel besser, wenn sie die meiste Zeit ihres Lebens von zwei Elternteilen erzogen werden. Diejenigen, die aus einem alleinerziehenden Elternhaus kommen, haben ein besonderes Bedürfnis nach Liebe und Akzeptanz, besonders beim Eintritt in die Teenagerjahre. Sie wissen aber auch, dass sie, weil sie es mit einem Elternteil weniger zu tun haben, die Möglichkeit haben, die Kontrolle über die Familiensituation an sich zu reißen – und dabei eine Menge Schaden anzurichten.

Wir möchten Alleinerziehenden die folgenden Gedanken mit auf den Weg geben, wenn sie Teenager erziehen:

1. ***Nehmen Sie sich Zeit für sich selbst und erst dann für Ihre Kinder.*** Wenn Sie ausbrennen, werden Sie nichts mehr haben, was Sie Ihren Kindern geben können. Planen Sie sowohl Zeit für sich selbst als auch für die Kinder ein. Wenn es hilft, sehen Sie diese Zeiten wie Verabredungen an. Dann machen Sie sie zu einer Priorität.
2. ***Sprechen Sie nicht negativ über das andere Geschlecht.*** Nur weil Ihre Kinder in einem Haus mit nur einem Elternteil aufwachsen, bedeutet das nicht, dass sie später im Leben zu schwierigen

Beziehungen verdammt sind. Als alleinerziehende Mütter sollten Sie wissen, dass Ihre Einstellung zu Männern einen großen Einfluss darauf haben wird, was für ein Mann Ihr Sohn sein wird bzw. wie Ihre Tochter Männer sehen wird. Umgekehrt gilt das für alleinerziehende Väter.

3. ***Trennen Sie das, was Sie kontrollieren können, von dem, was Sie nicht kontrollieren können, und lernen Sie dann, mit beidem zu leben.*** Sie können an dem arbeiten, was Sie kontrollieren können. Für das, was Sie nicht kontrollieren können, sagen Sie sich: „Ich mag es nicht, aber ich kann es nicht kontrollieren."
   Zum Beispiel haben alle Eltern – auch Alleinerziehende – die Kontrolle über ihre Liebeszuwendungen, ihr Lächeln, ihre Berührung und ihre Freude über die Leistungen ihrer Teenager. Eltern haben auch die Kontrolle über ihre eigenen Reaktionen, wenn ihre Kinder respektlos sind oder mit den Schwierigkeiten des Lebens konfrontiert sind. Dinge zu kontrollieren, die außerhalb ihrer selbst vor sich gehen, ist jedoch viel schwieriger. Auf lange Sicht ist es am besten, die eigene Einstellung anzupassen und sich damit abzufinden, anstatt zu versuchen, etwas zu ändern, das außerhalb der eigenen Kontrolle liegt.

Alleinerziehende, die wieder heiraten, haben einen weiteren Elternteil in der Familie. Ernsthafte Probleme können auftreten, wenn Eltern das Richtige tun wollen, aber nicht wissen, wie sie die Spannungen zwischen ihrem neuen Ehepartner und den Kindern lösen sollen. Sind Stiefeltern im Spiel, fühlt sich jeder zwischen den Fronten. Die Spannungen, die die Stiefkinder erleben, sind so gewichtig, dass sie Stoff für ganze Märchen bieten.

In solchen Familien müssen Elternteil und Stiefelternteil den Kindern sehr deutlich machen, dass die Beziehung des Paares den Vorrang hat. Wenn ein Elternteil wieder heiratet und die Familie zu einer Patchwork-Familie wird, ist das häufigste Problem in der rekonstruierten Familie die *Triangulation* (Dreiecksbeziehung). Dies bedeutet, dass sich jeder zwischen den Fronten fühlt. Wenn der leibliche Elternteil die Mutter ist, fühlt sie sich zwischen ihren eigenen Kindern und ihrem neuen Ehepartner gefangen. Ihr Mann fühlt sich gefangen zwischen der Frau, die er liebt, und ihren unausstehlichen Kindern. Und natürlich fühlen sich die Kinder gefangen zwischen ihrer Mutter und dem Stiefvater oder dem Vater und der Stiefmutter. Sie fühlen sich anfangs vielleicht weniger geliebt und, was noch wichtiger ist, weniger respektiert.

Wie sich eine solche Dreieckssituation entwickelt, hängt im Wesentlichen vom Verhalten des leiblichen Elternteils ab. Der leibliche Elternteil muss den Kindern absolut klar machen, dass seine Loyalität und Liebe dem neuen Ehepartner gilt – der Person, mit der er den Rest seines Lebens verbringen wird. Leider ist es manchmal so, dass die Kinder, bewusst oder unbewusst, sich wünschen, dass alles wieder so ist, wie es war, bevor die Mutter wieder geheiratet hat, und ihren leiblichen Elternteil ganz für sich haben wollen. An diesem Punkt ist es für den leiblichen Elternteil weise, die Kinder unmissverständlich wissen zu lassen, dass es *nicht* der neue Ehepartner sein wird, der zu gehen hat, sollten die Familienprobleme eskalieren.

Eine gute Beziehung zwischen Kind und Stiefelternteil ist gesund und erstrebenswert. Aber wenn es zu Streitigkeiten kommt, muss der leibliche Elternteil den Stiefelternteil als Autorität im Haus eindeutig unterstützen. Der leibliche Elternteil darf sich in Auseinandersetzungen mit dem Stiefelternteil nicht auf die Seite des Kindes schlagen und die Wut des Kindes unterstützen. Der leibliche Elternteil muss eine wichtige Entscheidung treffen, bevor er wieder heiratet: Wenn ich denke, dass die Person, die ich heiraten werde, keine gute Autoritätsperson für meine Kinder sein wird, sollte ich diese Person nicht heiraten. Und wenn der leibliche Elternteil nicht die Rolle der primären Autoritätsperson für sein Kind spielen will, ist die Situation von Anfang an zum Scheitern verurteilt. Wir haben zu viele Fälle gesehen, in denen der leibliche Elternteil plötzlich die Verantwortung für die Disziplin an den neuen Ehepartner abgibt, nur um dann festzustellen, dass dadurch ein Krieg entsteht.

Den Kreislauf der Gewalt durchbrechen

Unsere Gesellschaft wird immer gewalttätiger, zum Teil weil mehr Kinder früher in ihrem Leben mehr Gewalt erleben. Oft können wir viele der Ursachen von Jugendgewalt nicht direkt kontrollieren oder ändern, aber wir können kontrollieren, wie wir unsere Kinder erziehen.

Schlechte Früherziehung setzt oft einen Kreislauf aus Vernachlässigung, Rebellion und Verantwortungslosigkeit bei Kindern in Gang, die älter werden, ohne erwachsen zu werden. Diese Kinder haben nicht gelernt, mit den Konsequenzen ihrer falschen Entscheidungen zu leben. Wenn sie ihrerseits selbst Kinder haben, wiederholt sich die schlechte Früherziehung in den nachfolgenden Generationen, bis jemand den Kreislauf durchbricht.

Wenn Menschen nicht die Möglichkeit hatten zu lernen, wie man Entscheidungen trifft und mit den Konsequenzen lebt, wissen sie nicht, wie man verantwortungsvoll mit schwierigen Problemen umgeht, insbesondere im Zusammenhang mit der Kindererziehung. Anstatt klar zu denken, schlagen sie wütend um sich. Anstatt ihre Teenager sachlich zu überzeugen, greifen sie auf einen harten Feldwebel-Stil der Erziehung zurück. Machen ihre Kinder Fehler, greifen sie zu körperlicher Gewalt.

Teenager, die in solchen Familien aufwachsen, lernen keinen anderen Umgang mit ihrer Frustration – oder in Zukunft mit der Frustration ihrer Kinder. Doch die ganze Zeit über wissen diese Kinder, und vor allem Teenager, die in diesem Kreislauf gefangen sind, in ihrem Herzen oft, dass diese Familiendynamik falsch ist.

Viele Eltern stellen fest, dass sie wütender und frustrierter werden, als es gut ist. Für diejenigen, die ihre unangemessene Wut erkennen und den Wunsch haben, sich zu verändern, haben wir hier drei Vorschläge:

1. ***Sprechen Sie offen über Ihr Problem mit anderen Familienmitgliedern und mit denen in Ihrem Umfeld, die helfen können.*** Das Vertuschen von häuslicher Gewalt verstärkt nur die Scham der Eltern und verschlimmert den Kreislauf. Viele Kirchen, städtische Sozialzentren und soziale Einrichtungen haben Selbsthilfegruppen, die Eltern helfen, die in diesem Kreislauf der Gewalt gefangen sind.

   Eltern und Jugendliche, die sich im Netz häuslicher Gewalt verfangen haben, sollten nicht zögern, Hilfe bei professionellen Beratern zu suchen.

2. ***Holen Sie sich Ideen, Werkzeuge und Methoden von anderen Personen und Selbsthilfegruppen, die Ihnen bei Ihrem Problem helfen können.*** Eine solche Methode ist zum Beispiel: Wenn Sie so wütend sind, dass Sie nicht wissen, was Sie sagen sollen, sagen Sie nichts, bis Sie sich abgekühlt haben.

Wenn Sie die Kontrolle verlieren und Ihren Teenager anschreien, haben Sie damit die Kontrolle an Ihren Teenager abgegeben, weil Sie sie verloren haben. Das ist für keinen von Ihnen gut. Wenn Sie wütend sind, aber innehalten, um darüber nachzudenken, und sich dann entscheiden, etwas zu sagen, sprechen Sie leise. Das ist gut für Sie und Ihren Teenager.

Wenn Sie Ihre eigenen Emotionen kontrollieren können, sind Sie in einer guten Position, anderen zu helfen, ihre zu kontrollieren.

3. ***Verpflichten Sie sich, auf die notwendige innere Veränderung hinzuarbeiten, die Ihnen die Disziplin gibt, Methoden zur Kontrolle Ihrer Wut anzuwenden.*** Dieser innere Wille ist der wahre Ausgangspunkt, um den Kreislauf der Gewalt zu durchbrechen. Methoden sind hilfreich, wenn sie auf der inneren Entschlossenheit und Disziplin aufbauen, gewalttätigem Verhalten zu widerstehen. Diese innere Veränderung findet statt, indem Sie im Gebet über die Erkenntnis nachsinnen, dass Sie die Ressourcen zur Veränderung haben. Konzentrieren Sie sich darauf, dass eine Verbesserung eintritt, nicht auf das Versagen, dass sich das Muster wiederholt. Anstatt zu sagen: „Oh, Herr, gib mir mehr Geduld mit Jennifer", was sich auf das konzentriert, was Sie *nicht* haben, sagen Sie: „Herr, danke für die drei Sekunden, die ich Geduld mit Jennifer hatte", was auf dem aufbaut, was Sie *wirklich* haben. Mit der Zeit können diese drei Sekunden zu drei Minuten und dann zu drei Stunden werden.

Sparen Sie Ihre emotionale Energie auf

Wir haben nur einige der äußeren Einflüsse auf das Familienleben skizziert, die sich auf Teenager auswirken. Kein Buch kann sie alle abdecken. Und selbst wenn es das täte, wäre es aufgrund der rasanten Entwicklung von Technik, Trends und sozialen Missständen sofort wieder veraltet. Wir haben keine große Kontrolle über das, was außerhalb unseres Einflusses geschieht, aber wir können unsere eigene Ecke der Welt kontrollieren und lieben. Das bedeutet, dass wir einige Entscheidungen über die Energie treffen müssen, die wir haben.

Jeder von uns hat nur ein bestimmtes Maß an emotionaler Energie. Stellen Sie sich einen emotionalen „Energiekuchen" vor, wobei der ganze Kuchen 100 Prozent unserer emotionalen Energie repräsentiert. Wenn ich 80 Prozent meiner emotionalen Energie damit verbringe, mich auf das zu konzentrieren, was in der Welt falsch läuft, und mich darüber zu beschweren, dass niemand etwas dagegen unternimmt, habe ich nur 20 Prozent meiner Energie für meine Teenager übrig.

Wenn ich jedoch 10 Prozent meiner Energie darauf verwende, zu beobachten, wie sich die Welt verändert, und weitere 10 Prozent in berechtigte Bemühungen, sie zu verändern, kann ich bis zu 80 Prozent darauf verwenden, die Zukunft meiner Teenager mitzugestalten.

Jeder von uns muss eine bewusste Entscheidung darüber treffen, wie wir unseren emotionalen „Energiekuchen" aufteilen wollen. Liebe-und-Logik-Eltern wenden den Großteil ihrer Energie für die Familie auf.

Sie und Ihre Kinder werden alle Frisuren und Tanzverrücktheiten überdauern. Sie werden Zeuge tiefgreifender Veränderungen in Technik und Politik sein. Widmen Sie sich dem, was von größter und dauerhafter Bedeutung ist: die Stärkung Ihrer engsten Kontakte zu Ehepartner, Eltern und Kindern. Dann werden Sie und Ihre Familie den Druck äußerer Kräfte nicht nur überleben, sondern vielleicht sogar die Möglichkeit haben, diese Kräfte zu gestalten.

Kapitel 8

Auf die Plätze, fertig, los – ab in die reale Welt

Schneller als Sie denken, wird Ihr Teenager aus Ihrem Leben in die reale Welt hinausgehen. Es ist normal, das Gefühl zu haben, dass Sie die Kontrolle verlieren, wenn Ihr Teenager älter wird. So soll es ja auch sein. Es ist nicht mehr *Ihre* Aufgabe, diese Art von Kontrolle zu haben, sondern die ihrer Kinder.

Bei der Erziehung geht es letztlich darum, ein Kind aufzuziehen, das aufmerksam, fähig und liebevoll ist – und in der Lage, in die Welt hinauszugehen und es zu schaffen. Was auch immer Sie Ihren Teenagern geben können, um ihnen zu helfen, diesen Punkt zu erreichen, ist das, was zählt. Das „Danke!" und „Du warst ein(e) tolle(r) Vater/Mutter!" und „Ich werde dich für immer lieben!" sind, ehrlich gesagt, der Zuckerguss auf dem Kuchen des Lebens.

Als Liebe-und-Logik-Eltern pflegen Sie zu Ihren Kindern eine Beziehung, in der es Raum für Verhandlungen gibt. Sie entwickeln eine Freundschaft mit Ihrem Teenager, in der Sie mit ihm als jungem Erwachsenen sprechen können: „Wie können wir uns gegenseitig durch diese schwierigen Zeiten helfen?" „Wie können wir dich auf das Leben in der realen Welt da draußen vorbereiten, damit du genug Übung hast und es keine großen Überraschungen gibt, wenn du dort ankommst?"

Aber in dem Moment, in dem Sie das sagen, kommt eine andere Übungsmöglichkeit hinzu.

Ihr Sohn Adam möchte sich 100 Euro von Ihnen leihen. Sie wissen, dass die reale Welt keine 100-Euro-Scheine verteilt, und deshalb sagen Sie: „Klar, ich leihe dir 100 Euro. Kein Problem. Was bietest du als Sicherheit?“

„Sicherheit?“, fragt Adam. „Was ist das?“

„Das ist etwas von dir, das ich aufbewahre, sodass es keine große Sache ist, wenn du mir das Geld bis zum Ende des Monats nicht zurückzahlst, denn dann kann ich dein Eigentum verkaufen.“

„Warum, ich – ich habe so etwas nicht.“

„Aber sicher doch“, antworten Sie sachlich. „Du hast deine Stereoanlage oder deine Skier.“

„Du meinst, du würdest *die* verkaufen?“, fragt Adam ängstlich.

„Nicht, wenn du das, was ich dir leihe, bis zum vereinbarten Zeitpunkt zurückzahlst. So verhält sich die Bank mir gegenüber. Ansonsten würde ich natürlich die Stereoanlage verkaufen. Das ist keine große Sache. Und dann bist du mir eben nichts mehr schuldig. Und wir werden beide glücklich sein.“

Adam sträubt sich: „Äh, vielleicht brauche ich das Geld eigentlich doch nicht.“

Willkommen in der realen Welt

„Willkommen in der realen Welt“, haben Sie zu Adam gesagt. Das war eine liebevolle Sache. Leicht verdientes Geld ohne Bedingungen ist nicht das, was uns die reale Welt bietet. Liebe ist eine schöne und liebenswerte Sache, aber sie kann die Dinge durcheinanderbringen, wenn sie fälschlicherweise als unrealistischer Schutz eingesetzt wird.

Um unsere Kinder in die reale Welt einzuführen, müssen wir im Blick haben, was dort passiert. Warum machen wir in der realen Welt, in der wir alle leben, unsere Hausarbeiten? Warum tun wir unsere Arbeit? Natürlich, weil wir dafür bezahlt werden. Warum werden wir gerne bezahlt? Weil wir gerne essen und ein Dach über dem Kopf haben.

Adam wird das aus erster Hand erfahren, wenn er eine eigene Wohnung hat oder an der Hochschule oder nach seinem Abschluss bei Freunden einzieht. Was sind die Regeln dort? Nur die Regeln, die er selbst aufstellt, richtig?

Wenn Sie wollen, dass Adam unabhängig ist, heißt das, dass Sie ihm das ganze Haus zur Verfügung stellen? Kann er hingehen, wohin er will, ohne dass Sie wissen, wo er ist oder wann er nach Hause kommt? Kann er die Rechte des Restes der Familie einfach missachten? Nein, natürlich nicht.

Adam hat, wie die meisten Teenager in seinem Alter, ein junges, gesundes Trommelfell. Er mag seine Musik laut. Er mag es, wenn seine Stereoanlage durch das Haus dröhnt, sodass die Wände wackeln. Das ist aufregender, als nur die Kopfhörer zu tragen.

Sie sagen also: „He, Adam, ich mag die Musik nicht so laut im Haus."

Adam erwidert: „Ja, aber es ist ja auch mein Haus!"

Sie antworten mit der Weisheit der realen Welt: „Überprüfe mal die Hypothek, Adam, und sieh nach, wer sie unterschrieben hat. Das ist *mein* Haus. Wenn du erwachsen bist, wirst du dein eigenes Haus haben. Dann kannst du die Musik hören, die *du* willst; dann wird dein Name auf der Hypothek stehen, nicht meiner. Aber im Moment ist das mein Haus."

Aus diesem Austausch lernt Adam, dass er Verpflichtungen gegenüber anderen Familienmitgliedern hat, solange er zu Hause lebt, und dass er eigene Rechte haben wird, wenn er ein eigenes Haus kauft.

Methoden für neunmalkluge Teenager

Es ist nie zu spät, Ihre Erziehungsmethoden zu ändern, selbst wenn Sie ein Helikopter-Elternteil waren, der mit überfürsorglicher Liebe über Ihrem Teenager schwebte, ein Feldwebel-Elternteil, der Autoritarismus von oben nach unten anordnet, oder ein unbeteiligter Laissez-faire-Elternteil. Die folgenden praktischen Vorschläge sind Dinge, an denen Sie gemeinsam mit Ihren Teenagern arbeiten können, um sie auf die letzten Jahre in Ihrem Haus vorzubereiten – und auf die reale Welt.

Drei Regeln für Teenager

Wir schlagen vor, dass Sie diese drei Regeln für Ihren Teenager aufstellen, die er befolgen soll:

Regel 1: Behandle mich mit demselben Respekt, den du mir entgegengebracht hast, als du in der Grundschule warst. Mit anderen Worten: Ich erwarte Respekt.

Regel 2: Ich erwarte, dass du deine Aufgaben im Haus erledigst.

Regel 3: Wenn du eine durchschnittliche Intelligenz hast, solltest du insgesamt durchschnittliche Noten in der Schule bekommen. Das heißt, wenn du in Chemie und Algebra nicht gut bist, kannst du deinen Durchschnitt verbessern, um die entsprechende Punktzahl zu erreichen, indem du in anderen Kursen, die für dich nicht so schwierig sind, gut abschneidest.

Drei Botschaften für Teenager

Hinter diesen drei Regeln verbergen sich drei Botschaften, die Sie Ihren Teenagern vermitteln sollten:

Botschaft 1: Ich liebe dich.

Botschaft 2: Wenn du Fragen hast, stelle sie.

Botschaft 3: Viel Glück im Leben.

Diese Viel-Glück-Botschaft hat eine enorme Kraft in sich. Sie ermächtigt Ihre Teenager tatsächlich, indem sie sie wissen lässt, dass sie die Verantwortung haben, ihre eigenen Probleme zu lösen. Sie drückt aus: „Nun, das ist dein Problem. Es ist nicht mein Problem." Die nette Art, „Das ist dein Problem" zu sagen, ist, dem Teenager „Viel Glück damit" zu wünschen.

Nehmen wir an, Jessica hat in der achten Klasse nachgelassen, und ihre Lehrer haben darüber gesprochen, sie ein Jahr zurückzustufen.

Ihr Kommentar dazu ist: „Jessica, so wie du lernst, habe ich den Eindruck, dass du die achte Klasse ziemlich gut kennenlernen wirst. Und Schatz, ich möchte diese Gelegenheit nutzen, um dir viel Glück zu wünschen."

„Oh", stöhnt Jessica. Sie spürt, wie beängstigend es ist, dass ihre Eltern einfach auftauchen und ihr Glück wünschen, denn jetzt wird ihr klar, dass sie etwas dagegen tun muss.

Wenn sich die Eltern über etwas Sorgen machen und aufregen, muss das ihr Kind zwangsläufig nicht tun.

Vier Schritte zur Verantwortung

Eine Ironie in der Erziehung ist, dass der beste Weg, Teenager dazu zu bringen, verantwortungslos zu werden und im Leben zu scheitern, darin besteht, dass man sich zu stark engagiert, um sicherzustellen, dass sie es *doch* schaffen. Das liegt daran, dass die implizite Botschaft bei dieser Einmischung lautet: „Ich glaube nicht, dass du es schaffst, also sollte ich mich lieber einmischen." Und der Teenager erfüllt diese Botschaft.

Übermäßig engagierte Eltern, die sich vom Kindergarten bis zur zwölften Klasse in das Leben ihrer Kinder einmischen, werden fast immer lernresistente Kinder großziehen.

Um Ihrem Teenager zu helfen und sich selbst dabei eine Pause zu gönnen, befolgen Sie diese vier Schritte, damit ihr Nachwuchs verantwortungsvoll wird:

Schritt 1: Geben Sie Ihrem Teenager etwas, wofür er verantwortlich ist.

Schritt 2: Vertrauen Sie darauf, dass Ihr Teenager es durchziehen wird, und hoffen und beten Sie gleichzeitig, dass er es vermasselt. Denn so wird er am meisten daraus lernen. Wenn er es nämlich heute vermasselt, gibt es am Ende eine Lernerfahrung.
Natürlich bedeutet die Hoffnung, dass er es vermasselt, nicht, dass Sie die Botschaft aussenden, dass er unfähig ist und nicht für sich selbst denken kann.
Es ist nur so, dass die Kosten für seinen Fehler heute billiger sind, als wenn er diese Lektion später, in der realen Welt, lernen muss.

Schritt 3: Wenn er es vermasselt, halten Sie sich zurück, drücken Sie unmissverständlich Ihr Mitgefühl aus, und lassen Sie die Konsequenzen eintreten, damit die Lektion gelernt wird.

Schritt 4: Dies ist der wichtigste Schritt. Geben Sie ihm sofort die gleiche Verantwortung noch einmal, denn das sendet die starke implizite Botschaft: „Du bist so klug, dass du lernen kannst. Menschen lernen aus ihren Fehlern, und du bist nicht anders. Ich bin sicher, du wirst auch aus deinen lernen."
Das ist besser als ein Elternteil, der kritisiert, indem er kommuniziert: „Du hast es vermasselt! Jetzt muss ich es machen." Die starke,

implizite Botschaft hier ist: „Du bist so dumm, dass du nicht aus dem lernen kannst, was passiert ist.“

Ermutigen Sie Ihren Teenager

Verantwortung aufzubauen, ist kein kaltherziges System. Wir müssen unsere Teenager ermutigen, indem wir ihnen helfen, Kraft aus dem zu schöpfen, was sie gut können. Das kann ihnen helfen, die Herausforderung zu meistern, mit schwierigen Dingen umzugehen.

Eine Mutter bat uns einmal um Rat im Umgang mit ihrer Tochter, die akademisch nicht sehr begabt war, sich aber sehr im Sport engagierte. Wir sagten ihr, sie solle die Sache nehmen, die ihre Tochter am besten kann, und sie ermutigen, das mit vollem Einsatz zu tun. Wir hatten den Eindruck, dass dies sozusagen die Batterien ihrer Tochter aufladen würde, sodass sie sich stark genug fühlen könnte, um andere Dinge zu versuchen, in denen sie sich schwach fühlte.

Deshalb fragte die Mutter: „Wie kann ich am besten helfen? Kann ich dir am besten helfen, indem ich dich nerve, dich erinnere, mich raushalte oder dir mit deinen Stärken helfe?“

„Nun, Mama“, antwortete die Tochter, „ich mag die Leichtathletik und ich bin wirklich gut darin. Es bedeutet mir sehr viel, wenn du zu den Wettkämpfen kommst und mir zusiehst. Im Moment habe ich wirklich Probleme mit Englisch. Ich bin dankbar für jede Hilfe, die du mir geben kannst, aber bitte nörgle nicht.“

Ihre Tochter sagte ihr, welche Art von Hilfe sie brauchte. Die Konzentration auf ihre Stärken gab ihr einen Schub.

Nehmen Sie Teenagern niemals das weg, was sie gut *können*, bis sie sich in Aktivitäten verbessern, die sie nicht gut können. Andernfalls werden sie unter der Entmutigung leiden, dass sie auf nichts hinweisen können, was sie gut können.

Wie man „Nein“ sagt

Wir haben das Recht, von unseren Kindern zu erwarten, dass sie so leben, wie wir es wollen, und manchmal bedeutet das, Nein zu sagen. Die drei Grundregeln für das Nein-Sagen, die eine spätere Rebellion in der Pubertät eindämmen, sind:

1. ***Sagen Sie so selten wie möglich nein.*** Benutzen Sie das Wort nicht, wenn Sie es nicht müssen.
2. ***Sagen Sie so oft wie nötig nein.*** Benutzen Sie das Wort, wenn Sie es müssen.
3. ***Meinen Sie es ernst, wenn Sie Nein sagen.***

Viele Teenager haben Probleme mit einem *Nein*. Aber wenn wir es sparsam verwenden, wird es mehr Bedeutung haben, wenn wir es sagen.

Wenn Teenager älter werden, müssen wir vielleicht in der einen oder anderen Form von harter Liebe Nein sagen. Zum Beispiel: „Das sind meine einfachen Bedingungen: Erledige deine Arbeiten im Haus, verdiene dir gute Noten und behandle mich mit Respekt. Sie sind ziemlich einfach. Wenn du sie nicht erfüllen kannst, dann ist es schade für dich, und du musst vielleicht darüber nachdenken, bevor wir dir wieder vertrauen können, unser Auto zu benutzen oder an den Wochenenden alleine auszugehen."

Als Eltern haben wir eine Verantwortung und eine Verpflichtung gegenüber unseren Kindern, verantwortungsvolles Verhalten zu erwarten und zu fordern. Das ist nicht das Gleiche, wie blinden Gehorsam zu verlangen. Wenn wir die Teenager darauf aufmerksam machen, wie sie die Erwartungen in Bezug auf verantwortungsvolles Verhalten erfüllen können, ist es auch weniger wahrscheinlich, dass sie sich damit beschäftigen, wie sie ihren Willen durchsetzen können.

Wessen Problem ist es?

Kinderpsychiater sind damit beschäftigt, die Frage zu beantworten: Wem gehört das Problem? Ist es das Problem des Teenagers oder ist es das Problem der Eltern? Als erfahrener Psychiater wird Foster Ihnen direkt sagen, dass der durchschnittliche Kinderpsychologe oder Psychiater bald arbeitslos wäre, wenn jedes Elternteil in der Lage wäre zu erkennen, ob etwas das Problem des Kindes oder sein eigenes Problem ist.

Die Probleme der Eltern sind solche, die sie direkt betreffen, wie z. B.

- Hausarbeiten werden nicht erledigt
- laute Musik

- Jugendliche, die zu spät nach Hause kommen oder nicht zu Hause sind, wenn sie es sein sollten
- Mitten in der Nacht von Teenagern geweckt zu werden

Die Probleme der Teenager sind solche, die die Eltern nicht direkt betreffen, wie z. B.:

- Schulbücher und Kleidung zu verlieren. Beschützende Eltern machen hier einen Fehler, weil sie sagen: „Nun, ich bin derjenige, der für diese Dinge bezahlt." Sie gehen nicht den nächsten Schritt und sagen: „Ich bin derjenige, der für das *erste davon bezahlt hat."*
- schlechte Noten in der Schule
- Wahl der Freunde – es sei denn, diese Freunde verursachen Ärger auf dem Grundstück der Eltern
- Zubettgehzeiten

Dies ist keine theoretische Übung. Wenn wir nicht abgrenzen, wem diese Probleme gehören, werden wir rebellische Teenager haben. Und wir werden auch wütend auf sie sein für etwas, das sie sich selbst angetan haben.

Jedes Mal, wenn jemand wütend auf Sie wird, weil Sie sich etwas angetan haben, macht das das Problem nur noch schlimmer. Nehmen wir an, Sie hängen ein Bild auf, benutzen einen Hammer und schlagen sich aus Versehen auf den Daumen. Jemand anderes kommt vorbei und sagt: „Du Dummkopf! Das hättest du nicht tun sollen! Habe ich dich nicht davor gewarnt? Das ist so leichtsinnig." Das hilft nicht weiter. Es macht das Problem nur noch schlimmer. Und Sie werden wahrscheinlich anfangen, darüber nachzudenken, auf was Sie sonst noch mit dem Hammer schlagen möchten, anstatt darüber nachzudenken, wie Sie verhindern können, dass Sie sich wieder auf den Daumen schlagen.

Joel hat kürzlich mehrere Monatsgehälter für die Zahnspange seiner Tochter Tori ausgegeben. Er bemerkt, dass Tori ihre Zähne nicht geputzt hat.

„Tori, mir ist aufgefallen, dass du deine Zähne nicht putzt", sagt Joel. Er sagt *nicht*: „Ich habe eine Menge Geld für diese Spange bezahlt. Du solltest besser deine Zähne putzen! Schau dir an, was du deinem Zahnfleisch antust." Joel weiß, dass dies das Problem nur verschlimmern würde.

Also fährt er fort: „Tori, das Schöne an Zahnspangen, ist, dass man sie als Erwachsener oder als Dreizehnjähriger einsetzen lassen kann. Im Moment gibt es tatsächlich eine Unmenge Kieferorthopäden, die an Erwachsenen Geld verdienen, indem sie ihnen Zahnspangen einsetzen. Der Vorteil einer Zahnspange im Alter von dreizehn Jahren ist, dass ich sie bezahle. Der Nachteil für dich, wenn du als Erwachsener eine Zahnspange hast, ist, dass *du sie bezahlst.*"

Joel wird dann einfühlsam, mit einer Portion Humor: „Aber es wird traurig sein, wenn du zur Highschool und auf die Hochschule gehst und willst jemanden küssen, aber der sagt: ‚Ich will dich mit deinen Fangzähnen nicht küssen!' Und jedes Mal, wenn du ihn küsst, piekst du ihn mit deinen Schneidezähnen. Das wäre schwierig für ihn."

Schließlich macht Joel die Konsequenzen von Toris Versagen beim Zähneputzen deutlich, überlässt ihr aber die Entscheidung, indem er sagt: „Wenn das Zähneputzen nicht besser wird, kommt beim nächsten Zahnarztbesuch deine Zahnspange raus."

Tori fleht: „Bitte – ich will meine Zahnspange! Ich will keine Fangzähne haben!"

Joel folgert daraus ohne Zorn und sehr freundlich: „Gut, wir werden sehen. Aber wenn nicht geputzt wird, kommt die Zahnspange raus."

Erziehungsperspektiven zur Vorbereitung auf die reale Welt

Während Sie daran arbeiten, die oben genannten Methoden anzuwenden, sollten Sie die folgenden Perspektiven im Hinterkopf behalten, um Ihren Teenagern zu helfen, sich auf die reale Welt vorzubereiten.

Ein Monat Liebe und Logik korrigiert die vielen Fehler eines ganzen Jahres

Einige Leser wenden die Liebe-und-Logik-Prinzipien vielleicht schon seit Jahren an, während andere – wie Feldwebel-, Helikopter- oder Laissez-faire-Eltern – zum ersten Mal mit ihnen in Berührung kommen. Falls diese Prinzipien neu für Sie sind, fragen Sie sich vielleicht, ob Sie jemals in der Lage sein werden, sie anzuwenden, bevor Ihr Teenager das Nest verlässt.

Wir haben herausgefunden, dass, wenn Eltern anfangen, die Liebe-und-Logik-Prinzipien anzuwenden, es ungefähr einen Monat an Entscheidungen und Konsequenzen braucht, um ein Jahr Feldwebel-, Helikopter- oder Laissez-faire-Erziehung zu korrigieren. Wir stützen diese Kalkulation auf eine einfache Beobachtung von Hochschul-Studenten.

Teenager sind meist achtzehn oder neunzehn Jahre alt, wenn sie auf die Hochschule gehen. Bei denjenigen, die während dieser Jahre von Helikoptern beschützt, von Feldwebeln herumkommandiert oder von Laissez-faire-Eltern laufen gelassen wurden, haben wir ein typisches Muster beobachtet. Sie neigen dazu, im ersten Studienjahr, im darauffolgenden Sommer und im ersten Semester des zweiten Studienjahres ins Schwimmen zu geraten. Wenn sie das zweite Semester des zweiten Jahres erreichen, fangen die meisten von ihnen endlich an, sich zusammenzureißen.

Das sind achtzehn Monate, um achtzehn Jahre schlechter Gewohnheiten in Bezug auf persönliche Verantwortung zu korrigieren. Wenn Sie die Liebe-und-Logik-Prinzipien so früh wie möglich anwenden, werden sich diese achtzehn Monate an der Hochschule verkürzen. Betrachten Sie es als eine Investition in die Studiengebühren Ihres Teenagers. Je früher Ihre Teenager anfangen, verantwortungsvoll zu handeln, desto mehr werden sie sich in einem Studium engagieren und davon profitieren.

Vereint steht man, geteilt fällt man

Es ist wichtig, dass Eltern eine einheitliche Front präsentieren. Im Wesentlichen gilt die folgende Faustregel: Je unverantwortlicher der Teenager ist, desto wichtiger ist es, dass sich die Eltern über die Disziplin einig sind, die sie anwenden. Je gesünder der Teenager ist, desto eher können die Eltern sich darauf einigen, sich vor dem Teenager gegenseitig offen zu widersprechen, indem sie sagen: „Wir haben unterschiedliche Vorstellungen. So denkt deine Mutter, und ich stehe voll und ganz hinter ihr.“ Wenn Sie ein verhaltensgestörtes oder ein schwieriges Kind haben, muss die Einheitsfront absolut fest sein und darf keine Risse aufweisen: „Das ist unser Standpunkt, Punkt!“

Am besten ist es, wenn Sie sich mit Ihrem Ehepartner einigen, bevor Sie das Thema mit Ihrem Sohn oder Ihrer Tochter ansprechen. Zu viele machen den Fehler, das zu tun, was sie für richtig halten, und dann wütend zu werden, wenn der Ehepartner anderer Meinung ist und dies vor dem Kind sagt. Wenn Sie es jedoch zuerst besprechen, dann haben Sie bereits ein effektives Doppel-Team gebildet.

Die meisten Eltern finden Wege, ihre Meinungsverschiedenheiten über Disziplin zu klären. Manchmal geraten sie jedoch in eine Sackgasse. Oder sie werfen die Hände in den Schoß und sagen: „Wir können dieses Problem einfach nicht lösen." Dies ist ein guter Zeitpunkt, Einzelpersonen oder Organisationen aufzusuchen, die helfen können, die Probleme zu identifizieren und Ansätze vorzuschlagen, die bei anderen Eltern in ähnlichen Situationen funktioniert haben.

Wenn die Eltern jedoch selbst gestörte Persönlichkeiten haben und versuchen, unangemessene Regeln durchzusetzen, wird ein strenger Ansatz scheitern, weil sie sich den Respekt ihrer Teenager nicht verdient haben.

Bestrafung vermeiden

Was wir jetzt sagen, klingt ein wenig seltsam, denn wir glauben an Recht und Ordnung. Aber wir sagen es trotzdem: *In der Liebe-und-Logik-Philosophie ist kein Platz für Strafe – überhaupt nicht!*

Das löst natürlich sofort alle möglichen Proteste aus. „He, Moment mal. Ihr erwartet von Teenagern, dass sie sich benehmen. Ihr erwartet, dass sie verantwortungsbewusst sind. Trotzdem glaubt ihr nicht an Bestrafung?" Stimmt, das tun wir nicht. Dann sagen die Eltern: „Sie meinen, Sie setzen *nie* Strafen ein?" Nun, wir sind auch nur Menschen. Wir sind noch nicht an dem Punkt angelangt, an dem wir ein Problem immer lösen oder einem Teenager helfen können, ohne Strafe anzuwenden. Das Problem ist nur, dass wir uns jedes Mal, wenn wir Strafe anwenden, nicht besonders gut fühlen. Folgen Sie uns, während wir versuchen, es zu erklären.

Es gibt zwei Arten zu verletzen: von außen nach innen und von innen nach außen. Verletzen von außen nach innen geht nur so tief wie die Haut. Sie tritt auf, wenn jemand anderes wütend ist oder wenn Teenager keinen Zusammenhang zwischen der Regelverletzung und der Reaktion der Eltern herstellen können. Es kommt einfach nicht an. Dies geschieht, wenn die Reaktion nicht dem entspricht, was einem Erwachsenen in der realen Welt passieren würde.

Anstelle von Bestrafung verwenden wir „das Prinzip, von innen her zu leiden“. Wir erlauben den Kindern, die Konsequenzen ihrer Entscheidungen zu erleiden, sodass sie sich jedes Mal, wenn sie sich die Frage stellen „Wer lässt mich so leiden?“, umdrehen und sagen müssen: „Oh, ich.“

Während zum Beispiel Tylers Eltern sich über sein Zeugnis ärgern und ihm Hausarrest geben, es aber bei ihm nicht ankommt, weil er keinen logischen Zusammenhang herstellt, sagen Jacks Eltern: „Schade, jetzt bekommst du von deiner Autoversicherung keinen Rabatt mehr für gute Schulleistungen. Du wirst wahrscheinlich die Differenz bezahlen wollen, damit du noch fahren kannst.“

Tyler weiß, dass Hausarrest eine Strafe ist. Doch wie viele Erwachsene haben in den letzten zwei Jahren Hausarrest bekommen? Das kommt in der Welt der Erwachsenen nicht vor. Und es funktioniert auch bei Teenagern nicht. Tyler leidet einfach von außen nach innen. Keine Lektion gelernt, keine Veränderung, kein Wachstum.

Das gleiche Prinzip gilt, wenn wir der Ansicht wären – um ein altmodisches Beispiel heranzuziehen –, wir sollten den Kindern den Mund mit Seife auswaschen, wenn sie fluchen. Weder Ihr Chef noch Ihr Ehepartner würden Ihnen den Mund mit Seife auswaschen. Aber sie würden Ihnen vielleicht aus dem Weg gehen oder Ihnen höflich sagen, dass Sie auf Ihre Sprache achten sollten, was Ihnen von innen her wehtun wird. Es besteht eine große Chance, dass Sie hier eine Lektion lernen.

Immer wenn wir Jugendlichen etwas auferlegen, was in der realen Welt nicht passiert, ist es fast zwangsläufig eine Strafe und keine Konsequenz. Aber wir alle arbeiten mit Konsequenzen. Wenn wir schlecht arbeiten, werden wir gefeuert. Wenn wir die Raten für unser Auto nicht bezahlen, nimmt die Bank das Auto wieder in Besitz.

Wir lehnen Bestrafung ab, weil sie nicht zur Selbstprüfung führt. Stattdessen führt sie zu Groll und Verbitterung. Wenn Teenager von innen her verletzt werden, dadurch dass sie die Konsequenzen ihres Handelns zu Recht erleiden, untersuchen sie ihr Handeln. Das erfordert etwas Nachdenken, denn Konsequenzen zu ziehen, ist für uns nicht immer eine natürliche Sache. Wir müssen vielleicht innehalten und darüber nachdenken, was in der realen Welt passieren würde, um zu erkennen, was die Konsequenzen für unseren Teenager sein sollten.

Als Alternative zur Bestrafung sollten Sie viel darüber nachdenken, wie Sie positives Verhalten verstärken können, nach Lösungen suchen, Ihren Kindern helfen, ihre eigenen Schlussfolgerungen zu ziehen, und die natürlichen Konsequenzen eintreten lassen.

Wütend? Beißen Sie sich auf die Zunge

Viele von uns wollen wissen: „Wie lerne ich, ohne dröhnende Stimme, Ärger und Drohungen rüberzukommen?" Manche von uns sagen sich: „Ich werde nicht mehr schreien." Und dann passiert es doch wieder, dass diese furchtbare Stimme aus unserem Mund kommt, die wir nicht gerne hören. Unsere Kinder hassen es auch.

Das Schöne an Teenagern ist, dass, wenn wir heute ein Liebe-und-Logik-Prinzip nicht richtig anwenden, sie uns morgen bestimmt wieder eine Gelegenheit dazu geben. Manchmal hilft es, sich vor dem Einschlafen immer wieder zu sagen: *Wenn ich wütend werde, werde ich flüstern. Wenn ich wütend werde, werde ich flüstern.* Sie können das auch mental üben. Sie werden vielleicht feststellen, dass Sie, wenn Ihr Teenager Ihnen eine weitere Gelegenheit zum Reagieren gibt, viel ruhiger damit umgehen können.

Hier sind drei Prinzipien, die Ihnen helfen können, sich auf die Zunge zu beißen, anstatt sie auf andere loszulassen, wenn Sie wütend sind:

Prinzip 1: Wenn es kein Notfall ist, muss nicht sofort darauf eingegangen werden. Wir können also zu unserem Teenager sagen: „Pech für dich, dass ich wütend bin. Aber zum Glück für dich werde ich erst morgen mit dir darüber sprechen."

Prinzip 2: Generell gilt: Je zorniger Sie sind, desto wichtiger ist es, Ihre Stimme zu senken.

Prinzip 3: Sprechen Sie mit anderen Menschen darüber, bevor Sie entscheiden, was zu tun ist. Die Konsequenz ist in der Regel besser, wenn sie eintritt, nachdem sowohl Sie als auch der Teenager in den „Nachdenkzustand" eingetreten sind und den „Gefühlszustand" verlassen haben.

Eltern von heute ziehen einander nicht mehr so oft zu Rate wie die in früheren Jahrzehnten, die von einer Großfamilie oder einer engmaschigen Gemeinschaft umgeben waren. Viele Eltern wissen nicht, dass sie, anstatt zu einem Fachmann zu gehen, jemanden in der Nachbarschaft aufsuchen können, der wirklich tolle Teenager hat, und ihn um Rat fragen können. Eine Mutter könnte zu einer anderen Mutter sagen: „Weißt du, gestern sagte Susan, sie würde um Mitternacht kommen. Sie kam aber nicht vor 1.30 Uhr. Sie gab keinen triftigen Grund dafür an, und ich habe nichts unternommen oder etwas dazu gesagt. Du scheinst wirklich nette Kinder zu haben. Wenn deine Kinder das tun würden, was würdest du tun?" Die meisten von uns würden sich erfreut und privilegiert fühlen, wenn Leute in unserem Umfeld – weil sie das Verhalten unserer Teenager mögen – uns fragen würden, was wir mit unseren Teenagern tun würden. Diese Art der Vernetzung ist eine gute Möglichkeit, Ratschläge zu erhalten und dabei neue Freunde zu gewinnen.

Die beste Zeit, um mit Teenagern vernünftig zu reden, ist, wenn sie sich nicht in einem emotionalen Zustand befinden. Selbst wenn sie sich oberflächlich verhalten und sagen: „Das ist mir egal", bergen sie in kontroversen Situationen immer noch viele Emotionen in sich. Wenn wir jedoch versuchen, inmitten eines hitzigen Wortwechsels zu kommunizieren, ist die Wahrscheinlichkeit groß, dass sie die Worte, die wir sagen, nicht hören. Und am Ende werden wir uns wahrscheinlich sowieso wünschen, wir könnten diese Worte zurücknehmen.

Eine weitere Vorsichtsmaßnahme im Zusammenhang mit Wut ist, dass Sie es vermeiden sollten, Ihrem Teenager eine Konsequenz aufzuerlegen, während Sie wütend sind, weil sie vielleicht zu stark ist und Sie Ihre Meinung gerne ändern würden, wenn Sie sich später abgekühlt haben. Wenn das sehr oft passiert, kann Ihr Teenager den Respekt vor Ihnen verlieren. Ist dieser Respekt erst einmal verloren, geht es von da an nur noch bergab.

Wenn wir zu hart mit unseren Teenagern umgegangen sind, können wir sagen: „Es tut mir leid, dass ich das getan habe. Ich habe noch einmal darüber nachgedacht und glaube, dass ich vielleicht einen Fehler gemacht habe. Ich denke, Folgendes wäre wahrscheinlich besser: …" Das kann man aber nur ein paar Mal machen, sonst entsteht ein gewisses Muster, dass wir inkonsequent sind.

Wenn Eltern inkonsequent sind, reagieren Teenager normalerweise auf eine von drei Arten:

1. Sie haben den Eindruck, dass ihre Eltern unüberlegt handeln, ohne die Dinge zu durchdenken.
2. Sie fragen sich, ob ihre Eltern im Grunde genommen Schwächlinge sind.
3. Sie bezweifeln, dass ihre Eltern ihr Bestes im Sinn haben.

Wenn Sie sich Sorgen machen, dass Sie Ihrem Teenager gegenüber inkonsequent sind, könnten Sie diesen Ansatz versuchen: „Ich frage mich, ob ich dir gegenüber inkonsequent rübergekommen bin, indem ich dir an einem Tag etwas gesagt habe und am nächsten Tag meine Meinung geändert habe. Ich glaube, das hilft dir nicht sehr, also werde ich versuchen, das weniger zu tun. Wenn du bemerkst, dass ich inkonsequent bin, kannst du mich auf eine taktvolle Art und Weise daran erinnern.“ Aber bedenken Sie, dass Ihr Teenager das Thema nur dann ansprechen wird, wenn es zu seinem Vorteil ist.

Lassen Sie Meinungsverschiedenheiten zu

Als Eltern haben die meisten von uns inzwischen gelernt, dass wir nicht immer Recht haben. Wenn wir einen verantwortungsbewussten Teenager haben, der sich über etwas aufregt, was wir getan oder gesagt haben, hat er oder sie wahrscheinlich einen berechtigten Grund zur Beschwerde.

Wenn ich (Foster) erlebe, dass Teenager sauer auf die Eltern sind, haben sie meistens recht. Ich frage sie: „Siehst du rot? Warum fühlst du dich so?“

Wenn etwas in der Familie vor sich geht, das die Familienmitglieder geheim zu halten versuchen – indem sie dem Teenager sagen, dass er mit *niemandem* darüber sprechen soll –, dann ist das ein Warnsignal, dass es mit *jemandem* besprochen werden sollte. Das ist das Problem, das die Familie lähmt, also ist es das Problem, mit dem man sich befassen sollte.

Wenn wir unseren Teenagern sagen, dass sie nicht über etwas reden sollen, sorgen wir dafür, dass sie nicht in der Lage sein werden, es zu verarbeiten. Dann verlieren sie auf jeden Fall: Wenn sie nicht reden, lösen sie es nicht; wenn sie reden, leiden sie unter Schuldgefühlen, weil sie eine elterliche Anordnung verletzt haben. Ein Auftrag zur Geheimhaltung lähmt unsere Teenager.

Wenn Eltern und Teenager Meinungsverschiedenheiten haben, ist es am besten, sie durch eine externe Meinung zu klären, die beide Parteien respektieren. Am besten dazu geeignet ist jemand, der tolle Teenager großgezogen hat, ein Jugendberater oder ein professioneller Seelsorger.

Behalten Sie etwas von Ihrer Neugierde für sich

Eltern wollen natürlich alles darüber wissen, was mit ihrem Teenager los ist. Das Interesse kann jedoch zu einer übertriebenen Neugier werden, und Fragen können schnell zu Verhören werden.

Wenn Sie das Gefühl haben, dass Sie unheimlich viel hinterfragen, sollten Sie Ihrer Neugierde vielleicht etwas bremsen. Fragen Sie sich: „Geht mich das wirklich etwas an? Wäre ich besser dran, wenn ich nicht alles über meinen Teenager wüsste?“

Es gibt eine Menge Dinge, die wir gerne von unseren Teenagern erfahren würden, die uns aber am Boden zerstören würden, wenn wir die Antwort darauf erfahren würden. Warum lassen wir Teenagern nicht einfach einen gewissen Teil ihres Lebens, der privat ist? Wir können wahrscheinlich für den Rest unseres Lebens glücklich leben, ohne alle diese Dinge zu wissen.

Es gibt wahrscheinlich mehrere Gründe, warum Ihre Teenager Ihnen nicht alles mitteilen. Erstens denken sie, dass Sie vielleicht mit dem, was sie Ihnen erzählen, nicht umgehen können. Zweitens haben sie vielleicht das Gefühl, dass das, was sie sagen, zu sehr von Ihrer Sicht der Dinge abweicht. Drittens wissen sie wahrscheinlich nicht so recht, wie sie sich fühlen oder wie sie sich ausdrücken sollen. Alles in allem fühlen sie sich höchstwahrscheinlich ein wenig unzulänglich, Ihnen einige Dinge mitzuteilen.

Unsere Faustregel besteht darin, Fragen zu stellen oder unvollständige Sätze zu sagen (was auch eine Form der Befragung ist), aber nur dann, wenn wir wirklich wollen, dass der Teenager nachdenkt, und nicht nur, weil *wir* die Information haben wollen. Es gibt einen großen Unterschied zwischen diesen beiden Haltungen. Für Teenager ist es ziemlich offensichtlich, ob wir wirklich versuchen, ihnen zu helfen, etwas zu durchdenken, oder nur unsere Neugier befriedigen wollen.

Eine Befragung kann angenehmer sein, wenn Sie mit einer offenen Frage beginnen, sich für die Mitteilung der Antwort bedanken und klären, ob Sie die Antwort richtig verstehen – zum Beispiel: „Fühlst du dich wirklich so?“ Weitere Vorschläge für die Eröffnung von Gesprächen sind:

- „Es scheint mir, dass ...“
- „Mir ist aufgefallen ... Was denkst du darüber?“
- „Es freut mich, dass du ... gut gemacht hast. Wie fandest du es?“

Oft haben Eltern Angst, sich zu dem, was sie sehen oder hören, zu äußern, weil sie befürchten, dass sie ihre Teenager verjagen könnten. Wenn Ihre Teenager zögern zu reden, erzwingen Sie es nicht. Zeigen Sie, dass Sie ihnen vertrauen, und erlauben Sie ihnen, von sich aus zu reden. Ihre Unterhaltungen werden dann viel gehaltvoller sein.

Ein verständnisvoller Seelsorger oder Geistlicher kann bei einer Beichte mit Fragen erkunden, wie es dazu kam, dass jemand sein Leben vermasselt hat. In einer Gerichtsverhandlung kann ein Anwalt im Kreuzverhör fast die gleichen Fragen stellen. Der eine wird geliebt, der andere gehasst.

Nur Neugier und Interesse, liebevolles Zuhören und Akzeptieren (nicht unbedingt Gutheißen) von Dingen, die Sie lieber nicht hören würden, halten die Kommunikationslinien mit Ihren Kindern offen.

Sagen Sie Nein zu Schuldgefühlen

Zu oft fühlen sich Eltern als Versager, wenn ihre Teenager nicht mithalten können. Das sollten sie nicht. Wenn Teenager Probleme haben, bedeutet das nicht unbedingt, dass die Schuld bei den Eltern liegt.

Es ist nicht hilfreich, wenn das Umfeld, das Unterstützung bieten sollte, die Eltern in ihren Bemühungen beschneidet. Wir wissen von einer Kirche, die einem Mann die Möglichkeit verweigerte, Diakon zu werden, weil seine Tochter außerehelich schwanger wurde. Er war kein lausiger Vater gewesen. Die Tochter wurde schwanger, nicht der Vater. Diese Kirche war nicht fair, wenn es darum ging, wo die Grenzen der Verantwortung liegen. Sie hätte dem Mann beistehen sollen.

Sich auf die reale Welt vorzubereiten und in ihr zu leben, bedeutet, dass wir lernen, Verantwortung für unser eigenes Handeln zu übernehmen. Wenn Sie alles für Ihr Kind getan haben, was Sie können, und das Kind trotzdem ungute Entscheidungen trifft, sollten Sie in dem Wissen ruhen, dass Sie Ihren Job gemacht haben. Sie sind kein Versager. Ihr Kind hat diese Entscheidungen getroffen. Wenn deswegen Schuldgefühle aufkommen wollen, sagen Sie: „Nein danke."

Was Liebe und Logik nicht ist

Im Laufe der Jahre, seit wir mit den Recherchen begonnen haben, die zu diesem Buch führten, und durch die Seminare und Recherchen, die danach folgten, haben wir entdeckt, dass gute Prinzipien und Praktiken falsch verstanden, falsch dargestellt und aus dem Zusammenhang gerissen werden können. Es wird gesagt, dass der Weg zur Hölle mit guten Absichten gepflastert ist. Vielleicht trifft man auf dem Weg dorthin Teenager, die von Eltern erzogen wurden, die Bücher darüber gelesen haben, wie man kleine Engel erzieht. Was ist schiefgelaufen?

Liebe und Logik garantiert keine engelsgleichen Kinder und Jugendlichen, aber wir wissen, dass diese Konzepte, Werkzeuge und Methoden die beste Chance für einen elterlichen Erfolg bieten. Das Liebe-und-Logik-Material enthält viele schöne Konzepte, die selbst von wohlmeinenden Eltern falsch angewandt werden können, vor allem wenn sie einen von Dysfunktionalität, Missbrauch und Leid geprägten Hintergrund haben.

Eines der interessanten Dinge an der Liebe-und-Logik-Methode ist, dass sie sich gewissermaßen selbst reguliert. Wenn Sie es nicht genau richtig machen, wird es einfach nicht funktionieren. Zum Beispiel legen wir sehr viel Wert auf das *Vorbild-Sein.* Das ist eines der drei Hauptprinzipien von Liebe und Logik und bildet zusammen mit *Erfahrung* und *Einfühlungsvermögen* das Rückgrat effektiver Erziehung. Aber wenn wir Eltern dazu ermutigen, gute Vorbilder zu sein, gehen wir davon aus, dass sie wissen, wie man ein gesundes, für beide Seiten hilfreiches Beispiel gibt. Für Eltern mit einem schlechten Selbstbild ist es schwer, das Vorbild zu sein, dem ihre Kinder nacheifern sollen.

Seit der ersten Ausgabe des Buches, haben wir einige Missverständnisse entdeckt, die häufig bei Liebe-und-Logik-Neulingen auftreten. Wir möchten Ihnen helfen, einige der Fallstricke zu vermeiden, indem wir auf ein paar dieser bedauerlichen, wenn auch verständlichen Missverständnisse eingehen.

Unaufrichtige Empathie zeigen

Liebe und Logik betont die Empathie. Da so viele Erwachsene, die Kinder erziehen, ohne Empathie aufgewachsen sind, geben wir oft Beispiele für empathische Aussagen wie:

- „Wie schade!“
- „So ein Mist!“
- „Ich hoffe, dass es besser wird.“
- „Wenn jemand aus diesem Fehler lernen kann, dann du.“
- „Ich bin mir sicher, es ist manchmal schwer, in deinen Schuhen zu stecken.“
- „Wenn jemand damit umgehen kann, dann du.“
- „Wenn es hart auf hart kommt, kommen die Harten in Fahrt.“
- „Das ist sicherlich ein Problem für dich.“
- „Wenn du etwas mehr darüber nachdenkst, wirst du wahrscheinlich gute Lösungen finden.“

Diese Aussagen, die eigentlich voller Freundlichkeit und Verständnis ausgedrückt werden sollten, können auch mit der Wärme eines Eiszapfens geäußert werden. Immer wieder haben wir Eltern gehört, die „Schade für dich“ mit einer solchen Gefühllosigkeit sagten, dass es im Sommer einen Fluss einfrieren würde. Und der Grund dafür ist der: Manche Eltern sind es gewohnt, wütend und frustriert zu sein. Wenn sie also versuchen, sich an neue Aussagen zu erinnern und diese anzuwenden, und sich gleichzeitig unsicher fühlen und sich vielleicht fragen, wie sie das neue Wissen genau anwenden sollen, benutzen sie die richtigen Worte, aber im falschen Sinn. Ihre alte Enttäuschung sickert mit einem unglücklichen, wütenden, kritischen oder sarkastischen Ton durch.

Echte einfühlsame Aussagen werden nicht vom Kopf, sondern vom Herzen erzeugt. Außerdem wird jede empathische Aussage, die überstrapaziert wird, bedeutungslos, denn während der Kopf (nur) mit auswendig gelernten Kommentaren reagieren kann, findet das Herz immer neue Wege, sich auszudrücken.

Rob fiel bei einer Prüfung durch, weil er nicht genug gelernt hatte. Seine Mutter, die gerade lernte, kein Helikopter-Elternteil mehr zu sein, sagte freundlich: „Schade, dass du dich nicht mehr angestrengt hast, für den Test zu lernen“, und erlebte eine eisige Reaktion ihres Sohnes. Hätte sie ihren Arm um die Schulter ihres Sohnes gelegt und gesagt: „Schatz, das macht mich traurig. Es ist schwer zu lernen, wenn andere Dinge manchmal wichtiger zu sein scheinen, nicht wahr?“, dann hätte die Sonne auf Mutter und Sohn geschienen.

Die Art der Weitergabe und das Herz dahinter können einen großen Unterschied ausmachen.

Konsequenzen als Drohungen verwenden

Wird eine Konsequenz als Drohung ausgesprochen, ist sie manchmal ziemlich offensichtlich, wie z. B. wenn Sie zu einem kleinen Kind sagen: „Aidan, wenn du nicht stillsitzen kannst, schicke ich dich auf dein Zimmer.“ Die Drohung ist ebenso offensichtlich, wenn ein Elternteil sagt: „Wenn du nicht weißt, wie man sich richtig benimmt, will ich dich überhaupt nicht in meiner Nähe haben.“

Wenn die Erwachsenen Konsequenzen auferlegen, um für sich selbst zu sorgen, und dazu trotzdem eine Wahlmöglichkeit anbieten können, ist das eine Win-Win-Situation: „Tom, wenn du im Haus rauchst, wird durch deinen Rauch die Gesundheit der restlichen Familie gefährdet. Wo sonst könntest du dir vorstellen, das zu tun?“

Wahlmöglichkeiten geben, die keine vernünftigen oder akzeptablen Alternativen bieten

Manche Wahlmöglichkeiten sind einfach keine guten, ehrlichen und wahren Wahlmöglichkeiten. Ein Beispiel: Zach ärgerte seine Schwester Rebecca auf dem Rücksitz. Seine Mutter, die durch Zachs Verhalten immer wütender wurde, schrie hinter dem Lenkrad: „Zach, wenn ich anhalte, soll ich dann Rebecca die Erlaubnis geben, dir eine Ohrfeige zu geben, oder soll ich es selbst tun?“

Liebe-und-Logik-Eltern geben ihren Kindern Wahlmöglichkeiten innerhalb akzeptabler Grenzen, die ein paar wichtigen Richtlinien folgen:

1. Es wird erwartet, dass sich das Kind freiwillig für eine der Wahlmöglichkeiten entscheidet, es wird also mindestens eine Wahlmöglichkeit gegeben, die ansprechend ist.

2. Der Elternteil kann damit leben, egal welche der Wahlmöglichkeiten ausgesucht wird.
3. Wird die Wahl verweigert, kann der Elternteil liebevoll selbst entscheiden und weiß, dass das Ergebnis durchsetzbar ist.

Liebe-und-Logik-Metaphern wörtlich interpretieren und durchsetzen

In unserem ersten Buch „Mit Liebe und Logik erziehen" haben wir gelehrt, dass Kinder im Alter von zwei Jahren die grundlegenden „Schäferhund-Befehle" befolgen können sollten. Das heißt, ein Zweijähriger sollte die Befehle „Komm", „Sitz", „Geh", „Nein" und „Bleib" genauso befolgen können wie ein trainierter Schäferhund. Stellen Sie sich unsere Überraschung vor, als einer von uns eine Mutter in einem Lebensmittelgeschäft zu ihrem Kind sagen hörte: „Sitz!" „Nein!" „Komm!" „Bleib!" Wir versuchen zwar, Eltern verstehen zu helfen, dass empfindungsfähige Wesen aller Art grundlegende Aufforderungen befolgen müssen, doch hatte uns diese Mutter viel zu wörtlich genommen.

Liebe und Logik verwendet zwar viele Metaphern, wie z. B. Schäferhund-Befehle; diese sind aber eine Kurzform für komplizierte Wahrheiten, mit denen man sich eingehend beschäftigen muss.

In einem anderen Fall sagte eine Frau zu Jim, er sei der gemeinste Mann, den sie je gehört habe, als er vorschlug, man solle „die Füße der Kinder ins Feuer halten" als Metapher dafür, sie für ihre Handlungen zur Verantwortung zu ziehen.

„Sich um sich selbst zu kümmern" als Ausrede für Egoismus benutzen

Egoismus; Selbstlosigkeit; egozentrisch; in sich selbst ruhend. Dies können verwirrende Begriffe mit vielen Nuancen sein. Und wenn die Eltern aus schwierigen Verhältnissen kommen, können die wichtigen Unterschiede verloren gehen. Es wird zum Beispiel als gut angesehen, *selbstlos* zu sein; *kein Selbstbewusstsein zu haben,* ist jedoch schlecht. Es ist gut, *in sich selbst zu ruhen,* aber *egozentrisch* zu sein, ist schlecht.

Liebe und Logik betont, wie wichtig es ist, dass Eltern sich gut um sich selbst kümmern, um ihren Kindern ein Vorbild zu sein. Wenn

Eltern gut für sich selbst sorgen, haben ihre Kinder eine gute Chance, zu Menschen heranzuwachsen, die auch gut für sich selbst sorgen. Wenn Eltern die Kinder immer an die erste Stelle setzen, setzen sie sich selbst oft an die letzte Stelle und ziehen anspruchsvolle, fordernde Kinder auf, besser bekannt als verwöhnte Gören.

Liebe-und-Logik-Eltern müssen zuerst an sich selbst denken, und zwar auf eine „in sich ruhende" Art und Weise, die nicht egoistisch ist, sondern darauf besteht, dass es eine Win-Win-Beziehung ist. Kleinkinder geben den Eltern nicht automatisch den Vorrang – das sollen sie auch nicht. Deshalb müssen die Eltern den Kindern in den ersten beiden Lebensjahren beibringen: „Ich liebe dich sehr. Zunächst einmal ist es für mich gut, und dann wirst du sehen, dass es auch für dich gut sein wird! Wenn ich glücklich bin, bist du auch glücklich." Das beruht natürlich auf Gegenseitigkeit, und wenn unsere Kinder glücklich sind, sind auch wir glücklich.

Kinder, die mit zwei Jahren oder bald danach die Win-Win-Botschaft nicht gelernt haben, führen in der Adoleszenz oft ausgetüftelte, rebellische Win-Lose-Situationen mit ihren Eltern herbei. Diese verkommen im Allgemeinen zu Lose-Lose-Situationen, die für alle Beteiligten ärgerlich sind. Deshalb bestehen Liebe-und-Logik-Eltern beim Zusammenleben mit Heranwachsenden auf Respekt, und zwar auf eine gesunde Art und Weise: so, dass ihre Kinder ihr Leben nicht mit kontrollierenden Forderungen und unverschämten Erwartungen belasten. Sie sorgen gut für sich selbst, auch wenn das bedeutet, dass ihre Sprösslinge kurzfristig unangenehme Konsequenzen erleiden könnten.

Der zentrale Punkt ist, dass, wenn jemand unglücklich und frustriert darüber sein muss, wie die Dinge laufen, es *nicht* die liebevollen, gebenden Eltern sein werden, die Win-Win-Beziehungen bevorzugen und sich weigern, ihren Sieg aufzugeben, wenn die andere Seite auf einer Lose-Win-Situation beharrt.

Liebe-und-Logik-Aussagen als Mittel zur Manipulation verwenden

Wie das alte Sprichwort sagt: „Kinder kümmern sich nicht darum, wie viel Sie wissen, bis sie wissen, wie viel Sie sich kümmern." Wir bieten Liebe-und-Logik-Methoden an, sodass Sie wichtige Machtkämpfe mit Ihren Kindern gewinnen können, damit diese lernen, Verantwortung zu übernehmen, und nicht, damit Sie jeden Aspekt ihres

Lebens kontrollieren können. Tatsächlich geht es bei Liebe und Logik darum, im Laufe der Jahre die Kontrolle über Ihre Kinder schrittweise abzugeben, und nicht, sie zu vergrößern. Die Kinder müssen wissen, dass Sie dies tun, weil Sie sie lieben und wollen, dass sie zu großartigen Erwachsenen heranwachsen, nicht weil Sie ständig auf einem Kontrolltrip sind.

Die Liebe-und-Logik-Methoden verwenden, anstatt eine Beziehung zu Ihren Kindern aufzubauen

Als wir mit der Erforschung von Liebe und Logik begannen, gingen wir davon aus, dass alle Eltern ihre Kinder lieben und das Beste für sie wollen. Das glauben wir immer noch, auch wenn es für einige Eltern schwieriger ist, dies auszudrücken, als für andere. Manche jonglieren mit einer unglaublichen Anzahl von Tellern, um mit den Anforderungen, die sie an sich selbst stellen, Schritt zu halten, sodass wenig Zeit für ihre Kinder bleibt. Wieder andere hatten keine guten Vorbilder für den Aufbau von Beziehungen und wissen nicht, wo sie bei ihren eigenen Kindern anfangen sollen. Anstatt sich dem Problem zu stellen, flüchten sie sich in Hobbys, Fernsehen oder andere Formen, ihren Kindern aus dem Weg zu gehen.

Einer der Hauptvorteile der Anwendung von Liebe und Logik besteht darin, dass viele der Faktoren beseitigt werden, die Kinder traditionell von ihren Eltern trennen – nämlich Wut, Belehrungen, Drohungen und Warnungen. Wenn Liebe und Logik erfolgreich angewandt wird, sollte eigentlich weniger die Notwendigkeit bestehen, dem Kind „die Leviten zu lesen" und mehr Zeit, die Beziehung zu genießen. Das bedeutet nicht unbedingt, dass Kinder weniger Mist bauen, aber sie werden besser darin, ohne uns mit diesen Problemen umzugehen, und auch besser darin, Entscheidungen zu treffen, die sie von „blöden" Konsequenzen fernhalten. Das bedeutet, dass Eltern mehr Zeit haben, um mit ihren Kindern Dinge zu unternehmen, die vom Trainieren des Fußballteams über gemeinsame Spaziergänge und Kunstunterricht bis hin zum Erforschen der gemeinsamen Interessen reichen.

Bei *Liebe und Logik* geht es darum, dass Sie viel Qualitätszeit mit Ihren Kindern verbringen und dass diese Zeit erfreulich ist, nicht darum, dass Sie sich weniger mit ihnen beschäftigen müssen.

Bevor *Liebe und Logik* das Kind verändert, muss es die Eltern verändern

Einer der Gründe, warum wir immer wieder betonen, dass wir Eltern uns zuerst um uns selbst kümmern müssen, ist, dass *Liebe und Logik* für uns nicht funktionieren wird, wenn wir gestresst, gereizt oder wütend sind oder uns einfach nicht auf gesunde Weise um uns selbst kümmern. Wenn Eltern, die in der Vergangenheit ständig wütend mit ihren Kindern umgegangen sind, sich nicht zuerst darum kümmern, diese Wut zu entschärfen, werden sie wahrscheinlich jedes Mal in diese Wut zurückfallen, wenn sie ihren Kindern Konsequenzen beibringen wollen.

Bei *Liebe und Logik* führen die Eltern. Wenn wir wollen, dass unsere Teenager Selbstkontrolle haben, müssen wir sie vorleben. Wenn wir wollen, dass unsere Teenager verantwortungsbewusst sind, müssen wir selbst verantwortungsbewusst sein. Wenn wir wollen, dass unsere Teenager uns mit Respekt behandeln und mit uns sprechen, müssen wir sie mit Respekt behandeln und mit ihnen sprechen. Das ist der Wechselschritt von *Mit Liebe und Logik erziehen*: erst die Eltern, dann das Kind.

Auf die Plätze, fertig, los!

Unsere Kinder sind die kostbarsten und wertvollsten Geschenke, die unser Schöpfer uns machen kann. Wir haben achtzehn kurze Jahre, um sie auf das wahre Leben vorzubereiten. Sobald sie Teenager sind, wird das Zeitfenster noch kleiner, aber es ist trotzdem ein Fenster.

Lassen Sie uns mehr Zeit damit verbringen, darüber nachzudenken, wie wir unsere Teenager erziehen und was wir von ihnen lernen können, und weniger Zeit damit, darüber nachzudenken, was schiefgehen könnte.

Auf die Plätze, fertig, los in die reale Welt! Erziehung hat ihr Hauptziel erreicht, wenn Teenager mit der Fähigkeit das Haus verlassen und in die Welt hinausgehen, mit der Welt zurechtzukommen und einen produktiven Beitrag zu leisten. Wenn Ihr Teenager in der Lage ist, sein Urteilsvermögen einzusetzen, Entscheidungen zu treffen und mit den Konsequenzen zu leben, können Sie sicher sein, dass Sie Ihren Teil erfüllt haben.

Mit der Zeit werden Ihre Kinder Sie mehr und mehr dafür lieben und respektieren, dass Sie ihnen beigebracht haben, wie sie denken und leben sollen. Wenn ihre Reife die Ihre einholt, werden Sie entdecken, dass Sie als Erwachsene eine gemeinsame Basis haben und dass Sie Freunde geworden sind. Das ist die größte Belohnung, die sich ein Elternteil erhoffen kann.

Im dritten Teil gehen wir auf spezifische Probleme ein. Dabei sollten Sie sich an die wesentlichen Werkzeuge erinnern, die Sie in den ersten beiden Abschnitten dieses Buches gelernt haben. Zeigen Sie Liebe und Zuneigung und sorgen Sie gleichzeitig einfühlsam für Konsequenzen, die die Erziehung für Sie und Ihre Kinder effektiv machen.

Wir wünschen Ihnen auf Ihrer gemeinsamen Reise durch das Leben alles Gute.

TEIL 3

Liebe-und-Logik-Erziehungsperlen

Wie man die Liebe-und-Logik-Perlen anwendet

Die Kenntnis einiger grundlegender Erziehungsprinzipien ist ein guter Anfang; sie bieten eine Basis, auf der man eine Erziehungsmethodik aufbauen kann. Aber diese Ideen in spezifischen Situationen in die Praxis umzusetzen, stellt uns auf ein entschieden tückischeres Terrain.

Wie gehen wir mit einem Kind um, das einen Wutausbruch bekommt, wenn es einen Willenskampf nicht gewinnt? Was ist mit Ausgehverboten, der Benutzung des Familienautos und dem Erlernen eines vernünftigen Umgangs mit Geld? Was ist mit dem Kind, das seine häuslichen Arbeiten nicht macht, die Haustiere nicht füttert oder was auch immer?

Wir wollen keine Philosophie, sondern *Lösungen!* Wie spielt sich die Empathie mit den Konsequenzen in der realen, praktischen, tagtäglichen Erziehung ab?

Dieser Teil des Buches besteht aus siebenunddreißig Perlen, die praktische Ratschläge für den Umgang mit einigen der häufigsten Erziehungsprobleme bieten, mit denen Eltern in den Jugendjahren ihrer Kinder konfrontiert werden. In diesen Perlen untersuchen und erörtern wir einzelne Themen und geben dazu Ratschläge. Viele der Perlen enthalten auch ein Dialogbeispiel, das zeigt, wie man mit dem Kind über das Thema sprechen kann

Aber Vorsicht: Probieren Sie diese Perlen nicht aus, solange Sie nicht die erste Hälfte des Buches gelesen haben. Versuchen Sie nicht, das Haus zu bauen, bevor Sie das Fundament gelegt haben.

Perle 1

Aggressives Verhalten[1]

Bill und Pam waren immer stolz auf ihren Sohn Paul gewesen. Als Kind wuchs er wie Unkraut, aß wie ein Pferd und schien ein natürlicher Anführer zu sein. Paul spielte im Sport sehr aggressiv und gewann den Respekt seiner Kameraden – das dachten zumindest Bill und Pam.

Als Paul zwölf wurde, war er größer als Pam. Mit fünfzehn überragte er Bill. Seine jüngeren Geschwister hatten Angst vor ihm, besonders wenn er wütend war, was meistens der Fall war. Paul war stärker als sie alle zusammen, und er wusste es.

Paul hatte sich bereits in der Schule einen Ruf als unsozialer Rüpel erworben. Jetzt ließ er seine Aggressivität an seiner Familie aus. Er lernte, dass er seine Eltern ignorieren konnte, wenn es ihm passte. Er behandelte einfache Aufgaben, wie den Müll rauszubringen oder den Garten zu harken, als große Inszenierungen, und stellte sicher, dass Bill und Pam seinen Unmut in aller Deutlichkeit zu spüren bekamen.

Wenn Bill oder Pam Paul mit seiner Unwilligkeit konfrontierten, seine häuslichen Pflichten zu erledigen, wies er sie ebenso schnell ab, wie er sie ignorierte.

Mit sechzehn wurde Paul gewalttätig – sowohl verbal als auch körperlich. Wenn seine frustrierten Eltern ihn anschrien, sich zu bessern, schrie er eine Reihe von Schimpfwörtern zurück. Dann fing er an, seine Mutter wegzuschubsen und seinen Vater gegen die Wand zu stoßen. Um seinen Standpunkt deutlich zu machen, warf Paul auch mit Tellern und sogar mit Möbelteilen um sich.

Das war keine gewöhnliche Respektlosigkeit. Das war die Gewalt eines Kindes gegen seine Familie.

---

[1] Dieses Beispiel gibt die amerikanische Situation wider. In Deutschland müsste man sich mit dem Jugendamt in Verbindung setzen, falls das „Kind" noch nicht 18 ist.

Zuerst versuchte Bill, mit Paul zu reden. Er zog es vor, mit ihm zu sprechen, wenn es in der Familie ruhig zuging, und sagte: „Paul, wir wissen, dass die Pubertät eine harte Zeit ist, aber du hast kein Recht, deine Mutter so zu behandeln."

„Halt die Klappe, Papa. Ich habe genug von deinem Quatsch." Bill beendete das Gespräch an dieser Stelle.

Er und Pam fanden dann einen Familienberater, der bereit war, sich mit ihnen und Paul zu treffen und alles zu besprechen.

Paul wollte nichts davon hören. „Ich verschwende meine Zeit nicht damit, mit einem verdammten Seelenklempner zu reden!", schrie er und schlug auf alles ein, was in seiner Nähe war, um seinen Standpunkt deutlich zu machen. Sie trafen sich mit dem Therapeuten ohne Paul. Sie brauchten professionellen Rat. Das meiste, was dieser ihnen sagte, war schmerzhaft zu hören.

Sofort nach der Rückkehr nach Hause entfernten sie Messer und andere mögliche Waffen aus dem Haus für den Fall, dass seine Aggressivität zunehmen sollte. Ihre erste Verantwortung war es, die Familienmitglieder zu schützen.

Bill und Pam mussten also eine Entscheidung treffen. Obwohl es eine schmerzhafte Entscheidung war, trafen sie die richtige. Sie stellten Paul vor die Wahl, sich an einer Militärakademie einzuschreiben oder einen Ort zu suchen, an dem sein Verhalten eher akzeptiert werden würde. So oder so, sie erlaubten ihm nicht mehr, zu Hause zu leben.

Paul entschied sich für ein Leben auf der Straße.

Bill und Pam sagten ihm, dass sie ihn liebten und in Betracht ziehen würden, ihn wieder in das Haus aufzunehmen, wenn er sich entschließen würde, sein Verhalten zu ändern und eine Therapie zu machen. Aber bis dahin sei es ihm nicht erlaubt, das Haus zu betreten, und sie würden die Polizei rufen, sollte er versuchen, diese Regel zu verletzen.

Selten stehen Eltern vor einer solch schweren Entscheidung. Es ist ein zerbrochener Traum. Bill und Pam taten das nicht, weil sie gemein oder egoistisch waren. Sie taten es, um sich selbst und ihre anderen Kinder vor körperlichem Schaden zu schützen. Ihre Sorge um Paul musste abgewogen werden mit ihrem Bedürfnis, die Sicherheit und den Schutz der Familie zu gewährleisten.

PERLE 2

Erscheinungsbild: Kleidung, Frisur und andere Überraschungen

In der Pubertät zeigen Kinder ihre Autonomie und Unabhängigkeit von Erwachsenen durch ihr Aussehen. In Anbetracht all der anderen Möglichkeiten, wie Kinder ihre Autonomie und Unabhängigkeit zeigen können, sind die meisten Probleme mit dem Aussehen wirklich ziemlich harmlos. Es ist die Mühe nicht wert, sich deswegen in Kontrollkämpfe verwickeln zu lassen.

Kleidung und das Bedürfnis, sich anzupassen

Wir alle möchten wissen, dass wir in die eine oder andere Gruppe „passen". Bei Teenagern ist das nicht anders.

Ich (Foster) erinnere mich, wie ich vor langer Zeit als noch junger Vater herausfand, dass *seltsam* „anders" bedeutete, *anders* bedeutete „besonders", und *besonders* bedeutete „großartig" – solange die „In-Gruppe" sich anders, besonders und großartig kleidete.

Eines Morgens, als ich darauf wartete, meine Tochter Robin, die damals in die achte Klasse ging, zur Schule zu fahren, kam sie wie eine Cheerleaderin gekleidet die Treppe herunter – in einem kurzen, voluminösen Kleid, das kaum bis zur Mitte des Oberschenkels reichte. Wäre sie eine Cheerleaderin auf dem Weg zum Training gewesen, wäre das wunderbar gewesen.

Verstehen Sie mich nicht falsch – zum größten Teil war ich ein ziemlich entspannter Vater. Trotzdem konnte selbst ich mir keinen wirklich guten Grund vorstellen, warum sie in einem Kleid in die Schule gehen sollte, das aussah, als hätte es im Trockner ein schlimmes Ende genommen. Zu diesem Zeitpunkt in meiner Erziehungskarriere hatte ich jedoch gelernt, dass die ersten Dinge, die ich zu sagen pflegte, oft falsch waren. Wenn Papa also etwas sagt, dann sollte er es sich vorher gut überlegen.

Nachdem ich auf dem Weg zur Schule über verschiedene Möglichkeiten nachgedacht hatte, sagte ich: „Robin, hast du dir über die Art, wie du dich anziehst, viele Gedanken gemacht? Ich frage mich, ob du dich selbst als ein bisschen anders darstellen möchtest, wenn du dich so anziehst?"

Sie lächelte mich an und erwiderte schnell: „Oh, Papa, alle Mädchen ziehen sich so an."

Ich dachte, *von wegen! Alle Mädchen? Keine Hosen? Das gibt's doch nicht!* Aber zum Glück hielt ich meinen Mund.

Als wir an der Schule ankamen, hielt ich hinter all den Bussen mit ihren blinkenden roten Lichtern, aus denen die Schüler strömten. Ich bemerkte mit Erschrecken, dass *alle* Mädchen *tatsächlich* Cheerleader-Kostüme trugen – obwohl sie keine Cheerleader waren! Wieder lernte ich, dass mein Kind oft wusste, wovon es sprach. Doch egal, wie oft ich das lerne, kommt es doch immer wieder überraschend.

Heute kann es alles sein, von kurzen Röcken bis hin zu nackter Taille und Schultern. Das ist natürlich nur der Stil, aber wenn es Sie stört, ist es kein Problem, etwas zu sagen wie: „Oh, Schatz, du hast so schöne Augen! Ich finde, mehr Leute sollten sie bemerken. Das wird wahrscheinlich nicht passieren, wenn sie auf deinen Bauchnabel schauen. Hast du schon mal darüber nachgedacht, dass es besser wäre, stattdessen dein Gesicht zu betonen?"

Kleidung und das Bedürfnis, sich abzuheben

Der Wunsch von Teenagern, sich an Gleichaltrige anzupassen, steht oft im Widerspruch zu dem, was Erwachsene als „normale" Kleidung ansehen. Paradoxerweise kämpfen Teenager mit dem Bedürfnis, sich anzupassen, während sie gleichzeitig mit dem Bedürfnis zu kämpfen haben, aufzufallen.

Teenager werden manchmal große Anstrengungen unternehmen, um ihr Äußeres unausweichlich sichtbar zu machen. Warum sollte sich jemand, der akzeptiert werden möchte, so inakzeptabel kleiden, fragen wir uns? Die Antwort ist recht einfach. Der Teenager argumentiert: „Wenn mich jemand akzeptiert, muss er auch mein wahres

Ich akzeptieren – und er muss damit umgehen (oder es ignorieren!), wie ich aussehe."

Leider untergraben wir die Selbstachtung unserer Teenager, wenn wir darauf bestehen, dass sie „normal" aussehen, auch wenn sich das, was normal ist, von Jahr zu Jahr ändert.

Wenn Sie zum Beispiel zur Beerdigung von Tante Hilda gehen und all diese Familienmitglieder treffen werden, die Sie schon eine Weile nicht mehr gesehen haben – und Sie wissen, dass jeder darüber urteilt, wie gut Ihre Familie geworden ist –, und dann tauchen Sie mit Ihrem Teenager-Mädchen auf, das in Ihren Augen wie ein Schrecken aussieht, dann würden Sie ihr gerne sagen: „Warum kannst du nicht, nur dieses eine Mal, ein normales Kleid anziehen und deine Haare ordentlich kämmen. Was ist falsch daran, normal auszusehen?"

Aber die Phrase „normal aussehen" zu verwenden, ist für einen Teenager verheerend. Um Ihren Standpunkt zu vermitteln, ohne Ihre Tochter zu entfremden, könnten Sie stattdessen sagen: „Wenn du so angezogen gehst, weiß ich zum Glück, was für ein tolles Kind du bist. Ich beurteile dich nicht danach, wie du aussiehst. Aber es werden ein paar Verwandte dort sein, die wahrscheinlich auf der anderen Seite des Sarges bleiben werden. Also überlege es dir bitte gut." Auf diese Weise weiß Ihre Tochter, dass das, was sie trägt, auf sie zurückfällt, nicht auf Sie.

Außerdem kann es sein, dass Teenager sich grauenhaft kleiden, um ihre Identität zu zeigen. „Ich bin nicht mein Vater oder meine Mutter! Da meine Eltern nicht ertragen können, wie ich aussehe, muss das mein wahres Ich sein, denn ich weiß, dass ich anders bin als sie." Teenager schaffen sich ihre eigene Identität, indem sie den Stil ihrer Sport-, Musik- oder Medienhelden nachmachen und diesen wiederum an ihren eigenen Körper anpassen.

Frisur, Make-up, Piercings und Tattoos

Das Gleiche gilt für Frisuren. Teenager haben schon immer ihre Persönlichkeit durch ihre Frisuren zum Ausdruck gebracht – mit Bürstenhaarschnitten in den Fünfzigern, Afrolook und langen Haaren in den Sechzigern, Punkfrisuren in den Siebzigern und den komplizierten Rasiermesserfrisuren in den Achtzigern und frühen Neunzigern.

Eltern können nicht kontrollieren, was ein Friseur mit den Köpfen ihrer Teenager anstellt. Wenn Mama und Papa wirklich missbilligen, wie ihre Teenager ihr Haar tragen, können sie sich weigern, das zusätzliche Geld für einen neuen Stil zu bezahlen.

Auch Make-up kann ein Thema sein. Das Alter, in dem Mädchen Make-up verwenden, hängt weitgehend davon ab, wo sie leben und welches Wertesystem die anderen in ihrer Altersgruppe haben. Die meisten Mädchen fangen in der Mittelstufe an, Make-up zu tragen. Als Faustregel für das Aussehen im Allgemeinen und für Make-up im Besonderen gilt, dass Ihr Mädchen nicht wie ein bunter Hund auffallen sollte. Manche Eltern können ihre Töchter jedoch unbewusst in die soziale Isolation treiben, wenn sie ihnen verbieten, Make-up zu tragen, obwohl dies unter Gleichaltrigen üblich ist.

Noch problematischer als Make-up bei Mädchen sind Ohrringe bei Jungen – oder andere Arten von Piercings sowohl bei Jungen als auch bei Mädchen, um genau zu sein. In den letzten zehn Jahren haben immer mehr Jugendliche ihre Eltern schockiert, indem sie sich die Ohren, die Nase, den Bauchnabel, die Zunge, die Augenbrauen piercen ließen – und die Liste geht weiter. Ohrringe bei Männern galten früher als modisches Statement von homosexuellen Männern, aber diese Identifikation ist längst vorbei. Wenn wir ein gepierctes Ohr an unserem jugendlichen Sohn anstößig finden, können wir ihn bitten, den Ohrring nicht im Haus zu tragen. Das Gleiche kann mit anderen Piercings geschehen, oder wir können sie bitten, sie zumindest zu verdecken.

Vor diesem Hintergrund gibt es jedoch neue Hinweise darauf, dass solche Piercings, insbesondere in der Zunge, dem Körper unerwünschte Metalle zuführen können, die langfristig zu gesundheitlichen Problemen führen können. Ähnliche Erkenntnisse gibt es auch über die bei Tätowierungen verwendeten Tinten. Internetartikel zu solchen Themen zu finden und sie mit Ihren Teenagern zu teilen, bevor sie sich entscheiden, diesem Trend zu folgen, kann ihnen sehr dabei helfen, die richtige Entscheidung zu treffen, wenn sie erwägen, sich ein Piercing oder eine Tätowierung stechen zu lassen.

Manchmal spiegeln die Kleidung und die scheinbare Aufmüpfigkeit von Teenagern aber eher das wider, was sie zu Hause sehen, als das, was sie im Fernsehen oder in der Schule sehen.

Ein bekannter und angesehener Anwalt suchte Foster auf, weil er sich über die Art und Weise aufregte, wie sich sein Sohn kleidete. „So wie der Junge sich anzieht, will niemand auch nur ein Haar von ihm sehen, geschweige denn ihn einstellen", schimpfte er,

Eines Tages sah Foster den Anwalt im Gerichtsgebäude und war etwas schockiert, ihn in (wenn auch schönen) Jeans mit einem weißen Hemd und Krawatte zu sehen. Foster befragte ihn über die Art, wie er gekleidet war. „Ich bin nur hier im Gericht, um mein Ding zu machen", sagte der Anwalt. „Wenn den Leuten nicht gefällt, wie ich gekleidet bin, ist das ihr Problem. Ich denke, sie merken, dass ich kompetent bin."

Kein Wunder, dass sein Sohn aufmüpfig war, was seine Kleidung anging!

Drei Faustregeln

Hier sind einige Vorschläge für den Umgang mit dem Aussehen ihrer heranwachsenden Kinder:

- ***Wenn möglich, sagen Sie etwas Nettes.*** Wenn es die Wahrheit nicht zu sehr strapaziert, kommentieren Sie positiv fast jede Veränderung in der Kleidung oder im Haarschnitt, die Ihr Kind wählt. Das hat einen großen Vorteil: Wenn Ihr Teenager sehr rebellisch ist, könnte es ihn zu einem Aussehen zurücktreiben, das Ihnen mehr zusagt.
- ***Wenn Sie nichts Nettes sagen können, sagen Sie gar nichts.*** Wenn es die Wahrheit zu sehr strapazieren würde, einen positiven Kommentar abzugeben, dann empfiehlt es sich zu schweigen.
- ***Wenn es anstößig ist, ziehen Sie Ihre eigene Grenze.*** Falls das Aussehen Ihres Teenagers völlig jenseits der Gesetze des Anstands und des guten Geschmacks liegt, können Sie einfach sagen: „Ich weiß, dass du diesen Kleidungsstil schätzt, aber er liegt jenseits dessen, was für mich akzeptabel ist, und ich möchte nicht, dass du so gekleidet bist, wenn du mit mir zusammen bist. Ich bin ein wenig altmodisch, wie die meisten meiner Freunde, und leider haben wir unsere Grenzen."

Zusammenfassend lässt sich sagen, dass Sie vor allem versuchen sollten, Kontrollkämpfe über das Aussehen zu vermeiden. Schulen und Eltern haben viele dieser Konflikte verloren. Gönnen Sie sich eine Pause. Denken Sie daran, dass kluge Eltern nicht für Kleidung, Frisuren und andere Veränderungen des Aussehens bezahlen, die sie nicht mögen.

Perle 3

Auseinandersetzungen

Die Erziehung von Teenagern ist eine riskante Sache. Egal, wie Eltern sie angehen, die meisten Situationen sind immer noch riskant. Sie werden gleich ein Gespräch zwischen einem grundsätzlich verantwortungsbewussten Teenager und einer sehr liebevollen Mutter lesen. Bevor Sie die Reaktion dieser Mutter als gefühllos, unsympathisch oder gefährlich abtun, denken Sie daran, dass es nachweislich *nicht* funktioniert, einem Kind zu verbieten, Drogen zu verkaufen. Viele Drogendealer sind als Kinder dazu verdonnert worden, alle Arten von unsozialem und negativem Verhalten einzustellen. Solche Anordnungen sind einfach nicht wirksam.

Jesse ist grundsätzlich ein verantwortungsvoller Jugendlicher. Wäre er größtenteils unverantwortlich, müsste der Ansatz geändert werden. Beachten Sie, wie diese kluge Mutter einen kühlen Kopf bewahrt und einen großen Streit darüber vermeidet, dass sie nicht genug Geld hat, um Konzertkarten zu kaufen.

JESSE: Okay, wenn ihr mich nicht genug liebt, um mir mehr Taschengeld zu geben, muss ich eben anfangen, Drogen zu verkaufen.

MAMA: Nun, ich denke, das ist eine Möglichkeit.

JESSE: Das ist eine Möglichkeit? Was meinst du damit, das ist eine Möglichkeit?

MAMA (zuckt mit den Schultern): Das könnte eine Möglichkeit sein, dein Problem zu lösen.

JESSE: Bist du verrückt? Was ist los mit dir?

MAMA: Nichts. Auch wenn ich dich mehr als alles andere auf der Welt liebe, ist die Zeit gekommen, in der du selbst entscheiden musst, wie du dein Leben führen willst.

JESSE: Auf keinen Fall. Du hast etwas genommen. Ansonsten würdest du mir deswegen eine Menge Ärger bereiten. Weißt du, dass ich beim Dealen erwischt werden könnte? Ich könnte in den Knast kommen!

MAMA: Stimmt. Aber vielleicht verdienst du genug Geld beim Dealen, dass du ein paar gute Anwälte anheuern kannst, die dir etwas Zeit verschaffen. Ich bin sicher, du hast dir das alles gut überlegt. Und wenn du erwischt wirst, kümmert sich der Staat um dich. Du musst dich nicht um Taschengeld, Kost und Logis oder sonst was kümmern.

JESSE: Moment mal! Wie soll ich denn dann studieren?

MAMA (entspannt, lehnt sich auf der Couch zurück): Du wirst nicht ewig im Knast sitzen. Bei guter Führung kommst du raus und kannst später studieren. Vielleicht bist du dann sogar besser vorbereitet, weil du mehr Lebenserfahrung hast.

JESSE: Das ist verrückt, Mensch! Willst du einfach dasitzen und mich mein Leben ruinieren lassen? Ist es dir denn völlig egal, was mit mir passiert? Ich kann mir das nicht anhören! (Stapft aus dem Zimmer.)

So weit hergeholt das auch klingt, es ist ein tatsächliches Gespräch mit einer Mutter, die gelernt hatte, das Problem dem Teenager zu überlassen, dem das Problem gehörte. Sie hatte auch gelernt, dass Teenager uns gerne schockieren, wie es Jesse in dieser Situation tat.

Jesse hoffte, seine Mutter dazu zu bringen, sich zu verteidigen und Forderungen an ihn zu stellen. Wenn Teenager wie Jesse so weit gekommen sind, wechseln sie in ihre Richterrolle mit Aussagen wie „Das ist nicht fair!“ oder *„Das* kann ich nicht machen!“ Es dauert dann nicht lange, bis die Eltern das Problem, das der Teenager eigentlich lernen müsste, es selbst zu lösen, zu ihrem Problem machen.

Erstens weigerte sich die Mutter, involviert zu werden. Sie sagte nicht: „Das ist dumm. Wage bloß nicht, das zu tun!“ und kritisierte damit Jesses Denken nicht, auch sagte Sie ihm nicht, was er zu tun habe, mit einem Kommentar wie: „Wenn du unbedingt zu diesem Konzert gehen willst, dann suchst dir erst mal eine richtige Arbeit.“ Und Mama benutzte keine Wut, Schuldgefühle, Einschüchterung oder Befehle wie: „Solange du in meinem Haus wohnst, redest du nicht so!“

Mama erinnerte sich daran, dass die magische Antwort „Das ist eine Möglichkeit“ unabhängig davon, ob der Vorschlags eines Teenagers intelligent oder dumm ist, anwendbar ist. Sie weigerte sich, Jesses Köder zu schlucken, indem sie sein Denken für ihn erledigt und letztlich die Verantwortung für sein Problem übernommen hätte.

Die zweite Fähigkeit, die Mama einsetzte, war, sich alle Vorteile von Jesses Lösung, Drogen zu verkaufen, auszumalen. Allerdings formulierte sie diese in negativen – aber begeisterten – Begriffen. Wie man aus dem Dialog ersehen kann, hat Jesse das verblüfft. Deshalb wechselte er in die Rolle, ihr zu sagen, was am Drogenhandel falsch war.

Das Dritte, was der Mutter bewusst war, war, dass Jesse etwas von dieser Art von Dialog lernen konnte, weil sie eine einigermaßen gute Beziehung zu ihm hatte und die Dinge in seiner Kindheit gut gelaufen waren.

Klares Denken und ruhige Emotionen helfen dabei, explosive Auseinandersetzungen zu entschärfen. Und denken Sie daran: Sollten Sie bei der ersten Anwendung dieser Liebe-und-Logik-Prinzipien die Fassung verlieren, können Sie sich darauf verlassen, dass Ihr Teenager Ihnen eine weitere Gelegenheit zum Üben gibt. Fassen Sie sich ein Herz!

PERLE 4

Zurück ins Nest: Wenn ein älteres Kind wieder nach Hause ziehen muss

„Mama, kann ich nach Hause kommen?" Für manche Eltern war diese Frage früher einmal die Bitte eines Teenagers, der vom Weg abgekommen war, die Sackgasse dieses Lebensstils erkannte und einen Neuanfang machen wollte. Heute ist diese Frage oft ein Schrei nach wirtschaftlicher Rettung. Und Eltern sind oft zwischen der Notlage ihres Kindes und ihren eigenen Bedürfnissen hin und her gerissen.

Immer mehr junge Menschen zwischen Ende 20 und Mitte 30 machen die Erfahrung, ihren Job zu verlieren oder sich von ihrem Ehepartner zu trennen. Die einzige Möglichkeit, nach solchen finanziellen Nöten über die Runden zu kommen, besteht darin, zu den Eltern zu ziehen, auch wenn sie erst wenige Jahre zuvor ausgezogen sind.

Eltern wollen oft helfen. Aber wir sollten dabei ein paar Dinge im Hinterkopf behalten.

Erstens: Die wichtigste Regel, wenn ältere Kinder nach Hause ziehen wollen, ist, dass *wir nun zwei Hüte tragen: Eltern und Vermieter*. Die Eltern sollten das verlangen, was auch ein Vermieter verlangen würde, aber vielleicht nicht so streng.

Zweitens *sollten die erwachsenen Kinder eine entsprechend dankbare Haltung* für die Möglichkeit haben, nach Hause zurückzukehren. Auch die Eltern sollten dankbar sein – und doch standhaft. Das Zuhause ist jedoch kein Ort, an dem das Kind einfach nur „abhängen" kann. Schließlich erlauben Vermieter nicht, dass Leute in ihrem Eigentum „abhängen".

Sie können sagen: „Ich weiß, wie gut du es hast, hier sein zu können. Ich möchte aber auch, dass du mir sagst, welche Vorteile das für mich hat?"

Sie hoffen, dass Ihr erwachsenes Kind etwas sagen wird, wie: „Ich mache die Wäsche“, „Ich mähe den Rasen“ und/oder „Ich streiche die Garage.“ Wenn es das nicht sagt, müssen Sie entscheiden, ob Sie Ihrem Kind erlauben sollten, bei Ihnen zu wohnen, oder wie viel im Monat es zahlen muss, während es von Ihnen „mietet“.

Die Quintessenz: Wenn es keine Situation ist, von der beide etwas haben, gibt es nur Verlierer.

Perle 5

Widerworte

„Das nervt!“ Das tut es wahrscheinlich auch. Die Frage für Sie als Elternteil ist jedoch, wie Sie mit der Gegenrede Ihres Teenagers umgehen.

Es gibt drei mögliche Gründe, warum Jugendliche uns anmotzen:

1. Sie motzen, weil wir ihre Autonomie und Unabhängigkeit bedrohen.
2. Sie motzen, weil sie, wie der Rest von uns, das unveräußerliche Recht haben, zu protestieren.
3. Widerworte können Teil anderer Probleme sein, einschließlich schlechtem Schulverhalten, Drogenkonsum, Stimmungsschwankungen oder grundlegender Verantwortungslosigkeit.

Wenn die Unabhängigkeit eines Kindes bedroht ist

Der erste Grund ist der gesündeste und am einfachsten zu behandelnde. Wenn Ihr Kind bis zur fünften oder sechsten Klasse ein grundsätzlich gutes und liebevolles Kind war, dann können Sie Ihrem Kind mit ziemlicher Sicherheit helfen, mit den Widerworten aufzuhören.

1. Hören Sie sich die Gedanken Ihres Kindes an.

2. Bieten Sie Ihre Gedanken an, ohne zu versuchen, Ihr Kind zu zwingen, es auf Ihre Art zu tun.

Wenn Sie eine gute Beziehung zu Ihren Kindern haben, werden sie Sie lieben und respektieren und erkennen, dass Sie in der Regel Recht haben.

Unsere Kinder werden uns testen, um zu sehen, ob wir sie retten werden, indem wir Mitleid mit ihnen haben, wenn sie uns widersprechen, aber nachdem sie herausgefunden haben, dass wir in einer liebevollen Art und Weise fortfahren, unseren Standpunkt darzulegen, uns weigern, sie zu retten, und – ohne wütend zu sein – zulassen, dass sie die Konsequenzen ihres Verhaltens erleiden, werden sie die meisten ihrer Widerworte einstellen.

Hier nun ein Szenario, das zeigt, wie ein Elternteil mit dieser ersten Kategorie von Widerrede umgehen kann. Dieser Vater hat sich einen Moment ausgesucht, in dem seine Tochter in relativ guter Stimmung ist. Er stellt hauptsächlich Fragen und belehrt sie nicht. Und er fängt damit an, sich auf Sarahs Gefühle zu konzentrieren, nicht auf ihre Widerrede oder ihr unflätiges Verhalten. Er weiß, dass Teenager erst verstanden werden müssen, bevor sie bereit sind, über Handlungen zu sprechen.

PAPA: Sarah, manchmal haben wir beide eine ziemlich schwere Zeit miteinander. Ich würde es wirklich begrüßen, wenn wir ein paar Minuten darüber sprechen könnten. Was, denkst du, könnte das Problem sein?

SARAH: Du hast es immer auf mich abgesehen.

PAPA: Wie denn?

SARAH: Wie alles. Du versuchst, meine Freunde auszusuchen und sagst mir die ganze Zeit, was ich zu tun habe. Alles.

PAPA: Wie fühlst du dich dann?

SARAH: Als ob nichts, was ich tue, richtig wäre.

PAPA: Und wie verhältst du dich dann mir gegenüber?

SARAH: Ich werde wütend, Papa.

PAPA: Ja, so ist es. Mir ist klar geworden, Sarah, dass ich immer versucht habe, dafür zu sorgen, dass du das Richtige tust und dass du nicht in Schwierigkeiten gerätst. Ich habe versucht, dir zu helfen, ein glückliches Leben zu führen. Mir ist klar, dass ich dir nicht das Recht gebe, deine eigenen Fehler zu machen. Und ich möchte mich einfach entschuldigen. Jeder hat das Recht, Fehler zu machen. Es tut mir leid, Sarah.

SARAH (fassungslos): Ja – das ist okay, Papa.

PAPA: Nein, das ist nicht in Ordnung. Es nimmt dir die Möglichkeit, selbst zu entscheiden, wann du reinkommst oder wie wichtig die Schule ist.

SARAH: Nun, du solltest dir aber über einige Dinge Sorgen machen, z. B. ob ich trinke oder Drogen nehme oder andere schlimme Sachen.

PAPA: Ich weiß, aber das ist vielleicht keine große Sache. Natürlich, wenn ich glaube, dass du trinkst und trotzdem fährst, gebe ich einfach das Kennzeichen an die Polizei weiter. Keine große Sache.

SARAH: Papa, werd' mal ernst!

PAPA: Ich meine es ernst. Ich liebe dich zu sehr, als dass ich ständig versuchen möchte, dich zu retten und dafür zu sorgen, dass alles gut geht. Danke für das Gespräch.

SARAH: Danke – wenn du meinst.

Das Recht auf Protest

Wenn Sie es mit Widerrede zu tun haben, denken Sie daran, dass wir alle – einschließlich unserer Kinder – das Recht haben, zu protestieren. Wir mögen es vielleicht nicht, Steuern zu zahlen, und wir meckern vielleicht, aber wir zahlen sie. Wenn wir den Protest unserer Kinder akzeptieren, fühlen sie sich in der Regel verstanden – und das reicht oft schon aus, um ihr Bedürfnis zu befriedigen, sodass sie es nicht bis zur völligen Respektlosigkeit steigern müssen.

Hier ist ein Beispiel dafür, wie Sie mit der zweiten Art von Widerrede umgehen:

MAMA: Jason, würdest du bitte den Mülleimer leeren?

JASON: Ich hasse es, den Mülleimer zu leeren. Ich mache hier alles.

MAMA: Ich weiß, Schatz. Es ist blöd, wenn man immer was zu tun hat. Danke, dass du es trotzdem machst.

Diese schlaue Mutter bedankte sich im Voraus bei dem Kind. Es funktioniert mit „Danke fürs Nichtrauchen"-Schildern an öffentlichen Plätzen und es könnte auch bei Ihrem Kind funktionieren. Die Gesellschaft dankt uns oft für unsere Kooperation, bevor wir uns tatsächlich entsprechend verhalten.

Humor kann oft Widerworte oder sogar Respektlosigkeit entschärfen. Wenn ein Kind eine gewöhnliche obszöne Bemerkung macht, können wir manchmal einfach sagen: „Tom, du hast immer nur Sex im Kopf."

Wenn die Widerrede und die Respektlosigkeit extrem sind, ist es manchmal am besten, die Kinder einfach wissen zu lassen, dass sie vielleicht weggehen müssen und zurückkommen können, wenn sie in der Lage sind, anders zu reden. Ein kluger Elternteil sagt eher: „Ich habe ein Problem damit, das zu hören", als: „Wage es nicht, so mit mir zu reden!"

Wenn die Widerrede Teil eines größeren Problems ist

Wenn die Widerrede Teil eines größeren Problems ist, wie z. B. ein Symptom von Drogenmissbrauch, erfordert es ein viel strengeres Vorgehen. Anstatt mehr Freiheit mit den entsprechenden Konsequenzen zuzulassen, muss die elterliche Kontrolle möglicherweise verschärft werden. Es kann sein, dass Konsequenzen auferlegt werden müssen, anstatt sie einfach geschehen zu lassen. Bei diesen Problemen geht es um mehr als nur darum, die Unabhängigkeit durchzusetzen oder zu protestieren. Es ist in der Regel am besten, sich mit einem Fachmann zu beraten, bevor man versucht, diese ernsten Probleme zu lösen.

Zusammenfassend lässt sich sagen: Wenn Widerrede in der Pubertät beginnt, liegt es fast immer daran, dass wir dem Kind nicht genügend Gelegenheiten gegeben haben, zu leiden und aus Fehlern zu lernen. Teenager, die Widerworte geben, haben oft Eltern, die wütend werden und das Kind dann vor den Folgen seiner Fehler retten. Das ist fast eine Garantie dafür, dass man das Schlimmste aus einem Teenager herausholt.

Perle 6

Autos, Fahren und Mitfahrgelegenheiten

Die Beförderung von Teenagern ist ein Thema, das Eltern zum Nachdenken anregt. Wir müssen uns nur vorstellen, dass andere Jugendliche unsere Kinder herumfahren, oder dass unsere Kinder sich selbst und ihre Freunde herumfahren, und schon kommen uns viele Gedanken in den Sinn.

Wir wollen mit unseren Teenagern die Verantwortung für das Auto so handhaben, wie es in der realen Welt der Fall ist. Einen fahrbaren Untersatz zu haben, ist ein großes Privileg, aber auch eine große Verantwortung.

Bevor Teenager das Autofahren lernen, sollten wir mit ihnen die neuen Gefahren erkunden, mit denen sie konfrontiert sein werden. Manche Eltern gehen mit dem Thema Autofahren so um, dass sie feste Regeln aufstellen. Andere Eltern behandeln es so, dass Sie ihre Teenager dazu bringen, über das Leben auf der Überholspur nachzudenken. Effektive Eltern könnten ein Gespräch wie dieses führen:

PAPA: Kyle, wenn du sterben würdest, bevor du einundzwanzig bist – und ich hoffe, dass das nicht passiert – wie würdest du dann, statistisch gesehen, sterben?

KYLE: Ich weiß es nicht.

PAPA: Oh, ich wette, dass du es weißt. Was sind die zwei häufigsten Todesursachen bei Teenagern?

KYLE: Selbstmord?

PAPA: Nun, der steht an dritter Stelle. Denkst du, dass du selbstmordgefährdet bist?

KYLE: Nein.

PAPA: Ich auch nicht. Also wirst du wahrscheinlich nicht durch Selbstmord sterben. Wie würdest du sonst früh sterben?

KYLE: Autounfall?

PAPA: Richtig! Wenn du sterben würdest, bevor du einundzwanzig bist, wäre es wahrscheinlich ein Autounfall. Und in der Regel ist bei diesen Autounfällen etwas anderes im Spiel. Und zwar, was?

KYLE: Alkohol?

PAPA: Richtig. Denkst du sehr oft darüber nach, oder eher weniger?

KYLE: Ich denke nicht viel darüber nach.

PAPA: Aha. Angesichts der Kinder, die sterben, denkst du, dass sie viel darüber nachdenken, oder denkst du, dass sie es wahrscheinlich nicht tun?

KYLE: Das tun sie wahrscheinlich nicht.

PAPA: Richtig. Du bist also keine Ausnahme. Jedenfalls sollst du wissen, dass ich dich liebe und dich vermissen würde, wenn du getötet würdest, bevor du einundzwanzig bist.

KYLE: Ich weiß, Papa. Ich werde vorsichtig sein.

PAPA: Danke.

Dieser Vater hat die Verantwortung für das Fahren direkt in Kyles Schoß gelegt. Er hilft seinem Sohn zu erkennen, dass es beim Autofahren um Leben und Tod geht, aber er bedroht oder beschwatzt ihn nicht. Künftige, auf diese Weise geführte Gespräche können Kyle helfen, sich klar zu machen, wie er sich in anderen Verkehrssituationen vorsichtig verhalten sollte.

Es gibt weitere allgemeine Strategien, wie man mit Jugendlichen umgehen kann, wenn es um das Thema Verkehr geht.

Erstens *kaufen kluge Eltern keine Autos für ihre Teenager, es sei denn, ihre Teenager sind verantwortungsbewusste, fleißige junge Erwachsene*. Viele 18- und 19-Jährige besitzen ihr eigenes Auto – und noch viel mehr wollen es. Oft sind die Eltern diejenigen, die es kaufen. Wir sind jedoch der Meinung, dass Eltern nur dann ein Auto für ihre Kinder kaufen sollten, wenn sie gezeigt haben, dass sie mit der Verantwortung umgehen können. Außerdem sollte es ein altes Auto sein. Wenn der Teenager dann einen Unfall hat, müssen sozusagen nicht die Eltern aus der Fassung sein – nur das Auto ist es.

Als Jim Schulleiter war, konnte man vom Lehrerzimmer seiner Grundschule direkt auf den Parkplatz einer Highschool sehen. Eines

Tages unterhielt er sich mit einem Lehrer an diesem Fenster und kommentierte: „Junge, da unten gibt es wirklich ein paar schicke Autos."

„Ja", antwortete der Lehrer, „das eine ist ein Ferrari und das andere ist ein Lotus."

„Junge, die müssen diesen Highschool-Lehrern viel mehr zahlen als uns, damit sie sich solche Autos leisten können!"

„Das sind nicht die Autos der Lehrer; die gehören den Schülern."

Es gab einige ziemlich wohlhabende Familien, die ihre Kinder auf diese Schule schickten, und es war wirklich nur Kleingeld für diese Eltern, ihren Kindern so schöne Sportwagen zu kaufen. Es war praktisch eine Schultradition.

Diese Schule hatte noch eine andere Tradition: Jedes Jahr lag bei der Abschlussfeier für jedes Kind, das bei einem Autounfall ums Leben gekommen war und es deshalb nicht zur Feier geschafft hatte, ein Blumenstrauß auf dem Stuhl. Raten Sie mal, was für Autos diese Kinder oft hatten? Es waren in der Regel nicht die Kinder, die schuften mussten, um eine von ihrem eigenen Geld gekaufte Kiste zu reparieren, nur damit sie eine eigene hatten.

Zweitens *haben Eltern das Recht, einzuschränken, wer mit ihrem Teenager mitfährt, wenn der Teenager fährt.* Schließlich ist es meistens ihr Auto. Wir sollten jedoch vernünftige Beschränkungen festlegen, indem wir sorgfältig erklären, warum bestimmte Personen nicht mit unseren Teenagern mitfahren sollten.

Und zum Schluss noch ein Wort der Vorsicht. Inzwischen können Jugendliche den Führerschein machen, wenn sie siebzehn Jahre alt sind. Viele Jugendliche, die altersmäßig siebzehn sind, sind jedoch sozial und emotional eher fünfzehn oder jünger. Einige Kinder, die vielleicht mehrere Klassenstufen wiederholt haben, sind mit siebzehn noch in der Mittelstufe. Kluge Eltern werden ihren Teenagern davon abraten, einen Führerschein zu erwerben, bevor sie sozial und emotional siebzehn Jahre alt sind. Im Allgemeinen bedeutet dies, dass der Teenager auf dem Niveau der zwölften Klasse agiert.

Wir sind sehr dafür, dass Teenager vor dem Fahren eine Einzahlung auf das Sparkonto der Eltern in Höhe des Selbstbehalts der Versicherung vornehmen. Die Abmachung zwischen Eltern und Teenager ist, dass im Falle eines Unfalls das Geld für die Reparatur des Autos verwendet wird. Der Jugendliche darf wieder fahren, sobald eine neue Einzahlung erfolgt ist. Teenager, die unter diesen Bedingungen fahren, sind in der Regel viel sicherere Fahrer. Hier ein Beispiel für ein Gespräch zwischen Mutter und Teenager über die Autoversicherung.

TAMI: Mama, werde ich unser Auto benutzen dürfen, wenn ich meinen Führerschein mache?

MAMA: Sicher. Alles, was du tun musst, ist eine Einzahlung auf mein Sparkonto in Höhe des Selbstbehalts der Versicherung: fünfhundert Euro.

TAMI: Wieso das?

MAMA: Wenn du das Pech hast, einen Unfall zu haben, muss ich mich nicht um die Reparatur des Autos kümmern.

TAMI: Ich habe nicht so viel Geld.

MAMA: Dann können wir es auch so machen, dass ich etwas von dir als Kaution erhalte, solange es wertvoll genug ist, dass ich es schnell verkaufen kann, um die fünfhundert Euro zu bekommen. Oder du rufst die Versicherung an und fragst, was es kostet, den Selbstbehalt zu senken? Dann könntest du die Differenz in den Gebühren ausgleichen. Beides ist für mich in Ordnung.

Tami telefoniert mit dem Agenten und kommt für ein weiteres Gespräch mit Mama zurück.

TAMI: Mensch, Mama, wenn wir den Selbstbehalt senken wollen, gehen die Kosten für die Versicherung ins Unermessliche. Das kann ich mir nicht leisten.

MAMA: Jetzt weißt du, warum wir einen höheren Selbstbehalt haben. Was wirst du jetzt tun?

TAMI: Wenn ich dir etwas von meinen Sachen überlasse, darf ich sie dann trotzdem benutzen?

MAMA: Nein, so arbeiten Banken nicht.

TAMI: Und was passiert, wenn ich einen Unfall habe und du meine Sachen verkaufst, um den Selbstbehalt zu bezahlen? Darf ich dann noch fahren?

MAMA: Ja, du darfst wieder fahren, sobald du eine weitere Anzahlung geleistet hast. Aber mach dir keine Sorgen deswegen. Ich bin sicher, du wirst vorsichtig sein. Wenn du dich entschieden hast, was du tun wirst, gib mir Bescheid.

PERLE 7

Gottesdienst: Wenn Teenager nicht gehen wollen

Die Kämpfe um den Kirchgang sind im Allgemeinen unnötig. Warum?

- Die effektivste Methode, gläubige Kinder zu erziehen, ist, dass die Eltern ihren Glauben vorleben.
- Es gibt einen inneren Drang, sich an Gott zu wenden. In schwierigen Zeiten finden oft selbst überzeugte Atheisten zum Glauben.
- Einer der häufigsten Gründe, weshalb jemand gegen Religion ist, ist eine Kindheit, die von den strengen Regeln einer aufgezwungenen Religion geprägt war.
- Wenn Kinder mit Liebe und Verständnis erzogen werden – und diese Liebe und dieses Verständnis tief im Glauben ihrer Eltern verwurzelt sind –, dann kehren die meisten Kinder, auch wenn sie eine Zeit lang gegen den Besuch von Gottesdiensten rebellieren, später im Leben gestärkt zu ihrem Glauben zurück und leben ihn entsprechend ihrer eigenen Überzeugungen und nicht der ihrer Eltern.

In einem alten Kirchenlied heißt es: „Ich bin zum Glauben meiner Väter zurückgekehrt." Im Allgemeinen haben *gläubige* Eltern Kinder, die ihnen nacheifern und *gläubig* werden. Übermäßig religiöse, aber kontrollierende Eltern haben oft die meisten Probleme mit Kindern, die sich weigern, in die Kirche zu gehen.

Viele Teenager fangen an, ihre Jugendgruppe und den Gottesdienstbesuch weniger wichtig zu nehmen. Hatte das Kind bis dahin eine positive Einstellung zum Glauben, dann gehen die meisten Eltern, falls kein offensichtlich selbstzerstörerisches Verhalten vorliegt, am besten mit einer entspannten, aber ermutigenden Haltung mit der Verweigerung um. Wenn sie ihre Kinder ermutigen, in die Kirche zu gehen, ohne es zu verlangen, erkennen sie an, dass *ein verlangter*

Kuss kein empfangener Kuss ist, und eine befohlene Kirche keine geglaubte Kirche ist.

Selbst wenn Kinder in der Highschool treu die Jugendgruppe besuchen, gehen sie während des Studiums oder wenn sie von zu Hause ausziehen oft nicht zur Kirche. Wie ein Pastor lachend sagte: „Manche bleiben aktiv, indem sie Jugendleiter werden. Auf diese Weise können sie in der Jugendgruppe bleiben."

Wenn ein Kind bei der Wahl seiner Freunde schlechte Entscheidungen zu treffen scheint oder sich in einer Weise verhält, die den Eltern Sorgen bereitet, dann sollten sie ermutigt werden, eine kirchliche Jugendgruppe mit guter Leitung zu besuchen. Im Allgemeinen ist die beste Ermutigungsmethode nicht, zu betonen, wie *gut* es für das Kind wäre, sondern wie sehr es die Eltern schätzen würden, wenn der Teenager es ausprobieren würde. Wie eine Mutter an ihren Sohn schrieb:

Paul,

ich würde mich sehr freuen, wenn du viermal an der Jugendgruppe teilnehmen würdest.

Mama

Marci und Jared hatten eine interessante Lösung, die ihren Bedürfnissen entsprach. Sie sagten ihrem Sohn, er könne sich gerne dafür entscheiden, am Sonntag zu Hause zu bleiben, um eine besondere Mahlzeit für die Familie zuzubereiten. Er war darüber begeistert, einen Beitrag zu einem guten Familienleben zu leisten, wurde aber bald der Aufgabe überdrüssig und beschloss, dass es einfacher war, mit dem Rest der Familie zur Kirche zu gehen.

Natürlich gibt es immer Möglichkeiten, Heranwachsende zu zwingen, zum Gottesdienst oder zur Jugendgruppe zu gehen – eine Taktik, von der wir aber abraten. Wenn Eltern das tun, erlauben sie ihren Kindern nicht, es aus eigenem Antrieb zu tun und wertzuschätzen. Wir können unsere Macht ausüben und uns in Kontrolle fühlen, oder wir können nach einer kreativen, langfristigen Lösung suchen.

Wichtig zu wissen, ist, dass die elterlichen Forderungen wahrscheinlich zu Rebellion führen werden. Teenager werden Eltern bekämpfen, die auf „Du musst glauben, was ich glaube" bestehen.

Aber seien Sie zuversichtlich. Die Abneigung gegen die Kirche ist höchstwahrscheinlich nur eine Phase.

Als kleine Kinder haben sie die Sonntagsschule geliebt. Dann kam die Phase, in der sie nicht hingehen wollten. Wenn wir in den ersten Jahren jedoch den Kirchgang nicht zum hauptsächlichen geistlichen Thema machen – und stattdessen ein gutes Vorbild abgeben –, werden unsere Kinder fast immer den Besuch des Gottesdienstes schätzen, wenn sie älter werden.

PERLE 8

Kosten für das Studium: Wer bezahlt?

Eines der besten Geschenke, das wir unseren Teenagern machen können, ist eine Ausbildung. Wenn Gott uns genug Mittel gegeben hat, um ihnen eine Hochschulausbildung zu ermöglichen, sollten wir das tun. Die geistige Entwicklung ist etwas Dauerhaftes, das wir für unsere Kinder tun können, denn weder harte wirtschaftliche Zeiten noch körperliche Krankheit können eine Ausbildung wegnehmen.

Aber wie alle Geschenke und Privilegien kann auch eine Hochschulausbildung missbraucht werden. Teenager sind viel eher geneigt, unvorsichtig zu sein und das Studium abzubrechen, wenn jemand anderes dafür bezahlt.

Die Hochschulen selbst können den Bildungsprozess missbrauchen, weil es für sie finanziell besser ist, wenn Studenten fünf oder sechs statt vier Jahre für ihren Abschluss brauchen. Manchmal werden Studenten subtil dazu ermutigt, das Studium locker angehen zu lassen und „sich selbst zu finden". Die Frage ist, auf wessen Kosten das geschieht.

Manchmal verfallen Eltern in die irrige Annahme, es würde ihren Teenager ermutigen, ein Studium durchzuziehen, wenn sie dieses bezahlen. Sie sagen sich: „Wenn ich nicht zahle, wird er nie zu einer (gescheiten) Ausbildung kommen." Teenager benutzen dieses Argument natürlich auch, um Mama und Papa ein schlechtes Gewissen einzureden: „Wenn ihr meine Studiengebühren, Unterkunft und Verpflegung und Bücher nicht bezahlt, muss ich um meinen Lebensunterhalt betteln, und was werden dann eure Freunde sagen?"

In den etwa fünf Jahrzehnten, in denen wir mit Kindern arbeiten, haben wir noch nie erlebt, dass ein Teenager sein Studium abbrechen musste, der es selbst finanziert hat. Ihren Sohn oder Ihre Tochter ein Studium selbst finanzieren zu lassen, ist eine der besten (und letzten!) Möglichkeiten, wie Sie Ihrem Teenager finanzielle und intellektuelle Verantwortung beibringen können.

Es gibt mehrere Optionen, die Eltern und ihre Teenager nutzen können, um das Studium zu bezahlen:

- Sie können einen bestimmten Prozentsatz der Studienkosten übernehmen, von gar nichts bis alles. Wenn Sie auch für Bücher, Unterkunft und Nebenkosten aufkommen wollen, sollten diese mit einer Art Zuschuss abgedeckt werden, für den Ihr Student die Verantwortung trägt und nicht Sie. Einem Kind einfach eine Kreditkarte zu geben, die von Ihrem Konto abgebucht wird, ist nicht nur gefährlich, sondern bringt dem Kind auch nichts über Finanzmanagement bei.
- Je verantwortungsbewusster der Teenager ist, desto gefahrloser ist es für Sie, mehr zu bezahlen.
- Am sichersten ist es, wenn Sie Ihrem Teenager sagen: „Du zahlst für das erste Semester. Wenn du das erste Semester überstanden hast, schicke mir ein Zeugnis mit durchschnittlichen oder überdurchschnittlichen Noten, und ich werde dir die Kosten zurückerstatten, damit du das zweite Semester anpacken kannst."
- Es gibt auch weise Eltern, die sagen: „Ich werde vier Jahre lang die Studiengebühren für eine normale Universität bezahlen. Wenn du an einer besonderen Universität oder im Ausland studieren willst, gut: Dann bezahlst du die Differenz."
- Einige Teenager sind wirklich fleißig und wollen durch Arbeit in oft schlecht bezahlten Jobs mithelfen, ihre eigenen Studiengebühren, Unterkunft und Verpflegung und Bücher zu bezahlen. Ihre Eltern könnten ihren Fleiß belohnen, indem sie ihren Lohn um einen gewissen Prozentsatz, der von den Teenagern und ihren Eltern vereinbart wird, verbessern.

Unabhängig von dem Finanzplan, auf den Sie sich einigen, denken Sie daran, dass das Studium bzw. die Ausbildung für Teenager der endgültige Übergang von der Kindheit zum Erwachsensein darstellt. Sie können ihnen auf ihrem Weg helfen (und sie sogar dazu anspornen, fleißiger zu studieren), indem Sie mit ihnen über ihre Kurse, Ideen und Abenteuer sprechen. Dies wird Ihnen helfen, ihre Fortschritte zu verfolgen, während Sie die Art von Freundschaft aufbauen, die Sie mit Ihren erwachsenen Kindern haben möchten.

PERLE 9

Krisensituationen

Ein Autowrack. Eine Drogenüberdosis. Ein Selbstmord. Ein weggelaufener Teenager. Familien haben mit verschiedenen Arten von Krisen zu kämpfen, aber jede bringt ihr eigenes Trauma und ihren eigenen Schmerz mit sich. Wenn eine Krise unser Leben oder das Leben unserer Teenager trifft, kann sie uns ins Taumeln bringen. Schuldgefühle, Sorgen, Ängste, Wut und untröstliche Trauer sind nur einige der Emotionen, die uns erschüttern können.

Wenn eine Krise zuschlägt, sollte man als Erstes daran denken, nicht in Panik zu verfallen. Die meisten von uns denken, dass *jetzt sofort* etwas getan werden muss. Das ist aber nur selten der Fall. Die chinesische Sprache hat ein faszinierendes Zeichen für *Krise*, das die Symbole für *Gefahr* und *Gelegenheit kombiniert.* Wir sehen die Gefahr nur allzu gut, aber wir verpassen oft die Gelegenheit.

Nutzen Sie diese vier Gedanken, um mit einer Krise umzugehen:

1. Krisen sind in der Regel nur vorübergehend. Das Wissen, dass bessere Zeiten vor Ihnen liegen, kann Ihnen helfen, sich vor übermäßigem Engagement und Überreaktionen zu schützen.
2. Fast keine Krise muss sofort bewältigt werden. In der Regel haben Sie Zeit zu beten und rational zu denken und zu handeln.
3. Bewältigen Sie die „Was-wäre-wenn"-Situation, indem Sie sich fragen, wie der schlimmstmögliche Ausgang der Krise aussehen würde. Oft werden Sie feststellen, dass Sie das tatsächlich verkraften können.
4. Sorgen Sie, soweit möglich, dafür, dass die Person(en), die für die mit der Krise verbundenen Probleme verantwortlich ist (sind), zu ihrer Verantwortung steht (stehen).

Das Wissen, dass jede Krise vorübergehend ist, hilft uns, nicht übermäßig involviert zu werden. Generell ist in jeder Krise Zeit, sich Rat bei anderen zu holen, die ähnliche Erfahrungen gemacht haben oder die professionell mit der Situation umgehen können.

Manchmal ist das, was wir als Krise wahrnehmen, zwar ein ernstes Problem, aber eigentlich keine Krise. Das Problem – wie z. B. unerlaubte sexuelle Aktivitäten, eine lebensbedrohliche Krankheit oder Drogenkonsum – kann schon seit Monaten oder Jahren bestehen. Dann fällt es den Eltern auf, und *das* macht es zu einer Krise! Manchmal müssen wir innehalten, uns etwas Zeit nehmen und die Situation bewerten, um zu entscheiden, wie wir am besten angemessen reagieren können.

Vielleicht ist es hilfreich, sich zu fragen: „Was würde passieren, wenn ich gar nichts täte?“ Das ist vielleicht keine gute Lösung, aber es könnte die Dinge so weit klären, dass Sie eine bessere Vorstellung davon bekommen, was Sie *wirklich* tun können. Wenn Sie mit einer Krise konfrontiert sind, sollten Sie nicht nur reagieren. Setzen Sie sich zuerst hin und schreiben Sie alle Ihre Optionen auf. Dann besprechen Sie diese Optionen mit einer Person, die Sie respektieren.

Gute Anlaufstellen in dieser Zeit sind Menschen, die Sie in Ihrer Gemeinde, in der Schule oder bei staatlichen sozialen Einrichtungen respektieren, oder Freunde und Nachbarn, die gute Erfahrungen mit der Erziehung ihrer eigenen Kinder gemacht haben.

Lassen Sie sich dabei die Gelegenheit nicht entgehen, Ihre Beziehung zu Ihrem Teenager zu festigen. Wenn wir fragen: „Wie kann ich dir am besten dabei helfen?“, erhalten wir oft eine großartige Unterstützung und viel Verständnis von Teenagern.

Das Reizvolle an übereiltem Handeln ist, dass man fast immer „etwas tun“ kann. Aber wenn man einmal etwas getan hat – wie z. B. eine Person mit einem gebrochenen Rücken zu bewegen – kann es schwierig sein, das, was man getan hat, wieder rückgängig zu machen. Wichtiger ist es, das *Richtige* zu tun – nicht nur *etwas*.

Eine allgemeine Regel lautet: Je mehr aufrichtige Fragen ein Elternteil stellt, desto besser sind die Ergebnisse. Je mehr Befehle, Anschuldigungen und Forderungen, desto schlimmer vermasseln wir die Situation.

Schließlich ist es wichtig, dass Sie sich den schlimmstmöglichen Ausgang vor Augen führen. Oft ist dieser schlicht der Tod. Wenn Sie dem ins Auge sehen, werden Sie keine wertvolle Energie mehr darauf verwenden, diese Möglichkeit zu leugnen. Die Akzeptanz wird Sie befreien, Ihre Energien in eine positive Richtung zu lenken. Behalten Sie den Glauben; er ist Ihre beste Waffe.

Perle 10

Ausgehzeiten

In der realen Welt gibt es keine Ausgehverbote, außer bei zivilen Notfällen. Wenn wir unsere Teenager dazu erziehen, in der realen Welt zu leben, sollten wir auch keine Ausgehverbote haben. Stattdessen sollten wir aushandeln, wann sie nach Hause kommen.

Ich (Jim) weiß noch, wie meine Frau Shirley und ich mit unseren Teenagern verhandelten. Wir fingen an, als sie dreizehn waren, und fragten: „Wo werdet ihr sein? Wie lange? Ist das genug Zeit? Kannst du bis dahin nach Hause kommen? Wirst du uns Bescheid geben, wenn es ein Problem gibt?“ Und sie verhandelten weiter mit uns, als sie älter wurden.

Die Regel in unserem Haushalt war: „Wir wissen, wo ihr seid, und ihr wisst, wo wir sind. Wenn wir weggehen, sagen wir euch deshalb Bescheid. Wenn es einen Notfall gibt, wollen wir immer in der Lage sein, mit euch in Kontakt zu treten. Und ihr müsst in der Lage sein, uns zu kontaktieren.“

Das funktionierte ziemlich gut, bis ich eines Abends zwei Stunden zu spät nach Hause kam und Charlie, unser Jüngster, anfing, mich anzuschreien, er mache sich schon seit zwei Stunden Sorgen um seinen Vater. Dann fand ich heraus, dass das eine „Zweibahnstraße“ war.

Ich (Foster) hatte meinen Kindern auch keine festen Ausgehverbote verhängt. Wir sagten immer: „Wann erwartest du, zu Hause zu sein?“

Unser Sohn antwortete: „Nun, die Tanzparty ist um zwölf vorbei, und danach gehen wir vielleicht noch etwas essen. Ich bin um eins zu Hause.“ „Nun, wenn du um eins nicht zu Hause bist, rufst du dann an?“

„Ja.“

Später mussten wir aufpassen, dass wir, wenn er uns anrief, nicht sagten: „Sieh mal, du hast gesagt, du wärst um eins zu Hause.“ Sonst hätte er nie wieder angerufen. Stattdessen holten wir tief Luft und sagten: „Danke für den Anruf. Wie lauten die neuen Pläne?“

„Wir machen Popcorn bei Jeanne."

„Ist das alles?"

„Ja, Papa!"

„Danke. Okay, ich wollte nur sichergehen. Also, wann denkst du, kommst du nach Hause?"

„Nun, wir dachten, wir bleiben noch eine Stunde hier, und dann sind wir zu Hause."

„Okay. Danke."

Ich (Jim) musste auch offen mit meinen Teenagern reden, wenn sie zu spät kamen. Ich sagte dann so etwas wie: „Du bist nicht pünktlich nach Hause gekommen. Ich habe eine Menge Schlaf verpasst. Ich habe mir wirklich Sorgen um dich gemacht. Wir reden ein andermal darüber." Dann ging ich ins Bett. Ich hielt dann meinen Mund, bis sie das nächste Mal sagten, dass sie ausgehen wollten, und dann sagte ich: „Oh Mann, ich bin heute Abend einfach nicht in der Lage, mir Sorgen zu machen. Warum bleibst du nicht hier?" oder: „Es tut mir leid. Du kannst heute Abend nicht ausgehen, Schatz. Ich brauche meinen Schlaf."

Wenn Teenager nicht zu einer vernünftigen Zeit nach Hause kom men, reagieren die meisten Eltern zuerst mit Angst und dann mit Wut. Wir können nichts tun, wenn wir Angst bekommen, also werden wir wütend. Aber in diesem Fall ist Wut eine uneffektive Emotion.

Wenn wir unseren Teenagern zeigen können, dass ihr Zuspätkommen uns Angst macht, wird das mehr Kraft und Wirkung haben als unser Ärger. Wir wollen uns keine Sorgen machen; deshalb begrüßen wir es, wenn wir wissen, wo sie sind, und wenn sie uns anrufen, wenn sie zu spät kommen. Wir wollen, dass sie nach Hause kommen, wann immer sie sollen, egal welche Zeit wir vereinbart haben.

Hier ein Gespräch, in dem eine Liebe-und-Logik-Mutter ihrer Tochter hilft zu erkennen, dass es eine sinnvolle Vereinbarung ist, zu Hause anzurufen, falls sie zu spät kommen wird:

> MAMA: Wir sind nicht die Art von Eltern, die sich ständig Sorgen machen wollen. Sagen wir, du solltest um Mitternacht zu Hause sein, aber du tauchst stattdessen um zwei auf. Wenn wir keine Vereinbarung haben, dass du uns anrufst, um uns zu sagen, wo du bist und wie viel später du kommst, gehen wir einfach davon aus, dass du irgendwo da draußen bist und es dir gut geht. Aber es

könnte dir etwas passiert sein. Und fünfzehn Minuten könnten den Unterschied zwischen Leben und Tod machen.

BRITTANY: Mama, lass es nicht so dramatisch klingen. Ich gehe nicht raus, um Ärger zu suchen und in einen Bandenkampf zu geraten.

MAMA: Das habe ich nicht gedacht. Wenn wir eine Vereinbarung haben, dass du mich anrufst, wenn du später kommst, als du solltest, dann weiß ich, was ich tun muss, wenn es 12.01 Uhr ist und du um Mitternacht da sein solltest, aber nicht angerufen hast. Ich rufe die Polizei an und sage ihnen: „Ich bin kein überfürsorgliches Elternteil. Mein Kind ruft mich immer an, wenn etwas dazwischenkommt. Das Nummernschild ihres Autos lautet folgendermaßen … Sie steckt irgendwo in Schwierigkeiten." Dann kann ich dir ganz schnell Hilfe besorgen.

BRITTANY: Nun, das scheint vernünftig zu sein. Aber warum so eine große Sache daraus machen?

MAMA: Der Grund ist, wenn wir eine Entscheidung treffen, dass du jederzeit kommen kannst und du mich nicht anrufst, wenn du zu spät kommst, dann gehe ich davon aus, dass es dir dort, wo du bist, gut geht. Aber vielleicht ist es nicht so, und du wirst dann keine Hilfe bekommen. Also überlege es dir gut.

BRITTANY: Okay, damit kann ich leben.

Wir können den Menschen zutrauen, dass sie in ihrem eigenen Interesse handeln. Wir handeln in diesem Glauben, wenn wir sagen: „Wenn du auf diese Weise handelst, wird dein Leben wahrscheinlich glücklicher sein. Also denke bitte darüber nach."

Eine andere Möglichkeit, damit umzugehen, besteht darin, dass beispielsweise Ihr Sohn Ihnen eine Liste mit Telefonnummern der Leute hinterlässt, bei denen er sich aufhält. Sie machen ihm dann klar, dass Sie Ihren Wecker für die Zeit einstellen, in der er zu Hause erwartet wird. Sie vertrauen ihm, und haben deshalb kein Problem, schlafen zu gehen, wenn er nicht da ist. Sollte der Wecker jedoch gehen, ohne dass Sie einen Anruf erhalten, dass er später nach Hause kommt, dann gehen Sie davon aus, dass etwas nicht stimmt, telefonieren folglich die Liste ab und enden mit der Polizei. Wenn er jedoch pünktlich zu Hause ist, kann er einfach in Ihr Zimmer schlüpfen und den Weckeralarm ausschalten, bevor Sie davon geweckt werden. Falls Sie sich Sorgen machen, dass er etwas getrunken haben könnte, sollten Sie den Wecker so positionieren, dass er sich über Sie beugen muss, um den Alarm auszuschalten; dann besteht die Chance, seinen Atem riechen zu können. Das Gleiche gilt natürlich auch für Töchter.

Wir sind oft am effektivsten, wenn wir unsere Teens einfach wissen lassen, was unsere Bedenken sind. Wenn unser Teenager zum Beispiel zu spät nach Hause kommt, könnten wir sagen: „Ich hoffe, dass das nicht wieder vorkommt, weil ich glaube, dass es unsere Beziehung belastet. Und du profitierst davon, wenn unsere Beziehung gut ist. Ich glaube, wenn du Dinge tust, die mich sehr belasten, ist das auf Dauer nicht gut für dich. Also hoffe ich, dass du über diese Dinge nachdenkst.

Perle 11

Verabredungen

Brookes Eltern waren stolz auf sie. Sie war in der neunten Klasse, aber sie war für ihr Alter geistig sehr weit fortgeschritten, sodass sie Mathe in der elften Klasse belegte. Aber Mathe war nicht das Einzige, was Brooke mochte. Sie war körperlich reifer geworden und mochte die Jungs. Mehrere der älteren Schüler hatten sie bereits um ein Date gebeten.

Ihre Eltern sahen das mit den älteren Schülern etwas anders. Sie sagten entschieden nein und sagten ihr: „Du bist noch nicht *so* reif." Brooke und ihre Mutter konnten das Problem nicht lösen, also suchten sie Rat bei Foster. Die Mutter blieb standhaft und sagte ganz klar, dass ihre Tochter auf keinen Fall mit Jungs ausgehen werde, die zwei Jahre älter sind als sie selbst.

Brooke jammerte: „Mama, wenn du die Jungs aus der neunten Klasse kennen würdest, würdest du auch nicht mit ihnen ausgehen wollen."

Es gibt weder ein feststehendes „richtiges" Alter, um mit dem Ausgehen zu beginnen, noch gibt es eine angemessene Grenze für den Altersunterschied zwischen Ihrem Teenager und dem Teenager, mit dem er bzw. sie sich verabreden möchte (wohlgemerkt, wir sagten *Teenager*, nicht Über-zwanzig-Jähriger, der in einem der Geschäfte im Einkaufszentrum arbeitet).

Solche Regeln über Verabredungen schaffen, wie die meisten anderen Regeln, ihre eigenen Probleme. Sobald Sie eine feste Regel aufstellen, wird Ihr Teenager eine Ausnahme von dieser Regel einführen. Im Gegenzug wird die Verabredung zu einem weiteren Kontrollkampf, den die Eltern verlieren werden, und sie werden folglich in den Augen des Kindes an Respekt verlieren.

Zum Beispiel verbot Gretchens Mutter ihr, sich mit Brad, dem nichtsnutzigen Biker, zu treffen. Soweit ihre Mutter es wusste, ist

Gretchen nie mit Brad ausgegangen, aber da sie nicht jede Bewegung von Gretchen überwachen konnte, wurde Brad der Vater ihres Babys. Es war unklug von der Mutter, Gretchens aufkommende Unabhängigkeit zu ignorieren.

Wir denken vielleicht, es sei schwer, solche Regeln wie die von Gretchens Mutter zu vermeiden, besonders wenn unsere Kinder kurz davorstehen, sich zum ersten Mal mit jemand zu verabreden. Wir haben uns an das Verhalten unserer Kinder innerhalb unserer Familien und mit ihren Freunden gewöhnt. Aber jetzt kommen Verabredungen und sie scheinen das Sprungbrett zu sein, das unsere Kinder in die Adoleszenz und ins Erwachsenenalter katapultiert, wenn sie mit dem anderen Geschlecht interagieren. Wir machen uns Sorgen über diesen neuen Schritt.

Wir sollten uns in dieser Zeit für unsere Teenager freuen. Es hilft, sich daran zu erinnern, dass Mädchen und Jungen in unterschiedlichem Tempo reifen. Obwohl es Ausnahmen gibt, werden Mädchen wie Brooke früher reif als Jungen und beginnen in der Regel auch früher mit Verabredungen als Jungen. Wir können unsere Teenager ermutigen, mit uns über die Kinder zu sprechen, an denen sie interessiert sind, oder darüber, wer an ihnen interessiert ist. Aber wir sollten nachsichtig mit ihnen sein, wenn sie nicht über Verabredungen sprechen wollen.

Es ist unvermeidlich, dass einige Verabredungen wie Diamanten und andere wie Kohlebrocken sind. Die Egos von Teenagern neigen in dieser Zeit dazu, zerbrechlich zu sein, besonders bei Jungen, wenn Mädchen sie für Dates abweisen. Wenn sie durch Zeiten gehen, die überwältigend traumatisch erscheinen, müssen wir unseren Kindern als Freunde zur Seite stehen.

Bleiben Sie mit Ihren Teenagern im Gespräch darüber, mit wem sie sich verabreden werden, welche Aktivitäten sie unternehmen wollen und wie lange sie bleiben. Vielleicht möchten Sie ihnen ja einige Vorschläge für Aktivitäten und das Verhalten gegenüber ihren Begleitern machen, damit es zu einer weiteren Verabredung kommt (obwohl das natürlich andere Fragen aufwirft). Schließlich hatten auch Sie selbst einmal Verabredungen! Solche Gespräche können die Freundschaft zwischen Ihnen und Ihren Teenagern erheblich verbessern.

Sie sollten Ihre Teens auch über den wahren Zweck von Verabredungen informieren: Spaß zu haben und sich im Umgang mit Mitgliedern des anderen Geschlechts wohler zu fühlen und mit ihnen bessere Freundschaften aufzubauen. Teenager gehen nicht aus, um die Person zu finden, die sie heiraten werden, also sollten sie dies als eine Gelegenheit betrachten, zu lernen, wie man gesunde Beziehungen und Freundschaften aufbaut. Körperliche Intimität ist sicherlich wunderbar, aber deshalb hebt man sie sich für später im Leben auf. Die wirklichen Verletzungen kommen nicht von der Unfähigkeit, sich körperlich zu verbinden, sondern von Versäumnissen, auf geistiger, emotionaler, sozialer und geistlicher Ebene verbunden zu sein. Verabredungen sind die Gelegenheit, solche Verbindungen und Beziehungen in diesen Bereichen zu erkunden; die körperliche Beziehung sollte warten, bis unsere Teenager jemanden getroffen haben, mit dem sie den Rest ihres Lebens verbringen wollen.

Wenn sich Ihre Teenager verabreden, ist es wichtig zu wissen, wer ihre Freunde sind. Zeigen Sie Interesse an den Freunden Ihres Teenagers, auch wenn Sie nicht alles an ihnen gutheißen. Schließlich wollen Sie ja auch nicht, dass Ihr Teenager *Ihre* Freunde beurteilt.

Vertrauen Sie darauf, dass Sie Ihrem Kind einige Lektionen darüber beigebracht haben, wie man Entscheidungen trifft. Und haben Sie Vertrauen in Ihr Kind, die richtigen Entscheidungen zu treffen und mit den Konsequenzen zu leben.

Ein Mädchen sagte einmal zu Foster: „Bis Mitternacht bin ich eine Prinzessin. Aber um eine Minute nach zwölf verwandle ich mich in einen Kürbis." Ihre Eltern, die ihr befahlen, „um Mitternacht zurück zu sein und nicht eine Minute später!", hatten noch nicht gelernt, Vertrauen in ihre Tochter zu haben bzw. in ihre Fähigkeit, Entscheidungen zu treffen.

Wir sollten nicht vorschnell davon ausgehen, dass ein ansonsten verantwortungsbewusster Sohn oder eine verantwortungsbewusste Tochter unverantwortlich handeln wird, wenn sie sich verabreden. Auf der anderen Seite ist es töricht anzunehmen, dass ein unverantwortlicher Teenager sich verantwortungsvoll verhalten wird.

Diese Annahmen über das Verantwortungsbewusstsein von Teenagern bei Verabredungen (oder das Fehlen davon) treffen am ehesten zu, wenn Eltern sich über mögliche sexuelle Aktivitäten Gedanken machen. Eltern warnen ihre Teenager gerne vor allen Gefahren vorehelicher Intimität, aber wir müssen erkennen, dass hinter jeder Warnung eine versteckte Erwartung steht.

Kluge Eltern verzichten darauf, etwas Unverantwortliches zu sagen wie z. B.: „Pass lieber auf! Deine Emotionen werden dich übermannen, und bevor du dich versiehst, wirst du Sex haben.“ Damit unterstellen sie Ihren Kindern, dass sie sich auf frühen Sex einlassen werden. Solch ein pessimistischer Kommentar scheint sexuell verantwortungsvolles Verhalten für Teenager fast unmöglich zu machen. Wenn sie sich also auf Sex einlassen, argumentieren die Teenager dann: „Das ist etwas, wofür wir nichts können!“

Viel besser ist es, wenn Sie sowohl gute sexuelle Werte als auch grundlegende Informationen klar vermitteln. Sie könnten sagen: „Verabredungen und Intimität können zu sexueller Aktivität führen. Bevor du einen solchen Schritt wagst, musst du für dich selbst entscheiden, ob Sex vor der Ehe eine kluge Entscheidung ist. Du weißt bereits, wie ich darüber denke. Aber wenn es dazu kommt, wirst du sicher mit mir darüber sprechen wollen. Handle verantwortungsbewusst, und du wirst mit den Konsequenzen deiner Entscheidung besser leben können.“ Ein solches Gespräch zeigt Ihrem Teenager, dass Sie nicht so ahnungslos über sein Verhalten sind, wie er vielleicht annimmt. Es fördert auch den gegenseitigen Respekt zwischen Eltern und Teenagern.

Halten Sie Diskussionen sachlich. Bei verantwortungsbewussten Teenagern müssen wir nicht näher darauf eingehen, was die Folgen einer Schwangerschaft oder einer Geschlechtskrankheit sein könnten. Bei nicht verantwortungsbewussten Teenagern müssen wir jedoch angemessene Fragen stellen: „Wie würdest du für ein Baby sorgen?“ „Welche Art von Job würdest du annehmen, um eine Familie zu ernähren?“ „Wie würdest du deinen zukünftigen Bekanntschaften oder deinem Ehepartner erklären, dass du Herpes hast oder steril bist, weil du als Teenager Sex hattest?“ Dies sind keine oberflächlichen Fragen. Sie haben lebenslange Auswirkungen.

Wenn Ihr Teenager noch nicht gezeigt hat, dass er oder sie verantwortungsbewusst ist, müssen Sie ihm einen Realitätsschock verpassen, indem Sie ihm sagen, dass die Partnersuche ein harter Weg sein kann. Sie könnten sagen: „Dies ist ein Zwei-Generationen-Heim, in dem Eltern und Kinder leben; kein Drei-Generationen-Heim mit Eltern, Kindern und Enkelkindern. Dies ist kein Kinderheim.“ Für die meisten Teenager ist das eine nette Art, gesagt zu bekommen: „Wenn du Kinder hast, wirst du nicht hier wohnen“, und die Erwartung zu vermitteln, dass sie gute Entscheidungen treffen und sich verantwortungsvoll verhalten werden.

Da es keine feste Regel gibt, wann ein Teenager alt genug ist, um sich zu verabreden, sollte der Schwerpunkt auf der Entscheidungsfindung des Teenagers liegen und auf dem, worauf Sie sich beide im Gespräch geeinigt haben. Ein Teenager ist dann bereit, wenn er einen Plan für den Umgang mit den Situationen beschreiben kann, die den Eltern Sorgen bereiten.

PERLE 12

Respektlosigkeit

Manchmal werden die Probleme unserer Teenager auch zu unseren Problemen. Diese Probleme drehen sich oft um ihre Respektlosigkeit uns gegenüber. Aber um den Respekt unserer Teenager zu gewinnen, müssen wir zuerst lernen, uns selbst zu respektieren.

Eine meiner (Jims) Bekannten hatte Teenager, die einfach unmöglich waren. Sie erzählte mir: „Ich konnte nirgendwo hinfahren, ohne dass sie aus dem Fenster hingen, andere Autofahrer anschrien, anderen Leuten sagten, wie sie fahren sollten, den Vogel zeigten, das ganze Programm. Es war so peinlich, ich konnte es nicht ertragen."

Sie löste das Problem, indem sie die Liebe-und-Logik-Prinzipien anwandte – zuerst bei sich selbst. Als ihre Teenager das nächste Mal anfingen, sich aufzuspielen, hielt sie an, stieg aus dem Auto aus und sagte: „Okay, Leute. *Raus!*"

Aber sie hatte ein Problem mit diesem Befehl. Sie starrte zwei Teenager an, die doppelt so groß waren wie sie und die antworteten: „Auf keinen Fall. Du kannst uns nicht zwingen, auszusteigen." Und sie dachte sich: *An diesem Punkt haben sie recht.*

Wie alle guten beratenden Eltern, begann sie, sich Zeit zu verschaffen. Mit anderen Worten, sie begann zurückzurudern. Das Erste, was sie sagte, war: „Habe ich vergessen, auf eine nette Art zu fragen?"

Sie sagten: „Du hast sehr nett gefragt."

Sie sagte: „Und ihr werdet es nicht tun?"

Und sie sagten: „Auf keinen Fall. Du kannst uns nicht zwingen, auszusteigen."

„Oh Mann, ich dachte, es würde funktionieren."

„Das wird bei uns nicht funktionieren."

„Okay, ich sollte das wohl lieber überdenken."

„Ja, du solltest dir das gut überlegen."

„Wäre es okay für euch, wenn ich auf der anderen Straßenseite in das Restaurant gehe und eine Tasse Kaffee trinke, während ich darüber nachdenke?“

Und diese klugscheißerischen Teenager sagten: „Mama, was immer dich anmacht. Du musst es einfach probieren.“

Also sagte sie: „Danke“, und ging über die Straße. Sie begannen sofort mit ihren Gameboys zu spielen und amüsierten sich prächtig, um ihr zu zeigen, dass es sie nicht störte. Nach einer Weile bemerkten sie, dass sie schon fünfzehn Minuten weg war, dann zwanzig Minuten. Ziemlich bald sagten sie: „Moment mal! Was ist denn hier los?“

Plötzlich geschah auf der anderen Straßenseite etwas sehr Merkwürdiges. Mamas beste Freundin fuhr bis vor das Restaurant. Mama kam heraus, stieg ins Auto und fuhr los, wobei sie ein bisschen winkte.

Diese Mutter erinnerte sich später, dass sie dachte, sie würden wütender als Hornissen sein, wenn sie nach Hause kamen. Aber sie war auf sie vorbereitet. Sie beobachtete, wie sie aus dem Taxi stiegen und zur Haustür gingen. Als sie hereinkamen, sagten sie kein einziges Wort. Monate vergingen, und sie sagten nie ein Wort. Sie vermutet, dass sie irgendwann auf einer Familienfeier die Sache einmal erwähnen werden: „Oh, Mama, erinnerst du dich an den Tag, an dem du uns sitzen gelassen hast?“

Diese Mutter hat sich Respekt verschafft. Wie? Indem sie sich zuerst gut um sich selbst kümmerte. „Je größer meine Kinder werden, desto mehr muss ich darauf zurückgreifen“, sagte sie.

„Bis zu diesem Tag war ich ein Fußabtreter für sie. Sie wischten ständig ihre Füße an mir ab. Sie hatten überhaupt keinen Respekt. Ich habe immer darum gebettelt und es immer verlangt. Ich habe gewöhnlich meinen Mann angeschrien: „Was willst du unternehmen, damit diese Kinder mir etwas Respekt entgegenbringen?!“ Schließlich entdeckte ich etwas: Man bekommt niemals Respekt, indem man ihn fordert oder erfleht; man bekommt Respekt, wenn man anfängt, sich selbst mit Respekt zu behandeln.“

Und wissen Sie, was ihre Teenager die ganze Zeit zu sich selbst gesagt haben? „Nun, es ist meine Mutter, und sie kennt sich selbst besser als jeder andere. Sie weiß, ob sie Respekt verdient oder nicht.“ Jetzt sagen sie: „Meine Mutter kennt sich selbst besser als jeder andere. Sie weiß, dass sie Respekt verdient.“

„Das Leben ist schon nach diesem einen Mal viel besser“, reflektierte diese Mutter. „Wir müssen es nicht ständig wiederholen. Ist das nicht seltsam? Die Konsequenz, nämlich dass ich Respekt gewann, folgte wie ein Blitz aus heiterem Himmel – ohne Wut, ohne Belehrungen und mit einem Minimum an Worten. Ich fühle mich jetzt viel stärker als je zuvor, weil ich gelernt habe, auf mich selbst aufzupassen. Früher dachte ich, es würde meine Kinder verletzen, wenn ich das täte. Aber ich stelle fest, dass sie viel fähiger sind und es mehr Spaß macht, mit ihnen zusammen zu sein.“

Der Respekt von Teenagern gegenüber ihren Eltern ist ein entscheidender Faktor dafür, wie Familien funktionieren. Aber paradoxerweise gewinnen wir den Respekt anderer erst dann, wenn wir Respekt für uns selbst zeigen.

In Extremfällen, wenn respektlose Teenager sich weigern, sich zu ändern, egal wie sehr wir ihnen Respekt vor uns selbst vorleben, sollten wir vielleicht professionelle Hilfe suchen. Aber bei den meisten Konflikten wird unser Selbstrespekt die Respektlosigkeit unserer Teenager aufheben.

Perle 13

Scheidung und Besuchsrecht

Wenn sich Eltern scheiden lassen, stehen auch die Kinder auf der Liste der Opfer. Es kann bei ihnen zu Stimmungsschwankungen, einer Abwehrhaltung gegenüber Berührungen, allgemeinen Problemen mit den Schularbeiten, Desinteresse und Faulheit kommen.

Glücklicherweise ist ein solches Verhalten oft Teil eines normalen Trauerprozesses und kann durch Befolgen der folgenden zehn Richtlinien für geschiedene oder sich in Scheidung befindende Eltern gemildert werden. Denken Sie daran, es gibt keinen Weg, dass die Kinder es als gut empfinden werden. In ihren Augen ist eine Scheidung eine Katastrophe. Wir bieten diese Richtlinien als eine Möglichkeit an, eine schlechte Situation ein wenig besser zu machen.

1. ***Erwarten Sie, dass die Teenager mit der Scheidung genauso gut umgehen wie die Erwachsenen.*** Wenn eine Scheidung von Bitterkeit, mangelnder Kommunikation und Wut geprägt ist, werden sich die Kinder wahrscheinlich ähnlich verhalten wie die Eltern.
2. ***Lassen Sie die Kinder wissen, dass die Scheidung nicht ihre Schuld ist.*** Manche Kinder denken vielleicht: „Wenn ich ein besseres Kind gewesen wäre, würden sich meine Eltern nicht scheiden lassen.“ Ein Elternteil kann sagen: „Michael, du weißt, dass manche Kinder Freunde sind und dann zu dem Schluss kommen, dass sie doch nicht miteinander auskommen können. Nun, das ist irgendwie mit Papa und mir passiert. Aber wir beide lieben dich immer noch.“
3. ***Seien Sie ehrlich, was Gefühle und Beobachtungen angeht.*** Eltern sollten ihren Teenagern sagen, ohne Details zu nennen, wie sie über den Ex-Ehepartner denken und warum. Es ist auch hilfreich, die Sichtweise des anderen Elternteils darzulegen. Es ist zwar wichtig, den Kindern unsere Bedenken mitzuteilen, aber es

ist ebenso wichtig, sie wissen zu lassen, dass der Ex-Ehepartner sie weiterhin liebt (falls das stimmt). Den Ex-Ehepartner schlecht zu machen, geht nach hinten los.

4. ***Verstehen Sie das Fehlverhalten der Kinder, ohne es zu entschuldigen.*** Ermutigen Sie Ihre Kinder, ihre Gefühle auszudrücken, aber ziehen Sie weiterhin Konsequenzen für Fehlverhalten. Eltern dürfen Respektlosigkeit niemals tolerieren.
5. ***Vermitteln Sie Kindern Menschen, die sie unterstützen.*** Teenager brauchen jemanden außerhalb der Familie, mit dem sie reden können: Schulberater, Lehrer, Gleichaltrigengruppen oder Freunde der Familie.
6. ***Eine Beratung für Eltern und Kinder nach der Scheidung kann helfen.*** Wenn die Kommunikation schlecht ist und Misstrauen zwischen den Erwachsenen grassiert, ist eine Beratung fast immer hilfreich, vor allem, wenn beide Erwachsene wirklich möchten, dass sich die Dinge verbessern.
7. ***Bleiben Sie erreichbar, ohne neugierig zu sein.*** Kinder geben manchmal Antworten, die ihre Eltern hören wollen. Sie können herausfinden, was der Elternteil hören will. Wenn ein Elternteil nach Beweisen sucht, dass der andere ein Idiot ist, werden die Kinder diesen Wunsch erfüllen. Die elterliche Haltung muss sein: „Sag mir deine Gedanken; ich kann damit umgehen", unabhängig davon, was diese Gedanken sein mögen.
8. ***Klären Sie Besuchsrechtsfragen direkt mit dem Ex-Partner.*** Es ist nie klug, dem Ex-Partner mittels der Kinder Nachrichten zu schicken. Wenn Sie wollen, dass diese Person etwas erfährt, wenden Sie sich direkt an sie oder ihn.
9. ***Kinder brauchen Mütter und Väter.*** Im Allgemeinen ist es am besten, Kinder zu ermutigen, eine Stiefmutter „Mama" bzw. einen Stiefvater „Papa" zu nennen. Die Kinder werden nicht vergessen, wer der „echte" Elternteil ist.
10. ***Der leibliche Elternteil muss den Stiefelternteil in der Erziehung vollständig unterstützen.*** Der Elternteil muss das Kind wissen lassen, dass sein neuer Ehepartner ein Partner auf Lebenszeit ist.

Manchmal machen sich Eltern Gedanken darüber, *wann* sie ihren Kindern von einer bevorstehenden Scheidung erzählen sollen, aber das *Wann* ist nicht annähernd so wichtig wie die *Art und Weise, wie* es dem Kind gesagt wird. Übertriebene Bitten um Verständnis und Entschuldigungen deuten auf Schuldgefühle hin. Verständlicherweise nutzen viele Kinder schuldgeplagte Erwachsene aus. Ein Elternteil, der sich schuldig fühlt, sagt vielleicht insgeheim: „Wenn ich diese Probleme nicht hätte, würdest du dich nicht so verhalten, also hast du allen Grund, dich zu beschweren, mich respektlos zu behandeln und dich unangemessen zu verhalten." Kluge Eltern geben zwar ihre menschlichen Schwächen zu, sind aber nicht übermäßig entschuldigend. Sie könnten mit einer solchen Situation etwa so umgehen:

> Kinder, Mama und ich haben einen Plan ausgeheckt, von dem wir glauben, dass er uns allen helfen wird, ein viel glücklicheres Leben zu führen. Ihr wisst ja – oder auch nicht – dass wir eine Menge Meinungsverschiedenheiten haben; nun haben wir beschlossen, uns scheiden zu lassen und dass es das Beste ist, wenn wir vorerst in verschiedenen Häusern wohnen. Ich weiß, dass ihr eure Schwester (oder euren Bruder) liebt, aber könntet ihr euch vorstellen, ein ganzes Leben mit ihr (ihm) zu verbringen? So haben auch wir beschlossen, dass wir nicht ein ganzes Leben zusammenleben wollen.

Hier sind einige weitere grundlegende Dinge, die Sie beachten sollten, wenn Sie mit Ihren Kindern sprechen:

1. ***Geben Sie weder dem einen noch dem anderen Elternteil die Schuld:*** Wenn das Kind anfängt zu weinen, ist es okay, es zu umarmen und zu halten. Es muss nicht viel gesagt werden. Wenn die Eltern ruhig und sachlich mit der Situation umgehen, werden es die Teenager wahrscheinlich auch tun.
2. ***Versuchen Sie nicht, alles schönzureden***, sondern betonen Sie, dass es auch Vorteile geben kann: neue Orte zu sehen, neue Leute zu treffen, bei der Auswahl von Bildern für die neue Wohnung der Eltern zu helfen usw.

Wenn wir mit unseren Kindern über das Thema Scheidung sprechen, können wir uns daran orientieren, wie diese Mutter ihre dreizehnjährige Tochter Alyssa beraten hat:

MAMA: Also, Alyssa, glaubst du, dass die Scheidung von Papa und mir Auswirkungen auf dich haben wird, oder wird sie keine Auswirkungen auf dich haben?

ALYSSA: Ich denke, es ist ziemlich schlimm.

MAMA: Echt? Warum ist das so?

ALYSSA: Ich will nicht, dass du dich von Papa scheiden lässt.

MAMA: Ja, warum nicht? Du weißt doch, dass wir uns die ganze Zeit gestritten haben.

ALYSSA: Ja, aber ich versuche, brav zu sein, damit ihr euch nicht streitet.

MAMA: Glaubst du, wir streiten, weil du nicht brav bist, oder streiten wir wegen anderer Dinge?

ALYSSA: Ich weiß es nicht.

MAMA: Nun, ich möchte, dass du weißt, dass dein Vater und ich uns oft streiten, aber das meiste davon hat, ehrlich gesagt, nichts mit dir zu tun. Ich glaube, wir würden uns auch scheiden lassen, wenn wir nie Kinder gehabt hätten. Du weißt, dass diese Scheidung mich traurig macht. Aber muss es denn auch dich bedrücken, nur weil es mich bedrückt? Oder willst du selbst entscheiden, wie sehr es dich bedrückt?

ALYSSA: Ich will nicht, dass du traurig bist.

MAMA: So ist es aber, Schatz. Ich dachte, ich würde ein Leben lang mit deinem Vater verheiratet sein. Aber du wirst ihn trotzdem noch oft sehen können. Du musst also nicht traurig sein, nur weil ich traurig bin. Denn wer war es, der sein ganzes Leben mit ihm leben wollte? Ich, stimmt's? Das war nie der Plan für dich. Also sollte ich darüber auch mehr traurig sein.

ALYSSA: Ich hätte nur bis achtzehn bei ihm gewohnt?

MAMA: Genau. Die Hauptsache ist also, dass ich nicht will, dass du bedrückt bist, nur weil ich traurig bin. Du kannst selbst entscheiden, wie du dich fühlen willst. Worüber solltest du mehr nachdenken – die Scheidung oder deine Schularbeiten?

ALYSSA: Meine Schularbeiten.

MAMA: Das wäre toll!

Die Botschaft, die sich trennende Eltern an ihre Kinder senden sollten, ist: „Das wird euer Leben nicht zerstören. Ich weiß, dass ihr damit umgehen könnt. Es mag schwer sein, aber ihr habt jetzt vielleicht drei oder vier Erwachsene, die euch lieben, statt nur zwei.“ Kinder, deren Eltern sich scheiden lassen, haben es viel leichter, wenn die Eltern positiv eingestellt sind.

Mit Liebe und Logik zwischen zwei Elternhäusern

Wenn Kinder aufgrund einer Scheidung zwei „Elternhäuser“ haben, kommt es leider nur allzu oft zu Diskussionen wie der folgenden:

> CHERYL: Sam, wie konntest du mich nur wieder so im Stich lassen? Ich glaube, du machst diese Dinge nur, um zu untergraben, was ich mit unserer Tochter zu tun versuche. Du hast gesagt, du würdest mich unterstützen, indem du sie nicht fahren lässt, und dann drehst du dich um und gibst ihr dein Zweitauto zum Fahren. Wie sollen wir sie zur Verantwortung ziehen, wenn du jede unserer Entscheidungen rückgängig machst?
>
> SAM: Cheryl, du braucht dich nicht so aufzuregen. Ich wollte dich anrufen und dir sagen, dass ich glaube, dass du einfach überreagierst. Was sie tut, ist lediglich typischer Teenagerkram. Vielleicht wärt ihr beide viel glücklicher, wenn du dich ein wenig entspannen würdest.
>
> CHERYL: Moment mal, Sam! Diese Art von Verhalten mag für manche Teenager typisch sein, aber nicht für alle. Sie ist in letzter Zeit weit über das Ziel hinausgeschossen. Sie hat nicht das Gefühl, dass sie irgendwelche Grenzen hat, und ich kann sehen, warum. Jedes Mal, wenn sie sich danebenbenimmt, bist du da, um es zu entschuldigen und mich zum Bösewicht zu machen, weil ich versuche, sie für ihre Taten zur Verantwortung zu ziehen.

Hier sehen wir geschiedene Eltern, die in einen klassischen Streit verwickelt sind. Vielleicht war es ein Wettstreit um Saras Liebe von Seiten Sams. Aber wahrscheinlich ging es tiefer als das. Sam war ein fürsorglicher Mann, der keine Konflikte mochte. Er lebte dafür, seine Tochter immer glücklich zu machen. Es war leicht für ihn, die Rolle des Guten zu spielen. Es passte genau in sein lebenslanges Muster der

Konfliktvermeidung. Es half ihm auch, mit seiner Angst umzugehen, Sara an ihre Mutter zu verlieren.

Cheryl hingegen hatte die Verantwortung, ihrer Tochter zu helfen, zu einer verantwortungsvollen Person heranzuwachsen. Sie wusste, dass dies nur geschehen konnte, wenn sie Grenzen setzte und Sara für ihre Handlungen zur Verantwortung zog. Aber das brachte sie in den Augen ihrer Tochter oft in die Rolle der Bösen. Trotz dieses Dilemmas versuchte sie, Sara gegenüber standhaft zu bleiben, selbst angesichts unbeabsichtigter, aber sehr schädlicher Sabotageakte ihres Ex-Mannes.

Bei dem Versuch, ein guter Elternteil zu sein, machte Cheryl mehrere Fehler, sodass alle drei weiterhin in einem Teufelskreis gefangen sind: Sara benahm sich daneben, Cheryl bestrafte, und Sam hob die Strafe auf.

Sams Fehler: Sam war bereit, Saras langfristiges Glück und ihre Lebensqualität für ihr kurzfristiges Glück zu opfern. Er fürchtete den Verlust von Saras Liebe und lebte in der irrigen Vorstellung, dass sie ihn in der Rolle des Beschützers schätzen und respektieren würde. Sich über die Erziehungsmaßnahmen seiner Ex-Frau hinwegzusetzen, gab ihm auch die Möglichkeit, die Mutter in den Augen seiner Tochter schlecht aussehen zu lassen. Er erkannte nicht, dass Sara ihn irgendwann mit Verachtung betrachten würde, weil er ihre Beziehung zu Mama sabotiert hatte.

Cheryls Fehler: Cheryl hielt an dem Wunschdenken fest, dass sie und Sam ein Team waren. Wenn sie ihn schon nicht dazu bringen konnte, zu kooperieren, als sie noch verheiratet waren, wie groß waren dann die Chancen, dass dies geschehen würde, nachdem sie den Schmerz der Scheidung durchlebt hatten?

Basierend auf diesem Wunschdenken verhängte Cheryl Konsequenzen, auf deren Einhaltung sie bestand, wenn ihre Tochter bei Sam zu Hause war. Dies gab Sam sowohl die Möglichkeit als auch die Macht, die Bestrafung aufzuheben und sich selbst in die Rolle von Saras Held zu versetzen.

Cheryls nächster Fehler war die Vorstellung, sie könne bewirken, dass in beiden Häusern die gleichen Regeln gelten würden. Die ganze Energie, die sie für diesen Versuch aufbrachte, hätte sie besser für Dinge verwenden können, die sie tatsächlich kontrollieren konnte.

Ihr nächster Fehler war der Versuch, mit Sam über dieses Problem zu diskutieren. Alles, was ihre Diskussionen bewirkten, war, ihrem Ex-Mann eine weitere Gelegenheit zu geben, in die Offensive zu gehen und ihre Erziehungsmethoden anzugreifen. Je mehr sie mit ihm diskutierte und ihn anflehte, desto schlimmer wurde das Problem.

Cheryls Lösung: Nachdem sie sich entschlossen hatte, die Situation in die Hand zu nehmen, verhängte Cheryl Konsequenzen, die nur galten, solange Sara bei *ihr* war. Wenn ihre Tochter Sam dazu bewegen wollte, sich einzumischen, ließ Cheryl sich nicht von seiner Meinung beeinflussen.

Ihr nächster Schritt war, ihre Liebe und ihre Gedanken mit Sara zu teilen. Da ihre Beziehung angespannt war, war es sehr unwahrscheinlich, dass Cheryl alle ihre Gedanken aussprechen konnte, ohne einen Gegenangriff zu erleben. In solchen Momenten sind Teenager Experten darin, mit ihren Eltern jeden Punkt so lange zu diskutieren, bis beide völlig vom Thema abgekommen sind. Was als Diskussion beginnt, wird schnell zu einem Streit. Keiner hat dem anderen zugehört.

Die Lösung war für Cheryl, ihre Gedanken schriftlich festzuhalten. Beachten Sie, wie ihr Brief mit einer wunderbaren Strategie beginnt, die Aufmerksamkeit erregt.

Liebe Sara,

ich muss mich bei dir entschuldigen. Ich tue es schriftlich, nur für den Fall, dass du meine Gedanken in der Zukunft noch einmal überprüfen willst. Du musst nicht sofort antworten. Ich möchte nur, dass du eine Weile darüber nachdenkst.

Ich habe einen großen Fehler gemacht, indem ich nicht offen mit dir darüber gesprochen habe, dass dein Vater und ich oft unterschiedlicher Meinung darüber sind, was wir als Eltern am besten tun sollten. Ich habe mit dem Versuch, ihn so zu machen, wie ich bin, zu viel Zeit verbracht. Das ist weder dir noch ihm gegenüber fair. Wir beide lieben dich sehr, aber wir zeigen das auf unterschiedliche Weisen. Dadurch dass ich versucht habe, ihn dazu zu bringen, Dinge auf meine Art zu tun, habe ich dich in unser Unglück hineingezogen. Das passiert oft in Ehen, besonders bei Scheidungen.

Meine Art, dir meine Liebe zu zeigen, ist es, hart zu arbeiten, um dir zu helfen, ein guter Mensch zu werden. Um das zu tun, muss ich

dich für dein Handeln zur Verantwortung ziehen. Dabei muss ich damit rechnen, dass du kurzfristig wütend auf mich bist.
Der Fehler, den ich gemacht habe, ist, deinen Vater zu bitten, dich wegen Dingen zu disziplinieren, die in meinem Haus passieren. Das werde ich nicht mehr tun. Du und ich werden uns um diese Probleme kümmern, ohne Papa einzubeziehen. Papa kann mit allen Problemen, die in seinem Haus auftauchen, ohne meine Einmischung umgehen. Ich hoffe, dass dies weniger verwirrend für dich sein wird.
Du wächst mit zwei verschiedenen Arten von Eltern auf. Im Laufe der Zeit wirst du viele verschiedene Gedanken und Gefühle über uns beide haben. Bitte denke daran, dass wir dich beide sehr lieben. Ich hoffe, du weißt, dass die Scheidung nicht deine Schuld war. Und ich hoffe, dir ist klar, dass es in Ordnung ist, sowohl Papa als auch mich gleichzeitig zu lieben.

In Liebe

Mama

Es war schwer für Cheryl, diesen Brief zu schreiben. Es gab noch viele andere Dinge, die sie gerne gesagt hätte, aber sie verzichtete darauf. Sie hätte gerne auch ihre Gefühle des Schmerzes und der Wut auf Sam zum Ausdruck gebracht. Sie verspürte das Verlangen, Sara zu sagen, für wie unverantwortlich sie Sam hielt. Sie wollte schreien: „Dein Vater bringt dein Leben durcheinander! Sieh mich an! Ich bin diejenige, die sich *wirklich* kümmert!“

Stattdessen ging Cheryl den viel gesünderen und edleren Weg. Warum? Weil sie erkannte, dass sie jedes Mal ihre Tochter weiter von sich wegtrieb, wenn sie Sam vor ihr kritisierte. Auch wenn Sam Sara vor ihren schlechten Entscheidungen rettete und entschuldigte, war er ein wichtiger Teil ihres Lebens. Wenn Cheryl ihn schlecht machte, würde das noch viel mehr Schaden anrichten als seine Versuche, sie retten zu wollen. Sara lernte einige positive Dinge von ihrem Vater, und sie lernte von ihrer Mutter, wie man gut auf sich aufpasst und Verantwortung übernimmt. Dadurch dass Cheryl sich aus dem „Schuldzuweisungsspiel“ heraushielt, konnte Sara sich zurücklehnen, ihre Eltern beobachten und das Gute von beiden behalten.

Ist das nicht das, was wir uns alle für unsere Kinder wünschen?

Perle 14

Drogenmissbrauch

Substanz- oder Drogenmissbrauch ist leider ein weit verbreitetes Jugendproblem. Es gibt acht Fakten, die Sie im Hinterkopf behalten sollten, wenn Sie den Substanzmissbrauch von Teenagern betrachten:

1. Alkohol ist die am häufigsten missbrauchte Substanz.
2. Zigarettenrauchen ist eine der Haupttodesursachen. Es trägt zu Krebs, Herzerkrankungen, Diabetes und einer Reihe anderer langfristiger und schließlich tödlicher Krankheiten bei.
3. Nikotin ist die am meisten süchtig machende Substanz.
4. Es gibt verschiedene Arten des Drogenkonsums. Einige sind gefährlicher als andere.
5. Kokain und andere Drogen sind leicht zu haben. Methamphetamine sind zu den neuen Drogen der Wahl geworden, weil sie leichter herzustellen und billiger zu kaufen sind. Leider werden jeden Tag neue Drogen und Möglichkeiten, sie zu missbrauchen, entdeckt.
6. Die beste Versicherung gegen Drogenmissbrauch ist eine liebevolle und offene Beziehung zwischen Eltern und Kind.
7. Eltern müssen wissen, wie sie mit ihren Kindern über das Experimentieren, den Gebrauch und den Missbrauch von Substanzen sprechen können.
8. Eltern müssen die Anzeichen von Drogenmissbrauch kennen, sich aber darüber im Klaren sein, dass auch andere Probleme wie Drogenmissbrauch aussehen können.

Lassen Sie uns nun einige Informationen zu Themen, die mit der obigen Liste zusammenhängen, betrachten.

Arten des Drogenmissbrauchs

Es ist wichtig zu verstehen, dass es viele Arten von Drogenkonsum und -missbrauch gibt. Einige sind gefährlicher als andere. Die größte Gruppe der Drogenabhängigen sind Erwachsene. Die legalen Substanzen Nikotin und Alkohol töten bei weitem mehr Menschen als illegale Drogen. Nikotin gilt inzwischen als die am stärksten süchtig machende aller Drogen, einschließlich Kokain. Das Bewusstsein für diese Fakten kann uns helfen, die Dinge im Blick zu behalten, was heutzutage oft verloren geht.

Drogenkonsum lässt sich in drei Kategorien einteilen: Drogenexperimente, Drogenkonsum und Drogenmissbrauch. Die meisten Kinder experimentieren irgendwann in der Pubertät mit Drogen. Von denen, die experimentieren, werden die meisten später jedoch nicht zu regelmäßigen Drogenkonsumenten oder zu Süchtigen, obwohl es auch wahr ist, dass fast alle, die Kokain und andere gefährliche Drogen missbrauchen, zuerst mit Nikotin oder Alkohol experimentiert haben. Aber das Experimentieren mit Nikotin oder Alkohol führt nicht unbedingt zum Experimentieren mit oder zum Missbrauch von härteren Drogen.

Wie man die Grenze zum Drogenkonsum zieht

Eltern müssen eine harte Haltung gegenüber Drogenexperimenten und Drogenmissbrauch einnehmen, ohne wütend zu werden. Das mag schwierig sein, ist aber unerlässlich. Eltern, die bereit sind, konsequent im Sinne der Liebe-und-Logik-Erziehung zu handeln und ihre Kinder nicht „zu retten“, agieren eher leiser. Wut, Schreien und Schimpfen senken das Selbstwertgefühl des Teenagers und belasten die Eltern-Kind-Beziehung. Wenn Teenager und Eltern streiten, macht das den Drogenkonsum einfach wahrscheinlicher.

Substanzmissbrauch geschieht nicht in einem Vakuum. Er steht in direktem Zusammenhang mit der Eltern-Kind-Bindung von Liebe und guter Kommunikation. Wir können unseren Teenagern nicht befehlen, keine Drogen zu nehmen. Tatsächlich ist Drogenkonsum oft ein Zeichen von Rebellion; daher werden Befehle das Problem nur noch schlimmer machen. Anstelle von Befehlen sollten wir unsere Gedanken und Meinungen zu Drogenexperimenten und -missbrauch äußern und dann Konsequenzen zulassen, ohne unseren Teenagern zur Hilfe zu eilen.

Wir haben die Verpflichtung, auf uns selbst aufzupassen und diese Verpflichtung dem Teenager gegenüber deutlich zu machen. Deshalb müssen wir unseren Teenagern ruhig und deutlich sagen, dass wir Beihilfe zu Verbrechen leisten, wenn sich illegale Drogen im Haus befinden. Wir sollten unseren Teenagern vermitteln, dass wir, wenn nötig, um uns selbst zu schützen, die Polizei rufen und ihr die Erlaubnis erteilen werden, die Räumlichkeiten zu durchsuchen.

Ähnlich verhält es sich, wenn der Teenager trinkt und trotzdem fährt. Dann rufen die Eltern einfach die Polizei an, geben ihr das Autokennzeichen durch und teilen mit, dass die Teenager im Auto ihre eigene Sicherheit und die der anderen auf der Autobahn gefährden.

Wir sollten unseren Teenagern diese Realitäten auf eine liebevolle, sachliche Art und Weise vermitteln. Sie müssen wissen, dass wir nicht mit den Schuldgefühlen leben wollen, die wir empfinden würden, wenn sie jemanden getötet hätten, während sie mit Alkohol am Steuer fuhren, und wir das Problem geahnt, aber nichts unternommen hätten.

Denken Sie daran, dass Aussagen darüber, dass wir gut auf uns selbst aufpassen und uns weigern, zu Komplizen von Verbrechen zu werden, viel effektiver sind, als Teenager darüber zu belehren, was gut für sie ist. Wir können unsere Kinder wissen lassen, dass auch wir, wenn wir wegen Drogenkonsums in Schwierigkeiten geraten würden, nicht erwarteten, dass sie Anwälte anheuern und uns aus der Patsche helfen würden. Genauso wenig werden wir sie auf Kaution rausholen. Wir können allen Drogenkonsumenten sagen, dass sie selbst mit dem Gesetz zurechtkommen müssen.

Unserer Teenager über Drogen informieren

Es ist wichtig, dass wir uns faktenbasierte Artikel über Drogenmissbrauch besorgen und unseren Kindern vorschlagen, diese zu lesen. Wenn wir unsere Teenager nicht dazu zwingen, Informationen zu lesen, werden sie in der Regel interessiert sein, wenn wir ihnen unkompliziertes Informationsmaterial geben.

Besonders Mädchen müssen über die Auswirkungen von Drogen während des ersten Drittels einer Schwangerschaft Bescheid wissen.

Davon betroffene Kinder haben ein hohes Risiko für Lernstörungen und Entwicklungsschwierigkeiten.

Anzeichen für Drogenkonsum

Im sozialen Bereich können eine plötzliche Verschlechterung der Schulnoten oder plötzliche Veränderungen der Freundschaften in der Schule Anzeichen für Drogenkonsum und Drogenmissbrauch sein. Manchmal kommt es bei einem Drogenabhängigen ohne ersichtlichen Grund zu Stimmungs- und Verhaltensänderungen.

Der Konsum von Marihuana führt zu einem rotgeränderten Aussehen der Augen. Zu den akuten Anzeichen von Drogenmissbrauch können vergrößerte Pupillen gehören. Kinder, die Amphetamine konsumieren, können übermäßig paranoid[1] erscheinen, oder sie scheinen besonders reizbar zu sein. Auf Hochs können depressive Tiefs folgen. Das vielleicht wichtigste Symptom, selbst nach seltenen Methamphetamin-Experimenten, ist ein Mangel an Lebensfreude, die sogenannte Anhedonie. Ein Jugendlicher erzählte Foster: „Seit ich an den Wochenenden Meth genommen habe, ist es so, als wäre das Leben nichts mehr wert. Ich genieße nichts. Alles scheint monoton zu sein.“ Langfristiger Konsum führt zu Gewichtsverlust, Wahnvorstellungen, Schlaflosigkeit und möglicherweise zu Herzversagen.

Es gibt jedoch medizinische Probleme, die enge Parallelen zu den Symptomen des akuten Drogenmissbrauchs aufweisen. Manische Depression ist ein Beispiel dafür. Auch die natürlichen physiologischen Veränderungen, die mit der Pubertät einhergehen, können Verhaltensschwankungen auslösen. Ein Kind, das zuvor sehr gut in der Schule war, kann plötzlich wütend werden, begleitet von einem abrupten Abfall der Noten. Diese Veränderung tritt normalerweise im Alter von vierzehn oder fünfzehn Jahren auf, häufiger bei Mädchen als bei Jungen.

Was Sie tun sollten, wenn Sie Drogenkonsum vermuten

Wenn Sie einen Verdacht auf Drogenkonsum haben, empfehlen wir Ihnen, Folgendes zu tun:

---

[1] Paranoia: durch gesteigertes Misstrauen gekennzeichnete Persönlichkeitsstörung mit Wahnvorstellungen (duden.de).

1. ***Bleiben Sie ruhig.*** Drogenkonsum (außer einer Überdosis) ist kein Notfall. Wie bei anderen „Krisen“ kann der Drogenkonsum schon lange andauern, aber er wird erst dann zu einer Krise, wenn wir davon erfahren.
2. ***Sprechen Sie mit Ihrem Teenager darüber.***
3. ***Sprechen Sie mit dem Schulberater.***
4. ***Finden Sie heraus, ob die Freunde und Geschwister Ihres Teenagers sich Sorgen machen.*** Hier geht es nicht darum, dass andere Ihren Teenager „verraten“. Echte Freunde und Familienmitglieder sollten nicht schweigen, wenn Ihr Teenager selbstzerstörerisches Verhalten an den Tag legt.

Die Konfrontation mit dem Drogenmissbrauch bietet eine hervorragende Gelegenheit, die Kommunikation zwischen Eltern und Teenager in Gang zu bringen. Denken Sie aber daran, dass Sie das Problem höchstwahrscheinlich verschlimmern werden, wenn Sie darauf reagieren, indem Sie sich über den Drogenkonsum Ihres Teenagers aufregen und ärgern.

Zögern Sie nicht, professionelle Hilfe zu holen. Solcherart Probleme werden nicht mit einem Erziehungsbuch gelöst.

PERLE 15

Essstörungen

Mandy schaute zum zwanzigsten Mal an diesem Tag in den Spiegel und fluchte. „Ich scheine nicht abnehmen zu können", schluchzte sie leise.

Tatsächlich hatte Mandy in den letzten sechs Monaten eine Menge Gewicht verloren. Ihre Kleidung hing lose um ihre knochige Figur. Aber es war ihr immer noch nicht gut genug. Sie sah immer noch dick aus, zumindest dachte sie das.

Sie blieb selten zum Essen, und wenn, dann stocherte sie nur in ihrem Essen herum. Danach ging sie oft direkt auf die Toilette, steckte sich einen Finger in den Hals und erbrach, was sie nur wenige Minuten zuvor gegessen hatte.

Mandys Essstörung kann sie töten, wenn sie keine Hilfe bekommt. Ungefähr 10 Prozent der Teenager mit Magersucht sterben, selbst mit Behandlung.

Niemand ist wirklich sicher, was Anorexie verursacht. Es kann mit Depressionen in der Familie zusammenhängen, insbesondere mit der Depression der Mutter. Studien zeigen, dass es bei einer von fünfundzwanzigtausend Frauen auftritt. Die durchschnittliche Frau, die magersüchtig wird, beginnt mit einem Gewicht von 60 bis 70 Kilo und kann auf bis zu 35 Kilo abnehmen, anscheinend ohne die körperlichen Folgen eines solch drastischen Gewichtsverlustes zu bemerken. Es gibt aber keine „typischen" Fälle von Anorexie; sie variieren von Person zu Person.

Obwohl es auch Fälle gibt, in denen Jungen magersüchtig werden, sind vor allem Frauen von der Krankheit betroffen. Fast immer befinden sich diese Frauen in der frühen, reproduktiven Phase ihres Lebens. Die Magersucht beginnt meist, wenn sich ein Mädchen unsicher fühlt, verspottet wird oder sich in ihrer Weiblichkeit bedroht fühlt. Sie beschleunigt sich mit Erbrechen (Bulimie), Verstopfung und dem

Ausbleiben der Menstruation. Das Mädchen verschlimmert das Problem durch intensive körperliche Aktivität.

Manche Mädchen, die magersüchtig werden, geben sich der Illusion hin, sie könnten eine Schwangerschaft abwenden, wenn sie dünn blieben. Andere junge Frauen glauben, dass sie in der „Männerwelt" nur mithalten können, wenn sie dünn sind.

Wenn das Mädchen dünner wird, wird sie zum Mittelpunkt der Aufmerksamkeit. Dies ist eine Falle für Eltern, die erkennen, dass ihre Tochter ein Problem hat, aber keine Aufmerksamkeit darauf lenken wollen. Die Eltern verschlimmern ihre Magersucht, indem sie sie ermutigen, mehr zu essen.

Da die Umstände, die Magersucht und andere Essstörungen umgeben, so unterschiedlich sind, ist die beste Lösung für Eltern, professionelle Hilfe für ihr Kind zu suchen.

PERLE 16

Anspruchsdenken

BERATERIN: Also, Haley, was passiert in Ihrem Leben, das Sie zu mir in die Beratung bringt?

HALEY: Es sind meine Eltern. Die sind ahnungslos! Sie können nur über meine Kreditkarten und Telefonrechnungen meckern und jammern. Die leben so was von in der Vergangenheit. Sie kapieren es nicht. Es gibt viel wichtigere Dinge als Noten. Und sie haben keinen Schimmer, was Kinder brauchen. Mein Papa hat mir dieses blöde viertürige Auto gekauft. Er weiß, dass ich eigentlich ein Cabrio hätte haben sollen.

BERATERIN: Als Ihr Vater anrief, um diese Sitzungen zu vereinbaren, sagte er mir, er sei derzeit wirklich knapp bei Kasse und müsse, wenn sich die Dinge nicht änderten, eine Insolvenz in Betracht ziehen. Haben Sie in Anbetracht dieser Situation Schuldgefühle wegen des vielen Geldes, das Sie ausgeben?

HALEY: Natürlich nicht! Ich habe nicht darum gebeten, in diese blöde Familie hineingeboren zu werden. Außerdem ist es das, was Eltern tun sollten. Sie sollten tolle Sachen für ihre Kinder kaufen.

Wir sind uns nicht sicher, wer uns in solchen Situationen leidtun soll: Haley, ihre Eltern oder der Rest der Welt. So unverschämt wie Haley schien, wir alle kennen Kinder wie sie. Sie und ihre Beraterin sind echte Menschen. Haley leidet unter Anspruchsdenken. Sobald sie anfing zu glauben, es sei ihr Geburtsrecht, alles zu haben, was sie will und sobald sie es will, war sie dem Untergang geweiht. Sie wird nie genug haben, um zufrieden zu sein. Ihr Glück wird nicht auf dem beruhen, was sie durch eigene Anstrengung erreichen kann, sondern davon abhängen, wie andere ihr dienen oder sie versorgen. Sie wird in die Erwachsenenwelt eintreten und viel zu viel von anderen und viel zu wenig von sich selbst erwarten.

Haleys Eltern hatten schon früh in ihrem Leben ihre „Elternlizenz" zerrissen. Da sie Haley wie einen Ehrengast im Haus behandelten, wurden sie zu Produkt- und Dienstleistungsanbietern statt zu Eltern. Im Laufe der Jahre nahmen sie ihr die Notwendigkeit, selber verantwortungsvoll zu handeln.

Wenn Haley einmal in die Welt der Erwachsenen eintritt, wird das, was ihr einst ihre Eltern geboten haben, zur Aufgabe der Gesellschaft. Und das wird nie genug sein, um sie zu befriedigen. Menschen mit Anspruchsdenken sehen sich selbst als Opfer. Sobald sich dies festsetzt, sind an allem Unglück und allen Enttäuschungen immer die anderen schuld.

Haleys Eltern haben es in ihrem Bemühen, ein perfektes Leben für ihr Kind zu schaffen, versäumt, ihr beizubringen, dass das Erwachsensein persönliche Einschränkungen in Bezug auf das eigene Verhalten erfordert. Ihr Gespräch mit der Beraterin zeigt, dass sie nicht in der Lage ist zu erkennen, wie sich ihr Verhalten auf andere auswirkt, sowohl zuhause als auch in der Gesellschaft.

Leider sind Eltern, die versuchen, ihren Kindern Verantwortungsbewusstsein beizubringen, immer wieder mit der Tatsache konfrontiert, dass dies in anderen Bereichen des Lebens ihrer Kinder nicht verstärkt wird. Was verstärkt wird, ist der Glaube an einen grenzenlosen Anspruch.

Viele Kinder beginnen ihr Studium mit einem Wohlstand, den sie sich nicht verdient haben. Sie haben keine Ahnung, wie sie ihren Lebensstil finanzieren oder wahren können, außer ihn von ihren Eltern einzufordern. Sie haben eine Menge Geld, das sie ausgeben können, aber keine Ahnung, wie sie es verdienen können.

Als Autoren des Liebe-und-Logik-Ansatzes sind wir sehr besorgt über das rasante Wachstum von Anspruchsdenken bei unseren jungen Menschen und dessen Bedrohung für die Gesellschaft. Als wir dieses Problem untersuchten, wurden wir uns der Überzeugungen bewusst, die anspruchsvolle Menschen hegen. Im Folgenden finden Sie, was wir die „Höhen und Tiefen des Anspruchsdenkens" nennen.

HOCH: Hoher Bedarf an Waren und Dienstleistungen

TIEF: Geringer Druck, erfolgreich zu sein oder einen Job zu behalten

HOCH: Hoher Zeitaufwand für Partys

TIEF: Geringer Zeitaufwand für das Erreichen des Ziels

HOCH: Hohe Erwartungen an andere

TIEF: Wenig Ehrgeiz

HOCH: Hohe Abneigung gegen diejenigen, die von ihnen verlangen, durch Studium und Anstrengung etwas zu erreichen

TIEF: Geringe Wertschätzung der Chance auf eine Ausbildung

HOCH: Hoher Bedarf an Unterhaltung und Spaß

TIEF: Geringes Bewusstsein für die Opfer, die ihre Eltern gebracht haben

HOCH: Hohe Bereitschaft, sich über die traditionellen Regeln und Werte der Gesellschaft hinwegzusetzen

TIEF: Geringer Respekt vor Erwachsenen und Führungspersonen

HOCH: Hohe Neigung zu Ersatz-Hochs wie Alkohol und Drogen

TIEF: Geringer Respekt vor den traditionellen Regeln der Gesellschaft

Die Grundlage für diese Überzeugungen wird im frühen Leben geschaffen. Eigentlich wird dieses Problem nicht von den Kindern ausgelöst, sondern von Eltern, die es versäumen, vernünftige Grenzen für das Verhalten zu setzen. Es ist normal, dass Kinder das wollen, was sie in der Werbung sehen. Viele Eltern helfen ihren Kindern jedoch nicht, zwischen einem Wunsch und einem Bedürfnis zu unterscheiden. Kleine Kinder setzen sich nicht von selbst Grenzen. Das ist die Aufgabe der Eltern.

Angesichts des gesellschaftlichen Drucks und der Tatsache, dass die persönliche Verantwortung in vielen Bereichen unseres Lebens nicht gefördert wird, müssen wir drei Dinge tun:

1. An unserer Überzeugung festhalten, dass Kinder lernen müssen, wie sie durch eigene Anstrengung und Mühe das bekommen, was sie wollen. Schließlich ist es nur der Erfolg nach solchen Anstrengungen, der ein positives Selbstwertgefühl aufbaut.
2. Fähigkeiten erwerben, um Grenzen zu setzen und durchzusetzen.
3. Uns mit gleichgesinnten Freunden umgeben, damit wir nicht auf die falschen Überzeugungen derjenigen hören müssen, die damit beschäftigt sind, Kinder mit Anspruchsdenken aufzuziehen.

Ihre Kinder können die Glückspilze sein

Es ist offensichtlich, dass es schwer sein wird, die Kultur der Selbstverliebtheit zu überwinden, solange Universitäten, Schulen, Führungspersonen in der Gesellschaft und vor allem Eltern nicht zusammenarbeiten, um eine Kultur zu schaffen, die lebenstaugliche Menschen hervorbringt, indem sie den Kindern die Möglichkeit geben, die Früchte ihrer guten und schlechten Entscheidungen zu erleben. Glücklicherweise kennen wir jedoch auch viele Eltern, die ihren Kindern erfolgreich dabei helfen, ein Anspruchsdenken zu vermeiden. Eltern, die sich mit Liebe-und-Logik-Erziehungsmethoden beschäftigen und diese anwenden, erhöhen die Wahrscheinlichkeit, dass sie Kinder großziehen, die keine Symptome von Anspruchsdenken zeigen.

Glücklich sind die Kinder, deren Eltern bereit sind, sie für die Waren und Dienstleistungen, die sie haben wollen, kämpfen und sie verdienen zu lassen.

Glücklich sind die Kinder, deren Eltern den „Zuschlag"-Ansatz verfolgen. Diese Eltern helfen ihren Kindern finanziell, Waren und Dienstleistungen zu kaufen, nachdem die Kinder einen Teil der Kosten verdient und gespart haben.

Glücklich sind die Kinder, deren Eltern von ihnen erwarten, dass sie ihren Teil zu der Arbeit beitragen, die zur Aufrechterhaltung eines Haushalts erforderlich ist.

Glücklich sind die Kinder, deren Eltern liebevolle Grenzen setzen, ihren Kindern vernünftige Wahlmöglichkeiten geben und die Konsequenzen dieser Entscheidungen zulassen, um sie auf die Welt der Erwachsenen vorzubereiten.[1]

[1] Weitere Informationen und Ratschläge zu diesem Thema finden Sie unter *From Innocence to Entitlement* von *The Love and Logic Institute*. Erhältlich unter www.loveandlogic.com. In der Tradition von *Love and Logic* bietet es spezifische und praktische Methoden für Eltern zur Bekämpfung von Anspruchsdenken in der Kindheit.

Perle 17

Freunde und Gruppenzwang

Eltern machen sich viele Sorgen darüber, wer die Freunde ihrer Teenager sind. Im Allgemeinen machen sie sich zu viele Sorgen.

Erstens ist die Wahl der Freunde Ihres Teenagers potenziell ein Kontrollkampf, den Sie nicht gewinnen können, genau wie der nicht zu gewinnende Kontrollkampf, den Eltern darüber auszufechten versuchen, welche Art von Kleidung ihr Teenager trägt.

Zweitens lernen Teenager, ihre eigenen Entscheidungen darüber zu treffen, wie sie leben wollen, wenn sie mit ihren Freunden interagieren. Während sie diese Entscheidungen treffen, lernen sie auch, mit den Konsequenzen dieser Entscheidungen zu leben.

Drittens ist der Druck von Gleichaltrigen eine „Zweibahnstraße". Wir wissen, dass Gleichaltrige unsere Teenager unter Druck setzen. Aber wir vergessen oft, dass unsere Teens auch ausgleichend sein und ihre Gleichaltrigen zum Guten beeinflussen können.

Zum Leidwesen der meisten Eltern wollen Teenager oft mit anderen Teenagern herumhängen, die eher abenteuerlich sind. Brave Teenager würden oft gerne ein bisschen wilder und aufregender sein. Aber sie wissen auch, dass sie das nicht tun werden. Wie leben sie also diese Fantasien aus? Sie suchen sich Freunde, die so sind. Das heißt aber nicht, dass auch sie so sind. Es bedeutet nur, dass sie einen Ersatz dafür gefunden haben, selbst so wild und unverschämt zu sein.

Als mein (Jims) Sohn, Charlie, in der Highschool war, sagte ich immer: „Charlie, mit Freunden wie deinen hast du die Chance, mehr Entscheidungen zu treffen als jeder andere in der Schule."

Einer seiner Freunde war ein Drogensüchtiger, ein anderer ein Alkoholiker. Ich dachte immer: *Junge, warum braucht er diese Kinder als Freunde?* Das Einzige, was mir einen Kontrollkampf mit ihm ersparte, war, dass ich genug psychologisch ausgebildet war und genug mit Teenagern gearbeitet hatte, um endlich in den sauren Apfel zu beißen und zu Charlie zu sagen: „Du magst diese Jungs wirklich, nicht wahr?“ „Ja, sie sind irgendwie aufregend“, antwortete Charlie.

„Weißt du, sie sind wahrscheinlich froh, einen Freund wie dich zu haben“, sagte ich. „Ich schätze, dass mehr von dir auf sie abfärbt als von ihnen auf dich.“

„Ja, sie verhalten sich besser, wenn sie in meiner Nähe sind, weil sie ihre Drogen nicht nehmen und nicht trinken.“

„Charlie, ich wusste, dass es so sein würde, und ich freue mich für die Jungs, dass sie dich als Freund haben.“

Aber ich hatte immer noch meine Zweifel. Wenn meine Frau und ich unter uns waren, äußerten wir unsere vielen Bedenken. Es war einfach furchtbar. Es gab Zeiten, in denen ich sogar sagte: „Ich weiß, dass ich falsch liege. Ich weiß, dass ich falsch liege. Ich muss das stoppen.“

Aber es gab auch andere Zeiten, in denen ich sagte: „Ich weiß, dass ich recht habe. Ich weiß, dass ich recht habe.“ Ich wollte Charlie nicht zu verstehen geben, dass ich dachte, seine Freunde würden auf ihn abfärben und ihn runterziehen. Und die Art, wie wir sagen, dass diese Freunde auf unseren Teenager abfärben werden, ist, ihm oder ihr ganz einfach zu sagen: „Du wirst nicht in der Nähe dieser Kinder sein.“

Es gibt jedoch *eine wichtige Ausnahme von dieser Richtlinie*. Es gibt Zeiten, in denen das Gesetz eingreift und sagt, dass Ihr Teenager nicht mit anderen Teenagern zusammen sein darf, weil das ein Verstoß gegen seine Bewährungsauflagen wäre. Dann muss es unbedingt so sein, denn so funktioniert die reale Welt. Wenn Erwachsene ein Verbrechen begehen und auf Bewährung gesetzt werden, schränkt das Gesetz die meisten ihrer Bürgerrechte ein. Und es ist besser für einen Teenager, das früh im Leben zu lernen. Wenn Ihr Teenager eine Bewährungsstrafe erhält, sollten Sie das bedauern. „Ich bin wirklich traurig, dass es dir passiert ist. Es wäre wirklich sehr schade, wenn du gegen deine Bewährungsauflagen verstoßen würdest.“

Abgesehen von dieser Ausnahme sollten wir unseren Teenagern sagen: „Weißt du, du musst eine Menge schwieriger Entscheidungen treffen, wenn du mit solchen Freunden zusammen bist. Aber ich denke, wenn jemand diese Entscheidungen treffen kann, dann bist du es, richtig? Und nicht nur das, wenn jemand schlechte Entscheidungen treffen und mit den Konsequenzen leben kann, dann bestimmt du. Also viel Glück bei diesen Freunden."

Wenn Ihr Teenager dann das Haus verlässt, können Sie sicher sein, dass er oder sie zumindest diesen Gedanken im Kopf hat: „Ich bin für mich zuständig, nicht für andere Kinder."

Perle 18

Geschenke an unsere Teenager

Wir können mit den besten Absichten Probleme erzeugen, wenn wir Geld geben, um unseren Kindern aus der Patsche zu helfen. Manche Eltern geben vernünftig und freudig und haben im Allgemeinen Kinder, die das dankbar annehmen. Andere Eltern geben missmutig oder gedankenlos und ziehen Kinder auf, die sich berechtigt fühlen. Wir haben festgestellt, dass, wenn liebende Eltern sehr respektlose Teenager haben, es im Allgemeinen daran liegt, dass den Kindern das Recht dazu eingeräumt wurde und die Eltern viel zu viel gegeben und ihnen zu häufig aus der Patsche geholfen haben.

Wie viel man geben soll, wird zu einem Thema, weil es eine natürliche Tendenz gibt, unseren Kindern etwas geben zu wollen, besonders wenn wir die Mittel dazu haben. Anderen etwas zu schenken und ihnen zu helfen, bringt das menschliche Herz zum Singen. Geben, Selbstaufopferung und Altruismus sind alles Eigenschaften, die Charakter demonstrieren. Wenn wir uns zum Beispiel mit jemandem unterhalten und er oder sie lässt einen Bleistift fallen, ist unsere natürliche Tendenz, ihn aufzuheben. Es kann also lohnend sein, anderen etwas zu geben – sei es unserem Kind, unserer Kirche/Gemeinde oder einem guten Zweck.

Wenn aber auf der anderen Seite das Geben zu einem Anspruchsdenken bei dem Kind führt, verlieren alle. Die meisten Erwachsenen erkennen die Gefahr, dass wohlhabende Eltern ihre Kinder ruinieren, indem sie ihnen Geld aus den falschen Gründen, auf die falsche Weise und im falschen Alter geben – mit schrecklichen Folgen. Der Begriff „Investmentfonds-Baby“ wird manchmal – selbst wenn sie vierzig Jahre alt sind – für jene unglücklichen Kinder verwendet, die zu früh und zu viel erhalten haben und ein vergeudetes und oft selbstzerstörerisches Leben führen.

Ob es sich um ein Auto, Studiengebühren, Benzingeld, Geld für eine Verabredung oder fast jedes andere Geschenk handelt, müssen drei wesentliche Regeln beachtet werden, wenn das Schenken gesund und eine Bereicherung für Ihr Leben und das Leben Ihres Kindes sein soll. Das Geschenk muss aus freien Stücken und mit den folgenden Erwartungen gegeben werden:

1. Das Kind verlangt oder erwartet es nicht.
2. Das Kind lächelt und sagt etwas wie: „Wow, danke!"
3. Das Kind verwendet das Geschenk in einer verantwortungsvollen Weise, die vom Schenkenden gebilligt wird.

Schauen wir uns diese Regeln nacheinander an.

Erstens: Wenn ein Kind ein Geschenk fordert oder erwartet, anstatt auf ein Geschenk zu hoffen, bedeutet dies, dass das Kind das Gefühl hat, das Geschenk sei ihm geschuldet. Dies ist der erste Schritt zum Anspruch. Wird das Geschenk nicht gegeben, fühlt sich das Kind betrogen und zum Opfer gemacht, und der Erwachsene fühlt sich schuldig. Wenn Geschenke geschuldet werden, werden sie zu Bestechungsgeldern, und die Freude am Geben und Nehmen geht verloren.

Zweitens: Eine Möglichkeit, um festzustellen, wann das Geben eines Geschenks oder das Helfen für Ihr Kind gesund ist, ist, auf die Reaktion zu achten, wenn das Geschenk oder die Hilfe gegeben wird. Die *einzig* richtige Antwort ist eine Variation von „Danke". Jede Abwandlung wie „Wurde auch Zeit!" oder „Warum musste ich so lange warten?!" bedeutet, dass ein Anspruch vorhanden ist, und obwohl die Hilfe dem Kind kurzfristige Erleichterung bringen mag, ist es ein kurzfristiger Gewinn, der einen langfristigen Schmerz nach sich zieht. Letztendlich wird das Kind das Verhalten fortsetzen, das den Erwachsenen überhaupt erst dazu verpflichtet hat, dem Kind aus der Patsche zu helfen.

Drittens: Nutzt Ihr Kind Ihre Geschenke auf eine Weise, die Sie als verantwortungsvoll empfinden? Dies ist sehr wichtig. Denken Sie daran, dass Kinder, die die Großzügigkeit ihrer Eltern missbrauchen, das Gefühl haben, es sei gerechtfertigt, wie sie das Geld aufbrauchen. Nur wenige Kinder sagen: „Ich habe die Mittel meiner Eltern vergeudet." Die meisten empfinden es als *notwendig,* das Geld für Kleidung oder Dinge auszugeben, die sie für notwendig erachten.

Je verantwortungsbewusster das Kind ist, desto notwendiger sind die Ausgaben und desto wahrscheinlicher ist es, dass die Ressourcenbasis (die Eltern) mit der Verwendung des Geldes einverstanden ist.

Manche Eltern fragen vielleicht: „Warum muss mein Kind mein Geld so ausgeben, wie ich es gutheiße? Ist das nicht zu viel erwartet?“ Ganz und gar nicht! Das ist die Art und Weise, wie die reale Welt funktioniert. Wenn sie Einzelpersonen oder Unternehmen aus der Klemme helfen, bestehen Banken darauf, dass sie das Geld sinnvoll ausgeben, was oft von einem Konkursgericht bestimmt wird. Nur wenige Geldgeber in der realen Welt – sei es die Regierung, eine Bank oder eine Stiftung – sagen zu den Begünstigten: „Hier ist ein Haufen Geld. Gebt es aus, wie ihr wollt.“

Ein Liebe-und-Logik-Vater beschloss einmal, seinem Sohn, der während seines zweiten Studienjahres Zeit und Geld für eine politische Sache ausgab, die der Vater nicht guthieß, die finanzielle Unterstützung zu streichen. Als der wütende Sohn seinen Vater beschuldigte, „mein Leben kontrollieren zu wollen“, nutzte der Vater Fragen mit Einfühlungsvermögen und Liebe, um seinem Sohn mitzuteilen, dass er nur dann Geld für solche Zwecke ausgeben könne, wenn er das Geld selbst verdiene. Aber das Geld des Vaters sollte auf eine Weise ausgegeben werden, die den Wünschen des Vaters entsprach.

Liebe-und-Logik-Eltern genießen es, ihren Kindern zu helfen und ihnen Dinge zu schenken, die ihnen Freude bereiten, aber sie sind sich der Gefahren bewusst, die sich aus der Erziehung von anspruchsvollen Kindern ergeben, die durch unangemessenes Geben entstehen können. Eltern können jungen Erwachsenen Ressourcen zur Verfügung stellen, um ihnen zu helfen, im Leben erfolgreich zu sein, aber sie müssen sich davor hüten, einem Kind zu erlauben, sich auf Kosten der Familie selbst zu zerstören.[1]

---

[1] Mehr darüber, wie Sie Ihren Kindern beibringen können, steuerlich verantwortlich zu sein, finden Sie in Perle 23, „Geld“.

PERLE 19

Noten

Eltern sind verständlicherweise besorgt und frustriert, wenn ihre Teenager Schwierigkeiten haben, sich zu motivieren, die Schule ernst zu nehmen oder sich um gute Noten zu bemühen. Es gibt jedoch verschiedene Stufen der Besorgnis. Je verantwortungsvoller der Teenager ist, desto weniger sollten sich die Eltern einmischen.

Aber wenn Teenager nicht verantwortungsbewusst sind – ständig Bücher nicht nach Hause bringen oder Hausaufgaben verlieren – und die Eltern versuchen, sich einzumischen, um sie dazu zu bringen, Hausaufgaben zu machen, wird es zu einem Kontrollkampf, den nur der Teenager gewinnen kann. Die Eltern empören sich und halten Vorträge, die wiederum den Teenagern in die Hände spielen. Teenager lieben es, wenn sich ihre Eltern aufregen.

Stattdessen ist es wichtig, dass wir die Situation aus der Sicht des Teenagers erkunden und dabei versuchen, seine Gefühle zu ergründen. Die beste Garantie für einen Abschluss – oder, strategischer ausgedrückt, der beste Weg, um unseren Teenagern zu helfen, ein gesundes Selbstbild zu wahren – ist es, die Türen der Kommunikation offen zu halten, indem wir uns für das Leben unserer Teenager interessieren, ohne sie zu retten.

Warum Teens die Motivation fehlt

Jeder Fall von schlechter Schulmotivation ist ein individuelles Problem, weshalb wir nur die Hauptursachen betrachten werden.

Teenager werden es müde, mit den Anforderungen Schritt halten zu müssen. Die weiterführende Schule ist eine Zeit des intensiven Wettbewerbs, akademisch und sozial. Nur wenige Teenager sind dieser Phase nicht überdrüssig, bevor sie abgeschlossen ist. Der häufigste

Fehler, den Eltern machen, ist der Versuch, die Kinder zum Schulabschluss zu drängen. Das scheitert fast immer. Oder, wenn es doch zum Erfolg führt, scheitern die Kinder oft im ersten Studiensemester oder im ersten Job.

Irgendwann kommt eine Zeit, in der man als Erwachsener einen anderen Erwachsenen nicht mehr zum Erfolg drängen kann. Oft ist es am besten, unsere Kinder einfach wissen zu lassen, dass wir hoffen, dass sie einen Abschluss machen werden, aber wenn sie den Punkt erreichen, an dem ihnen die Schule unwichtig wird, sagen sie durch ihr Verhalten, dass sie bereit sind für das Leben und den Beruf.

Depressionen oder Lernstörungen: Wenn Eltern den Verdacht haben, dass ihr Teenager depressiv ist oder an einer Lernstörung leidet, sollten sie kompetente professionelle Tests und Beratung in Anspruch nehmen. Einen Schüler, der unter solchen Problemen leidet, zu kritisieren, macht die schulischen Leistungen nur noch schlimmer.

Gruppendruck: Wenn Teenager Teil einer Gruppe von Gleichaltrigen sind, die keinen Wert auf die Schule legt, kann es helfen, wenn wir sie wissen lassen, dass wir hoffen, dass etwas von ihnen auf ihre Freunde abfärbt. Wir sollten unsere Teenager wissen lassen, dass wir uns Sorgen machen, aber es bringt kaum etwas, ihnen zu verbieten, ihre Freunde zu treffen.

Beschäftigung mit anderen Interessen: Manche Teenager schneiden schlecht ab, weil sie von einem bestimmten Interesse an etwas anderem verzehrt werden. Einige von Amerikas erfolgreichen Unternehmern haben die Oberstufe abgebrochen, um ihr eigenes Unternehmen zu gründen. Das heißt nicht, dass ein Schulabbruch gefördert werden sollte, aber es ist auch nicht das Ende der Welt. Wenn Ihr Kind ein gutes Selbstbild pflegt, stehen die Chancen gut, dass es später einen entsprechenden höheren Abschluss macht und vielleicht erst als Erwachsener studiert.

Drogenmissbrauch: Wenn die geringe Motivation eines Teenagers mit Drogenmissbrauch zusammenhängt, dann sind die Drogen das Problem, nicht die schlechten Schulleistungen.

Teens Verantwortung für ihre Noten übernehmen lassen

Sie können viele Kontrollkämpfe von vornherein vermeiden, wenn Sie Ihrem Teenager erlauben, seine Noten selbst zu bestimmen. Eine hilfreiche Perspektive ist, sich daran zu erinnern, dass eine Drei eine zufriedenstellende Note ist und die meisten von uns im Leben in fast allem, was wir tun, eine Drei bekommen. Die meisten von uns fahren, essen und putzen entsprechend einer Drei. Ein wenig Verständnis für Durchschnittsnoten kann sehr hilfreich sein.

Für die meisten Hochbegabten genügt es nicht, eine Drei zu haben, um in ihrem Beruf erfolgreich zu sein. Aber das muss letztlich jeder für sich entscheiden. Jugendlichen muss man beibringen, ihren eigenen Erfolg bzw. Misserfolg in der Schule als direkt in ihrer Verantwortung liegend zu betrachten. Viele Kinder haben aus bewusster oder unbewusster Rebellion heraus Probleme in der Schule und denken, dass die Eltern – und nicht sie selbst – darunter leiden werden, wenn sie versagen. Wichtig ist es, eine gute Eltern-Kind-Beziehung aufrechtzuerhalten, indem man Fragen stellt, die nicht anklagend sind, sich ohne zu ärgern interessiert und die Konsequenzen auf natürliche Weise eintreten lässt.

Beobachten Sie, wie dieser Liebe-und-Logik-Vater mit dieser Situation umgeht.

PAPA: Hey, Nathan, wie läuft's denn gerade so in der Schule?

NATHAN: Toll. Laura und ich gehen heute Abend auf die Klassenparty.

PAPA: Super! Ich hoffe, ihr habt eine gute Zeit. Wie sind die Halbjahresnoten?

NATHAN: Ich habe einige Englisch- und Matheaufgaben, die sich der Lehrer nicht einmal ansehen wollte, weil ich sie einen Tag zu spät abgeliefert habe. Die Schule ist eine Qual!

PAPA: Das ist enttäuschend. Und wie sind die Noten?

NATHAN: Ungefähr eine Drei, zwei Vieren und zwei Sechsen.

PAPA: Ähm … und was denkst du darüber?

NATHAN: Ich kann sie verbessern … wenn ich es versuche.

PAPA: Es zu versuchen, kann manchmal schwer sein. Ich habe mir überlegt, ob du vielleicht glücklicher wärst, wenn du nicht mehr in der Schule wärst und es dich nicht so sehr nerven würde.

NATHAN (schockiert): Du meinst, einfach aufgeben?

PAPA: Naja, ist das nicht genau das, wo du jetzt steckst?

NATHAN: Ja, aber …

PAPA: Schau mal, Nathan, ich denke Folgendes. Ich liebe dich und möchte für dich sorgen, aber all die Dinge, die du hier genießt – der Fernseher, die Heizung, das ganze Essen – sind da, weil ich einen durchschnittlichen bis guten Job bei der Arbeit mache. Da du im Moment nicht daran interessiert bist, einen durchschnittlichen Job in der Schule zu machen, ärgert das mich ein bisschen, und ich liebe dich zu sehr, um das so weitergehen zu lassen. Also frage ich mich, ob es nicht an der Zeit wäre, dass du ausziehst und deinen Weg gehst, oder, wenn du lieber hierbleiben willst, dass du anfängst zu arbeiten und Kost und Logis bezahlst, oder was auch immer. Verstehst du? Ich will nur keine negativen Gefühle über dich haben.

NATHAN: Mensch, Papa, ich werde meinen Abschluss machen – ich werde härter arbeiten.

PAPA: Nun, warum geben wir dem Ganzen nicht noch ein letztes Halbjahr, und wenn du in der Schule eine Drei bekommst und ich bei der Arbeit weiterhin eine Drei, sind wir quitt. Aber wenn im nächsten Quartal die Noten immer noch schlecht sind und es in der Schule immer noch schleppend läuft, erwarte ich, dass du innerhalb von drei Wochen einen Job annimmst und anfängst, Kost und Logis zu bezahlen. Du bist ein großartiger Arbeiter, und du wärst großartig bei McDonald's.

NATHAN: Also, ich werde hier nicht weggehen!

PAPA: Dann viel Glück, mein Sohn. Was denkst du, wie es klappen könnte?

NATHAN: Der Mathelehrer hat gesagt, dass ich die verspäteten Arbeiten morgen nachreichen kann, aber ich müsste auf die Party verzichten …

PAPA: Das wäre schade. So ein Pech! Ich hoffe, du kriegst das hin. Ich hab dich lieb, Nathan.

Eine andere Möglichkeit, mit solchen Dingen umzugehen, ist, es schriftlich zu machen, vor allem, wenn ein Gespräch mit dem Kind brisant werden könnte. Das Folgende ist ein Brief, den ein Elternteil an das Kind schreiben könnte, um effektiv zu reagieren. Der Vorteil der schriftlichen Form ist, dass der Teenager die Möglichkeit hat, die vollständigen Gedanken der Eltern zu erfahren, bevor er die Gelegenheit hat, zu argumentieren oder sich zu verteidigen. Normalerweise funktioniert es am besten, den Brief mit der Anregung zu geben, dass das Kind eine Weile darüber nachdenken soll, bevor es antwortet.

Lieber Sohn,

Warum setze ich Erwartungen an schulische Leistungen?

Warum will ich wissen, wo du bist und wann du nach Hause kommst?

Warum erwarte ich, dass du mich respektierst, so wie ich dich respektiere?

Warum erwarte ich von dir, dass du deinen Teil der Arbeit im Haus erledigst?

Warum erwarte ich dich bei den Familienmahlzeiten?

Warum setze ich dir Grenzen?

Ich tue diese Dinge, weil es der beste Weg ist, den ich kenne, um dir zu beweisen, dass du mir wichtig bist und dass ich dich liebe.

Es ist nicht leicht, Erwartungen an dich zu stellen. Es macht mir eine Menge zusätzliche Arbeit, dich zur Verantwortung zu ziehen. Du testest mich häufig, um zu sehen, ob ich dich wirklich liebe und an dich glaube.

Du bist spät nach Hause gekommen, um zu sehen, was ich tun würde, und du hast festgestellt, dass ich dein Ausgehen für eine Weile eingeschränkt habe. Du hast mir eine freche Antwort gegeben, um zu sehen, ob ich dich wirklich liebe, und du hast am Ende deine frechen Worte überdacht, während du einige meiner Hausarbeiten erledigt hast, um die Mühe auszugleichen, die du mir verursacht hast.

Du hattest „vergessen“, deine häuslichen Pflichten zu erledigen und warst sehr überrascht, als ich dich in der Nacht aus einem tiefen Schlaf weckte, damit du diese zu Ende bringst. Du hast mich geprüft, indem du dich nur langsam für die Schule fertig gemacht und dadurch den Bus verpasst hast. Was für ein langer Weg zur Schule das an diesem Tag war! Du hast eines Tages im Einkaufszentrum einen Wutanfall bekommen und musstest für einen Babysitter bezahlen, als wir das nächste Mal ins Einkaufszentrum gingen.

Jedes Mal, wenn ich dir gewisse Konsequenzen auferlegt habe, hat es mir das Herz gebrochen. Ich glaube wirklich, dass es mich genauso verletzt hat wie dich. Und es war nicht einfach, dir zuzuhören, wenn du mir gesagt hast, ich hätte das getan, weil ich gemein sei. Es wäre ja viel einfacher gewesen, dich einfach anzuschreien oder dir den Hintern zu versohlen oder dein Verhalten in irgendeiner Weise zu entschuldigen. Meine Liebe zu dir und mein Glaube an das, was aus dir werden kann, war das, was mir die Kraft gab zu tun, was ich tun musste.

Ich weiß, dass Erwachsene, die ein glückliches Leben führen, einst Kinder waren, die die Grenzen ihrer Eltern getestet haben, es aber nicht geschafft haben, dass die Eltern unter dem Druck nachgegeben haben. Sie wuchsen zu gebildeten und verantwortungsvollen Menschen heran und wurden so mit dem ausgestattet, was sie brauchen, um die Freiheit zu haben, ihre Träume zu verwirklichen.

Ich weiß auch, dass die Welt voller Menschen ist, denen als Kinder keine Grenzen gesetzt wurden. Du hast diese Menschen selbst gesehen. Das einzige Leben, das sie jemals leben werden, ist voller Enttäuschungen.

Gestern hast du ein Zeugnis nach Hause gebracht mit Noten, die weit unter deinen Möglichkeiten liegen. Bitte verstehe, dass es für mich so viel einfacher wäre, Ausreden für dein Verhalten zu finden, als dich zur Verantwortung zu ziehen. Vielleicht würde ich mich sogar besser fühlen, wenn ich deine schlechten Noten auf dein Alter, deine Freunde oder sogar deinen Lehrer schieben könnte.

Aber ich liebe dich zu sehr, um dich auf diese Weise im Stich zu lassen.

Bitte denke ernsthaft über deine schulischen Leistungen nach und sei bereit, mir deine Pläne mitzuteilen, wie du dieses Problem lösen und dein akademisches Leben wieder auf Kurs bringen willst.

Dein Vater und ich werden am Freitagabend zur Verfügung stehen, um dies mit dir zu besprechen. Wir möchten, dass du darauf vorbereitet bist, uns zu sagen, was du vorhast, und uns auch zu erklären, welche Art von Unterstützung oder Hilfe du von uns brauchst.

Ich weiß, dass du gehofft hast, am Freitagabend auszugehen.

Auch dein Vater und ich hatten vor, das zu tun. Wir sind jedoch bereit, dafür zu Hause zu bleiben, weil du uns so wichtig bist und es uns wichtig ist, was für ein Mensch aus dir wird.

In der Zwischenzeit ist uns klar, dass du wahrscheinlich sehr unter deinem Zeugnis leidest. Es muss eine große Enttäuschung sein. Bitte sag deinen Lehrern, dass wir dich lieben und unterstützen.

Herzlichst

Mama

Es hat mehrere Vorteile, das Problem auf diese Weise anzugehen. Erstens gibt es sowohl den Eltern als auch dem Kind Zeit, sich zu beruhigen und die Situation in die richtige Perspektive zu rücken. Es lässt den Eltern Zeit, sich mit Lehrern und Beratern zu beraten.

Zweitens gibt diese Herangehensweise den Eltern Zeit, zu testen, wie sie dem Teenager begegnen wollen, wenn sie sich schließlich zu diesem Thema treffen, und es reduziert die Emotionen und die Aspekte des Machtkampfes in Bezug auf das Problem erheblich.

Ein wichtiger Faktor, wenn man mit einem Problem auf diese Weise umgeht, ist schließlich, dass das Kind etwas lernen darf – vor allem, dass die Liebe und Unterstützung der Eltern das Wichtigste ist. Ermahnungen, Drohungen und Auseinandersetzungen führen oft dazu, dass sowohl Eltern als auch Kinder ihre Liebe und Verpflichtung zueinander vergessen.[1]

---

[1] Als weitere Hilfe zu diesem Thema ist ein Video mit dem Titel „From Bad Grades to a Great Life“ (Von schlechten Noten zu einem tollen Leben) über das *Love and Logic Institute* unter www.loveandlogic.com erhältlich.

Perle 20

Hausarrest

In der realen Welt gibt es keinen Hausarrest, außer im Gefängnis. Besser als Hausarrest funktioniert, wenn Sie Ihre Bedenken gegenüber Ihrem Teenager zum Ausdruck bringen. Viele Eltern, die ihren Teenagern Hausarrest geben, wären wohl überrascht, wenn sie herausfinden würden, dass sie das gar nicht tun müssen. Disziplinierung funktioniert genauso gut ohne es. In der Tat ist Hausarrest für Teenager ungefähr so albern wie der Versuch, einem Ehepartner Hausarrest zu erteilen.

Angenommen, Sie sind ein wenig zu schnell nach Hause gefahren und die Polizei hat Sie angehalten und Ihnen einen Strafzettel verpasst. Sie würden wahrscheinlich verärgert nach Hause kommen und Ihrem Ehepartner sagen: „Mensch, ich bin mit 130 unter der Brücke auf der A5 gefahren und habe einen Strafzettel bekommen." Wie würden Sie sich fühlen, wenn Ihr Ehepartner antworten würde: „Was! Du wolltest doch nächstes Wochenende Skifahren gehen, oder? Weißt du was? Daraus wird nichts. Du hast Hausarrest!" Können Sie sich den Ärger vorstellen, den Sie empfinden würden?

Wenn Sie allerdings alle anderen Methoden zur Disziplinierung ausprobiert haben und Hausarrest funktioniert, dann sollten Sie es natürlich damit versuchen. Aber tun Sie es nur widerwillig, denn der zukünftige Ehepartner Ihres Teenagers wird nicht in der Lage sein, es bei ihm oder ihr anzuwenden.

Jim hat keinem seiner Kinder Hausarrest gegeben. Er fand, dass es viel besser funktionierte, über ein Problem zu sprechen und sie mit den Konsequenzen ihrer Entscheidungen leben zu lassen.

Wir haben festgestellt, dass die Leute, die Hausarrest am effektivsten einzusetzen scheinen, Eltern sind, die bereits eine wirklich gute Beziehung zu ihren Kindern haben. Ihre Teenager werden fast alles für sie tun, sodass die Kinder den Hausarrest tolerieren. Die Eltern, bei denen es nicht funktioniert, haben meist eine schlechte Beziehung zu ihren Teenagern und hoffen, sie damit zu bezwingen.

Wir schlagen vor, dass Hausarrest pro Kind nur einmal im Leben angewendet werden sollte. Heben Sie es für die schlimmste Sache auf, die Ihr Teenager jemals tun wird.

Nach dem ersten Mal verliert es sehr schnell seine Wirksamkeit.

Perle 21

Jobs

Bis vor kurzem war ein Teilzeitjob ein Zeichen von jugendlicher Reife. Teenager lernten Verantwortung und Zeitmanagement und verdienten obendrein etwas Geld für das Studium oder die Berufsausbildung.

Diese Motive für einen Nebenjob haben sich jedoch geändert. Studien haben gezeigt, dass viele Teenager nicht arbeiten, um Geld für die Zukunft zu sparen, sondern um einen materialistischen, konsumorientierten Lebensstil in der Gegenwart aufrechtzuerhalten. Sie geben ihr Geld oft für Kleidung, Musik, Essen und andere Dinge aus, die nach ein paar Monaten weggeworfen werden.

Was sollten Eltern tun, wenn ihr Teenager einen Teilzeitjob annehmen möchte? Kluge Eltern wissen, dass sie nicht kontrollieren können, ob ihr Teenager außer Haus arbeitet, genauso wie sie nicht kontrollieren können, wer die Freunde des Teenagers sind. Sie können jedoch ihre eigenen Erwartungen an den Teenager kontrollieren. Diese Erwartungen sind, wie wir bereits beschrieben haben: einen Dreier-Durchschnitt oder besser in der Schule zu erreichen, die Hausarbeiten zu erledigen und Mama und Papa zu respektieren.

Hier ist ein Szenario, wie eine Mutter mit ihrer Tochter und deren Begeisterung über einen Job umging.

LYNDSAY: Hey, Mama, ich habe den Job im Restaurant bekommen. Der Chef will, dass ich diesen Samstag anfange.

MAMA: Das ist toll, Lyndsay. Wie viele Stunden pro Woche wirst du arbeiten?

LYNDSAY: Der Chef hat fünfzehn gesagt, aber wenn ich gute Arbeit leiste, erhöht er sie auf zwanzig.

MAMA: Ich bin froh, dass er an dich glaubt. Aber wie willst du deine Noten halten und deine Aufgaben im Haushalt erledigen? Du hattest letztes Schuljahr eine Vier in Mathe, und ich musste dich jetzt schon beknien, dass du den Abwasch nach dem Essen machst. Außerdem, was willst du mit dem Geld machen, das du verdienen wirst??

LYNDSAY (jammernd): Ach, Mama. Bist du nicht stolz auf mich, dass ich arbeite?

MAMA: Beantworte meine Fragen, bitte.

LYNDSAY: Naja, meine Klamotten sind so alt, und ich muss mir dieses Videospiel kaufen, das gerade rausgekommen ist.

MAMA: Hast du vor, etwas von dem Geld fürs Studium zu sparen?

LYNDSAY: Hmm, ich weiß es nicht. Du bezahlst doch für das Studium, oder nicht?

MAMA: Nun, ich weiß es auch nicht, Lyndsay. Wir haben vereinbart, dass wir für deine Studiengebühren und andere Ausgaben an der Universität aufkommen. Aber du musst deine Noten verbessern, wenn du überhaupt eine Chance haben willst, angenommen zu werden. Wenn du nicht angenommen wirst, ist die Sache mit der Bezahlung des Studiums erledigt, oder? Und wenn du weiterhin deine Hausarbeiten nicht erledigst, müssen wir vielleicht eine Art Vereinbarung treffen, dass du für Kost und Logis zahlst.

LYNDSAY: Ach Mama, bei dir klingt das alles so hart.

MAMA: Tja, Lyndsay, so ist das in der realen Arbeitswelt. Weißt du, Papa und ich arbeiten, weil das für uns finanziell besser ist, als wenn wir zu Hause bleiben. Aber wenn man arbeitet, um voranzukommen, muss man auf einige Dinge verzichten, wie zum Beispiel die neuesten Klamotten oder Autos zu kaufen. Und es bedeutet auch, dass wir alle unsere Rechnungen bezahlen und unsere Hausarbeiten erledigen müssen.

LYNDSAY (geknickt): Nun, wenn du nicht willst, dass ich den Job habe, rufe ich den Chef an und sage ihm, dass ich nicht arbeiten kann.

MAMA: Ich sage nicht, dass du den Job nicht haben kannst, Lyndsay. Aber ich frage dich, wie du die Pflichten deines Jobs mit deinen Pflichten zu Hause in Einklang bringen willst.

LYNDSAY: Nun, ich kann den Chef bitten, mir nur eine Schicht an einem Tag in der Woche zu geben. Ich denke, ich kann meine Zeit besser einteilen, um meine Schularbeiten und Hausarbeiten zu erledigen. Ist das in Ordnung, Mama?

MAMA: Das klingt gut für mich. Aber wenn sich deine Noten in den nächsten sechs Wochen noch weiter verschlechtern, was denkst du, soll dann mit dem Job passieren?

LYNDSAY: Ich schätze, dann muss ich kündigen.

Teilzeitbeschäftigung von Teenagern kann durchaus eine gute Erfahrung für sie sein. Viele Teenager lernen durch die Arbeit wertvolle Lektionen über das Leben und Verantwortungsbewusstsein, ganz zu schweigen von der finanziellen Belohnung ihrer Arbeit. Aber Eltern und Teenager müssen die Kommunikation aufrechterhalten, damit die Verantwortung eines Jobs nicht zu einem Konfliktfeld wird.

Perle 22

Führung: Bereiten Sie Ihren Teenager darauf vor, ein Leiter zu werden

Die Welt konzentriert sich im Moment stark auf Leitung bzw. Führung. Unserer Nation und der Welt stehen harte Zeiten bevor. Wir sollten uns ernsthaft damit beschäftigen, unsere Kinder darauf vorzubereiten, Leitungsfunktionen zu übernehmen. Irgendein kleiner Achtjähriger, der gerade auf dem Spielplatz herumläuft, ist möglicherweise in Zukunft für die Kontrolle von drei Viertel der Kriegswaffen verantwortlich.

Was sind die Eigenschaften großer Führungspersönlichkeiten? Wenn wir das herausfinden können, gibt es Hoffnung für uns, diese Eigenschaften unseren Kindern zu vermitteln.

Gute Leiter nutzen den Gruppenkonsens beim Sammeln von Daten, aber nicht bei der Entscheidungsfindung. Leiter sind definitionsgemäß nicht in der Gruppe. Sie befinden sich entweder am Rande der Gruppe oder ganz außerhalb der Gruppe. Sie ermutigen andere zu ihrem Standpunkt, geben die Richtung vor und führen in Richtung eines Ziels. Definitionsgemäß kann niemand führen, der innerhalb der Herde steht und Teil des „Gruppendenkens“ ist. Daher ist Führung oft eine einsame Sache. Nur eine echte Führungspersönlichkeit wird Legionen von Kritikern haben. Wenn wir die großen Führungspersonen der Vergangenheit feiern, vergessen wir leicht, dass Washington, Lincoln, Churchill oder King zu ihrer Zeit von großen Teilen der Öffentlichkeit geschmäht wurden. Ich glaube, es war Lincoln, der sagte: „Führerschaft erkennt man an den Feinden, die sie sich macht.“

Führung ist das Gegenteil davon, sich dem Gruppenzwang zu beugen. Churchill stand allein gegen Hitler auf, als der Rest der Welt versuchte zu beschwichtigen.

Wie können wir also die Führungsqualitäten unserer Kinder fördern?

- Ermutigen Sie Ihr Kind, Ihnen gegenüber seinen Standpunkt einzunehmen, indem es Ihnen respektvoll Gegenvorschläge macht und eine wohlüberlegte andere Meinung vertritt. Es geht dabei nicht um rebellische Respektlosigkeit, sondern um Eltern, die ihre Kinder ermutigen, andere Ideen und andere Überzeugungen zu äußern, und um Eltern, die respektvoll zuhören, obwohl sie nicht unbedingt mit ihren Kindern übereinstimmen.
- Lassen Sie Ihre Kinder wissen, wie stolz Sie auf sie sind, wenn sie in Bezug auf Kleidung, Musik und die Wahl der Freunde dem Gruppendruck nicht nachgeben. (Alle Eltern und Teenager sollten sich gemeinsam den Film *Nur mit Dir* ansehen.) Wir haben schon so manches kleine Kind gesehen, das gleich aufrechter stand, wenn die Eltern ihm sagten: „Ja, es sieht so aus, als wärst du mit dieser Idee ziemlich allein. Vielleicht ist es eine Vorbereitung darauf, eines Tages eine Führungsrolle zu übernehmen."
- Ermutigen Sie Ihr Kind zu respektvollem Wettbewerb, was seine Stärken angeht. Ob Sport oder Schach, es ist toll, wenn Ihr Kind der bzw. die Beste sein will. Hemmen Sie es nicht, sondern ermutigen Sie es.
- Große Leiter haben einen inneren Kompass. Ermutigen Sie Ihr Kind, sich selbst einzuschätzen, anstatt sich auf Ihr Lob zu verlassen. Es ist in Ordnung zu sagen: „Gut gemacht, mein Sohn", aber es ist vielleicht effektiver zu sagen: „Was denkst du, wie gut du warst?" „Wie hast du das herausgefunden?" „Wie denkst du jetzt über dich?" oder „Würdest du es das nächste Mal anders machen?"

Die Möglichkeit, einmal eine Führungskraft zu werden, wird den Kindern durch die elterlichen Erwartungen eingetrichtert. Oftmals wird Führung in Familien vererbt. Es ist wahrscheinlich nicht genetisch bedingt, sondern hat mit der Atmosphäre im Elternhaus zu tun. Es kann unausgesprochen sein oder in Worten ausgedrückt werden wie z. B.: „Du bist vielleicht dazu geboren, große Dinge zu tun." Es ist ein toller Vater, der zu seinem Teenager sagt: „Diese unflätige Sprache mag für die Gruppe, in der du jetzt bist, okay sein, aber eines Tages, wenn du ein Leiter bist, wirst du anders reden müssen. Mama und ich würden uns darüber freuen, wenn du das schon frühzeitig ein wenig übst."

Natürlich ist für uns alle der schwierige Teil, Vorbilder zu sein. Wir sollten darauf achten, dass wir nicht das eine oder andere Auto fahren, nur weil es gerade in Mode ist. Oder in diesem oder jenem Haus wohnen, weil alle dort wohnen wollen.

Oder Meinungen vertreten, nur weil sie populär sind.

Perle 23

Geld

Es gibt wirklich keinen deutlicheren Hinweis dafür, dass jemand verantwortungsbewusst ist und sich selbst beherrschen kann, als die Art und Weise, wie Teenager mit ihrem Geld umgehen. Brennt es ihnen ein Loch in die Tasche, horten sie es, spenden sie für wohltätige Zwecke, machen sie einen Haushaltsplan, sparen sie, um große Dinge zu kaufen, sparen sie, um eine Zukunft für sich und ihre Familie aufzubauen, oder rufen sie zu Hause an und bitten um einen weiteren Vorschuss auf ihr Erbe. Sind sie auf der Suche nach Schnäppchen, kaufen sie impulsiv, oder kaufen sie, was sie brauchen, wenn sie es brauchen, zu Einzelhandelspreisen?

Können sie in einer Zeit, in der vielen Studenten Kreditkarten angeboten werden, bevor sie überhaupt daran denken, sich einen Job zu suchen, warten und sparen, um sich das zu kaufen, was sie wollen, oder sind sie das perfekte Ziel für diejenigen, die „keine Anzahlung, keine Zinsen und keine Zahlungen bis zum nächsten Januar" anbieten? Hier sind einige erschreckende Statistiken für die USA:

- Fast ein Fünftel aller Personen, die im Jahr 2002 Konkurs anmeldeten, waren Studenten.
- Neunzig Prozent der Menschen kaufen Dinge, die sie nicht bar bezahlen können.
- 60 % aller Amerikaner zahlen ihr Kreditkartenguthaben nicht jeden Monat ab. Aus diesem Grund sind die durchschnittlichen Kosten für etwas, das mit einer Kreditkarte gekauft wurde, um 112 Prozent höher (mehr als doppelt so viel!), als wenn sie für den gleichen Artikel bar bezahlt hätten.
- Fast die Hälfte aller Amerikaner hat lediglich Rücklagen und Ersparnisse in Höhe von weniger als einer Monatsausgabe. Würden sie ihren Job verlieren, wären sie sofort in Schwierigkeiten und

würden wahrscheinlich ausschließlich von ihren Kreditkarten leben, bis sie entweder einen neuen Job gefunden haben oder insolvent werden.

- Zu Beginn der 1990er-Jahre sparte die typische amerikanische Familie knapp 8 Prozent ihres Einkommens. Zu Beginn der 2000er-Jahre gab derselbe Haushalt ein Zehntel Prozent mehr aus, als er einnahm.

Es ist viel besser für einen Zwölfjährigen, insolvent zu werden, als für einen Siebenundzwanzigjährigen, dessen erstes Baby unterwegs ist. Deshalb raten wir Eltern, ihren Kindern schon im Alter von fünf oder sechs Jahren Taschengeld zu geben. Wie in anderen Bereichen auch, können sie viel darüber lernen, was sie als gesunde, verantwortungsbewusste Erwachsene wissen müssen, wenn sie schon früh im Leben mit den Konsequenzen ihrer Entscheidungen in Bezug auf Geld konfrontiert werden.

Hier sind einige hilfreiche Gedanken zum Thema Taschengeld, die Ihren Kindern helfen werden, das Beste aus dieser großartigen Lernmöglichkeit zu machen.

1. ***Kinder verdienen sich ihr Taschengeld nicht.*** Das bedeutet, dass wir sie nicht dafür bezahlen, dass sie ihre Hausarbeiten tun. Die Bezahlung von Hausarbeiten beraubt sie der Würde, ihren gerechten Anteil an der Arbeitsbelastung der Familie zu übernehmen. Die einzige Ausnahme, dass wir sie für ihre Arbeit bezahlen, ist, wenn sie *unsere* Arbeit erledigen.
2. ***Stellen Sie das Taschengeld jede Woche zur gleichen Zeit bereit.*** Dies kann in einem Umschlag geschehen. Legen Sie das Bargeld sowie eine kleine Rechnung mit der Aufschlüsselung der Mittel (z. B. für ein Kind in der ersten Klasse „1 Euro Taschengeld, 6 Euro Essensgeld“) in einen Umschlag mit dem Namen des Kindes. Schreiben Sie auf die Rechnung: „Weil wir dich lieben. Gib es klug aus und sorge dafür, dass es reicht.“ Was mit dem Umschlag passiert, ist dann Sache des Kindes.
3. ***Bestehen Sie niemals darauf, dass Kinder das Taschengeld sparen.*** Kinder können nicht lernen, mit Geld umzugehen, wenn sie ihr Taschengeld in einem Schuhkarton hinten in ihrem Schrank verstauen und es für später aufsparen, wenn sie groß sind. Kinder

müssen ihre eigene „Wirtschaftskrise" durchmachen – Geld verschwenden und dann keines haben, wenn sie es brauchen – um den Umgang mit Geld zu lernen. Im Allgemeinen lernen die Menschen erst dann zu sparen, wenn sie gelernt haben, wie es ist, wenn man pleite ist.

4. ***Erlauben Sie den Kindern, das Geld auszugeben, zu sparen, zu verschenken oder zu verschwenden, wie sie es für richtig halten,*** solange sie nicht in illegale Aktivitäten verwickelt sind. Sie können es auch verwenden, um andere anzuheuern, die ihre Hausarbeiten erledigen.
5. ***Das Taschengeld eines Teenagers sollte ausreichen, um die meisten regelmäßigen Aktivitäten abzudecken, aber nicht viel mehr als das.*** Es sollte nicht nur die wöchentlichen Ausgaben abdecken – genug für Schulmittagessen und Aktivitäten wie Kino und Snacks nach der Schule mit Freunden –, sondern auch unregelmäßige Ausgaben wie Geburtstagsgeschenke für Freunde und Verwandte, Weihnachtsgeschenke, Schulausflüge und was auch immer sonst noch ansteht. Wenn nötig, machen Sie eine Liste mit dem, was Sie als Elternteil bei Bedarf übernehmen (Schulkleidung, Wohnung, Mahlzeiten usw.), und für die restlichen Ausgaben (Konzertkarten, die neue Jacke, die so cool ist, das neueste, kleinste elektronische Gerät, das neueste, beste Computerspiel usw.) sind die Kinder verantwortlich, dass sie sie aus ihrem Taschengeld oder dem Geld, das sie selbst verdienen, decken.
6. Dies ist vielleicht das Wichtigste: ***Wenn es weg ist, ist es weg.*** Bis zum Umschlag der nächsten Woche gibt es kein Taschengeld mehr.

Jims Sohn Charlie lernte bereits in der ersten Woche, in der er Taschengeld erhielt, eine wichtige Lektion im Umgang mit Geld. Seine Familie besuchte ein Volksfest und die Marktschreier nutzten den Jungen aus. Er kam pleite nach Hause.

„Papa, was soll ich zu Mittag essen?", sagte Charlie, als ihn am Montagmorgen die Realität traf.

„Geh zu deinem Umschlag und hole dein Essensgeld heraus", antwortete Jim.

„Aber es ist alles weg", sagte Charlie.

„O nein, das ist wirklich schade. Was wirst du tun?", sagte er.

„Ich weiß nicht“, sagte Charlie. „Kann ich etwas Essen aus dem Kühlschrank holen und mir ein Mittagessen machen?“

„Sicher, wenn du es dir leisten kannst, dafür zu bezahlen“, sagte Jim. „Mama und ich haben schon einmal für das Mittagessen bezahlt und wir wollen es nicht noch einmal bezahlen.“

Es war eine harte Woche für Charlie. Aber fünf Tage lang mit zwei Mahlzeiten am Tag zu überleben (wir stellten sicher, dass sie gut waren), lehrte ihn eine große Lektion im Umgang mit Geld.

Es wird jedoch Zeiten geben, in denen Kinder hartnäckiger – und psychisch hinterhältiger – sind als Charlie. Wenn sie ihr Taschengeld frühzeitig verbrauchen und uns um mehr Geld vor der festgesetzten Frist anbetteln, müssen wir so stur wie ein Banker in der Wirtschaftskrise sein. Ja, es wird mehr Geld geben – am nächsten Tag der Taschengeldausgabe. Selbst wenn unsere Kinder den mächtigen Schuldgefühlsknopf drücken, müssen wir sicherstellen, dass nichts aus unseren Taschen fließt.

Beobachten Sie, wie dieser Vater mit der Krise seiner Tochter Steffi in der Wochenmitte umgeht:

STEFFI: Papa, ich brauche mehr Geld.

VATER: Ja, das kenne ich. Ich brauche auch immer mehr Geld, als ich als Gehalt bekomme. Hast du schon eine Idee, was du tun wirst?

STEFFI: Ja. Bitte, Papa, könntest du mir mehr Taschengeld geben?

VATER: Ja, ich gebe dir gerne am Samstag dein Taschengeld. Aber vielleicht überlegst du dir erst einmal, ob du dir nicht etwas Geld verdienen kannst, indem du andere im Haus fragst, ob du für Geld ihre Hausarbeiten erledigen kannst.

STEFFI: Aber ich brauche es jetzt!

VATER: Ja, das glaube ich dir. Aber mach dir keine Sorgen. Du erhältst ja mehr am Samstag.

STEFFI: Das ist nicht fair!

VATER: Das ist möglich, und am Samstag wird es mehr geben.

STEFFI: Meine Freunde haben dieses Problem nicht, weil ihre Eltern sie lieben und ihnen mehr Geld geben.

VATER: Da hast du sicherlich auch recht, und am Samstag wird es mehr geben.

Wenn Steffi so weitermacht, könnte Papa die Diskussion mit den Worten beenden: „Wenn ich so weitermachen würde, was würde mein Chef dann wohl über meine Arbeit denken? Er hätte wohl eher Lust, mir weniger zu zahlen, oder? Gib also dein Bestes, um dieses Problem zu lösen, Steffi. Wir sehen uns später."

Wenn Kinder älter werden, ist es kein schlechter Gedanke, ihnen zu erklären, wie Sie für die Zukunft sparen und investieren können, was Sie tun, damit sie studieren können, welche Ausgaben ihre Zukunft bereithält, an die sie vielleicht noch gar nicht denken: Willst du dir ein eigenes Auto kaufen? Hast du Geld für Benzin? Versicherung? Regelmäßige Ölwechsel? Was, wenn es kaputt geht? – und darüber, wie sie mehr Zinsen für das Geld auf ihrem Sparkonto bekommen und noch mehr Zinsen durch Festgeldkonten, Tagesgeldkonten usw. verdienen können.

Das mag kompliziert klingen, aber es kommt der unvermeidliche Tag, an dem Ihr Kind seine erste Werbung für eine Kreditkarte in der Post erhält.

Wir müssen sicherstellen, dass unsere Kinder darauf vorbereitet sind.[1]

---

[1] Siehe auch Perle 18, „Geschenke an unsere Teenager", wo wir den Kauf von Geschenken für Teenager erörtern und wie wir ihnen aus finanziellen Nöten helfen können.

Perle 24

Stimmungsschwankungen

Erinnern Sie sich an die zentrale Figur in Robert Louis Stevensons Geschichte *Der seltsame Fall des Dr. Jekyll und Mr. Hyde*? Dr. Jekyll entdeckte einen Trank, der ihn in eine bösartige, brutale Kreatur namens Mr. Hyde verwandelte. Wenn die Wirkung nachließ, verwandelte er sich wieder in den freundlichen Jekyll.

Manchmal wirken unsere Teenager wie moderne Versionen von Jekyll und Hyde. Wenn sie besonders schlecht gelaunt sind, fragen wir uns vielleicht, ob sie auf Drogen sind oder eine andere schreckliche Krise durchmachen.

Wenn die Stimmungsschwankungen Ihres Teenagers Sie schwindelig machen, sollten Sie die folgenden hilfreichen Tipps im Hinterkopf behalten:

Stimmungsschwankungen sind typisch für die Adoleszenz. Während des Zeitraums von etwa fünf Jahren, in dem Teenager durch die körperlichen Veränderungen rasen, die sie von der Kindheit zum Erwachsensein führen, gehört das Jekyll-und-Hyde-Verhalten zum Alltag. Die intensiven körperlichen und emotionalen Veränderungen der Adoleszenz sind normalerweise für drastische Stimmungsschwankungen verantwortlich.

Verhören Sie Ihren Teenager nicht. Das Schlimmste, was wir depressiven Teenagern antun können, ist, sie mit Fragen zu bombardieren: „Was ist los mit dir?“ oder „Warum kommst du nicht zur Besinnung?“ Für sie ist das so, als würde man sie in den Zeugenstand stellen, während der Staatsanwalt einen Angriff im Gerichtssaal startet.

Stattdessen sollten wir einfach zur Kenntnis nehmen, was wir sehen, und unseren Teenager wissen lassen, dass wir für ein Gespräch zur Verfügung stehen. Wir können es mit fürsorglichen Worten versuchen wie: „Ich frage mich, ob du gerade verletzt bist?“ Dann warten wir ab, was unser Teenager sagt. Will unser Teenager nicht reden, ist es an der Zeit, dass wir uns zurückziehen.

Ermutigen Sie Ihren Teenager, Gefühle mitzuteilen. Es ist in Ordnung, Ihren Teenager zu fragen: „Bist du gerade wütend auf mich?“ oder „Habe ich etwas getan, das dich verletzt hat?“ Es wird Ihnen beiden helfen, wenn Ihr Teenager Ihnen seine Gefühle mitteilt.

Ein Vater namens Ron lernte einmal eine wertvolle, aber schwierige Lektion von seinem Sohn James. Ron und seine Frau suchten eine Beratung für James, weil er seit Langem depressiv war. Es brauchte viele Sitzungen mit einem Therapeuten, um James dazu zu überreden, über das zu sprechen, was in ihm vorging.

Es stellte sich heraus, dass James dachte, sein Vater sei die ganze Zeit sauer auf ihn. James fragte Ron schließlich: „Bist du heute sauer auf mich?“

Überrascht antwortete Ron: „Nein.“

„Warum runzelst du dann die Stirn, wenn du mich anschaust?“, fragte James.

Ron antwortete, er runzele die Stirn immer, wenn er angestrengt nachdenke. Nun lernte er von seinem Sohn, dass andere dann vermuten würden, er sei wütend. Ron hatte gedacht, er habe ein tolles Verhältnis zu James, während James jahrelang unter dem Eindruck litt, sein Vater sei immer wütend auf ihn.

Die meisten schlechten Stimmungen erfordern keinen Berater. Sofern die Depression Ihres Teenagers nicht über einen längeren Zeitraum ohne ersichtlichen Grund anhält, gibt es normalerweise keinen Grund, eine professionelle Beratung aufzusuchen. Die schlechte Laune Ihres Teenagers hat möglicherweise nichts mit Ihnen zu tun. Wenn Sie Ihren Teenager auf die Traurigkeit oder Niedergeschlagenheit angesprochen haben und diese nicht länger als etwa zwei Wochen anhält, ist es normalerweise besser, die Angelegenheit ruhen zu lassen.

Perle 25

Musik

Kritisieren Sie nicht. Es wird Sie nicht zu einem effektiveren Elternteil machen. Sagen Sie sich: „Es gibt vier Dinge, die ich absolut nicht kritisieren darf: die Klamotten, die Haare, die Freunde und die Musik meines Teenagers."

Das bedeutet, dass wir nicht versuchen sollten, ihnen heimlich unsere Meinung unterzuschieben, indem wir die Kleidung, die Haare, die Freunde oder die Musik der Gleichaltrigen unserer Teens kritisieren. Trotz unserer gelegentlichen gegenteiligen Gefühle sind unsere Teenager nicht von gestern. Sie werden sofort wissen, dass wir in Wirklichkeit *sie* kritisieren.

Streit über Musik, wie auch Streit über das Fernsehen, kann für Beziehungen und die Fähigkeit, Liebe zu zeigen, destruktiver sein als der eigentliche Inhalt der Musik oder der Fernsehsendung es verdient. Es ist sehr leicht für Eltern, destruktiv in Bezug auf Dinge zu werden, von denen sie glauben, dass sie destruktiv sein könnten.

Eltern können viele Auseinandersetzungen vermeiden, indem sie einfach folgende Fakten akzeptieren: Erstens ist Musik für die meisten Teenager sehr wichtig, und zweitens machen die meisten von ihnen eine Phase durch, in der sie den Rhythmus und die Lautstärke mögen. Es ist für die Mehrheit von uns schwer zu erkennen, wie sehr Teenager das Gefühl brauchen, dass ihre Meinung respektiert wird.

Seit den 1950er-Jahren ist Musik so sehr mit der Teenager-Kultur verwoben, dass es unmöglich ist, die beiden zu trennen. Sie können großartige Einblicke in die Denkweise Ihres Teenagers und seine Beziehungen zu anderen erhalten, wenn Sie seine Musik verstehen. Es kostet Sie nicht viel Mühe, sich mit Musikern und Bands vertraut zu machen, indem Sie die Zeitung lesen und Fernsehen schauen. Wenn Sie sich wirklich mutig fühlen, bitten Sie sie um die Erlaubnis, ihre Playlists zu hören.

Obwohl sich die Trends in der Popmusik schnell ändern, bleibt die zentrale Rolle der Musik in unserer Kultur tendenziell konstant. Viele der in unserer Teenagerzeit populären Musiker haben heute ein neues Publikum gefunden. Selbst die Big-Band-Klänge aus den 1930er- und 1940er-Jahren sind bei einigen Teenagern wieder beliebt. Der beste Weg, Ihren Teenager dazu zu bringen, andere Arten von Musik zu akzeptieren und zu genießen, ist, dass Sie selbst gerne andere Musik hören und darüber sprechen, warum Sie sie mögen.

Wie sollten wir auf die Musikvorlieben unserer Teenager reagieren? Pauschale Zustimmung, ohne genauer hinzuhören, ist sicherlich naiv, da ein Großteil der heute populären Musik gewalttätige oder sexuell explizite Inhalte hat. Allerdings ist eine pauschale Verurteilung auch nicht die Antwort. Sogar Bands, die für ihren unmoralischen Lebensstil berüchtigt sind, haben schöne Liebeslieder und aufschlussreiche soziale Kommentare geschaffen. Teenager schätzen es genauso wenig, wenn Eltern ihre Musik und deren Komponisten oder Texter pauschal als unmoralisch geißeln, wie Eltern es mögen, wenn Teenager das ganze Geschäftsleben als korrupt abtun.

Manche von uns finden es unangenehm, mit ihren Teenagern über deren Musik zu sprechen. Wir können dem entgegenwirken, indem wir ihnen Fragen stellen, anstatt ihnen einfach zu sagen, was wir denken. Wenn sie nicht über das Thema reden wollen, ist es am besten, das Gespräch höflich zu beenden. Unsere Freundlichkeit an diesem Punkt kann sich später als Segen erweisen, wenn sie sich frei fühlen, mit uns über ihre Musik zu sprechen.

Wenn Ihr Teenager die Lautstärke so stark aufdreht, dass es Sie oder andere Familienmitglieder stört, treffen Sie eine Abmachung wie diese: „He, es steht dir frei, deine Musik zu hören, und uns steht es frei, unsere Musik zu hören. Keiner von uns beiden drängt dem anderen seine Musik auf. Versuche, leise zu sein – oder könntest du vielleicht Kopfhörer tragen?“

Dieser Ansatz wird die besten Ergebnisse bringen. Wenn wir nur die Vorlieben unseres Teenagers kritisieren, könnten wir später teuer bezahlen, wenn der Schaden der Kritik die Auswirkungen dieser oft nur vorübergehenden Hörgewohnheiten überwiegt.

Perle 26

Befehle: Geben oder nicht geben

Einem Teenager zu befehlen, etwas zu tun (oder *nicht* zu tun), ist im Grunde ein unwiderruflicher Akt. Sobald Sie diesen Befehl ausgesprochen haben, haben Sie eine Brücke hinter sich zerstört. Falls Sie Ihre Meinung ändern, können Sie nicht mehr dorthin zurückkehren, wo Sie waren, denn die Zurücknahme eines Befehls erzeugt Respektlosigkeit.

Ein weiterer Nachteil des Erteilens von Befehlen ist, dass es das Selbstwertgefühl von Teenagern tendenziell senkt. Vielleicht ist das der Grund, warum die meisten von uns nicht gerne Befehle annehmen! Die Streitkräfte müssen Menschen dazu *ausbilden,* gute Befehlsempfänger zu sein. Wenn wir einer Person sagen, was sie zu tun hat, bedeutet das insgeheim: „Selbst wenn du ausreichende Informationen hättest, könntest du die Situation nicht selbst beurteilen."

Natürlich ist in Notsituationen das Erteilen von Befehlen manchmal gerechtfertigt, wenn richtigerweise eine Person zu einer anderen sagen muss: „Es ist jetzt keine Zeit, dir die Fakten der Situation zu erklären, also mach es einfach auf meine Art!"

Das Erteilen von Aufträgen funktioniert nur, wenn in zwei Punkten Übereinstimmung besteht:

1. ***Befehlsgeber müssen eine unhinterfragte Autorität sein.*** Die Armee arbeitet sehr hart, um sicherzustellen, dass die Truppen die Autoritätsperson nicht in Frage stellen. Aber Teenager blühen auf, wenn sie Autoritätspersonen in Frage stellen.
2. ***Die Befehlsempfänger müssen akzeptieren, dass sie alleine keine kluge Entscheidung treffen können.*** Die Armee arbeitet auch sehr intensiv an diesem Punkt. Als Foster in die Grundausbildung ging, sagte sein Ausbildungsoffizier den Soldaten sofort: „Okay, Männer, ihr seid nicht hier, um *zu denken.* Ihr seid hier, um *zu tun. Ich* bin hier, um zu denken. *Ich* sage, und *ihr* tut. Habt ihr das verstanden?"

Aber Teenager tun sich damit schwer, weil sie dazu neigen, zu glauben, sie wüssten alles.

Es ist offensichtlich, dass, wenn liebevolle Eltern ihre Bedenken und Gedanken mitteilen, Kinder lernen, ihre Meinungen zu respektieren und zu bedenken, besonders wenn die Eltern recht haben. Wenn Eltern nicht recht haben oder Bedenken und Gedanken zu Problemen äußern, die nie aufgetreten sind, lernen Teenager natürlich zu Recht, dass die Gedanken und Meinungen ihrer Eltern manchmal fehlbar sind. Auch das zeigt natürlich, dass sie nachgedacht haben. So oder so, der Teenager lernt.

Warum wir so gut wie nie Befehle geben sollten

Wann sollten wir dann Befehle erteilen? Idealerweise *nur selten*. Wir sollten unseren Kindern unterschwellig vermitteln, dass wir normalerweise davon ausgehen, dass sie unsere Ideen und Gedanken respektieren, dabei aber in der Lage sind, selbst Antworten zu finden. Wenn unsere Kinder jedoch in Gefahr sind, ist es vernünftig, wenn wir sagen: „Das geht nicht!“

Dies bringt uns zu einer zweiten wichtigen Richtlinie für das Erteilen von Befehlen: *Wir sollten nur dann Befehle geben, wenn wir vernünftigerweise erwarten können, dass unser Kind sie befolgt, und nur dann, wenn wir in der Lage sind, sinnvolle Konsequenzen anzuwenden, falls sie ungehorsam sind.* Definitionsgemäß muss ein einmal erteilter Befehl befolgt werden, „sonst …“.

Die nächste Frage ist natürlich, *was* sonst? Dieses „sonst …“ ist sehr wichtig. In der Psychotherapie hatte Foster jede Woche mit sehr unglücklichen Eltern zu tun, die „sonst …“ benutzten. Sie gaben ihren Kindern Befehle und konnten dann meist nicht einmal überprüfen, ob die Befehle auch befolgt wurden. Obendrein konnten sie dem Fehlverhalten keine effektiven Konsequenzen folgen lassen. Denken Sie daran: Geben Sie niemals einen Befehl, bevor Sie nicht eine Konsequenz für den Fall ausgedacht haben, dass Ihr Teenager sich nicht daranhält. Zu solchen Befehlen gehört:

- „Gib alle deine Hausaufgaben ab!“
- „Rauche nicht, wenn du nicht zu Hause bist!“

- „Hänge nicht mit diesen Freunden rum!"
- „Trink auf der Party keinen Alkohol!"
- „Probiere keine Drogen aus!"
- „Benimm dich so, wie wir es dir beigebracht haben!"

Viel Glück dabei! Wir Erwachsenen haben manchmal Schwierigkeiten, *uns selbst* zu benehmen, geschweige denn, unsere Teenager dazu zu bringen, das zu tun, was wir ihnen sagen.

Hier ein paar Beispiele für Befehle mit Konsequenzen, die die meisten Eltern bei Ungehorsam anwenden können:

- „Rauche nicht im Haus (oder ich werde dich bitten, nach draußen zu gehen)."
- „Du darfst keine Drogen in deinem Zimmer haben (sonst rufe ich die Polizei)."
- „Sei nicht respektlos zu mir (sonst bitte ich dich zu gehen)."

Alternativen zum Erteilen von Befehlen

Welche Alternativen gibt es zum Erteilen von Befehlen? Wenn wir unsere eigenen Bedenken und Gedanken mitteilen, bringen wir uns in die beste Lage, denn das ist es, worüber wir die Kontrolle haben.

Anstelle von Befehlen könnten aufmerksame Eltern Sätze wie diese verwenden:

- „Ich fände es gut, wenn …"
- „Ich hätte wirklich gerne, dass du …"
- „Ich hoffe, dass …"

Mit dieser Herangehensweise ist es keine so große Sache, wenn unser Teenager unsere Gedanken, Meinungen, Wünsche und Hoffnungen nicht beachtet. Wir können damit umgehen, und es erhöht nicht die Respektlosigkeit unseres Kindes. Wie wir bereits erwähnt haben, wird unser Teenager den Respekt vor uns verlieren, wenn er eine Anweisung direkt missachtet und wir für diesen Ungehorsam keine sinnvollen Konsequenzen folgen lassen können. Dies geschieht, weil jedes Elternteil ein Teil des Selbstbildes des Kindes ist: *Ein ungehorsames Kind verliert die Selbstachtung.*

Die meisten Eltern neigen dazu, ihren Teenagern bei „sehr wichtigen“ Themen Anweisungen zu geben. Aber es ist nicht die Wichtigkeit des Themas, die zählt, sondern Folgendes:

1. Wird der Teenager den Befehl befolgen?
2. Wenn nicht, werden wir feststellen können, ob er oder sie ungehorsam war?
3. Wenn er oder sie ungehorsam ist, können wir dann effektiv Konsequenzen für den Ungehorsam auferlegen?

Perle 27

Partys

Viele Teenager träumen von den spaßigen Partys, die sie besuchen oder veranstalten werden, wenn ihre Eltern weg sind. Und während sie träumen, versuchen ihre Eltern, Wege zu finden, ihre Partyaktivitäten einzuschränken – oft ohne Erfolg. Die folgenden Richtlinien können für Eltern, die mit dieser Art von Situationen konfrontiert sind, hilfreich sein:

Geben Sie nie einen Befehl, den Sie nicht durchsetzen können. Die Befehle der Eltern gehen oft nach hinten los. Denn Teenager, die Befehle „brauchen", würden sie sowieso eher nicht befolgen; und diejenigen, die Befehle befolgen würden, brauchen wahrscheinlich keine.

Es ist viel effektiver zu sagen: „Ich möchte nicht, dass du eine Party veranstaltest, während wir weg sind", oder: „Ich hoffe, dass du Partys meidest, auf denen es Drogen gibt." Wenn Ihr Teenager dann Ihre Erwartungen nicht erfüllt, haben Sie nicht so viel verloren, wie wenn Ihr Teenager einen direkten Befehl missachtet.

Kluge Eltern werden ernsthaft, nicht wütend, wenn es um das Verhalten auf Partys geht. Sie werden ernsthaft, indem sie die Konsequenzen eintreten lassen.

Als Brents Eltern nicht in der Stadt waren, schmiss er eine Party, bei der die neue Stereoanlage der Familie beschädigt wurde. In einer ruhigen Art und Weise ließ Brents Vater ihn wissen, dass die Reparatur vollständig in seiner Verantwortung lag. Nach mehreren zeitraubenden Fahrten zur Reparaturwerkstatt und einer Rechnung über 370 Dollar schien Brent weniger daran „interessiert", Partys zu veranstalten. „Partys können sehr teuer sein", sagte er.

Kluge Eltern erhalten die Kommunikation aufrecht, ohne die Kinder zu retten. Sie hören zu (auch bei Informationen, die sie nicht hören wollen), bleiben liebevoll und verwechseln niemals das Akzeptieren von Partyverhalten mit Zustimmung.

Verbieten Sie den Besuch von Partys nur dann, wenn ein Teenager die Anweisung befolgen wird und ihn die Situation wirklich überfordert. Stellen Sie sicher, dass beide Kriterien dieser Regel erfüllt sind, bevor Sie Ihrem Teenager den Besuch einer Party verbieten.

Zum Beispiel besuchte Aaron trotz der Warnung seines Vaters eine Party, auf der Alkohol ausgeschenkt wurde. Sein Vater hatte beschlossen, dass Aaron, egal was passieren würde, damit zurechtkommen würde. Später, nachdem die Polizei die Party aufgelöst hatte, kontaktierte sie Aarons Vater und bat ihn, seinen Sohn abzuholen. Trotz des Vorwurfs der Verletzung der Sorgfaltspflicht weigerte er sich.

Stattdessen verbrachte Aaron die Nacht im Arrest und lernte einige wertvolle Lektionen. „Ich hätte auf meinen Vater hören sollen", sagte er und fügt hinzu: „Einmal Arrest kann ich verkraften, aber nie wieder!"

Verlangen Sie von Ihrem Teenager, Ihnen mitzuteilen, wo er ist und wann er zurückkommt. Warum sollten Teenager uns wissen lassen, wohin sie gehen und wann sie zurückkehren werden? Die meisten Eltern antworten: „Weil wir uns Sorgen machen!" Aber diese Antwort führt in der Regel zu noch weniger verantwortungsvollem Verhalten der Teenager. Eltern müssen *unbedingt* wissen, wo sich ihre Teenager aufhalten, weil sie versprechen, sich *keine* Sorgen zu machen.

Eine effektive Sache, die man sagen kann, ist: „Solange wir wissen, wo du bist und wann du zurückkommst, versprechen wir, uns keine Sorgen zu machen. Nur wenn wir es nicht wissen, machen wir uns Sorgen. Wir wissen deine Hilfe in dieser Sache zu schätzen."

Partys in Ihrem Haus

Tina reagierte folgendermaßen, als ihr Vater sagte, dass er ihre Party bei ihnen zu Hause beaufsichtigen werde: „Du kannst auf keinen Fall auf der Party sein. Du würdest mein Verhältnis zu meinen Freunden ruinieren, wenn du meine Party beaufsichtigst."

Wie viele Eltern kennen Sie, die dieser Art von Teenager-Logik nachgegeben und ihren Kindern erlaubt haben, unbeaufsichtigte Partys zu feiern? Manche Eltern geben nach, weil sie unbedingt wollen, dass ihre Teenager beliebt sind. Manche geben nach, weil sie die Angst haben, sich ihrer Kinder zu entfremden, und sie in der Vergangenheit schon zuließen, dass ihre Kinder sie erpressten. Wenn Eltern unbeaufsichtigte Partys erlauben, machen sie sich angreifbar dafür,

- dass es Rechtsstreitigkeiten aufgrund von Alkohol- oder Drogenkonsum bei Jugendlichen gibt,
- dass ungebetene Gäste ihr Haus zerstören,
- dass sie Kinder aufziehen, die es gewohnt sind, ihren Willen durch Manipulation zu bekommen,
- dass sie Möglichkeiten verpassen, Werte und Prinzipien zu teilen und durchzusetzen.

So hat Tinas Vater das Gespräch geführt:

PAPA: Warum ist es dir wichtig, dass ich nicht dabei bin?

TINA: Wenn du uns ausspionierst, wie sollen wir dann noch Spaß haben?

PAPA: Wirst du Dinge tun, die ich nicht gutheiße?

TINA: Natürlich nicht, aber keiner meiner Freunde hat seine Eltern auf seinen Partys dabei. Alle werden denken, ich sei seltsam. Du willst doch nicht, dass andere Kinder mich für seltsam halten, oder? Du verstehst nicht, was das für meine Beziehung zu meinen Freunden bedeuten würde.

PAPA: Das ist also ziemlich wichtig für dich?

TINA: Ja, ich will nicht, dass alle sehen, dass du mich wie ein Baby behandelst. Ich bin kein Baby. Ich bin sechzehn. Viele Mädchen haben dann schon Babys, und ich kann nicht mal eine Party feiern, ohne dass mein Papa mir im Nacken sitzt. Alles, was ich will, ist eine kleine Party. Es ist ja nicht so, dass ich trinke und Drogen nehme wie viele andere Kinder. Du solltest zu schätzen wissen, dass ich nicht so bin.

PAPA: Du willst also wirklich eine unbeaufsichtigte Party feiern. Ich bin mir nicht sicher, wie ich darauf reagieren soll. Ich brauche etwas Zeit, um darüber nachzudenken, ob es eine Möglichkeit gibt, mit der ich leben kann. Ich gebe dir bis Freitag Bescheid. Danke, dass du mich wissen lässt, wie wichtig das für dich ist.

Vater und Mutter sprechen unter vier Augen über diese Sache und sind sich einig, dass sie diese unbeaufsichtigte Party auf keinen Fall erlauben können. Sie machen ein Brainstorming, um sich Wahlmöglichkeiten zu überlegen, und beschließen, ein weiteres Gespräch mit ihrer Tochter zu führen:

PAPA: Tina, wir haben über deine unbeaufsichtigte Party nachgedacht. Und wir haben auch über unsere rechtlichen Verpflichtungen nachgedacht.

TINA: Und?

PAPA: Wir haben uns drei Möglichkeiten überlegt. Du kannst dich entscheiden.

TINA: Okay, was?

PAPA: Die erste Möglichkeit ist, die Party zu feiern, während ich im Haus bin. Ich werde versuchen, euch aus dem Weg zu gehen.

TINA: Auf keinen Fall! Ich habe dir bereits gesagt, dass das nicht gut ist!

PAPA: Die zweite Möglichkeit ist, dass du eine professionelle Aufsichtsperson engagierst. Du kannst die Polizeidienststelle anrufen und sie werden dir einige Empfehlungen geben. Oder du kennst vielleicht Erwachsene, die unseren Erwartungen entsprechen würden.

TINA: Super! Das ist ja noch schlimmer.

PAPA: Die dritte Möglichkeit ist, dass du abwartest und die unbeaufsichtigte Party bei dir zu Hause hast, wenn du einmal alleine lebst.

TINA: Das ist dumm. Könnt ihr euch nichts Besseres einfallen lassen?

PAPA: Das ist das Beste, was wir tun können. Vielleicht fällt dir ja etwas Besseres ein. Lass es uns wissen, wie du dich entscheidest.

TINA: Nein! Ich habe euch gesagt, was ich will!

PAPA: Du kennst die Möglichkeiten. Lass uns wissen, wie du dich entscheidest.

TINA: Dieses Haus ist ein Polizeistaat. Ich kann es kaum erwarten, auszuziehen.

PAPA: Wir lieben dich zu sehr, um mit dir darüber zu streiten. Lass uns wissen, wie du dich entscheidest.

Perle 28

Wann Sie professionelle Hilfe aufsuchen sollten

Für Eltern schwieriger Kinder stellt sich oft eine heikle Frage: „Wann sollten wir professionelle Hilfe in Anspruch nehmen?"

Zuerst sollten Sie sich aus dem Kopf schlagen, dass die Inanspruchnahme professioneller Hilfe ein Eingeständnis ist, versagt zu haben. In unserer komplexen Gesellschaft mit ihren unzähligen sozialen Problemen werden unsere Kinder ganz natürlich mit Situationen konfrontiert, mit denen wir in unserer Kindheit nie zurechtkommen mussten.

Der gesellschaftliche Erfolgsdruck beispielsweise ist überwältigend und dringt selbst in die unteren Klassenstufen vor. Der Gruppenzwang veranlasst selbst Kindergartenkinder dazu, auf Designerkleidung zu bestehen! Mehr Kinder als je zuvor haben ernsthafte Probleme, und die Ursachen dieser Probleme haben mit der Erziehungsmethode oder den Erziehungszielen der Eltern nichts zu tun.

Es gibt zwei wesentliche Gründe, die für die Inanspruchnahme professioneller Hilfe sprechen:

1. *Eine sich stetig verschlechternde Situation* über einen Zeitraum von mindestens drei Monaten, ohne dass eine Verbesserung in Sicht ist. In diesem Fall kann professionelle Hilfe notwendig sein, um den Abwärtstrend umzukehren.
2. *Eine abrupte, dramatische Veränderung* der Stimmung oder des Verhaltens. Wenn Ihr grundsätzlich verantwortungsbewusster und aufgeschlossener Teenager plötzlich sein gesamtes Verhalten ändert (Noten verschlechtern sich dramatisch, Freundschaften zerbrechen), werden Sie wahrscheinlich sofort professionelle Hilfe suchen wollen.

Professionelle Beratung bedeutet nicht unbedingt eine langwierige Reihe von Beratungssitzungen. Oft genügt eine einzige Sitzung mit einem geschulten Berater, der weiß, wovon er spricht, um Ihnen Klarheit und die Werkzeuge zur Lösung des Problems an die Hand zu geben.

Hier sind einige Richtlinien, um die richtige professionelle Hilfe zu finden:

- Suchen Sie einen Therapeuten, der einen vollen Terminkalender hat. Ein viel beschäftigter Profi mit vielen Klienten ist höchstwahrscheinlich auf dem richtigen Weg.
- Suchen Sie nach zufriedenen Klienten. Bitten Sie den Therapeuten, Ihnen eine Liste mit ein paar zufriedenen Klienten zu geben, mit denen Sie sprechen können.
- Ein guter Therapeut sollte bereit sein, Ihnen eine kostenlose halbstündige Sitzung anzubieten, um Ihre Situation zu besprechen.
- Schauen Sie sich an, was im Leben des Therapeuten vor sich geht. Hat diese Person eine gute Ehe? Sind die Kinder des Beraters gut erzogen?
- Besorgen Sie sich professionelle Empfehlungen. Sprechen Sie mit Kinderärzten, Schulberatern und psychiatrischen oder pädiatrischen Krankenschwestern. Wählen Sie die Person, deren Name dreimal genannt wird. Wird ein stationärer Aufenthalt empfohlen, stellen Sie sicher, dass die Person, die dies empfiehlt, nicht in diesem Kliniksystem arbeitet.

PERLE 29

Wenn Kinder von zu Hause weglaufen

Eltern sind zu Recht in Panik, wenn ihre Kinder von zu Hause weglaufen. Aber sie können dafür sorgen, dass alle aus einem solchen Vorfall etwas Wesentliches lernen.

Nehmen Sie einen Fall, den ich (Foster) einmal mit Debbie und Connie, zwei heranwachsenden Mädchen, hatte. Beide hatten überfürsorgliche Eltern. Beide hatten es satt und liefen eines Sommers zusammen nach Vancouver weg, eine sehr schöne Stadt, besonders im Sommer.

Die Eltern kamen in mein Büro. Sie waren wütend und aufgebracht darüber, dass ihre Kinder von zu Hause weggelaufen waren. Ich gab ihnen ein paar Ratschläge. Die Eltern des einen Mädchens hörten zu, die anderen nicht.

Der Sommer ging in den Herbst über, dann in den Winter. Es wurde kalt in Vancouver.

Debbies Eltern wurden wütend

Als Debbie zu Hause anrief, wurden ihre Eltern wütend. Sie wollten ihre Tochter bestrafen, aber nicht zulassen, dass sie die Konsequenzen ihres Handelns tragen musste. Sie wollten wissen, wo sie war.

„Vancouver", sagte Debbie.

„Was? Das macht uns wirklich wütend!" Sie gingen am Telefon in die Luft. „Du hättest uns anrufen sollen! Wir haben nichts von dir gehört! Was denkst du denn, wer wir sind? Du kommst sofort heim!"

„Ich habe kein Geld", beschwerte sich Debbie.

„Gut, wir werden dir Geld schicken, um nach Hause zu kommen, aber wenn du nach Hause kommst – das sagen wir dir jetzt schon – bekommst du drei Monate Hausarrest! Hast du das verstanden?"

„Ja“, sagte Debbie.

„In Ordnung! Du bleibst dort; wir schicken dir das Geld.“

Debbies Eltern schickten ihr das Geld mit der Warnung, dass sie Hausarrest bekommen würde, wenn sie nach Hause käme. Debbie kam für etwa zwei Wochen nach Hause, dann lief sie wieder weg.

Connies Eltern blieben ruhig

Als Connie zu Hause anrief, zeigten ihre Mutter und ihr Vater keinen Ärger. Rebellische Teenager mögen, wenn sich die Eltern ärgern, aber hier gab es nichts, worauf sie reagieren konnte.

„Hallo Schatz“, reagierten Sie zurückhaltend. „Wo bist du denn gewesen?“

„Vancouver“, antwortete Connie.

„Das ist eine schöne Stadt. Hattest du da oben Spaß?“

„Oh ja.“

„Was hast du gemacht?“, erkundigten sie sich höflich.

„Kellnern und rumgammeln“, sagte Connie.

„Toll! Und wann denkst du, dass du nach Hause kommst?“

„Jetzt?“, fragte Connie.

Dann sagte Mama: „Na, das wäre doch wunderbar! Wir würden uns freuen, dich wieder zu sehen. Gib uns Bescheid, wann du kommst, dann sind wir da.“

„Wie soll ich nach Hause kommen?“, drängte Connie.

„Nun, Schatz, wie bist du da hingekommen?“

„Per Anhalter“, antwortete Connie und wartete darauf, dass ihre Mutter entsetzt aufstöhnen und losstürmen würde, um sie davor zu bewahren, es noch einmal zu tun. (Connies Mutter wusste, dass Connie das sagen würde, da wir dieses Gespräch bereits in meinem Büro geprobt hatten. Man weiß, was rebellische Teenager sagen werden, lange bevor sie es sagen. Sie sind meist nicht sehr kreativ.)

„Nun, Connie, wie hast du vor, nach Hause zu kommen?“, sagte ihre Mutter.

„Ich weiß nicht“, kam eine kleine, zittrige Stimme.

„Gibt es etwas, das wir tun können?“

„Ich möchte, dass ihr mir helft.“

„Hmm, Connie“, antwortete Mama. „Ich war schon immer der Meinung, dass man, wenn man sich irgendwo hinbegeben hat, auch wieder zurückkommen sollte. Allerdings wäre ich bereit, dir die Hälfte des Fahrpreises für eine Busfahrt nach Hause zu schicken, wenn du herausfindest, wie viel das kostet und wie wir das Geld an das Busunternehmen schicken könnten. Natürlich müsstest du es uns mit Zinsen zurückzahlen, wenn du wieder zu Hause bist und hier einen Job gefunden hast.“ Ein Moment der Stille.

Dann sagte Connie: „Okay, ich suche mir einen Job, und dann komme ich mit dem Bus nach Hause.“

„Super, gute Idee!“, mischte sich Connies Vater ein. „Das ist wahrscheinlich besser, als im Winter nach Hause zu trampen. Es ist kalt! Und natürlich ist es besser, als das Risiko einzugehen, verprügelt oder vergewaltigt zu werden.“

„Debbie ist schon weg, weil ihre Eltern das Flugticket für ihre Rückkehr bezahlt haben“, sagte Connie mit einigem Unmut.

„Ich weiß, Schatz“, sagte Mama. „Das war wahrscheinlich der bequeme Weg. Aber was wir sagten, ist das, zu dem wir bereit sind, und wir würden uns freuen, dich zu sehen. Du bist per Anhalter dorthin gekommen. Die Busfahrt sollte wahrscheinlich besser sein als das, oder?“

Nachgebend: „Du hast wohl recht.“

Sehen Sie, wie diese Eltern damit umgegangen sind? Kein Ärger, keine Bestrafung, nur reine Fragen und Konsequenzen.

Was am Anfang schwer ist, ist später leichter

Beide Mädchen haben schließlich ihr Leben in den Griff bekommen und sind verantwortungsvolle Erwachsene geworden, aber Connie hat es früher geschafft. Und im Gegensatz zu Debbie ist Connie nie wieder weggelaufen.

Uns ist klar, dass die Vorgehensweise von Connies Eltern hart erscheinen mag. Wir glauben jedoch, dass Teenager belastbarer sind, als wir ihnen zutrauen. Als Eltern müssen Sie langfristig sehen, was das Beste für Ihren Teenager ist. Wenn es Ihr Ziel ist, Ihrem Teenager dabei zu helfen, ein verantwortungsbewusster, produktiver und selbstständiger Erwachsener zu werden, müssen Sie auf dem Weg dorthin vielleicht einige schwierige Schritte unternehmen. Aber was am Anfang schwieriger ist, ist später einfacher – für Sie und Ihren Teenager.

PERLE 30

Satanismus und religiöse Kulte

Schwarze Kleidung, Schmuck mit umgekehrten Pentagrammen, schwarze Kerzen, Bücher, die satanische Rituale beschreiben – all das kann auf eine Verstrickung in satanische Aktivitäten hindeuten. Von all den möglichen Schwierigkeiten, in die Teenager geraten können, und von allen Wegen, wie sie ihre Rebellion ausdrücken können, erschreckt die Eltern wahrscheinlich nichts mehr, als wenn ihre Kinder mit Satanismus flirten oder sich religiösen Sekten anschließen.

Angst und Überreaktion von Seiten der Eltern macht es umso wahrscheinlicher, dass es zu einem Problem wird. In vielen Fällen haben wir es mit einem großen Hype zu tun. Wir sagen nicht, dass satanische Aktivitäten nicht vorkommen oder keine langfristigen emotionalen und spirituellen Schäden nach sich ziehen können, aber sie beinhalten auch einen Hype.

Nehmen wir an, die Polizei findet zwei Teenager, die Eichhörnchen aufgeschlitzt und die Eingeweide herausgenommen haben. Vor die Wahl gestellt zwischen „Hier sind zwei psychopathische Kinder, die Eichhörnchen aufschlitzen" oder „Hier sind zwei Kinder in einer Sekte", ist es für die Gesellschaft einfacher zu sagen: „Wir haben eine Sekte" anstatt: „Wir haben eine Menge gestörter Menschen." Wir suchen nach simplen, schrillen Antworten.

In mancher christlicher Literatur findet sich manchmal die bedauerliche Sichtweise, Satanismus und religiöse Sekten seien allüberall. Basierend auf dem, was die Bibel sagt, sind wir der Meinung, dass nur Gott überall ist.

Warum vom Glauben geprägte Familien manchmal besonders gefährdet sind

Vom Glauben geprägte Familien, die sehr autoritär sind, sind aus zwei Gründen gefährdet. Erstens sind diese Eltern wahrscheinlich emotional stärker involviert, wenn ihre Teenager mit dem Satanismus flirten, als bei allen anderen Dingen. Wenn Teenager vom Glauben abkommen, ziehen sie mehr elterliche Emotionen auf sich. Kinder mögen Emotionen, auch wenn sie negativ sind.

Diese scheinbare Verstrickung funktioniert besonders gut bei Teenager, die ein schlechtes Verhältnis zu ihren Eltern haben, weil es ein so effektiver Weg ist, sich an ihnen zu rächen. Es ist ein großartige Möglichkeit für einen Teenager, der eine kleine Rebellion durchmacht. Je mehr die Eltern reagieren, desto mehr steigern sich die Teenager in die Sache hinein. Es wird ein Teufelskreis.

Zweitens neigen einige religiöse Familien dazu, eine starre Vorstellung davon zu haben, was Kinder glauben sollen und was nicht. Ein satanischer oder religiöser Kult wird genauso doktrinär, starr, autoritär und fordernd sein wie hyperreligiöse Eltern. Für Teenager ändert sich in diesem Fall nicht wirklich etwas, weil ihnen immer noch jemand sagt, was sie tun sollen. Es bleibt irgendwie vertraut, hat aber den zusätzlichen Bonus, dass es ihre Eltern verrückt macht.

Was Eltern tun sollten

Was können Eltern also tun? Wir empfehlen diese sechs Schritte:

1. ***Eltern sollten zunächst ihre eigenen Erziehungsmethoden hinterfragen.*** Kinder werden dorthin gehen, wo sie sich am meisten geliebt fühlen. Wenn sie zu Hause abgelehnt werden, werden sie woanders hingehen, selbst wenn dieses Anderswo eine religiöse Sekte ist. Eltern sollten sich fragen, ob sie ihre Kinder bedingungslos lieben, unabhängig von deren religiöser Überzeugung.

   Manchmal regen sich Eltern darüber auf, dass eine Sekte satanische Riten wie Menschen- oder Tieropfer lehrt. Diese Eltern sind besorgt über das Blut und Blutvergießen der Sekte. Was sie sich fragen müssen, ist, warum sich ihr Teenager überhaupt für Blut und Blutvergießen interessiert. Wie haben sie ihre Kinder erzogen?

2. ***Eltern sollten erkennen, dass die Verstrickung von Teenagern in Satanismus oder eine religiösen Sekte, so geschmacklos oder erschreckend es auch erscheinen mag, in der Regel eine Phase ist,*** die oft subtil durch eine strenge häusliche Umgebung gefördert wird. Wenn Teenager ihr strukturiertes Zuhause verlassen, schauen sie sich nach einer neuen strukturierten Umgebung um, sei es das Militär, eine Studentenverbindung oder eine streng religiöse Gruppe. Einige dieser starken Gruppen können als „Übergangseltern" angesehen werden.
3. ***Die Eltern sollten die Sekte kennen und verstehen lernen.*** Wenn der Teenager rebellisch ist und die Eltern ein Sektenmitglied zum Mittagessen einladen, nimmt das den Spaß weg. Stellen Sie einfach sicher, dass Sie in der Nähe Ihres Teenagers und der anderen Sektenmitglieder nicht vorschnell urteilen. Eltern können sich selbst einen Gefallen tun, wenn sie verstehen, dass nicht alle alternativen religiösen Bewegungen gleich sind. Zum Beispiel sind Satanismus und Hexerei zwei verschiedene religiöse Systeme. Außerdem haben solche religiösen Bewegungen hohe Aussteigerquoten. Wenn Roger sich einer neuen Guru-Bewegung anschließt, stehen die Chancen gut, dass er in einem Jahr wieder draußen ist.
4. ***Eltern können nicht kontrollieren, wann ihre Teenager ihre Verstrickung in eine religiöse oder satanische Sekte beenden.*** Menschen haben so extreme Maßnahmen wie die Entführung ihrer Teenager aus Sekten und deren Deprogrammierung versucht. Solche Aktionen sind bestenfalls geringfügig effektiv, und sie sind oft illegal.

   Wenn satanische Aktivitäten jedoch gegen das Gesetz verstoßen, ist das eine ganz neue Problemkategorie. Kriminelles Verhalten ist kriminelles Verhalten. Eltern sind Steuerzahler und sollten die Dienste ihrer Polizeibehörde in Anspruch nehmen.
5. ***In den Fällen, in denen die Gefahren real sind und das Kind bedrohen, sollten Eltern in Erwägung ziehen, ihren Teenager geografisch an einen anderen Ort zu bringen.*** Wenn Sie das Gefühl haben, dass der mögliche Schaden für Ihren Teenager durch die Verstrickung in einen satanischen Kult oder eine religiöse Sekte größer ist als die mögliche Belastung für Ihre Beziehung, falls Sie Ihren Teenager zwingen, wegzuziehen, dann sollten Sie Ihren Teenager an

einen anderen Ort bringen. Eine seriöse psychiatrische Klinik oder das Zuhause eines nahen Familienmitglieds sind mögliche Alternativen zur derzeitigen Wohnsituation.

6. ***Eltern müssen es im Glauben annehmen, dass Gott mit ihrem Teenager ist.*** Nachdem sie ihre vergangene und gegenwärtige Erziehung überprüft und – eventuell – Anpassungen vorgenommen haben, sollten sie auch Vertrauen in ihre Erziehung haben. Und sie sollten den Glauben haben, dass ihre Teenager letztendlich in Bezug auf das, was sie glauben wollen, die richtigen Entscheidungen treffen werden.

Perle 31

Sex

Die sexuelle Aktivität von Teenagern nimmt zu. Jüngste Studien weisen darauf hin, dass eine hohe Anzahl von Mädchen und Jungen bereits vor dem Schulabschluss sexuell aktiv war. Viele sind leider schon in der Mittelstufe sexuell aktiv.

Elterliche Verbote werden Sex nicht verhindern. Sex macht süchtig. Selbst eine religiöse Erziehung scheint keinen großen Unterschied zu machen, ob sich Teenager entscheiden, sexuell aktiv zu werden oder nicht.

Foster kannte einen Vater, der besorgt war, dass seine Tochter sexuell aktiv war. Deshalb setzte er sie morgens persönlich in der Schule ab und holte sie nachmittags wieder ab. Womit er nicht gerechnet hatte, war der Einfallsreichtum seiner Tochter. Sie fand eine Gelegenheit und wurde über die Mittagszeit schwanger.

Erschwerend kommt die Heuchelei vieler Eltern hinzu, die sich um die sexuellen Verstrickungen ihrer Teenager sorgen, während sie mit ihrem eigenen Sexualleben nicht ethisch und offen umgehen.

Am wichtigsten ist es, die Kommunikation zwischen uns und unseren Teenagern aufrechtzuerhalten. Teil dieser Kommunikation sollte sein, dass die Eltern ihre religiösen und moralischen Werte zu diesem Thema klar, sensibel und freimütig zum Ausdruck bringen. Sie sollte auch beinhalten, was uns Gesundheitsexperten über die Sexualität von Teenagern und die Auswirkungen auf ihre körperliche, geistige, emotionale und soziale Entwicklung sagen.

Wenn wir Kinder großziehen, die ehrlich zu uns sind, was ihre Hoffnungen, Wünsche, Träume und ihre Sexualität angeht, sind wir als Eltern in einer ziemlich guten Lage.

Wenn wir jedoch offen über Sex sprechen, können wir mit Fragen konfrontiert werden, deren Beantwortung uns möglicherweise schwerfällt. Wir haben zum Beispiel schon von Teenagern gehört, die fragten: „Wie alt muss ich sein, um Sex zu haben?“ oder „Wann hattest du das erste Mal Sex?“ oder wie eine Dreizehnjährige ihre Mutter beim Abendessen fragte: „Mama, hast du Oralsex?“ Die Mutter erstickte fast an ihrem Hähnchen.

Wenn Eltern Fragen zu ihrer eigenen Sexualität gestellt werden, und das kann passieren, wenn sexuelle Angelegenheiten in der Familie offen behandelt werden, schlagen wir Folgendes vor: Beantworten Sie die Fragen Ihrer Kinder in allgemeiner Form und behalten Sie Ihre eigenen Besonderheiten für sich, indem Sie ihnen vorleben, wie man auf sich selbst aufpasst, indem man sich einfach das Recht auf seine eigene Privatsphäre vorbehält.

Wenn Kinder fragen, warum sie keinen Sex haben sollten, wissen manche Eltern oft nicht, was sie sagen sollen, außer zu sagen, sie sollten es nicht tun. Das ist normalerweise nicht sehr hilfreich. Besser ist es, etwas zu sagen wie: „Schatz, ich möchte, dass du Sex dein ganzes Leben lang wirklich genießt und liebst. Wenn du sexuelle Erfahrungen machst, wegen denen du dich schlecht oder schuldig fühlst, könnte das die Freude beeinträchtigen, die du später mit deinem Ehepartner hast. Außerdem werden viele schwere Krankheiten – wie AIDS – durch Sex von Mensch zu Mensch übertragen. Seit Jahrhunderten haben viele weise Bücher, wie die Bibel, und verschiedene Lehrer gelehrt, dass Sex am besten für eine Person in der Ehe aufgehoben ist. Deshalb solltest du warten, bis du die Person triffst, bei der du dich wirklich wohl fühlst. Aber wenn du dich jemals dazu entscheidest, eine andere Entscheidung in Bezug auf Sex zu treffen, hoffe ich, dass ihr beide zuerst darüber redet, eine sorgfältige Entscheidung trefft und euch von einem Arzt zum Thema Verhütung beraten lasst.“

Dass wir unseren Teenagern offen Fakten und Gedanken zum Umgang mit ihren sexuellen Trieben vermitteln, bedeutet nicht, dass wir vorehelichen oder promiskuitiven Sex stillschweigend gutheißen. Die Sexualität von Jugendlichen ist kein Thema für sich, sondern findet innerhalb einer liebevollen oder konfliktreichen Eltern-Kind-Beziehung statt. Diese Beziehung, die sich in der elterlichen Liebe und im offenen Dialog äußert, ist der wichtigste Aspekt der jugendlichen Sexualität. Die jugendliche Sexualität ist ein Bereich, in dem „Sag einfach Nein“ nicht funktioniert.

Manche Eltern haben die Sorge, dass sie, wenn sie mit ihrem Kind über Verhütung sprechen, die falsche Botschaft aussenden, nämlich, es sei in Ordnung, Sex zu haben, und dass die Eltern es guthießen. Wir glauben nicht, dass dies der Fall ist. Teenager sind nur ein paar Monate oder Jahre davon entfernt, ins Erwachsenenleben einzutauchen. Sie verdienen es, dass wir realistisch mit ihnen kommunizieren. In dieser Kommunikation haben wir das volle Recht, unsere Werte zu vermitteln – nicht *zu predigen.* Indem wir geradlinige, ehrliche Gespräche führen, vermitteln wir die Botschaft: „Ich glaube, du bist alt genug, um klug zu denken und verantwortungsvolle Entscheidungen zu treffen."

Kinder brauchen auch Fakten über Geschlechtskrankheiten, AIDS und das Risiko einer Schwangerschaft. Diese sollten auf eine entspannte, liebevolle und sachliche Art und Weise präsentiert werden. Wenn Eltern unsicher sind, können sie sich leicht Artikel und Bücher besorgen, die für Teenager über die Risiken von vorehelichem Sex erhältlich sind.

Eltern können mit einem Kind des anderen Geschlechts über sexuelle Themen sprechen, solange sie nicht nach Details fragen oder ihre eigenen sexuellen Bedürfnisse durch das Kind befriedigen. Hören wir zu, wie ein liebevoller Vater mit einer verantwortungsbewussten Tochter im Teenageralter über sexuelle Themen spricht. Das Geheimnis dabei ist, sie zu lieben und anzunehmen und nicht anzuklagen.

PAPA: Es sieht so aus, als ob du und Sean schon eine Weile miteinander ausgeht und wirklich glücklich miteinander seid.

CASSANDRA: Das stimmt.

PAPA: Ich will nicht neugierig sein, aber ich frage mich, wie du und Sean mit Intimität und Sex umgehen wollt.

CASSANDRA: Ich weiß es nicht.

PAPA: Hmm, ist das etwas, was ihr besprochen habt?

CASSANDRA: Ein bisschen.

PAPA: Ich denke, wenn ihr beide euch liebt, wird das Thema zur Sprache kommen. Ich hoffe, dass ihr darüber redet, was es langfristig bedeutet, anstatt etwas einfach geschehen zu lassen – wenn du weißt, was ich meine.

CASSANDRA: Ach Papa! ... Eigentlich haben wir schon ein wenig darüber gesprochen. Ich glaube, er ist ziemlich interessiert an Sex. Aber ich weiß es einfach nicht.

PAPA: Du kennst meine Werte in Bezug auf vorehelichen Sex – wir haben schon einmal darüber gesprochen.

CASSANDRA: Ja, Papa! Ich schätze deine Gedanken. Ich bin mir nur noch nicht sicher, was ich davon halte.

PAPA: Also, was wäre, wenn ihr Sex hättet? Würdest du es planen oder denkst du, es würde einfach passieren?

CASSANDRA: Ich würde es planen wollen.

PAPA: Nun, das ist ein guter Gedanke. Was denkst du darüber, ein Baby zu bekommen?

CASSANDRA: Ich will noch kein Baby.

PAPA: Gut. Nun, wenn ich dir bei deinen Überlegungen helfen kann, würdest du dann mit mir darüber reden oder eher nicht?

CASSANDRA: Ich würde mit dir reden.

PAPA: Super. Das gibt mir ein gutes Gefühl. Ich weiß, dass du dir diese Dinge gut überlegen und eine gute Entscheidung treffen wirst. Ich liebe dich, Schatz.

CASSANDRA: Ich hab dich auch lieb, Papa.

Viele Eltern könnten denken, ein solches Gespräch würde nur zu vorehelichem Sex ermutigen. Es stimmt, dass es keine Garantie gibt, welche Wahl Cassandra treffen wird. Allerdings weiß sie jetzt, dass ihr Vater nicht ahnungslos und verurteilend ist. Die Chancen stehen gut, dass sie ihren Vater als „sicher“ und einen guten Ratgeber betrachten wird. Je mehr sie in ähnlicher Weise miteinander reden, desto mehr Gelegenheit wird er haben, auf ihr Verhalten einzuwirken. Wenn sie nicht miteinander reden, ist der Vater wahrscheinlich nicht mehr in Cassandras Entscheidungsfindungsprozess involviert.

Wir können die Kommunikationswege offenhalten, indem wir nicht urteilen und nicht beschuldigen, und stattdessen Fakten über die Werte, Freuden und Gefahren des Sexualverhaltens vermitteln und selbst einen gesunden Umgang mit Sexualität vorleben.

Perle 32

Die Schweigebehandlung

Wenn Sie sich Sorgen machen, weil Ihr Teenager nicht reden will, machen Sie sich keine Sorgen! Es gibt wahrscheinlich mehr Grund, sich um einen Teenager Sorgen zu machen, der Ihnen alles mitteilt. Aber viele Eltern, die an redselige Kinder gewöhnt sind, machen sich Vorwürfe, wenn diese erwachsen werden und plötzlich dichtmachen.

Es ist völlig normal, dass junge Menschen Erwachsenen Informationen vorenthalten. Hier sind die Gründe dafür:

1. ***Teenager fühlen sich nicht sicher, wenn sie ihren Eltern bestimmte Dinge mitteilen.*** Teenager teilen uns vielleicht keine peinlichen Gedanken oder Probleme mit, weil sie denken (oft zu Recht), dass wir nicht in der Lage sind, mit dem, was sie sagen, umzugehen. Wir haben eine natürliche Tendenz, wütend und aufgebracht zu werden, wenn unsere Teenager uns bestimmte Dinge erzählen. Wenn ein Teenager zum Beispiel zugibt, einen Lehrer angelogen zu haben, kommt es selten vor, dass ein Elternteil weise sagt: „Das ist bedauerlich. Ich bin froh, dass du mir das gesagt hast. Wie kann ich dir helfen?“
2. ***Teenager suchen die Unabhängigkeit.*** Teenager denken in etwa so: „Wenn ich meinen Eltern alles erzähle, bedeutet das, dass ich nicht unabhängig bin.“
3. ***Teenagern fehlen manchmal die richtigen Worte.*** Manche Jugendliche reden nicht, weil es ihnen vielleicht schwerfällt, die richtigen Worte für ihre Gefühle zu finden.
4. ***Teenager machen mehr Veränderungen durch als zu jeder anderen Zeit im Leben.*** Die körperlichen, emotionalen und chemischen Veränderungen, die im Körper eines Teenagers stattfinden, sind heftig. Es ist verständlich, dass sich ein Jugendlicher anders verhält als das Kind, das Ihnen alles erzählt hat.

5. ***Teenager denken oft, dass sie die Einzigen sind, die bestimmte Gedanken haben.*** Intensive physiologische Veränderungen können dazu führen, dass sich Jugendliche fremd und verwirrt fühlen. Sie ziehen sich vielleicht mit dem ängstlichen Gefühl, *etwas stimmt wohl nicht mit mir,* zurück.

Ein paar Regeln für Eltern können viel dazu beitragen, dass sich Teenager öffnen:

1. ***Verhören Sie nicht.*** Eltern erzielen die besten Ergebnisse, wenn sie nicht eine Menge Fragen auf ihren Teenager abfeuern. Stattdessen sagen sie: „Möchtest du hören, wie mein Tag heute war?" Manchmal färbt ihre eigene Begeisterung ab.
2. ***Machen Sie es für Ihren Teenager zu einer sicheren Sache zu reden.*** Das bedeutet, kritisieren Sie nicht. Sagen Sie Ihrer Tochter nicht, dass sie im Unrecht ist – selbst wenn es so ist. Ein Teenager, der kritisiert wird, wird Widerworte geben oder sich noch mehr verschließen. Wir müssen unseren Teenagern zeigen, dass wir ohne Ärger mit dem umgehen können, was sie sagen.
3. ***Versuchen Sie nicht, Ihren Teenager zum Reden zu zwingen.*** Wenn jemand versucht, uns zum Reden zu bringen, haben wir die natürliche Tendenz zu schweigen. Das Zurückhalten von Informationen gibt manchen Teenagern auch das Gefühl, die Kontrolle zu haben. Ihre stille Botschaft lautet: „Ihr könnt mich nicht zum Reden bringen!" Denken Sie daran, dass Teenager reden werden, wenn sie bereit sind, und nur, wenn es ihnen sicher erscheint.

Es ist normal und natürlich, dass Teenager einige Informationen vor Erwachsenen zurückhalten. Wir sind wahrscheinlich sowieso besser dran, wenn wir nicht alles über sie wissen.

PERLE 33

Soziale und außerschulische Aktivitäten

Eltern und Teenager tragen oft einen heftigen Streit darüber aus, was soziale und außerschulische Aktivitäten angeht. Eltern erwarten von ihren Jugendlichen zu Recht, dass sie in der Schule mindestens durchschnittliche Noten erzielen. Jugendliche argumentieren, dass Freizeitaktivitäten ihnen eine Möglichkeit bieten, mit ihren Freunden in Kontakt zu sein.

Viele Kämpfe entzünden sich an der Überzeugung der Eltern, dass bestimmte Aktivitäten einfach nicht akzeptabel sind. Aber dies ist ein weiterer Bereich, in dem wir oft Akzeptanz mit Zustimmung verwechseln. Wir vergessen, dass es einen großen Unterschied zwischen diesen beiden gibt.

Kluge Eltern machen sich mehr Gedanken über die Pläne ihres Teenagers, was den Umgang mit unerwünschten Aktivitäten angeht, als über die Einschränkung der Aktivitäten selbst. Ob eine soziale Aktivität gut oder schlecht ist, ist nicht annähernd so wichtig wie die Gewissheit, dass Ihr Teenager mit den Versuchungen, die mit der Sache verbunden sind, umgehen kann. Das folgende Szenario veranschaulicht einen Liebe-und-Logik-Ansatz:

KELSEY: Mama, ich bin alt genug, um zu diesem Konzert zu gehen. Darf ich gehen?

MAMA: Ich weiß, dass du alt genug bist, wenn du mir von dem Druck erzählen kannst, der auf dich zukommen könnte, und von deinen Plänen, wie du damit umgehen würdest.

KELSEY: Meine Güte, Mama. Bist du besorgt, dass ich Drogen nehmen könnte? Du weißt, ich nehme keine Drogen.

MAMA: Das ist nicht das, was ich gesagt habe, Kelsey. Ich möchte wissen, was du sagst, wenn die anderen Kinder dir sagen, dass jeder auf einem Konzert Drogen nimmt, und dass du darauf eine bessere Antwort hast, als dir zu sagen, dass du nicht süchtig wirst, wenn du ab und zu welche nimmst.

KELSEY: Meine Güte, Mama. Vertraust du mir nicht?

MAMA: Das ist nicht der Punkt. Ich weiß, wie schwer es ist, in unangenehme Situationen zu geraten. Ich weiß auch, dass du, sobald du dir einen Plan überlegt hast, wie du mit solchen Situationen umgehen kannst, bereit sein wirst, auf dich aufzupassen. Ich lasse dich gerne auf das Konzert gehen, wenn du mir diesen Plan beschreiben kannst.

Diese Mutter weiß, dass der Tag, an dem Kelsey beschreiben kann, wie sie mit einer bestimmten Situation umgehen würde, der Tag ist, an dem Kelsey für diese Situation bereit ist. Es ist auch der Tag, an dem sich die Mutter keine Sorgen mehr darüber machen muss.

Viele der Argumente über außerschulische Aktivitäten drehen sich darum, ob diese Beteiligung von der Schularbeit ablenken wird. Manche dieser Aktivitäten, wie z. B. in einer Band zu spielen oder die Mitgliedschaft in einer Theatergruppe, erfüllen Bildungsbedürfnisse, auch wenn sie nicht Teil des formalen Lehrplans sind. Andere, wie z. B. Leichtathletik, sind nützlich, auch wenn sie nicht akademisch sind.

Wenn Teenager wissen, dass ihre Eltern ihnen zuhören, sind sie eher bereit, flexibel zu sein, was ihre Teilnahme an außerschulischen Aktivitäten angeht. Beobachten Sie, wie dieser Vater und sein Sohn mit dem Wunsch des Sohnes, Leichtathletik zu betreiben, umgehen:

COLIN: Papa, der Trainer denkt, ich könnte es ins Leichtathletik-Team schaffen!

PAPA: Das freut mich für dich, Colin. Ich frage mich, ob du dann noch genügend Zeit für die Schule hast. Du hast im letzten Halbjahr im Durchschnitt nur einen gute Drei erreicht, und ich bin mir nicht sicher, ob das für die Zulassung zur Hochschule reichen wird.

COLIN: Ich weiß, Papa. Ich glaube, ich schaffe beides: Leichtathletik und Schule.

PAPA: Wie genau willst du das schaffen?

COLIN: Der Coach hat mit mir auch über meine Noten gesprochen. Wir waren uns einig, dass ich aus der Mannschaft fliege, wenn ich meinen Durchschnitt nicht halten kann.

PAPA: Das klingt gut für mich. Ich hoffe natürlich, dass du es ins Team schaffst, und ich freue mich darauf, dich laufen zu sehen. Aber vergiss nicht, wie ich schon mal gesagt habe, wenn die Noten schlechter werden, bist du selbst für die Bezahlung der Studiengebühren verantwortlich.

Wir hoffen, dass unsere Teens mit uns viele Dinge besprechen, die in ihrem Leben vor sich gehen. Wie Erwachsene machen auch Teenager Fehler oder geraten in schwierige Situationen. Es ist hilfreich, wenn sie mit einem interessierten, nicht tadelnden Erwachsenen über diese Erfahrungen sprechen können. Ihre Bereitschaft, mit uns zu sprechen, ist ein gutes Zeichen. Sie gibt ihnen die Chance, das Geschehene auf sichere Weise zu verarbeiten und ihre eigenen Vorstellungen zu ordnen. Effektive Eltern hören zu, ohne Angst zu haben, dass es Zustimmung bedeutet, wenn sie zuhören, ohne zu tadeln.

Perle 34

Sport

Patrick, der Junior Wide Receiver ging weit raus. Der Quarterback trat zurück, sah, dass alle seine Receiver gedeckt waren, nutzte aber trotzdem seine Chance. Er hob den Arm und feuerte den Pass dreißig Yards weit zu Patrick.

Patrick sprang, griff und schnappte sich den Football. Der Linebacker schnappte sich sodann Patrick und warf seinen schinkengroßen Unterarm auf Patricks Brust, während dieser sich noch in der Luft befand. Der Schlag schickte Patrick in die Horizontale, er flog durch die Luft und dann zu Boden. Mehr als dass Patrick auf dem gefrorenen Boden aufschlug, schlug der Boden ihn. Der Schock haute ihm den Ball aus den Händen und presste die Luft aus seine Lungen.

Der Spielzug war vorbei, aber die Action nicht. Patricks Mutter stellte den Highschool-Rekord für den 50-Meter-Lauf ein, als sie von der Tribüne aufsprang und über das Feld zu Patrick rannte. Als sie sah, wie ihr gestürzter, nach Luft schnappender Sohn dalag, wirbelte sie zu dem Linebacker herum, hielt ihm ihre lederumwickelte Hand vors Gesicht und schrie: „Sie großer Idiot! Schlagen Sie nie wieder meinen Sohn!“

Patricks einziges wirkliches Bedauern dabei war, dass der Boden zu hart war, um ein Loch zu graben, in das er hineinkriechen und sterben konnte.

Das ist *nicht* die Art und Weise, wie Eltern ihre Teenager im Sport ermutigen sollten. Patrick verlor bei dem Spiel nicht nur den Ball, sondern auch sein Selbstwertgefühl, als seine Mutter die Sache in die Hand nahm.

Sport bietet Teenagern eine ganze Menge. Sie trainieren ihren Körper, und wir wollen die Jugendlichen ermutigen, ihn für den Rest ihres Lebens weiter fit zu halten. Sport fördert auch den Teamgeist, gute Beziehungen zu Gleichaltrigen und ein Gefühl der Verbundenheit mit dem Verein oder der Schule. Am wichtigsten ist vielleicht, dass Jugendliche durch Sport lernen, mit Niederlagen umzugehen und gute Sportler zu werden.

Eltern können die sportliche Entwicklung ihrer Teenager fördern, indem sie ein paar Richtlinien beachten:

1. ***Hüten Sie sich vor übermäßiger elterlicher Einmischung.*** Zuschauer bei Ringkämpfen sehen oft Eltern, die ihren Söhnen zurufen: „Mach ihn nieder! Hau ihn um!“ Der Ringer braucht nicht so sehr einen Hammerlock[1] auf seinen Gegner, wie die Eltern einen Hammerlock auf ihren Mund brauchen. Das elterliche Geschrei bei Sportveranstaltungen ist eher kontraproduktiv und auch albern.
2. ***Bei Konflikten zwischen Teenagern und Trainern ist es normalerweise hilfreicher, wenn die Eltern vorschlagen, wie die Teenager mit ihrem Trainer sprechen sollten, als wenn die Eltern mit dem Trainer sprechen.*** Schließlich rufen Teenager nicht den Chef ihrer Eltern an, wenn diese einen Streit im Job haben. Teenager lernen am meisten, wenn sie solche Differenzen selbst regeln.
3. ***Jugendliche sollten bestimmte Sportarten nicht ausüben, bevor sich ihr Körper richtig entwickelt hat.*** Schweres Gewichtheben zum Beispiel kann eine noch nicht voll entwickelte Wirbelsäule und bestimmte Muskelgruppen schädigen.
4. ***Wenn Ihr Teenager nicht möchte, dass Sie bei einem Wettkampf oder Spiel dabei sind, sprechen Sie mit Ihrem Teenager darüber, warum er sich durch Ihr Verhalten unwohl fühlt.*** Respektieren Sie die Wünsche Ihres Teenagers; ändern Sie ihr Verhalten oder bleiben Sie der Veranstaltung fern.
5. ***Lassen Sie das Interesse Ihres Teenagers an Sport auf natürliche Weise entstehen.*** Teenager sind am ehesten gut im Sport, wenn ihre Eltern sich für Sport interessieren, sie aber nicht dazu zwingen. Diejenigen, die ihren Teenager zum Sport drängen, neigen dazu, sich über die Fehler oder Fehleinschätzungen ihres Teenagers aufzuregen. Diejenigen, die ihren Teenager richtig ermutigen, werden dazu neigen, sich über das zu freuen, was ihr Teenager richtig macht.

---

[1] Griff, bei dem der gebeugte Arm des Gegners auf den Rücken nach oben gedreht wird (duden.de).

Foster kannte einmal ein junges Mädchen, das als Eiskunstläuferin für die Olympischen Spiele trainierte. Sie profitierte sehr von der Ermutigung durch ihre Mutter. Sie erzählte mir, dass ihre Mutter sie ständig ermutigte, „es zu versuchen". Ihre Mutter verbrachte Stunden auf der Eisbahn und beobachtete sie beim Üben ihrer Figuren und Drehungen und feuerte sie jedes Mal an, wenn sie etwas Neues lernte.

Diese Mutter hat ermutigt, nichts erzwungen, und ihre Tochter hat sich ausgezeichnet. Das Talent ihrer Tochter blühte auf wie eine Blume, und dieses Aufblühen war etwas, das ihrer Tochter gehörte. Ihre Mutter sagte mir einmal: „Wenn sie aufhören wollte, wäre es ihre Entscheidung."

Dieses Mädchen bekam auch mit, wie andere Mütter versuchten, ihre Töchter zu zwingen, der nächste Eislauf-Superstar zu werden. Die Mädchen hassten das. „Ich sehe die Mütter, die ihre Kinder drängen", sagte sie. „Sie schubsen sogar die Kinder, die nicht eislaufen können, und am Ende weinen die Kinder nur noch." Das Einzige, was diese anderen Mädchen lernten, war, dass sie das Schlittschuhlaufen hassten und dass sie auch mit ihren Müttern nicht gerade glücklich waren.

Ein Vater schrieb uns über seine Erfahrungen, die er mit den Liebe-und-Logik-Prinzipien mit seinem Sohn beim Sport machte:

> Mein Sohn und ich hatten oft Konflikte, was seine Leistung auf dem Sportplatz anging. Von klein auf hat er immer Fußball gespielt, und ich habe in den letzten drei Jahren seine Baseballmannschaft trainiert. Im vergangenen Winter beschloss er aus verschiedenen Gründen, Basketball aufzugeben, weil „es einfach nicht sein Ding war" und er sich mehr auf seine beiden anderen Sportarten konzentrieren wollte. Das war hart für mich, da ich in einer Zeit aufgewachsen bin, in der es Standard war, drei Sportarten zu betreiben, aber die Zeiten haben sich anscheinend geändert, also habe ich zugestimmt, ihm zu helfen, mehr an seinen Baseball- und Fußballfähigkeiten zu arbeiten.
>
> Das vergangene Jahr war besonders hart. Da in seiner Fußball-Liga der Wettbewerb immer härter geworden war, spielte er im Laufe des Jahres immer weniger. Wir hatten zahlreiche Konflikte, was seinen Trainer, seine Bemühungen und die Frage anging, ob er den Sport fortsetzen würde oder nicht. Ich habe auch versucht, ihn auf

dem Heimweg von den Spielen zu coachen, aber er wollte immer weniger davon hören. Ich merkte, wie sich ein Riss zwischen uns auftat, und ich wusste nicht, was ich dagegen tun sollte. Ich wollte nicht, dass er aufgab, aber ich wusste auch, dass es egal war, was ich selbst dachte, wenn er nicht spielen wollte. Ich konnte ihn nicht dazu bringen, sich mehr anzustrengen – er musste es wollen.

Mit dem Beginn dieses neuen Schuljahres und der neuen Fußballsaison schien es besser zu werden. Er hatte einen Trainer, der ihn mehr spielen ließ, und er zeigte bessere Leistungen auf dem Feld. Vor ein paar Wochen hatte er dann ein Spiel, bei dem er auf dem Spielfeld einfach wie tot schien, und die ganze alte Frustration über seine Bemühungen und seine Einstellung kamen zurück. Als das Spiel zu Ende war, war ich so aufgebracht, dass ich ihm am liebsten eine Standpauke über Sieger und Verlierer gehalten hätte.

Aber nachdem ich kürzlich *Mit Liebe und Logik erziehen* gelesen hatte, wusste ich, dass er sich mit seinen elf Jahren entscheiden musste, ob er weiterhin spielen oder bald aufhören wollte – ich konnte ihn nicht dazu bringen, sich mehr anzustrengen. Also beschloss ich, das Schwierige zu tun – ich hielt den Mund, um ihn über das Spiel sprechen zu lassen.

Als wir zum Auto zurückkamen, schäumte ich vor Wut und ging erst mal zur Toilette, um mich zu beruhigen, bevor wir nach Hause fuhren. Auf der Heimfahrt war es still im Auto, und ich weigerte mich, ihn das Radio einschalten zu lassen, um ihm Zeit zum Nachdenken zu geben. Als wir zu Hause ankamen, stellten wir fest, dass er eine der Sandalen, die er vor und nach dem Spiel trägt, auf dem Spielfeld zurückgelassen hatte, also fuhren wir zurück. Dies war ebenfalls eine ruhige Fahrt, bis er mich etwa auf halbem Weg fragte: „Warum hast du mich angeschrien, ich solle rennen, als der Junge hinfiel?“ Während er mit einem anderen Jungen um den Ball gekämpft hatte, war dieser hingefallen. Alle an der Seitenlinie hatten geschrien, er solle den Ball nehmen und damit zum Tor rennen. Ich erklärte ihm, dass ich nicht gesehen hätte, dass der andere Junge verletzt war, aber dass es, wenn er sich deswegen Sorgen gemacht habe, richtig gewesen wäre, den Ball über die Auslinie zu kicken, damit der Schiedsrichter eine Auszeit hätte ausrufen können, sodass der Trainer nach dem Jungen hätte sehen können. Dann entschuldigte ich mich dafür, dass ich mich so aufgeregt hatte.

> Danach begannen sich die Zwiebelschichten zu lösen, als sich sein Fokus von außen – mein Schreien an der Seitenlinie – nach innen veränderte: Er sprach darüber, wie er seine Leistung empfand und wie wichtig es ihm war, vor seiner Mutter, deren Zeitplan es ihr nicht erlaubte, zu sehr vielen seiner Spiele zu kommen, gut zu spielen. Er sagte, er habe ihr zeigen wollen, dass er spiele, weil ihm das Spiel gefalle, und nicht nur, weil ich wolle, dass er spiele. Auch hier ließ ich ihn einfach reden, aber meine Gefühle hatten sich von Wut zu Stolz auf ihn gewandelt – ich war sogar ein wenig zu Tränen gerührt.
>
> Schließlich kamen wir wieder am Sportplatz an und fanden seine Sandale, und dann beschloss ich, ein paar Smoothies zu holen, damit wir unsere Unterhaltung fortsetzen konnten. Während wir unsere Smoothies tranken, sprachen wir noch ein wenig über seine Leistung, warum er sich träge gefühlt hatte (er hatte vor dem Spiel zu viel Wasser getrunken), und er hörte sogar zu, als ich ihm ein paar Hinweise gab, was er tun könne, um einige der Probleme zu lösen, die er an diesem Tag auf dem Spielfeld gehabt hatte. Es war eines der besten Gespräche, das ich je mit ihm hatte.
>
> Seitdem habe ich ihm die Verantwortung für seine sportlichen Aktivitäten mehr selbst überlassen, und er hat mich sogar gebeten, ein paar Mal mit ihm Werfen und Fangen zu spielen, damit er auf die Baseball-Saison vorbereitet ist, die seine eigentliche Liebe ist. Das alte Bild eines Vaters, der mit seinem Sohn Werfen und Fangen spielt, hat nichts von seiner Nostalgie verloren.
>
> Ihm zu überlassen, wie er sich sportlich betätigen will, und ihn nicht dadurch zu beeinflussen, dass ich zu emotional werde und ihm sage, wie er das Spiel spielen soll, hat alles verändert

Durch Sport können Teenager wertvolle Lektionen über ihre Identität, Unabhängigkeit und Fähigkeiten lernen. Wie in anderen Bereichen des Lebens von Teenagern, in denen es um Identität und Unabhängigkeit geht, müssen Eltern ihren Teenagern im Sport die Freiheit geben, sich auszuprobieren, Erfolg zu haben, zu scheitern und sich wieder aufzuraffen, um es erneut zu versuchen.

PERLE 35

Selbstmorddrohungen

Bedauerlicherweise ist Selbstmord eine der häufigsten Todesursachen bei Teenagern. Es ist ein Problem, das Eltern ernst nehmen müssen, wobei ihnen klar sein muss, dass einige Selbstmorddrohungen manipulativer Natur sind. Wenn Sie Grund zur Besorgnis haben oder wenn Ihr Teenager indirekt auf Selbstmord hingewiesen hat, hat er wahrscheinlich schon einmal darüber nachgedacht, sodass es nicht wirklich riskant ist, darüber zu sprechen. Die Frage ist, wie Sie das Thema ansprechen. Wenn Sie mit Ihrem Teenager über Selbstmord sprechen, zeigen Sie Betroffenheit und Anteilnahme, bleiben Sie aber sachlich. Mit Reaktionen wie: „Das meinst du doch nicht ernst" oder: „So darfst du nicht reden" könnten Sie die Sache noch schlimmer machen.

Die Situation ist in der Regel gefährlicher, wenn ein Teenager bereits an eine bestimmte tödliche Methode gedacht hat und die Mittel zur Verfügung hat. Das Verschenken von Lieblingsgegenständen ist ein weiteres ernstes Zeichen. Die meisten Behörden glauben, dass das Risiko auch höher ist, wenn Depressionen oder Selbstmord in der Familie vorkommen.

Eine körperliche Verletzung wie eine Gehirnerschütterung, der Verlust von Gliedmaßen, Blindheit oder Lähmung kann zu schweren Depressionen führen, bei denen der Gedanke an Selbstmord häufig auftaucht.

Am stärksten gefährdet sind Jugendliche, die normalerweise ohne große Anstrengung etwas erreichen. Sie erwarten oft, dass Erfolg automatisch eintritt, und haben in Zeiten, in denen sie denken, dass sie versagen, Schwierigkeiten zu glauben, dass die Mühe, sich durchzukämpfen, zu Lösungen führt.

Teenager, die sich ständig abmühen und nie Erfolg haben, sind ebenfalls gefährdet. Sie werden hoffnungslos und wollen das Leben aufgeben.

Wenn wir mit unseren Teenagern über Selbstmord sprechen, sollte unser Ziel sein, ihnen zu helfen, andere Optionen zu verfolgen. Gleichzeitig sollten wir andere Möglichkeiten der Unterstützung in Betracht ziehen, wie z. B. Seelsorge, Selbsthilfegruppen und, falls nötig, eine Einweisung ins Krankenhaus.

Hier ist ein beispielhaftes Gespräch dafür, wie man mit Teenagern auf liebevolle Weise über Selbstmord spricht:

PAPA: Du scheinst in letzter Zeit ziemlich niedergeschlagen zu sein, Tonya.

TONYA (seufzt): Ich will nicht darüber reden.

PAPA: Manchmal scheint es, dass die Dinge so schlecht sind, dass es keinen Ausweg gibt.

TONYA (etwas nachgiebiger): Ja.

PAPA: Du warst in letzter Zeit so unglücklich. Ich frage mich, ob du das Gefühl hast, dass das Leben einfach nicht lebenswert ist.

TONYA (leiser): Ja, das stimmt, Papa. Alles läuft einfach schief. Ich wäre wahrscheinlich besser dran, wenn ich tot wäre.

PAPA: Gibt es noch andere Lösungen?

TONYA: Ich würde es wahrscheinlich nicht tun. Ich bin zu feige.

PAPA: Wenn es mir wirklich schlecht geht, hilft es mir immer, mit jemand anderem zu reden.

TONYA: Wie mit einem Therapeuten?

PAPA: Vielleicht. Das Schöne an einem Therapeuten ist, dass man immer aufhören kann, wenn es nicht besser wird. Ich weiß das, weil ich das auch schon erlebt habe. Ich hoffe, du denkst darüber nach, dir jemanden zu suchen, mit dem du reden kannst.

TONYA: Das werde ich, Papa. Danke.

Während dieses Gesprächs wird Tonyas Vater nie defensiv. Stattdessen bleibt er bei ihren Gefühlen und lässt sie wissen, was für ihn funktioniert, wenn er niedergeschlagen ist. Er zwingt Tonya nicht zu einer Entscheidung. Wenn er das täte, würde sie vielleicht nein sagen. Wenn er ihr erlaubt, darüber nachzudenken, würde sie vielleicht ja sagen.

Erkunden Sie mit Ihrem Teenager in einer liebevollen, ruhigen und aufgeschlossenen Art und Weise Alternativen, ohne das Problem zu moralisieren oder herunterzuspielen, aber wenn die Drohungen eskalieren oder zu einem tatsächlichen Selbstmordversuch führen, suchen Sie professionelle Hilfe.

PERLE 36

Technik: Internet, Handys, Pornografie, Fernsehen und Videos, Computerspiele

Moderne Technik ist ein Segen und ein Fluch. Die Informationen sind leicht zugänglich, die Geräte und Programme sind leicht verfügbar, und manche Lebensaspekte sind dadurch einfacher geworden. Teenager und Lehrer genießen den Einsatz von Technik im Klassenzimmer. Viele Eltern empfinden die Technik jedoch als Fluch, insbesondere wenn sie ihre Kinder nicht dazu bringen können, lange genug vom Smartphone aufzuschauen, um ein Gespräch zu führen. Für Eltern kann es schwierig sein zu wissen, welche Grenzen man der Technik setzen soll, weil sie für das tägliche Leben so wichtig geworden ist.

Die Technik wird bleiben, und das kann eine großartige Sache sein. Unsere Aufgabe als Eltern und Pädagogen ist es, Kinder dabei zu unterstützen, wirklich gute Nutzer der Technik zu werden und gute Entscheidungen in Bezug auf diese zu treffen.

Technik im Zusammenhang mit der Erziehung kann das Internet, Smartphones, Fernsehen, Tablets, Computerspiele und alle Bildschirm- und Kommunikationsgeräte umfassen. Mit der Technologie kommt auch die Verantwortung, und wie in allen anderen Bereichen im Leben der Kinder ist es wichtig, sie durch vier Schritte zu führen, um diese Verantwortung zu fördern.

1. *Geben Sie den Kindern Aufgaben, die sie bewältigen können.* Wenn es um Internet, Computerspiele und andere technische Dinge geht, brauchen unsere Kinder vielleicht etwas Übung. Hierzu können wir auch Fachbücher zu Hilfe nehmen.
2. *Hoffen Sie, dass das Kind auf ein Problem trifft.* Das ist ein schwieriger Punkt. Die schlechte Nachricht ist, dass Kinder auf Herausforderungen stoßen *werden.* Kinder werden online auf Pornografie und andere unangemessene Inhalte stoßen; Kinder werden

sich schwertun, gute Entscheidungen in Bezug auf die Zeit vor dem Bildschirm zu treffen. Die Welt ist voller endloser Versuchungen, von denen wir unsere Kinder oft nicht abschirmen können. Macht es Sinn, dass sie lernen, diesen Versuchungen zu widerstehen, wenn sie noch zu Hause und die Folgen geringer sind? Oder ist es am besten, wenn wir versuchen, ihr Leben jetzt im Detail zu managen und sie erst während des ersten College-Jahres aus den Konsequenzen lernen zu lassen?
Es ist entscheidend, dass wir viele durchdachte Gespräche über die Versuchungen führen, denen sie ausgesetzt sein werden, dass wir sie gut anleiten, mit solchen Situationen umzugehen, und dass sie Fehler machen dürfen, die keinen großen Schaden anrichten. Wenn Kinder es vergeigen, müssen sie wissen, dass sie zu ihren Eltern kommen können und dass diese sie immer noch lieben und ihr Bestes tun werden, um ruhig zu bleiben.

3. *Handeln Sie mit Einfühlungsvermögen und ziehen Sie das Kind zur Verantwortung.* Es kann zwar schwierig sein, ein aufrichtiges Einfühlungsvermögen an den Tag zu legen, wenn ein Kind etwas Unangenehmes getan hat, doch schafft es die Voraussetzung für echtes Lernen. Wollen wir, dass sie über uns verärgert sind, oder hoffen wir, dass sie sich über sich selbst ärgern, weil sie die schlechten Entscheidungen getroffen haben? Wenn es um Pornografie oder eine andere negative Sache geht, die das Kind online gemacht hat, könnte Einfühlungsvermögen so klingen: „Ich liebe dich sehr, und ich habe herausgefunden, dass du das tust. Du kannst dieses Gerät gerne zurückhaben, wenn ich darauf vertrauen kann, dass du einen guten Plan hast, um zu verhindern, dass es sich wiederholt.
4. *Trauen Sie dem Kind die Sache wieder zu.* Das heißt, sobald wir uns darauf verlassen können, dass es einen Plan hat, um verantwortungsbewusster mit dem Thema umzugehen. Trifft das Kind in Bezug auf die Technik eine schlechte Entscheidung, besteht die Versuchung, insbesondere bei den gewissenhaftesten Eltern, zu versuchen, sie für immer davon fernzuhalten. Früher oder später wird das Kind jedoch als Erwachsener in dieser Welt leben und sollte deshalb die Gelegenheit gehabt haben, die Fähigkeiten zum Umgang mit diesen Dingen zu üben und zu entwickeln. Denken Sie daran: Die Technik wird nicht verschwinden. Die einzige Lösung, um

Kindern zu helfen, sie weise zu nutzen, besteht darin, ihnen beizubringen, dass schlechte Entscheidungen bedauerliche Konsequenzen haben, während gute Entscheidungen zu besseren führen.

Viele Eltern fragen: „Welche Art von Grenzen sollte ich bei der Nutzung von Technik setzen? Hocheffektive Eltern versuchen, nicht zu viele Grenzen zu setzen. Stattdessen sind die von ihnen festgelegten Bedingungen zu 100 Prozent durchsetzbar. Diese Grenzen sind auch ziemlich allgemein. Viel besser als eine lange Liste spezifischer Grenzen – von denen viele nicht durchsetzbar sind – ist es, ein oder zwei zu haben, die so gut wie alles abdecken, was sich ergibt. Wir kennen viele Familien, die erfolgreich mit nur einer einzigen Regel funktioniert haben: „Fühl dich frei zu tun, was immer du willst, solange es für niemanden ein Problem darstellt." Natürlich können die Erwachsenen im Haushalt entscheiden, welche Verhaltensweisen „Probleme" darstellen.

Vielleicht sind ein paar Beispiele angebracht:

- Was ist, wenn unser Kind jedes Mal, wenn es am Computer war, eine böse, gereizte oder trotzige Haltung hat? Ist das ein Problem?
- Ist es ein Problem, wenn ein Kind beim Essen ständig mit seinem Handy beschäftigt ist?
- Ist es ein Problem, wenn ein Kind jedes Mal einen Wutanfall bekommt, wenn es aufgefordert wird, die Videospiele auszuschalten?

Und ob!

Wenn unsere Teenager unsere Liebe erfahren, sodass sie sich keinen billigen Ersatz vom Bildschirm holen müssen, werden sie eher zu Menschen heranwachsen, die gute Entscheidungen in Bezug auf technische Geräte treffen. Wenn sie unsere liebevollen Grenzen erfahren, werden sie eher lernen, sich selbst Grenzen zu setzen, wenn es um technische Geräte geht. Wenn wir sie mit liebevollem Einfühlungsvermögen für ihre schlechten Entscheidungen zur Verantwortung ziehen, werden sie eher verstehen, dass das Leben mehr Spaß macht, wenn man gute Entscheidungen trifft. Wenn wir diese Dinge konsequent tun, sind die Chancen hoch, dass sie uns eines Tages dafür danken werden.

Das Internet

Eltern tun gut daran, sich über das Internet Gedanken zu machen, das mit wirklich guten Dingen gefüllt ist – aber auch mit vielen extrem schlechten. Der Internetzugang ist eine Notwendigkeit für die Schularbeit und eine Möglichkeit, sich mit der Welt zu verbinden und sie zu verstehen. Aber Teenager können auch vielen Fehlinformationen und negativen Inhalten ausgesetzt sein. Noch besorgniserregender ist, dass Pädophile, Identitätsdiebe und andere Schurken in der Lage sind, durch soziale Medien und andere Websites zu trollen, um Gespräche mit ahnungslosen Kindern zu führen und sie zu ermutigen, Adressen, Telefonnummern und andere persönliche Informationen anzugeben. Durch Markieren des Kästchens, mit dem bestätigt wird, dass der Benutzer achtzehn Jahre oder älter ist, kann jede Person Zugang zu sexuell explizitem oder anderem hochgradig schädlichem Material erhalten.

Laut einer kürzlich durchgeführten Umfrage gibt jeder fünfte US-Teenager, der sich regelmäßig ins Internet einloggt, an, er habe unerwünschte sexuelle Anfragen über das Internet erhalten.[1] Als Anfragen wurden Aufforderungen zu sexuellen Aktivitäten oder sexuellen Gesprächen oder zur Angabe persönlicher sexueller Informationen definiert.

Liebe-und-Logik-Eltern sind weise und behalten alle digitalen Geräte, die sich in ihrem Haus befinden, genau im Auge. Sie verwenden elektronische Filter und andere technische Schutzmaßnahmen, aber sie verlassen sich nicht nur auf diese, um ihre Kinder daran zu hindern, unangemessene digitale Entscheidungen zu treffen. Warum ist dies so?

- Die intelligenten, aber sehr bösen Menschen, die hinter unseren Kindern her sind, kennen sich mit Filter- und Überwachungssoftware und anderen technischen Schutzmaßnahmen aus. Diese Leute lernen schnell, wie sie diese umgehen können.
- Technisch versierte Teenager haben möglicherweise kein Problem damit, Filter zu umgehen.

---

[1] „First Youth Internet Safety Survey“, Crimes Against Children Research Center (The University of New Hampshire), abgerufen am 4. Oktober 2019, http://www.unh. edu/ccrc/youth_internet_safety_survey.html.

- Digitale Geräte sind fast überall erhältlich. Wir können nicht kontrollieren, ob ein Kind ein Gerät benutzt, das einem Freund gehört, oder eines, das es irgendwie ohne unser Wissen gekauft hat.
- Am wichtigsten ist, dass technische Sicherheitsvorkehrungen die Kinder nicht in einer Weise erziehen können, die ihnen beibringt, wie sie gute Entscheidungen treffen und Selbstkontrolle entwickeln können. Nur Eltern können das tun!

Das letztendliche Ziel bei der Nutzung von Technik ist Selbstkontrolle. Liebe und Logik betont auch das Ziel, Kinder zu erziehen, die lernen, ihr eigenes Verhalten zu kontrollieren.

Es gibt immer einen Weg, externe Kontrollen zu umgehen. Selbst in Gefängnissen, dem stärksten externen Kontrollprogramm, gibt es schwere Kriminalität und sogar Ausbrüche. Die Gefahr, sich zu sehr darauf zu verlassen, dass man versucht, Kinder von außen nach innen zu kontrollieren, ist, dass dies oft zu Rebellion von innen nach außen führt. Deshalb ist es so wichtig, sie zu informieren.

Teenager mit dem Vorteil, Liebe-und-Logik-Eltern zu haben, entwickeln nach und nach eine innere Stimme, die sagt: *Ich frage mich, wie sich meine nächste Entscheidung auf mich und die Menschen um mich herum auswirken wird.* Diese Stimme rührt daher, dass sie schlechte Entscheidungen getroffen haben und mit den Konsequenzen leben müssen, während sie gleichzeitig die Liebe und das Einfühlungsvermögen ihrer Eltern erfahren. Diese Stimme ist weitaus wichtiger als alle externen Kontrollen, die sich Eltern ausdenken können.

Warum also überhaupt technische Schutzmaßnahmen einsetzen? Weil sie eine kluge erste Verteidigungslinie bieten und unseren Kindern zeigen, dass wir sie so sehr lieben, sodass wir unser Bestes tun, um Grenzen zu setzen und sie zu schützen.

Es folgt ein verkürztes Gespräch zwischen einem Liebe-und-Logik-Vater und seinem Sohn, das aufzeigt, dass kluge Eltern ihr Kind dazu befähigen, sich an der Entscheidungsfindung und den daraus folgenden Entscheidungen zu beteiligen, bevor sie selbst etwas unternehmen:

ELTERNTEIL: David, was hältst du davon, einige der Internetinhalte auf deinem Computer zu filtern?

DAVID: Warum? Vertraust du mir nicht? Ich brauche keinen Filter.

ELTERNTEIL: Es ist keine Frage des Vertrauens. Selbst in meinem Büro filtert die Firma Inhalte – nicht, weil sie uns nicht vertraut, sondern einfach, um zu verhindern, dass Material, das wir nicht wollen, sich in unsere Computer einschleicht.

DAVID: Hmm.

ELTERNTEIL: Es gibt verschiedene Arten von Filtern. Einige sind strenger als andere. Einige filtern alle Bilder, die per E-Mail verschickt werden, bei einigen handelt es sich um Sichtfilter, bei anderen um Textfilter. Ich dachte, wir könnten diese Möglichkeiten gemeinsam ausloten. Es ist mir wichtig, dass du dich bei unserer Entscheidung wohl fühlst.

DAVID: Okay.

Was ist nun, wenn sich der Teenager bei einem Gespräch wie diesem aufregt oder wenn er die erhoffte Selbstbeherrschung nur langsam entwickelt? Ist das ein „Problem“? Auf jeden Fall. Die Eltern müssen weiterhin dranbleiben und in liebevoller Weise die Kontrolle über die Familie behalten. Es liegt daher vollkommen in ihrer Befugnis, ein Gerät zu entfernen oder seine Verwendung auf andere Weise einzuschränken, bis sie glauben, dass ihr Kind ein weiteres Mal bereit ist zu beweisen, dass es gute Entscheidungen treffen kann.

Die glücklichsten Menschen verlassen sich ihr ganzes Leben lang auf interne Kontrollen und Selbstdisziplin. Die unglücklichsten Menschen müssen sich auf externe Kontrollen verlassen, um ihr Verhalten unter Kontrolle zu halten. Irgendwann, irgendwo, irgendwie müssen unsere Kinder lernen, sich auf interne Kontrollen zu verlassen. Weise und fürsorgliche Liebe-und-Logik-Eltern haben immer mit der Spannung zwischen der Bereitstellung vieler Gelegenheiten zur Entwicklung von Selbstkontrolle und der zeitweiligen Notwendigkeit, einzugreifen und vorübergehend externe Kontrolle zu übernehmen, zu kämpfen. Je komplizierter die Welt wird, desto heftiger wird diese Spannung für die Eltern.

Eine große Komplikation, die die heutigen technischen Fortschritte mit sich gebracht haben, hat mit Internet-Sucht zu tun. Die Statistiken sind sehr ernüchternd. Bei etwa fünf Prozent der Kinder in Nordamerika und Europa kann man davon sprechen, dass sie eine

Internet-Sucht haben.[2] Das entspricht einem Kind pro Klassenzimmer mit zwanzig Schülern. Internetsucht ist relativ leicht zu erkennen. Einem Kind, das süchtig ist, ist alles andere egal. Früher verbrachte dieses Kind Zeit mit Freunden, fuhr Fahrrad, machte Sport – aber jetzt ist all das weniger wichtig als vor einem Bildschirm zu sitzen. Untersuchungen zeigen, dass das Internet für viele Kinder eine Form der Flucht darstellt. Sie fühlen sich mächtiger, wenn sie online sind; sie haben das Gefühl, dass die Menschen sie online mehr mögen, und diese Aktivitäten ermöglichen es ihnen, in Gedanken einigen der Probleme zu entgehen, die sie erleben.

Es gibt keine neuen „Patentrezepte“ für die Erziehung toller Kinder im digitalen Zeitalter. Die gute Nachricht ist jedoch, dass die bewährten Liebe-und-Logik-Strategien weiterhin gelten. Alles dreht sich darum, liebevolle Grenzen zu setzen, Teenager genug zu lieben, um sie Entscheidungen treffen zu lassen und sie mit Empathie zur Verantwortung zu ziehen und unser Bestes zu tun, um ihnen zu zeigen, wie sie zu ehrenhaften Männern und Frauen werden.

Smartphones

Das Smartphone ist ein wunderbares Erziehungsinstrument. Wie alle Instrumente kann es von den Eltern angemessen eingesetzt werden, um den Teenagern zu helfen, Verantwortungsbewusstsein zu lernen und eine beständig positive Haltung zu entwickeln. Andererseits kann es unangemessen verwendet werden und dazu führen, dass sich ein Teenager vom Rest der Familie abkapselt und es zu Familienstreitigkeiten kommt.

Telefonhersteller und Mobilfunkanbieter haben gute Arbeit geleistet, um Kinder davon zu überzeugen, dass jeder ein Smartphone braucht. Auch ihre Altersgenossen tragen dazu bei, von denen die meisten eines haben. Bei Liebe und Logik sind wir der Meinung, dass Kinder unter zehn Jahren kein eigenes Smartphone haben sollten. aber wenn Kinder in die Pubertät hineinwachsen, ist es ratsam, dass

[2] A. Weinstein und M. Lejoyeux, „Internet Addiction or Excessive Internet Use“, American Journal of Drug and Alcohol Abuse 36, no. 5 (September 2010), 277-83, https://www.ncbi.nlm.nih.gov/pubmed/20545603.

Eltern ihnen Smartphones erlauben, solange drei Bedingungen konsequent erfüllt werden:

- Der Teenager zahlt einen erheblichen Teil des Smartphones und/oder der Mobilfunkgebühren.
- Der Teenager weiß, dass er das Smartphone gerne benutzen darf, solange es keine Probleme verursacht.
- Der Teenager hat eine gute Einstellung dazu, dass sich die Eltern das Recht vorbehalten, auf dem Smartphone eine Überwachungssoftware zu installieren.

Natürlich kann diese letzte Bedingung einigen Teenagern sauer aufstoßen.

Im folgenden etwas gekürzten Gespräch geht es darum, dass eine Liebe-und-Logik-Mutter gerne eine Überwachungssoftware auf dem Smartphone ihrer Tochter installieren möchte. Denken Sie beim Lesen daran, dass das Setzen von Grenzen auch diagnostisch ist: Die Reaktion eines Kindes kann uns viel darüber sagen, ob es für ein Privileg bereit ist oder nicht.

MUTTER: Papa und ich haben das Gefühl, dass wir uns besser fühlen würden und wir dich besser schützen könnten, wenn auf deinem Smartphone eine Überwachungssoftware installiert wäre.

TOCHTER: Ich glaube nicht, dass ich es auf einem Smartphone installieren sollte, das ich bezahle. Ich glaube nicht, dass ich ausspioniert werden muss. Ich habe nichts getan.

MUTTER: Du hast also das Gefühl, dass wir dich ausspionieren, anstatt dir zu helfen, sicher zu sein.

TOCHTER: Ja. Ich habe nichts getan, was mich gefährdet. Ich habe auch nicht vor, etwas zu tun, das mich gefährden würde.

MUTTER: Ich glaube, was du sagst, ist, dass du dafür absolut keine Verwendung siehst.

TOCHTER: Richtig.

MUTTER: Wirst du das tun, auch wenn du keinen Grund dafür siehst?

TOCHTER: Ich weiß von keinen meiner Freunde, dass deren Eltern das mit ihnen machen. Sie vertrauen ihnen.

MUTTER: Du willst mir also sagen, dass du das nicht tun wirst. Okay. Ich weiß es zu schätzen, dass du diesbezüglich ehrlich zu mir bist. Ich wollte dich nur höflich fragen.

Beachten Sie, dass die Mutter das Gespräch abbrach, weil sie merkte, dass sie völlig machtlos war. Sobald Eltern dieses Gefühl bekommen, ist es Zeit, dem Kind zu danken, Abstand zu nehmen und darüber nachzudenken, was sie tun werden.

In dieser Situation geht es beim Trotz des Teenagers um etwas viel Ernsteres als um das Smartphone. Es geht darum, dass er nicht davon überzeugt ist, dass seine Eltern das Recht haben, ihm vernünftige Grenzen zu setzen. Es ist auch ein klares Signal, dass er noch nicht reif genug ist, um mit dem Privileg eines Smartphone umzugehen. In einer solchen Situation ist es oft klug, wenn ein Elternteil sagt: „Liebling, wir freuen uns darauf, dass du dein Smartphone haben darfst, wenn wir wissen, dass du Verständnis dafür hast und mit uns kooperierst, dass wir die Überwachungssoftware darauf installieren."

Natürlich sind die Situationen, denen Eltern aufgrund von Smartphones begegnen, unterschiedlich. Auf dem Smartphone herumzutippen ist mittlerweile eine häufigere Ursache für verkehrsbedingte Todesfälle und Verletzungen bei Teenagern als Alkohol am Steuer. Dreitausend Kinder sterben jedes Jahr direkt als Folge des Schreibens von Texten beim Fahren.[3] Es gibt sogar noch mehr Verletzungen, die nicht in diesen Statistiken enthalten sind. Das unterstreicht natürlich die Notwendigkeit, ein genaues Bild davon zu haben, wie reif und bereit unsere Kinder wirklich für eines dieser Geräte sind. Es ist eine Frage von Leben und Tod. Wenn wir mit unseren Kindern über die Gefahren des Schreibens von Texten im Straßenverkehr diskutieren und dabei die Statistiken als „Bösewicht" verwenden, kann uns das einige Hinweise geben. Reagieren unsere Kinder mit einem demütigen, aufnahmefähigen Herzen, haben wir einen Hinweis darauf, dass sie möglicherweise bereit sind. Führen unsere höflichen Versuche, das Thema zu diskutieren, zu Widerstand und Respektlosigkeit, können wir sicher sein, dass sie nicht bereit sind.

---

[3] Delthia Ricks, „Study: Texting While Driving Now Leading Cause of Death for Teen Drivers," Newsday, May 8, 2013, https://www.newsday.com/news/nation/study-texting-while-driving-now-leading-cause-of-death-for-teen-drivers-1.5226036

Auch Apps auf Smartphones können problematisch sein. Ist die App neu und es gibt noch nicht sehr viele Erwachsene, die sie kennen, tun die Eltern gut daran, ihrem Kind die Nutzung der App zu verweigern. Die Softwareentwickler schaffen ständig neue Dinge, die den Kindern noch raffiniertere Möglichkeiten zum Informationsaustausch bieten. In vielen dieser Apps geht es auch um Fotos. Es ist einfach, ein Foto zu machen, es an Leute zu schicken und einige Kommentare hinzuzufügen – und immer dann, wenn Leute impulsiv handeln können, geht es selten gut aus. Kinder versenden Fotos, und die Übeltäter können genau herausfinden, wo diese Fotos aufgenommen wurden, was die Gefahr von Stalking und anderen Formen der Belästigung birgt. Das Verkehren auf diesen Seiten der sogenannten sozialen Medien kann schnell negative Folgen haben: Shitstorms, Cyber-Mobbing, viel Schund und unangebrachtes sexuelles Material.

Im Folgenden wird ein verkürztes Gespräch zwischen einem Liebe-und-Logik-Vater und seiner Tochter wiedergegeben.

> VATER: Mir ist aufgefallen, dass du diese App hast. Von der habe ich noch nie etwas gehört, und das beunruhigt mich. Und wenn ich beunruhigt bin, schafft das ein Problem. Zu dieser Sache werde ich erst mal nein sagen, zumindest bis ich einige Informationen habe, die mir das Gegenteil beweisen. Wie könntest du mir beweisen, dass das etwas ist, was gut für dich ist? Fällt dir noch eine andere Idee ein, wie du Informationen und Bilder mit deinen Freunden teilen könntest, die mich mehr überzeugt und die dir immer noch die Möglichkeit gibt, die Dinge zu tun, die Teenager gerne tun?
>
> TOCHTER: Das ist dumm. Inwiefern stellt das ein Problem für dich dar? Ich poste nichts, was unangemessen ist.
>
> VATER: Es ist ein Problem für mich, weil ich mir Sorgen mache. Nenne mich altmodisch.
>
> TOCHTER: Nun, du machst dir zu viele Sorgen.
>
> VATER: Wahrscheinlich. Ich mache mir aber lieber zu viele Sorgen als zu wenig.

Auch hier deutet die schnippische Haltung dieses Kindes eindeutig darauf hin, dass es noch nicht reif genug und noch nicht bereit für ein solch potenziell gefährliches Gerät ist.

Bitte verstehen Sie, dass wir bei *Liebe und Logik* möchten, dass Kinder, die älter als etwa zehn Jahre sind, die Möglichkeit haben, sich das Privileg zu verdienen, ein Smartphone zu haben und zu benutzen. Da es für Kinder und Jugendliche hilfreich ist, ihre Smartphones zu benutzen, um auf gesunde Weise miteinander in Verbindung zu treten, raten wir Eltern, nein zu sagen, wenn es nötig ist, aber ihren Kindern weiterhin zu helfen, die Reife zu entwickeln, um dieses Privileg zu verdienen. Die am Beginn dieser Perle erwähnten vier Schritte zu einem Verantwortungsbewusstsein können hier viel helfen.

Pornografie

Etwa die Hälfte der Jungen und ein Drittel der Mädchen im Alter von zwölf bis fünfzehn Jahren geben zu, dass sie sich Pornografie ansehen. Die meisten von ihnen tun dies online. Etwa 70 Prozent der Kinder geben zu, dass sie mehr oder weniger zufällig oder als sie etwas Legitimes getan haben, auf Pornografie gestoßen sind.[4]

Das Folgende ist ein verkürztes Gespräch zwischen einer Liebe-und-Logik-Mutter und ihrem Teenager. Dieses Beispiel veranschaulicht einen oft ignorierten Vorteil der Verwendung von Überwachungssoftware: Sie bietet die Möglichkeit, Bestätigung und Ermutigung zu geben, wenn unsere Kinder *gute* Entscheidungen treffen

MUTTER: Mir ist aufgefallen, dass du, als du auf eine Pornografie-Website kamst, sie sofort geschlossen hast.

TOCHTER: Das stimmt. Sie tauchte auf, als ich etwas gearbeitet habe.

MUTTER: Weißt du, ich habe an verschiedenen Stellen gelesen, dass 70 Prozent der Kinder aller Altersgruppen, die versuchen, ihre Hausaufgaben online zu machen, versehentlich auf eine pornografische Website gelangen. Ist das nicht verrückt? Das liegt daran, dass diese schlechten Menschen wissen, wie man Kinder und Erwachsene in solche Dinge verwickelt. Ich habe gerade mitbekommen, dass du diesbezüglich eine wirklich gute Entscheidung getroffen hast. Ich bin stolz auf dich.

---

[4] Barna Group, *The Porn Phenomenon: The Impact of Pornography in the Digital Age* (Ventura, CA: Barna, 2016).

Wenn Eltern nachschauen, wo ihr Teenager online unterwegs war, wollen sie nicht nur Probleme aufdecken, sondern sie wollen einfach nicht nur dann über bestimmte Dinge reden, wenn es Probleme gibt.

Wie können Eltern das Problem der Online-Pornografie angehen, wenn ihr Teenager eine schlechte Entscheidung getroffen hat? Denken Sie beim Lesen daran, dass selbst Teenager, die wissen, dass sie überwacht werden, auf ungeeignete Websites zugreifen können. Viele tun dies unbewusst, weil sie sich fragen, ob ihre Eltern sie genug lieben werden, um ihnen ruhig, aber bestimmt Grenzen zu setzen.

VATER (in einem ruhigen Ton): Mir ist aufgefallen, dass du über anderthalb Stunden auf dieser Porno-Website warst. Warum das?

SOHN: Ich wollte sie mir nur mal ansehen.

VATER: Und was meinst du dazu?

SOHN: Naja, sie hatten einige ziemlich coole Sachen drauf.

VATER (immer noch in ruhigem Ton): Nun, was denkst du, was ich davon halte?

SOHN: Du findest es wahrscheinlich nicht besonders cool. Aber was ist deiner Meinung nach so falsch daran, sich das anzusehen? Es sind nur Körper.

VATER: Und was glaubst du, was ich jetzt in dieser Situation tun werde? Denn, erinnere dich daran, dass ich sagte, wir würden Technik zugänglich machen, solange sie keine ...

SOHN: Probleme macht.

VATER: Richtig. Und diese Sache ist für deine Mutter und mich ein Problem.

SOHN: Warum verursacht es ein Problem? Ich habe niemanden geschadet. Ich war doch hier, zu Hause.

VATER: Ich kann verstehen, dass jemand neugierig auf solche Dinge ist. Darüber würde ich wirklich gerne mit dir reden. Wenn du dich immer noch dafür interessiert, warum deine Mutter und ich denken, dass es ein Problem ist, würde ich mich gerne morgen oder zu einem anderen Zeitpunkt mit dir zusammensetzen, um darüber zu sprechen. Danke.

In diesem Szenario hat der Vater dem Teenager nicht gesagt, was als Folge dieses Verhaltens geschehen wird. Weise Eltern haben jedoch einen Plan. Beispielsweise können Eltern dem Teenager so lange den Zugang zu den Computern und Geräten im Haus entziehen, bis das Kind einen Plan hat. Das Kind wird dann zu den Eltern kommen und sagt: „Hey, was ist denn mit dem Computer los? Es ist alles gesperrt." Die Eltern sollten ihre Antwort einfühlsam, aber vage halten: „Ich möchte, dass du das alles benutzen kannst, und das kannst du – sobald du einen Plan hast, dass es nicht zum Problem wird." Weise Eltern halten ihre Antwort ziemlich offen, damit der Teenager über die Situation und das weitere Vorgehen nachdenken kann. Weise Eltern lassen auch ihre Optionen offen, wie das Gespräch weitergeführt werden kann. Obwohl sie vielleicht unbedingt mit dem Teenager darüber sprechen wollen, warum Pornografie ein Problem ist, ist das Kind vielleicht nicht bereit, es zu hören. Der Vater hat vielleicht später eine Gelegenheit dazu. Wenn diese sich bietet, könnte sie wie folgt gehandhabt werden:

VATER: Es schien dir wirklich ernst zu sein, zu erfahren, warum Pornographie ein Problem ist. Willst du wirklich unsere Meinung dazu hören?

SOHN: Ja. Weil ich nicht weiß, warum es eine große Sache sein soll.

VATER: Gut. Das möchte ich dir gerne erklären. Ich hatte gehofft, dass wir dieses Gespräch führen könnten. Zunächst einmal neigen wir als Menschen alle dazu, auf das Äußere von Menschen zu schauen und sie nach ihrem äußeren Erscheinungsbild zu bewerten, anstatt auf das Herz zu schauen. Etwas, das deiner Mutter und mir wichtig ist, ist, dass wir in das Innere der Menschen schauen wollen – was in ihren Herzen ist. Wenn sich jemand daran gewöhnt, die Haut oder den Körper von Menschen anzuschauen, ist es viel schwieriger, sich den Blick auf das Innere zu bewahren.

Beachten Sie hier, dass die Eltern nicht darüber sprechen, was der Teenager glauben soll. Er kann anderer Meinung sein, aber das ist, was seine Eltern glauben.

VATER: Wir haben einige Statistiken über die Anzahl der Menschen gelesen, denen Pornographie schadet – wie z. B. zerbrochene

Ehen oder Menschen, die ihren Arbeitsplatz verlieren –, und auch über die Anzahl der Menschen, die bei der Herstellung von Pornographie tatsächlich missbraucht werden. Je älter ich werde und je mehr ich darüber weiß, desto mehr sehe ich, wie schädlich es für die Menschen ist. Und deshalb weiß ich es zu schätzen, dass du mir zuhörst.

SOHN: Dem stimme ich aber nicht zu. Ich glaube das alles nicht. Ich glaube, ihr seid wirklich verkrampft deswegen. Ich verstehe immer noch nicht, was das große Problem sein soll.

VATER (widersteht dem Drang, Vorträge zu halten oder wütend zu werden): Nun, ich weiß es zu schätzen, dass du diesbezüglich ehrlich bist. Wer hat zu entscheiden, wie du dich dabei fühlst?

SOHN: Ich.

VATER: Ja, du darfst entscheiden. Danke, dass du zugehört hast.

Meistens versucht ein Teenager, der diese Dinge sagt, bei uns „Knöpfe zu drücken“. Wenn sie dies nutzen können, um die Gesichtsfarbe ihrer Eltern zu ändern oder ihre Eltern dazu zu bringen, Atem und Energie für Vorträge zu verschwenden, entwickeln sie weniger Respekt vor den Werten ihrer Eltern. Wenn die Eltern stattdessen ruhig bleiben, steigen die Chancen, dass die Teenager die gleichen Überzeugungen entwickeln, dadurch dass sie beobachten, wie ihre Eltern leben. Eltern müssen darauf vertrauen, dass ihr Teenager seine Meinung ändert und dass ihr Vorbild und ihre Lebensweise einen massiven Einfluss haben werden, auch wenn sie ihn nicht direkt kontrollieren können.

Hier gibt es allerdings eine Einschränkung: Handelt es sich bei der Pornographie um unangemessenes Material, an dem Minderjährige beteiligt sind, muss die Polizei benachrichtigt werden. In einer solchen Situation ist es nicht mehr nur eine Familienangelegenheit, sondern eine rechtliche Frage. Wenn einem Teenager Bilder eines anderen Teenagers zugesandt werden, die unangemessen sind, könnte dies als Kinderpornographie eingestuft werden. Kluge Eltern lieben und unterstützen ihre Kinder, aber sie nehmen ihnen nicht die Konsequenzen ab. Manchmal sind die Konsequenzen schwerwiegend, aber inmitten der Konsequenzen haben Sie die Gelegenheit, dem Kind bedingungslose Liebe und Wertschätzung zu zeigen.

Fernsehen und Videos

Jede neue Studie über die Nutzung der neuen Medien bringt eine weitere Welle elterlicher Angst mit sich. Die Schlagzeilen sind alarmierend: „Laut einer Studie verbringt ein durchschnittliches Kind fünf Stunden am Tag vor dem Bildschirm", oder: „Experten behaupten, dass Online-Videos und das Fernsehen das Leben unserer Kinder dominierend beeinflussen." Wir lesen die Berichte, werfen einen wachsamen Blick auf unsere Teenager, die regungslos vor ihren Bildschirmen sitzen, und schütteln bestürzt den Kopf. Was ist bei Fernsehen und Videos angebracht? Wie viel Zeit ist zu viel? Wie können wir das eindämmen, ohne einen Krieg in unserem Haus zu verursachen? Auch diese Dinge sind für Eltern von heute Quellen der Angst.

Zu viel Zeit vor dem Bildschirm erzeugt chronische Gefühle der Langeweile. Zu viele Kinder von heute fragen: „Was kann ich mir *ansehen?"* statt „Was kann ich *tun?"* Die wichtigste – und definitiv positivste – Lösung für dieses Problem besteht darin, unseren Teenagern ein gutes Vorbild zu sein und viel Zeit mit ihnen zu verbringen, indem wir sie in Aktivitäten einbinden, die sie genießen, oder sie dazu ermutigen. Anstatt zu versuchen, die „Bildschirmzeit-Polizei" zu spielen, vermeiden kluge Eltern auf diese Weise Kontrollkämpfe.

Für Eltern, die stundenlang auf die Bildschirme von Telefonen, Tablets, Computern und Fernsehern starren, ist es ziemlich unvernünftig, die Sehgewohnheiten ihrer Kinder stark zu kritisieren. Dass wir uns unserer eigenen Sehgewohnheiten bewusst sein müssen, ist ziemlich offensichtlich, aber es geht noch um mehr. Wenn wir interessanter sind und mehr Spaß machen als die Inhalte, die über das Web oder das Fernsehen verfügbar sind, werden unsere Kinder lieber mit uns zusammen sein und mit uns aktive Dinge tun. Mit einem einfachen „Was meinst du, sollen wir das Vogelhaus bauen, David?" oder „Okay, Claire, bist du bereit, es mit deiner Mutter beim Damespiel aufzunehmen?" oder „Komm raus in die Einfahrt, Christopher, und ich zeige dir die Feinheiten meines weltberühmten Basketball-Hakenwurfs" werden unsere Kinder oft von den Bildschirmen weggerissen. Die meisten Kinder würden lieber etwas anderes tun, als zuzuschauen, solange es mit jemandem ist, den sie mögen. Um die Gewohnheiten unserer Kinder zu beeinflussen, müssen wir die gesunden betonen – die Alternativen und die guten Dinge wie Freunde, Familie, Hobbys, Sport und so weiter.

Es ist zweifellos am besten, keinen Kontrollkampf um Videos und Fernsehen heraufzubeschwören, indem wir Befehle und Drohungen von uns geben. Wir haben zwar immer die Möglichkeit, die Zeit vor dem Bildschirm stärker zu begrenzen oder die Geräte sogar zu entfernen, aber wenn unsere Kinder sich weigern, sich zu fügen, können wir oft mit weit weniger Aufwand oder Konflikten ein positives Ergebnis erzielen.

Videospiele

Computer-, Smartphone- und Videospiele sind vielleicht die beliebteste Beschäftigung von Teenagern. Sie verschlingen Stunden von Zeit, die sonst für das Lernen, Hausarbeiten oder Aktivitäten verwendet werden könnte, die Eltern für wichtiger halten. Aber was Eltern für wichtig halten, spielt keine Rolle, wenn es so viel einfacher ist und viel mehr Spaß macht, Spiele zu spielen.

Einige Eltern haben erkannt, dass elektronisches Spielen zur Sucht werden kann, und das nicht ohne Grund. Ihre Teenager wollen oder können nicht aufhören zu spielen. Es gibt auch einige Bedenken, dass zwanghaftes Spielen den Stresspegel erhöht.

Was also tun Eltern?

Sorgen wir dafür, dass unsere Kinder die Möglichkeit haben, das Setzen ihrer eigenen Grenzen zu üben, idealerweise dann, wenn die Kosten für Fehler gering sind und sie sich mit Videospielen und nicht mit Drogenmissbrauch oder Sex beschäftigen. Weise Eltern folgen den Liebe-und-Logik-Schritten, die immer empfohlen werden, wenn es um Fragen geht, die die Teenager direkt betreffen:

1. Stellen Sie sicher, dass dies ein guter Zeitpunkt für das Gespräch ist.
2. Zeigen Sie Neugier, Interesse und Akzeptanz (wenn auch nicht unbedingt Zustimmung); nutzen Sie durchdachte Fragen, um den Standpunkt Ihres Kindes zu erforschen.
3. Fragen Sie das Kind, ob Sie Ihre Gedanken und Beobachtungen mitteilen können.

4. Teilen Sie Ihre Gedanken kurz und liebevoll mit, ohne zu belehren. Fahren Sie mit Fragen fort, wenn es angebracht erscheint.
5. Danken Sie Ihrem Kind, dass es zugehört hat, und schließen Sie mit der Hoffnung, dass es über Ihre Ansicht nachdenken wird.

Hören wir einem klugen Vater zu, der mit seinem Sohn über Videospiele diskutiert.

> VATER: (schaut seinem Sohn über die Schulter, während das Blut der Bösewichte über den Bildschirm spritzt): He Rob, es sieht so aus, als ob du es ziemlich gut beherrscht! Wie läuft es?
>
> ROB: Super, Papa! Ich bin jetzt auf Ebene vier, und ich habe einen ganzen feindlichen Zug ausgelöscht.
>
> VATER: Ich wette, das macht dir Spaß! Wie lange kämpfst du hier schon?
>
> ROB: Heute bisher etwa eine halbe Stunde, gestern etwa zwei Stunden.
>
> VATER: Wow. Viel Kampfzeit. Was gefällt dir am besten am Spielen?
>
> ROB: Nun, ich überliste gern den Feind. Diese neuen Spiele sind so realistisch. Etwas, das beim ersten Mal funktioniert, funktioniert beim zweiten Mal nicht mehr.
>
> VATER: Ja, ich kann sehen, wie aufregend das ist. Geht es nur um dich oder führst du einen Zug an?
>
> ROB: Beides. Kommt darauf an, wie ich die Sache einrichte!
>
> VATER: Interessant … Könntest du die Aktion kurz unterbrechen, damit wir miteinander reden können?
>
> ROB: Klar, Papa. (Kinder wollen eher hören, was ihre Eltern zu sagen haben, wenn sie daran gewöhnt sind, dass die Eltern Beobachtungen, Ideen und Gedanken äußern, statt Befehle, Forderungen oder Anschuldigungen).
>
> VATER: Weißt du, Rob, ich habe dich immer als eine Person mit echten Führungsqualitäten gesehen, und ich habe immer gedacht, dass du in einer von dir geschaffenen Welt einen Unterschied machen würdest und dass andere Menschen nach deinen Regeln spielen würden.

ROB: Was meinst du damit, Papa?

VATER: Nun, so aufregend der Kampf auch ist, du lebst in einer Welt, die von sehr talentierten und kreativen Computerkünstlern und Programmierern erschaffen wurde. Sie sind wirklich gut darin, Welten zu kreieren, in denen andere Menschen viel Zeit verbringen wollen.

ROB: Ja, aber es ist nicht so, dass ich nicht meine eigenen Entscheidungen treffe.

VATER: Ich wette, dass du gute triffst. Kannst du jede beliebige Entscheidung treffen?

ROB: Nein, nicht jede.

VATER: Richtig. Du kannst nicht entscheiden, dass du auf einen Baum klettern willst, oder?

ROB: Nein.

VATER: Oder Möglichkeiten für Frieden schaffen.

ROB: Papa, bei diesem Spiel geht es nicht um Frieden!

VATER: Nun, darum geht's mir aber irgendwie. Es scheint mir ein wenig beschränkt zu sein. Man kann auf neue Ebenen nur auf eine Weise vordringen, die sie programmiert haben, nicht wahr?

ROB: Ja, ich glaube schon.

VATER: Versteh' mich nicht falsch, Rob. Wenn ich dich hier sehe, wie du das Spiel genießt, wird mir klar, dass die meisten Menschen das Spiel des Lebens nach den Regeln anderer Menschen spielen. So geht es unter Menschen zu. Je mehr Zeit du jedoch außerhalb der virtuellen Realität mit realen Menschen verbringst, desto mehr Fähigkeiten erwirbst du, um dir deine eigene Welt – nicht die eines anderen – zu kreieren und zu kommunizieren.

ROB: Ich verstehe, was du meinst, Papa.

VATER: Viel Glück, Junge! Danke, dass du darüber nachgedacht hast.

Neben dem, dass sie wichtige Lern- und soziale Aktivitäten verpassen, besteht bei Kindern, die zu viel Zeit mit den heutigen fortgeschrittenen, actionreichen Spielen verbringen, ein hohes Risiko, süchtig zu werden. Die Abhängigkeit von Videospielen ist ein reales

Problem und kann tragische Folgen haben, wenn Eltern zulassen, dass sie im Leben ihrer Kinder Fuß fasst.

Es folgt nun ein verkürztes Gespräch zwischen einem Liebe-und-Logik-Vater und seinem Sohn, der häufig Videospiele spielt.

> VATER: Mir ist aufgefallen, dass du weit über eine Stunde am Tag mit Videospielen verbringst. Was wäre deiner Meinung nach eine gesündere Grenze, die du dir selbst setzen könntest?
>
> SOHN: Nun, ich denke, etwa drei Stunden wären in Ordnung.
>
> VATER: Drei Stunden? Ich mag deinen Sinn für Humor. Aber im Ernst, was glaubst du, wäre eine gesündere Zeitdauer vor dem Bildschirm? Ich möchte, dass du das entscheidest, anstatt dass ich alles für dich entscheide.

In solchen Situationen ist es ideal, wenn der Teenager sich etwas einfallen lässt, das gesünder ist. Aber wenn er nicht bereit ist, eine gesunde Grenze zu setzen, sind kluge Eltern bereit, diese Grenze für ihn zu setzen, um ihn vor der Suchtgefahr zu schützen. Die Entwicklung der Selbstkontrolle ist immer das Ideal und sollte das erste Ziel der Eltern sein. Kann ein Kind diese kostbare Fähigkeit vorübergehend nicht an den Tag legen, haben die Eltern das Recht, diese Beschränkungen von außen aufzuerlegen, wenn auch ungern.

Perle 37

Gewalttätigkeit: Cybermobbing und Banden

Vor einer Generation musste ein Teenager in der Schule oder auf der Straße höchstens befürchten, von Rowdys angegriffen zu werden. In den letzten Jahren wurde diese Sorge in das größere Schreckgespenst der Gewalt durch Gangs und bewaffnete Schüler eingebettet.

Der Ratschlag von vor einer Generation für den Umgang mit Rowdys ist auch heute noch gültig: Mache einen großen Bogen um sie. Rowdys sind Rowdys. Sie haben weder Anstand noch Vernunft. Und weil sie in der Regel mit Größe und körperlicher Kraft ausgestattet sind, sind sie in ihrem eigenen Revier nicht leicht zu besiegen. Kluge Eltern ermutigen ihre Teenager nicht dazu, zu versuchen, einen Rowdy zu verprügeln. Sie werden jedoch Schulbeamte auf Belästigungen durch Rowdys aufmerksam machen und die Beamten wissen lassen, dass sie solche Einschüchterungen nicht tolerieren werden.

Warum werden manche Kinder mehr gemobbt als andere? Viele gute, ruhige, höfliche und intelligente Kinder werden von ihren Mitschülern schikaniert, insbesondere in dem Zoo, den man Mittelstufe nennt. Viele Kinder in diesem Alter machen sich über fast jeden und alles lustig, was anders ist als sie. Politisch korrekte Reden zum Thema „Feiere die Vielfalt" stoßen in der Mittelstufe eher auf taube Ohren und werden das Verhalten nicht ändern, das in dieser Entwicklungsphase einfach eine normale Reaktion sein kann.

Leider führt es je nach Schule dazu, dass ein Kind, das sehr hübsch, sehr verantwortungsbewusst, sehr nett oder sehr lieb ist, oft wie ein Boxsack dasteht, auf dem alle herumhacken können, vor allem, wenn es nicht weiß, wie es mit dem Teenager-Unsinn umgehen soll. Manche Kinder, die gut mit Erwachsenen umgehen können und reifer sind, haben einfach Schwierigkeiten, mit der Unreife ihrer Altersgenossen zurechtzukommen und sie zu verstehen.

Folgende Dinge, die Eltern tun, um mit Mobbing umzugehen, funktionieren meistens nicht:

- Der Versuch, das Umfeld akzeptabler zu machen (obwohl die Verantwortlichen der Schule bei einer echten Bedrohung eines Kindes einschreiten und die Täter entfernen müssen).
- Der Versuch, das Kind mit falscher Bestätigung oder falschem Lob „aufzubauen".
- Unaufgefordert Ratschläge und Anregungen zum Verhalten zu geben.
- Zu zeigen, wie sehr Sie mit dem Kind mitleiden und wie frustriert und hilflos Sie sich in der Situation fühlen.

Viele Eltern versuchen, die Situation für ihr Kind zu verbessern, und manchmal funktioniert das auch. Zum Beispiel kann eine Mutter mit einem Kind, welches Lernschwierigkeiten hat, einer Klasse mitteilen, wie sehr sie und ihr Kind das Verständnis der Klasse schätzen und wie schwer es für das Kind ist zu verstehen, was sozial angemessen ist. Je eingeschränkter das Kind ist, desto wichtiger ist es zu versuchen, das Umfeld auf diese Weise zu verändern.

Ist das Kind jedoch in der Lage zu lernen, wie es damit umgehen kann, ist es besser, ihm dabei zu helfen, als selbst einzugreifen. Anstatt äußerlich etwas zu verändern, helfen die Eltern dem Kind, mit dem umzugehen, was es innerlich erlebt.

Wir könnten unser Kind ermutigen, indem wir sagen: „Kinder, die jetzt schrecklich sind, wachsen oft zu guten Männern und Frauen heran. Eines Tages werden sie fast so reif sein wie du! Zum Glück ist dies nur eine Phase in ihrem Leben. Ich bin stolz darauf, wie du damit umgehst." Kluge Eltern lassen das Kind wissen, dass Hänseleien nicht bedeuten, dass mit ihm etwas nicht stimmt, sondern dass das andere Kind ein Problem hat.

Je mehr die Kinder jetzt lernen, mit Mobbing umzugehen – indem sie eine unerschütterliche Überzeugung davon haben, dass sie selbst in Ordnung sind, so wie sie sind –, desto stärker werden sie später als Männer und Frauen sein. Hänseleien in jungen Jahren bieten Kindern die Möglichkeit, die Probleme anderer nicht als ihre eigenen zu verinnerlichen. Ein Elternteil könnte sagen: „Liebling, du wirst dein ganzes Leben lang mit ziemlich charakterlosen Menschen zu tun haben. Du hast Glück, dass du jetzt lernst, mit dieser Art von Menschen umzugehen. Manche verstehen erst als Erwachsene wirklich, wie sie damit umgehen sollen! Ich glaube, dass du aus dieser Situation klüger, umsichtiger und mit mehr Verständnis für andere herausgehen wirst."

Cybermobbing

Cybermobbing ist ein riesiges Problem – etwa ein Viertel aller Schülerinnen und Schüler haben damit zu tun.[1] Jedes Jahr werden einige Schülerinnen und Schüler angesichts des Cybermobbings so deprimiert und hoffnungslos, dass sie sich das Leben nehmen.

Wie sollen Eltern damit umgehen, wenn sie feststellen, dass ihre Teenager online schikaniert werden? Das Wichtigste, was die Eltern tun können, ist, zuzuhören und zu zeigen, dass sie es ernst nehmen. Da Eltern biologisch programmiert sind, ihre Kinder zu schützen, neigen sie automatisch dazu zu versuchen, sie zu retten oder ihnen einen Rat zu geben, der das Problem löst. Zu einer effektiveren Herangehensweise gehört, dass man mit Einfühlungsvermögen und sehr wenigen Worten zuhört. Kinder müssen sprechen können. Sie brauchen ihre Eltern, um das wichtigste Beziehungsinstrument der Menschheit zu nutzen: das Ohr. Um es ganz offen zu sagen: Weise Eltern versuchen nicht, das Problem zu schnell zu lösen.

Manchmal ist es aber so, dass das Kind abschaltet, wenn die Eltern ein solches Gespräch beginnen. Das Kind leidet so sehr, dass es nicht darüber sprechen will. Eltern können sich mit ein paar Aussagen oder Fragen an ihr Kind wenden, die helfen können, den Ball ins Rollen zu bringen.

Es folgt ein verkürztes Gespräch zwischen einer Liebe-und-Logik-Mutter und deren Tochter, die Cybermobbing erlebt. Es veranschaulicht, wie wichtig es ist, sich einzufühlen, die Gefühle eines Teenagers zu erkennen und mehr Informationen zu erhalten, um das, was er erlebt, besser nachempfinden zu können.

---

[1] Justin Patchin and Sameer Hinduja, "Measuring Cyberbullying: Implications for Research" *Aggression and Violent Behavior* 23, (July–August 2015), 69–74, https://www.sciencedirect.com/science/article/pii/S1359178915000750

MUTTER: Ich habe gehört, dass einige Leute dich in den sozialen Medien schlecht behandeln. Ich habe keine Vorstellung davon, wie schwer es für dich sein muss, dass diese Dinge über dich gesagt werden. Es tut mir wirklich leid, dass dir das passiert.

TOCHTER: Ja, es tut wirklich weh.

MUTTER: Das glaube ich. Wie lange geht das schon so?

TOCHTER: Wahrscheinlich schon seit ein paar Monaten.

MUTTER: Echt! Ich kann mir vorstellen, dass du dich von einigen Leuten wirklich verraten fühlst.

TOCHTER: Sie waren eigentlich nicht wirklich meine Freunde. Ich schätze, dass einige Leute, die ich für meine Freunde hielt, diese Dinge vielleicht verbreiten, aber die Leute, die damit angefangen haben, waren eigentlich gar nicht meine Freunde.

MUTTER: Und weil sie eigentlich gar nicht deine Freunde waren, scheint es, dass du dich wirklich ärgerst.

TOCHTER: Ja. Nichts von all dem ist wahr!

MUTTER: Ich möchte wirklich helfen. Und wir werden das gemeinsam durchstehen, weil ich dich liebe und nicht will, dass du so leidest.

Es gibt mehrere mögliche Lösungen für dieses Problem des Cybermobbings:

- Erarbeiten Sie mit Ihrem Kind Möglichkeiten, wie es anders mit Menschen umgehen oder kommunizieren kann, um die Wahrscheinlichkeit zu verringern, dass dies so weitergeht. Nehmen Sie dazu auch andere Fachliteratur zu Hilfe.
- Da dies ein so häufiges Problem ist, gibt es inzwischen einige ziemlich strenge Gesetze bezüglich Cybermobbing. Wird Ihr Kind ernsthaft bedroht, gehen Sie zur Polizei. Aber auch in diesem Fall ist es wichtig, dass Ihr Kind einbezogen ist.
- Manche Situationen sind so schrecklich, dass Sie sich vielleicht entscheiden, Ihr Kind in eine andere Schule zu verlegen. Ein Schulwechsel ist verständlicherweise die Option, die es wahrscheinlich zuerst vorschlagen wird. Es sollte jedoch eines der letzten Mittel sein, da diese Umstände in einem anderen Kontext nicht

unbedingt verschwinden. Vielleicht ist es wichtiger, Ihr Kind bei diesem Kampf zu unterstützen, damit es lernt, damit umzugehen. Nehmen Eltern ihre Kinder zu schnell aus den Schwierigkeiten heraus, bekommen diese vor fast allem Angst. Seien Sie dennoch realistisch. Manchmal hat die Rettung die höhere Priorität.

Banden

Wenn es sich um einen Fall handelt, in dem ein Kind in physischer Gefahr ist, muss die Umgebung selbst verändert werden. Schießereien im Vorbeifahren und andere mit der Banden- und Drogenkultur verbundene Gewalt sind eine ernstere Angelegenheit als normales Mobbing. In einer Welt, in der Schulen Metalldetektoren an den Türen installieren, um Schüler abzufangen, die Pistolen, Messer und andere Waffen bei sich tragen, müssen wir eingreifen, wenn unsere Kinder wirklich in Gefahr sind.

Gangs bieten eine Möglichkeit für Jugendliche, Sicherheit und eine Familie zu finden, die sie zu Hause vielleicht nicht haben. Die Solidarität wird durch geheime Gesten und Worte, Drogen und oft brutale Initiationsriten verstärkt. Die Gefahr – unabhängig von der schockierenden und sinnlosen Gewalt – zieht Teenager in einen Lebensstil hinein, der die Filme und die Abendnachrichten direkt vor ihre Haustür bringt.

Für einige Jugendliche ist es schwer, der Anziehungskraft einer Bandenmitgliedschaft zu widerstehen, insbesondere der Vorstellung, sich als Mitglied einer verlockenden und zwielichtigen Gruppe von Gleichaltrigen abzuheben. Selbst ein starkes und stabiles Familienleben mit beiden leiblichen Eltern zu Hause ist keine Garantie dafür, dass ein Teenager sich nicht einer Gang anschließt.

Bei vielen Problemen, mit denen Teenager konfrontiert sind, können wir Wahlmöglichkeiten anbieten, die Ergebnisse dieser Wahl aufzeigen, die Teenager ihre eigene Entscheidung treffen lassen und ihnen dann erlauben, zu lernen, mit den Konsequenzen dieser Entscheidung zu leben. Aber die Entscheidung, einer Gang beizutreten, kann – ganz abgesehen von der Frage nach falsch oder richtig – fatal sein.

Eltern, die feststellen, dass ihre Teenager möglicherweise unter Druck gesetzt werden, einer Gang beizutreten, oder davon angezogen sind, werden wahrscheinlich feststellen, dass sie ihr Kind aus der Schule oder der sozialen Umgebung entfernen müssen. Dies ist sowohl für die Eltern als auch für die Teenager extrem schwer, aber die Bandenkriminalität kann eine solche Entscheidung unumgänglich machen.

Wenn Ihre Teenager jedoch darauf bestehen, sich einer Bande anzuschließen, und schon über 18 sind, haben Sie möglicherweise keine andere Möglichkeit, als sie zu bitten, von zu Hause auszuziehen. Sie müssen sie darauf hinweisen, dass sie sich selbst zum Ziel für andere Gangs machen, was die Familie in unakzeptabler Weise dem Risiko aussetzt, Ziel von Gewalt zu werden. Gleichzeitig müssen Sie Ihrem Teenager aber auch vermitteln, dass sie als Eltern und Familie ihn mehr lieben und brauchen, als die Gang/Bande es je tun wird..

Viele Familien haben gelernt, durch politische oder kommunale Aktionen und kirchliche Leiter ihre Orte von den Gangs zurückzuerobern. Die Eltern haben gelernt, sich zusammenzuschließen und zu einer Quelle der Stärke für die Teenager zu werden, die sich bemühen, der Versuchung zu widerstehen, einer Bande beizutreten.

Über die Autoren

Dr. Foster Cline ist ein international anerkannter Kinder- und Erwachsenenpsychiater. Zusammen mit Jim Fay ist er Mitbegründer des Liebe-und-Logik-Instituts und Experte in den Bereichen Bindung von Kindern, Umgang mit begabten und talentierten Kindern, Kindererziehung, Klassenführung sowie Kommunikation.

Seine Liebe zu Kindern und seine Leidenschaft, Menschen zu helfen, verleihen ihm eine einzigartige Klarheit, um schwierige und oft verwirrende Prinzipien der kindlichen Entwicklung in direkte Gespräche und Antworten für Erwachsene zu verwandeln. Er ist weltweit als Berater für Schulen und Krankenhäuser tätig.

Dr. Cline ist auch Großvater und Vater von drei leiblichen Kindern, einem Adoptivkind und mehreren Pflegekindern.

Jim Fay hat mehr als fünfzig Jahre Erfahrung in der Arbeit mit Kindern und Familien. Während seiner 31-jährigen Tätigkeit als Pädagoge, Schulleiter und Verwalter diente er in öffentlichen, privaten und konfessionellen Schulen. Er ist Mitbegründer des Liebe-und-Logik-Instituts sowie Gründer eines Schulberatungsdienstes.

Außerdem ist er einer der gefragtesten Redner Amerikas für Erziehung, positive Disziplin und Klassenführung und ist als Berater für Schulen, Eltern, Einrichtungen für psychische Gesundheit und das US-Militär tätig. Er gilt als einer der besten Bildungsexperten Amerikas und hat viele Preise im Bildungsbereich gewonnen.

Jim Fay ist Großvater und Vater von drei Kindern. Sein jüngster Sohn, Dr. Charles Fay, ist Schulpsychologe und hat sich dem Liebe-und-Logik-Institut als Redner, Autor und Berater angeschlossen.

Weitere Produkte von GloryWorld-Medien

„Himmlische Bücher für die Erde"

Danny Silk, Erziehung mit Liebe und Vision

Herzensbeziehungen eingehen statt Machtkämpfe austragen

Vorwort von Bill Johnson; 170 S., Pb.

Danny Silk fordert uns in unserem bisherigen Denken über Liebe, Disziplin und Respekt, ja in unserer generellen Vorstellung von Kindererziehung heraus. Er stellt eine Denk- und Lebensweise vor, die eine Leichtigkeit und Frieden in unsere familiären und sonstigen Beziehungen bringt.

Unser Herz spielt dabei die zentrale Rolle. Das Herz der Eltern und das Herz der Kinder. Wenn beide Seiten verstehen, wie sich ihr jeweiliges Verhalten auf das Herz des anderen auswirkt, werden die Herzen geschützt und Beziehungen können gedeihen.

Dr. Henry Wright

Die geistlichen Ursachen von Krankheiten

Klare Antworten auf Ihre Fragen zu Krankheitsprävention und Heilung, 208 Seiten, Pb.

Gemäß den langjährigen Erfahrungen des Autors haben etwa 80 Prozent aller Krankheiten eine geistliche Ursache und sind die direkte Folge einer gestörten Beziehung zu Gott, zu uns selbst oder zu anderen. Gott offenbarte ihm aus seinem Wort, was die geistlichen Ursachen von Krankheiten und den Blockaden zur Heilung sind.

Er geht insbesondere auf folgende Krankheitsarten ein: Allergien, Autoimmunerkrankungen, psychische Störungen, Herz-Kreislauf-Erkrankungen und Belastungsstörungen (z. B. Stresskrankheiten).

Dr. Larry Richards

Die volle Waffenrüstung Gottes

Gut geschützt gegen die Angriffe des Bösen; 208 Seiten, Pb.

Die Bibel macht deutlich, dass ein Großteil unserer Unsicherheiten, Ängste und Zweifel auf den Machenschaften böser Mächte beruhen. Deshalb ist es so entscheidend, dass wir sowohl die Strategien kennen, die Satan benutzt, um uns anzugreifen, als auch die Rüstung, die Gott uns zur Verfügung stellt, um uns dagegen zu schützen.

Eine biblische Dämonologie, Hilfen zum Umgang mit dem Bösen in der Seelsorge sowie Lektionen für „Lebe-frei-Selbsthilfegruppen" runden das Buch ab.

Barry & Lori Byrne, Liebe in der Ehe

Eine tiefere geistliche, emotionale und körperliche Einheit erleben

Vorwort von Bill Johnson; 334 S., Klappenbroschur

Gott möchte, dass die Ehe ein Ort echter Liebe und Vertrautheit ist. Dafür brauchen wir die Hilfe des Heiligen Geistes. Mit ihm können wir die Ursachen unserer Konflikte erkennen und überwinden. Unsere Ehe kann Heilung und Wiederherstellung erfahren, egal, wie der momentane Zustand ist.

Mit klarer biblischer Lehre und vielen praktischen Hilfen packen die Autoren die wichtigsten heißen Eisen an. Viele ermutigende Erfahrungsberichte verdeutlichen die dramatische Heilung und Intimität, die mit Gottes Hilfe möglich ist.

Frank Krause, Unterordnung – Segen oder Fluch

Das Geheimnis der Macht in Gemeinde und Ehe

180 Seiten, Paperback

In jedem Miteinander von Menschen ist die Frage nach der Verteilung der Macht, nach Ansprüchen und Rechtfertigungen von Autorität des einen über den anderen, von entscheidender Bedeutung.

Dennoch wird dieses Thema in den Gemeinden wenig reflektiert, was dazu führen kann, dass Missbrauch oft entweder gar nicht als solcher wahrgenommen oder aber bagatellisiert, uminterpretiert und vergeistlicht wird. Der Autor packt ein „heißes Eisen" an und kommt zu erstaunlichen Erkenntnissen darüber, wie der von Gott gedachte Segen in den Händen von Menschen zu einem Fluch werden kann.

Jakobus Richter

Begegnungen in der Nacht

Eine Beziehungsgeschichte für alle Fälle; 112 S., Paperback

Claudia und Peter führen eine ganz normale Ehe. Sie haben Streit und versöhnen sich. An einem Abend ist der Streit jedoch so heftig, dass Peter sich in seinen Wagen setzt und wegfährt. Es sind Peters verletzte Gefühle, die ihn von seiner Frau wegtreiben.

Ganz unerwartet und unabhängig voneinander haben beide in dieser Nacht eine Begegnung. Sie werden mit sich selbst konfrontiert und gewinnen eine neue Sicht auf ihr Leben. Ihnen wird bewusst, dass sie mit Beleidigtsein, Selbstmitleid und Resignation ihren Konflikt nicht lösen können. Plötzlich werden Dinge möglich, die vorher unmöglich schienen.

Die Folge ist eine neue Perspektive für ihr Miteinander. Auch ihre drei Söhne werden durch Begegnungen in dieser Nacht verändert. Eine spannende Erzählung, die erhellt, was man zum Thema Beziehungen unbedingt wissen sollte.

Wayne Jacobsen

Die Gemeinschaft der Neuen Schöpfung

Wie wir sie finden und warum es noch so viel mehr gibt

272 S.; Paperback

Seit über 50 Jahren beschäftigt den Autor die Frage nach der authentischen neutestamentlichen Gemeinde. Er hat sie schließlich an den ungewöhnlichsten Orten entdeckt und möchte uns dabei helfen, diese unglaubliche, von Jesus geformte Braut zu finden.

Dazu betrachtet er die Gemeinde aus Gottes Sicht. Sie beginnt im Herzen Einzelner und fügt sich dann zu einer weltweiten Gemeinschaft von Menschen zusammen, die untereinander Gottes Herrlichkeit zum Ausdruck bringen.

Jonathan Welton, Augen der Ehre

Befreit leben in Reinheit und Gerechtigkeit, 248 S., Pb.

Um ein Leben in Reinheit und Gerechtigkeit zu leben, braucht es keine Übungen zur Verhaltensanpassung, sondern eine korrekte Offenbarung über unsere Identität in Christus.

Im zweiten Teil geht der Autor auf die Bereiche ein, die häufig Fallstricke für jeden darstellen, der nach einer gerechten Lebensführung trachtet. Und zum Schluss stellt er einen völlig anderen Ansatz vor, wie wir unsere Geschwister durch den Glauben betrachten sollten.

Das Buch ist zwar unter dem Aspekt der sexuellen Reinheit für Männer geschrieben, ist aber durch seinen allgemeinen Ansatz eine gute Grundlage für Männer und Frauen, jegliche Art von Versuchung oder Sucht zu überwinden.

Danny Silk, Unbestrafbar

Unsere Vorliebe für Bestrafung beenden

200 Seiten; Paperback

Jesus ist gekommen, um uns einen besseren Weg zu zeigen, wie wir auf menschliche Fehltritte und Schlamassel reagieren können, als durch Bestrafung: den Weg der Umkehr, Versöhnung und Wiederherstellung. Dadurch werden Menschen von Angst, Scham und Bestrafung befreit und befähigt, ihre Probleme an der Wurzel anzupacken und sich einen neuen Lebensstil anzueignen: Sie lernen, im Licht zu leben und ihre Beziehung zu Gott, sich selbst und anderen zu schützen.

„Unbestrafbar" ist ein Wegweiser, um selbst den Weg der Umkehr, Versöhnung und Wiederherstellung zu gehen, anderen auf diesem Weg zu helfen und straffreie Kulturen der Liebe in unserem Leben, unseren Beziehungen, Familien, Gemeinden und Organisationen zu schaffen.

Blake K. Healy, Unzerstörbar

Führe deine geistlichen Kämpfe aus der Perspektive des Himmels; 192 S., Pb.

Welche Fallen und Taktiken wenden Dämonen an, und wie können wir diese meiden?

Blake K. Healy kann schon seit seiner Kindheit Engel und Dämonen sehen. Dieses Buch fasst zusammen, was er in über dreißig Jahren über die Pläne des Feindes und ebenso die des Himmels entdeckt hat.

Wir lernen, wie wir die Komplotte, Pläne und Lügen des Feindes aufdecken und abwehren können und gleichzeitig die Pläne des Himmel vorantreiben können.

Sein Hauptanliegen ist dabei, dass wir den geistlichen Kampf nicht aus eigener Kraft, sondern aus der Perspektive des Himmels führen, und ein Leben aufbauen, das unzerstörbar ist.

Henk Bruggeman

Das Herz des Vaters entdecken

Unsere Identität als Söhne und Töchter Gottes empfangen; 200 S., Paperback

Gott sehnt sich mehr denn je danach, seinen Kindern sein Vaterherz zu offenbaren. Er möchte, dass wir ihn nicht nur mit dem Kopf, sondern vor allem mit dem Herzen kennenlernen. Statt einer Distanziertheit soll eine innige Vertrautheit unsere Beziehung zu ihm prägen.

Darüber hinaus möchte er uns aber eine neue Identität schenken: die Identität der Sohnschaft. Wir entdecken mehr und mehr, wie wir als echte Söhne und Töchter Gottes leben können.

Michael Stahl / Klaus Hettmer

Geheimsache Männerherz

Stahlhart, zerbrechlich & butterweich

208 Seiten, Paperback

Wie tickt ein Männerherz? Wer hat es erschaffen? Welche Sehnsüchte sind darin verborgen? Welche Verletzungen und Geheimnisse lagern dort seit langer Zeit?

Die Hauptautoren Michael Stahl und Klaus Hettmer wurden fast gleichzeitig von gesundheitlichen Niederschlägen getroffen. Michael Stahl erlitt wenige Monate vor der Arbeit an diesem Buch einen Herzinfarkt; Klaus Hettmer musste sich einige Wochen danach einer sehr schweren Herzoperation unterziehen. Zusammen mit weiteren bekannten Autoren berichten sie über ihre Erfahrungen, um andere Männerherzen zu berühren.

Wayne Jacobsen, Geliebt!

Tag für Tag in der Zuneigung des himmlischen Vaters leben

240 S., Paperback

Jeden Tag ein Leben zu führen, in dem wir völlig sicher sind, dass wir bedingungslos von Gott geliebt sind – ist das wirklich möglich, und wie sieht das konkret aus?

Wayne Jacobsen bringt uns Schritt für Schritt nahe, wie tief die Liebe Gottes zu uns tatsächlich ist. Wir entdecken dabei, dass wir nicht zu Sklaven, sondern zu Söhnen und Töchtern berufen sind. Die liebevolle Zuneigung unseres Vaters im Himmel gilt uns in allen Umständen. Wir erfahren eine lebendige Beziehung zu ihm, die uns von der Qual der Scham befreit und uns so verändert, dass wir als seine Kinder leben können.

Larry Crabb

Orte der Geborgenheit und Heilung

Auf dem Weg zu authentischen geistlichen Gemeinschaften,
280 S.; Paperback

In diesem bahnbrechenden Buch stellt uns Larry Crabb ein inspirierendes Bild vor Augen, was Kirche bzw. Gemeinde, ja auch jede Ehe, Familie und Kleingruppe eigentlich sein könnte: eine echte geistliche Gemeinschaft – ein Ort, an dem nicht erwartet wird, dass man schon eine gewisse Perfektion erreicht hat, sondern an dem Menschen sich miteinander auf den Weg zu Gott machen, ein Ort, an dem Gott Menschen heilen kann und an dem sie wieder miteinander in Verbindung kommen und letztlich auch mit ihm.

Wayne Jacobsen & Clay Jacobsen

Authentische Beziehungen

Die verlorene Kunst des Miteinanders; 160 Seiten, Pb.

Die Liebe der ersten Christen untereinander war sprichwörtlich. Ihr Miteinander und ihre Ausstrahlung waren ihr größtes Zeugnis.

Heute sind echte und tiefe Beziehungen rar geworden. Wir haben die Kunst, solche Beziehungen aufzubauen, verlernt oder sind nicht gewillt, die entsprechenden Kosten auf uns zu nehmen. Die Folge ist, dass unser Zeugnis nach außen schwach ist und dass viele in den Gemeinden unter Einsamkeit und oberflächlichen Beziehungen leiden.

Die Autoren erläutern, welches Modell für liebevolle, ermutigende und authentische Beziehungen wir im Neuen Testament finden, und zeigen anhand praktischer Beispiele, wie wir zu solchen Beziehungen kommen und sie pflegen können.

Phil Mason, Die Ergründung des Herzens

Eine Einführung in die Herzensrevolution; 240 S., Pb.

Band 1 der Reihe „Übernatürliche Transformation"

Willkommen zur Herzensrevolution! Phil Mason bringt uns mit diesem Buch wieder mit dem Herzen Gottes – und somit auch unserem eigenen Herzen – in Verbindung. Begegnen wir der verschwenderischen Liebe des Vaters, erweckt sie in unserem Herzen eine neue Begeisterung und Leidenschaft.

Jesu Modell der Herzensverwandlung stützt sich nicht auf irdische Weisheit und Methoden. Er möchte, dass wir durch eine Begegnung mit der Herrlichkeit und Macht Gottes verwandelt werden.

Dr. Charity Virkler-Kayembe / Dr. Mark Virkler

Höre Gott durch deine Träume

Gottes Reden in der Nacht verstehen; 288 S., Pb.

In der Bibel finden wir sehr viele Beispiele für Gottes Reden durch Träume. Auch heute möchte er uns durch Träume wichtige Botschaften zukommen lassen. Doch beachten wir sie oft wenig oder wissen nicht, wie sie zu deuten sind.

Diesem Missstand möchte dieses Buches abhelfen. Die Autoren haben sehr viele Erfahrungen im Umgang mit Gottes Reden gesammelt. Das Buch ist ein praktischer, leicht verständlicher und biblischer Leitfaden, um die Sprache zu verstehen, die Gott in unseren Träumen benutzt.

Neil Cole, Leiten lernen wie Paulus

Hineinwachsen in ein Leben, das Kreise zieht

240 S., Klappenbr.

Welche Lektionen können wir von Paulus, einem der größten Weltveränderer der Geschichte lernen? Welche Lebens- und Leiterschule durchlief er, um am Ende sagen zu können: „Ich habe den guten Kampf gekämpft, ich habe den Lauf vollendet …" (2 Tim 4,7)?

In diesem Buch nimmt uns der erfahrene Coach und Gemeindegründer Neil Cole mit auf eine Reise. Wir untersuchen das Leben des Apostels Paulus und lernen wertvolle Lektionen darüber, wie Gott in verschiedenen Lebensphasen einen Leiter formt und ihn zum Ziel bringt.

Leiten bedeutet dabei, Einfluss zu haben. Jeder ist dazu geboren, jemand zu werden, der Einfluss hat – egal, ob er wie Paulus unerreichten Völkern das Evangelium bringt oder Kinder so erzieht, dass sie unsere Gesellschaft positiv prägen.

Wayne Jacobsen / Dave Coleman

Der Schrei der Wildgänse

Aufbrechen zu einem freien Leben in Christus jenseits von Religion und Tradition; 220 Seiten, Paperback

Wie können wir heute als Einzelne und in Gemeinschaft in der Freiheit leben, zu der uns Christus befreit hat? Wie können wir religiöse Zwänge entlarven, die uns diese Freiheit immer wieder rauben wollen?

Die Autoren beantworten diese Fragen mitten aus dem Leben. Sie zeigen auf, wie wir heute ganz praktisch mit Jesus leben und eine Freude und eine Freiheit erleben können, von der wir bisher bestenfalls träumen konnten.

Larry Kreider

Authentisches geistliches Mentoring

Anderen helfen, im Glauben zu reifen; 240 Seiten, Pb.

Es ist kein Geheimnis, dass es einen großen Bedarf an geistlichen Vätern und Müttern gibt, die Mentoren für jüngere Christen sein können, um diese für ihr Leben und ihre Berufung zuzurüsten.

Der Autor stellt insbesondere das Mentoring-Modell Jesu vor und zeigt auf, wie wir dieses in unserer geistlichen Familie anwenden können. Ob Sie einen geistlichen Mentor suchen oder einer werden wollen – dieses Buch ist gleichermaßen für Sie geeignet!

Michael Stahl, Vater-Sehnsucht

120 Seiten, Paperback

Immer mehr Kinder wachsen in dieser Welt ohne Vater auf. Was wird aus diesen Kindern? Der Vater ist der erste Held im Leben eines Kindes. Dieser mächtigste Mensch der Welt kann Wunden schlagen und sie auch heilen.

Michael Stahl, lässt uns an der Entstehung und dem Heilungsprozess seiner eigenen Vaterwunden teilhaben. Und er berichtet, was er erlebt, wenn er in Schulen, Heime, Gefängnisse oder Firmen geht und dort Menschen hilft, sich miteinander zu versöhnen.

Das Buch ist eine Schatzgrube für alle auf der Suche nach Wurzeln, Identität und Wahrheit. Es ist auch **als Hörbuch** sowie **in Englisch und Russisch** erhältlich.

Bestellen Sie im Buchhandel oder direkt beim Verlag (versandkostenfrei in D):

GloryWorld-Medien | Beit-Sahour-Str. 4 | D-46509 Xanten
Fon: 02801-9854003 | Fon: 02801-9854004 | info@gloryworld.de

Aktuelles, Leseproben, Downloads & Shop: **www.gloryworld.de**